区域物流与区域经济协同发展研究

——基于京津冀区域的实证研究

耿立艳 著

河北省软科学研究计划项目（编号：15456106D） 资助

科学出版社

北京

内 容 简 介

本书在分析京津冀区域物流与区域经济发展现状基础上，研究京津冀区域物流与区域经济的相关性，探讨京津冀区域物流业的产业关联效应和产业波及效应，构建京津冀区域物流与区域经济协同发展模型，识别两者的协同发展状态，并结合京津冀区域物流与区域经济的未来发展趋势，提出推进京津冀区域物流与区域经济协同发展的对策建议。本书将定性分析与定量计算相结合，采用多学科理论与方法，研究京津冀区域物流与区域经济的协同发展问题，弥补了以往定性研究为主、定量研究不足，以及研究方法单一、重复等缺陷，为区域物流与区域经济的研究提供了一种崭新的思路与方法。

本书可供从事区域经济和区域物流规划、设计与管理的人员以及高等院校区域经济及物流管理等相关专业的师生阅读和参考。

图书在版编目（CIP）数据

区域物流与区域经济协同发展研究：基于京津冀区域的实证研究 / 耿立艳著. —北京：科学出版社，2017.9

ISBN 978-7-03-053651-8

Ⅰ.①区… Ⅱ.①耿… Ⅲ.①物流–关系–区域经济发展–研究–华北地区 Ⅳ.①F259.272 ②F127.2

中国版本图书馆 CIP 数据核字（2017）第 137779 号

责任编辑：魏如萍 / 责任校对：王 瑞
责任印制：吴兆东 / 封面设计：无极书装

科 学 出 版 社 出版
北京东黄城根北街 16 号
邮政编码：100717
http://www.sciencep.com

北京京华虎彩印刷有限公司 印刷

科学出版社发行 各地新华书店经销

*

2017 年 9 月第 一 版 开本：720 × 1000 B5
2018 年 1 月第二次印刷 印张：21 3/4
字数：450 000

定价：158.00 元

（如有印装质量问题，我社负责调换）

作 者 简 介

耿立艳（1979— ），管理学博士，石家庄铁道大学经济管理学院副教授、硕士研究生导师，中国社会科学院数量经济与技术经济研究所在站博士后，北京大学光华管理学院访问学者，英国曼彻斯特城市大学商学院访问学者。主要从事智能预测方法、物流工程、金融时间序列分析方面的研究工作。近五年来，先后主持国家自然科学基金项目 1 项，省部级项目 4 项、厅局级项目 6 项，参与研究各级项目 20 余项。作为第一作者在国内外学术期刊上发表论文 40 余篇，其中，EI 检索 10 余篇；出版专著 2 部；参编教材 4 本。研究成果获得河北省社会科学优秀成果三等奖 1 项、中国物流与采购联合会科技发明三等奖 1 项。先后被评为北京大学优秀访问学者、石家庄铁道大学优秀科技人才、石家庄铁道大学优秀教师、石家庄市青年拔尖人才、石家庄铁道大学三八红旗手。

前　言

经济全球化进程的不断加快和区域经济一体化的日益增强，使得跨区域之间的市场竞争变得更加激烈。而现代物流作为区域经济增长的新利润源，已经成为竞争的关键环节。大量研究表明，区域物流与区域经济之间存在相互影响、相互促进、相互依存的辩证关系，它们之间必须协同发展，破坏两者之间的平衡，都将对其中一方产生抑制作用。

京津冀区域是我国北方最大的都市经济区，也是我国物流业发展最快的地区之一。京津冀区域的经济发展迅速，同时又有相对优越的地理位置和良好的发展环境，这些因素促进了区域内制造业与流通业的发展，从而推动了区域内物流业的快速提升；快速提升的区域物流业又较好地实现了物流服务和运作，进而为区域经济的快速发展提供了一定的支撑。但从整体上看，目前京津冀区域物流与区域经济协同发展的进程相对缓慢，互动机制尚未形成，北京市、天津市两地的行政体制分割很大程度上制约了区域内物流与经济的协同发展。在京津冀协同发展上升为重大国家战略背景下，研究如何促进京津冀区域物流与区域经济的协同发展成为国家和地方政府需要解决的问题。

本书立足于京津冀协同发展背景，以区域物流理论、区域经济理论、协同学理论、产业结构优化理论为指导，综合运用各种相关学科理论与方法，研究京津冀区域物流与区域经济的协同发展问题，就其发展现状、相互关系、协同状态、发展趋势、对策建议等方面的内容展开深入研究。在借鉴国内外区域物流与区域经济协同发展研究成果基础上，紧密结合京津冀区域物流与区域经济发展现状与内在联系，系统研究京津冀区域物流与区域经济的协同发展关系，揭示目前京津冀区域物流与经济协同发展中存在的问题，提出促进京津冀区域物流与区域经济协同发展的总体思路和对策建议，为国家和地方政府制定区域物流与区域经济协同发展政策提供科学的理论指导和决策参考。

本书共分 9 章，具体内容及主要结论如下。

第 1 章绪论。围绕本书研究背景和研究意义，分析总结国内外区域物流、区域物流与区域经济关系研究现状，指出现有研究成果中存在的主要问题。给出京津冀区域物流与区域经济协同发展研究的目标、思路、内容、方法及其创新性工作。

第 2 章区域物流与区域经济相关理论研究。归纳总结区域物流及区域经济的相关理论，分析探讨区域物流与区域经济之间的相互作用机理，从意义、目标、协同表现三方面阐述区域物流与区域经济的协同发展理论。

第 3 章京津冀区域物流与区域经济发展现状研究。从物流发展规划、运输基础设施、运输结构、物流业发展状况等方面研究京津冀区域"两市一省"的物流发展现状；从经济规模、产业结构、固定资产投资、国内外贸易等方面分析京津冀区域经济的发展现状。结果表明，近几年，京津冀区域物流业发展速度明显加快，区域物流基础设施不断完善、区域物流衡量指标均呈现出增长态势。京津冀各地区物流发展不甚平衡，河北省在物流运输基础设施、物流业发展方面均优于北京、天津两市。近年来京津冀区域经济实力得到明显提升，河北省的经济与天津、北京两市存在一定差距，经济实力相对较弱。

第 4 章京津冀区域物流与区域经济关系研究。根据京津冀区域物流与区域经济的互动作用模型，分析京津冀区域物流与区域经济的互动关系；利用灰色关联分析研究京津冀区域物流与区域经济指标的相关性；通过投入产出分析探讨京津冀区域物流业的产业关联效应和产业波及效应。结果表明，京津冀区域物流与区域经济之间存在显著为正的线性相关性，区域第二产业产值、地区生产总值、第一产业产值是影响京津冀区域物流发展的主要因素。京津冀区域物流业对区域制造业、其他第三产业和本部门的依赖程度较高，属于"低附加值、高带动力"产业；京津冀区域物流业受其他产业部门的感应能力比较差，仍是制约京津冀区域经济发展的因素。

第 5 章京津冀区域物流与区域经济协同发展实证研究。采用层次分析法选取衡量京津冀区域物流发展的主要指标；利用京津冀区域物流与区域经济的灰色控制模型分析京津冀区域物流与区域经济之间的增长弹性；通过京津冀区域物流与区域经济的协同发展模型实证研究京津冀区域物流与区域经济的协同发展。结果表明，基础投资占比、人均货运量、从业人数占比是京津冀区域物流发展的三个主要衡量指标，京津冀区域的基础投资占比、人均货运量、从业人数占比均对第三产业增长的增长弹性最高，对第二产业增长的增长弹性居中，对第一产业增长的增长弹性最低。京津冀区域物流与区域经济的协同发展具有明显的波动状态，两系统在协同发展的初级阶段与中高级阶段、增长与降低状态之间转换。

第 6 章京津冀区域物流对区域产业结构优化作用研究。计算京津冀区域产业结构的泰尔指数及第三产业产值与第二产业产值比重，并构建不同的回归模型，从定量角度出发，研究京津冀区域物流对区域产业结构合理化、区域产业结构高级化的作用程度。结果表明，京津冀区域物流业发展有效提升了区域产业结构的合理化，同时对区域产业结构高级化水平具有一定的促进作用，而且对于区域三次产业劳动生产率还有很大的提升空间。

第 7 章京津冀区域物流与区域经济预测研究。结合自适应惯性权重粒子群优化算法（adaptive inertia weight particle swarm optimization，AIWPSO）与最小二乘支持向量机（least squares support vector machines，LSSVM），构建最小二乘支持向量机-自适应惯性权重粒子群优化算法模型，预测京津冀区域物流指标和区域经济的未来发展变化趋势。结果表明，2017~2020 年，京津冀区域的物流业产值、人均货运量、从业人数占比都将呈现波动性增长的变化趋势，基础投资占比将具有逐年增长的变化趋势，货物周转量将出现波动性下降的变化趋势；京津冀区域的地区生产总值和固定资产投资总额将呈现逐年缓慢增长的变化趋势，进出口贸易总额将呈现波动性下降的变化趋势。

第 8 章京津冀区域物流与区域经济协同发展对策研究。在分析京津冀区域物流与区域经济协同发展存在的问题基础上，提出促进京津冀区域物流与区域经济协同发展的总体思路和对策建议。京津冀区域物流与区域经济仍存在区域协同发展观念不强、区域性经济中心城市缺失、区域物流的产业基础尚未形成、快速便捷的区域间城际交通体系缺乏、区域物流信息系统平台建设有待完善、区域物流人才发展不均衡等六个方面的问题，京津冀区域应在京津冀协同发展背景下，以区域经济结构调整优化为主线，以实现区域物流的跨越式发展、促进区域物流与区域经济协同发展为目标，从保证区域物流供需的综合调整、全面提升区域物流企业的核心竞争力、全方位提高区域物流信息技术水平、促进区域产业结构调整及联动发展、充分发挥政府的引导扶持作用、加强区域经济发展的基础保障等六方面进一步促进京津冀区域物流与区域经济协同发展。

第 9 章全面总结本书的研究成果，并提出今后需要进一步研究的问题。

本书是河北省软科学研究计划项目“京津冀区域物流与区域经济协同发展研究”（编号：15456106D）的研究成果。同时，本书也得到国家自然科学基金青年项目（编号：61503261）、河北省高等学校青年拔尖人才计划项目（编号：BJ2014097）、河北省社会科学发展研究课题（编号：2015020206）、河北省高等学校人文社会科学重点研究基地石家庄铁道大学工程建设管理研究中心、河北省软科学研究基地项目（编号：12457206D-14）的资助。

由于实证资料难以全面搜索，加之笔者水平、能力和时间有限，本书的研究成果仅仅是一个开端，尚有许多问题有待进一步深入研究。同时，限于研究条件，在查阅论文、资料和调查研究方面还不够，书中不足之处在所难免，敬请广大专家、学者、同行、读者提出批评意见并能及时反馈，以便逐步完善。

耿立艳

2017 年 4 月

目　录

第1章　绪　　论

1.1　本书的研究背景及意义

1.1.1　本书的研究背景

随着经济全球化进程的不断加快和区域经济一体化的日益增强，全球经济跨国界、跨区域之间的市场竞争变得更加激烈，由依靠第一、二产业逐渐变为重点发展第三产业。物流业作为第三产业中的新兴产业，是整合运输、存储、加工配送与信息等职能的复合型产业，已成为竞争的关键环节。物流业不仅是区域经济的基础，而且在一定程度上决定着整个国民经济的发展，在整个国民经济的发展过程中起着重要的作用，它能够增强地区或区域产业竞争优势、调节和平衡市场供需、助推新型流通形式的发展、保障国家以及地区经济安全。区域经济是国民经济的空间系统，而区域物流则是区域经济至关重要的子系统，属于国家或地区经济网络不可或缺的构成元素。在整个产业链条的运转过程中，功能完善的物流流通体系是国家或地区区域经济高速良性发展的基本保障，它可以保障地区或区域产品实现及时、合理的流动，保障其价值和区域经济运转秩序的流畅。在现代经济社会中，物流业可以渗透到经济的各个领域，使各个经济区域能有机地连接起来，使物流互通、经济交流更加便捷，其发展状况已经成为衡量一个国家或地区经济发展水平和产业结构化的重要标志。

近年来，随着物流业发展步伐的加快，政府部门越来越重视区域范围内物流的发展水平，意识到物流发展的紧迫性以及物流业对于第三产业发展乃至整个区域经济发展的重要意义。2009 年，国家颁布了《物流业调整和振兴规划》，而物流业是被国家列入调整振兴十大产业中唯一的生产性服务业。《中华人民共和国国民经济和社会发展第十二个五年规划纲要》明确指出，要“大力发展现代物流业”，“优先整合和利用现有物流资源，加强物流基础设施的建设和衔接，提高物流效率，降低物流成本”。2014 年，国家颁布了《物流业发展中长期规划（2014—2020 年）》，从国家层面进一步肯定了物流业在国民经济发展中的重要地位。该规划强调了物流业在促进区域经济集群化发展中的重要作用，同时提出，到 2020 年，全社会物流总费用与国内生产总值的比率要降到 16%左右，要形成一批具有较强竞争力的现代物流企业，构建布局合理、技术先进、便捷高效、绿色环保、安全有序的现代物流服务体系，加大对物流基础设施网络建设的投资力度，提升物流社会化、专业化的物流信息化建设，推动区域协调发展。

京津冀区域位于我国华北地区，处于西北、中南和东北三大区域中间，东临渤海，是我国进入东北亚、通向太平洋的重要前沿，也是连接中亚、西亚和欧洲大陆的重要起点。北京市作为我国的首都，是重要的政治、文化、金融、教育以及对外交流的中心；天津市是我国的四大直辖市之一，是我国冶金、石化、机械制造发展的重地；河北省是钢铁、医药、化工、建材和农业生产大省。作为我国经济增长的第三极，京津冀区域近几年发展迅速，但相对于长江三角洲和珠江三角洲还有一定的差距，物流方面尤其明显。受政治、经济、环境等因素的影响，京津冀区域物流业的总体发展并不理想，物流基础设施多重复建设，规划不合理，造成资源浪费、环境恶化等一系列问题，严重制约了区域经济健康、可持续发展。同时，京津冀区域第三方物流发展比较缓慢，北京市、天津市、河北省三地区之间不能充分利用物流资源，造成物流产出不能达到最优化，因此，迫切需要京津冀三地区进行区域物流与区域经济的协同规划与发展。

2014 年，由习近平总书记亲自谋划，京津冀协同发展上升为重大国家战略，为京津冀区域物流与区域经济的协同发展带来了重大机遇，如何促进京津冀区域物流与区域经济的协同发展成为国家和京津冀地方政府亟待解决的问题。目前，有关京津冀区域物流与区域经济关系的研究较少，而且主要是侧重于京津冀区域物流与区域经济协调发展的研究，对于两者之间的协同发展研究尚未开始。因此，以京津冀区域物流与区域经济协同发展为研究对象进行应用研究，提出促进两者协同发展的总体思路与对策建议，对推动京津冀区域物流与区域经济的可持续协同发展、充分提高京津冀区域经济实力乃至区域竞争力具有重要应用价值。

1.1.2 本书的研究意义

区域物流是区域经济的重要组成部分，区域经济的发展与区域物流之间存在着紧密的内在联系——相互影响、相互促进的辩证关系。一方面，区域物流能够降低成本，提高区域经济活动的效率与水平，促进区域资源的优化配置，优化区域产业结构，带动相关产业的发展，进而提升区域经济的竞争力。另一方面，区域经济可为区域物流的发展提供动力，区域经济的高度发达能够带动较大规模的基础类产业发展并促进繁荣的商业流通，给区域物流业带来广泛的客户群和市场基础。同时，区域内物流体系的构成主要取决于区域产业结构，区域产业结构的优化与升级会直接影响区域物流需求的变动，对区域物流的运作方式、服务水平提出更高的要求，进而促使区域物流结构不断升级。需要认清的是，区域物流和区域经济必须协同发展，破坏了两者之间的平衡，都将对其中一方面产生抑制作用。对于区域物流的提高，不仅要对物流基础设施、物流设备配置等方面进行投资，而且要通过创造良好的物流发展环境、提升经营管理水平、完善信息系统建设等措施的共同作用来提高物流效率，从而促进区域经济的快速发展。因此，深入研究区域物流与区域经济之间的关系是提高区域物流发展能力、促进区域经济发展的重要手段，加强区域物流协同发展能力是实现区域经济长期稳定增长的重要途径。

京津冀区域作为我国东部沿海发达地区之一，其经济发展水平在全国处于领先地位，特别是近几年来其经济增长速度不断提升。区域物流的发展能够拉动京津冀地区经济的发展，尤其是区域运输网络的调整和改进，加快城市之间人与物的调动，促进生产要素的合理流动，优化资源的空间配置。为了使区域物流不成为京津冀区域经济发展的制约因素，促进区域物流与区域经济的稳定发展，有必要考虑京津冀“两市一省”的区域物流与区域经济发展现状，认清区域中物流发展对区域经济发展的贡献，识别京津冀区域物流发展的共性与不足，探求区域物流与区域经济相互作用的机理与方法，保证区域物流与区域经济的协同发展，制定积极适宜的物流产业政策，以推动区域产业结构调整，促进区域经济快速、健康发展。

本书以区域物流理论和区域经济理论为基础，立足于京津冀区域物流与区域经济发展现状，系统研究京津冀区域物流与区域经济的协同发展关系，揭示目前京津冀区域物流与经济协同发展中存在的问题，以此为基础，提出促进京津冀区域物流与区域经济协同发展的总体思路和对策建议。在理论上，本书的研究有助于深化区域物流与区域经济协同发展的认识，同时也为京津冀区域地方政府部门与决策机构制定适合区域经济发展的物流规划、物流产业政策提供理论支持和技术保障。在实践上，通过对京津冀区域物流与区域经济协同发展的研究，揭示目前京津冀地区物流与经济协同发展中存在的问题，有利于京津冀地方政府从区域经济一体化的角度对发展现代物流业进行统筹规划与分类指导，对于优化区域资源配置，全面提升区域物流服务能力，推动区域产业结构的优化与升级，实现京津冀区域物流与区域经济的健康、持续、协同发展具有重要的现实意义。

1. 有利于丰富和完善区域物流理论体系

区域物流与区域经济相互依存、相互促进、协同发展。但从目前情况看，京津冀区域物流与区域经济协同发展的理论研究显然落后于实践的发展。本书采用多种理论与方法分析京津冀区域物流与区域经济的内在联系、探讨京津冀区域物流与区域经济发展的协同程度，在研究区域物流的理论与方法中较为创新，可以丰富和完善区域物流理论体系的研究领域与思路。

2. 有利于京津冀区域以产业投资的思路发展区域物流业

区域经济活动中产业结构变动对区域物流业的发展有重要影响，区域产业结构的变动将使区域物流水平发生较大变动。同时，京津冀区域内三地区产业结构不尽相同，导致区域物流水平产生较大的差异。京津冀区域物流与区域经济协同发展的研究，可以为京津冀区域在今后的产业投资和物流业发展问题上，提供一个切实有效的辅助决策支持与指导。

3. 有利于促进京津冀区域一体化发展

当前，京津冀区域中的北京市、天津市、河北省三地区都在大力提倡发展现代物流业，但在发展过程中，出现了物流基础设施与经济发展不协调、重复建设和重复投资等现象，从而造成物流资源被低效率地使用与配置。京津冀区域作为我国经济增长的第三极，“两市一省”之间的经济来往比较密切，物流在三地区之间的流动性较强。因此，研究京津冀区域物流与区域经济之间的协同发展，可以更好地发现京津冀三地区投资方向、规模方面的差异，有针对性地建设和利用区域物流设施，配置区域物流资源，进而实现整个京津冀区域物流效益的最大化，推动区域物流与区域经济的健康、可持续发展，更好地促进京津冀区域的一体化发展。

4. 有利于促进京津冀区域产业结构优化升级

随着我国经济改革的不断深入，国家经济总量增速有所减缓。物流业作为“第三利润源”，在“一带一路”“自贸区建设”等政策推动下将迎来黄金发展期，成为京津冀区域新的经济增长点。在此背景下，研究京津冀区域物流与区域经济的协同发展，可以加快京津冀区域三次产业结构合理化进程、促进区域产业结构优化升级，因而对促进京津冀区域经济发展具有重要战略意义。

1.2　国内外研究现状

1.2.1　国内外区域物流研究现状

1. 国外区域物流研究现状

现代物流发展比较先进的欧美、日本等发达国家和地区对于物流领域的研究主要集中于企业这一微观层面，而对区域层面的物流研究则相对较少，侧重于研究作为经济活动的物流与企业之间的关系以及作为企业利润源泉工具的物流对于企业的战略意义。相应地，实证研究多于理论研究，即通过研究为企业提供优化策略。微观层面上与区域物流相关的研究，通常是利用数量化的技术工具，从案例视角研究全球性供应链的设计、设施选址、物资配置和协调等问题；而较为宏观的区域物流研究，则更多关注于区域物流影响因素、区域物流网络和企业物流能力等问题。

根据相关文献资料，国外对区域物流领域的研究，主要包括以下七个方面[1, 2]。

1）全球化供应链选址定位与配送体系设计问题研究

Aikens[3]较早地研究了主要设施的选址定位模型，如复杂的单梯队多种商品容量模型，但没有研究需求随机变动情况下的配送问题。Verter 和 Dincer[4]研究了跨国组织设施（物流设施）选址决策问题，研究发现，为促进组织的竞争性，全球企业的国际实体之间的协调是必要的；生产战略以及与其他企业战略的交互作用构成了企业决定全球配置的核心方面；生产–配送网络是构建企业全球供应链结构的重要工具。此外，他们认为，现有的选址优化及配置决策模型均忽视了生产设施的能力及技术要求等重要的结构方面因素，而国际化战略生产–配送模型的普遍缺陷在于仅考虑了目标功能的成本最小化，而没有包含国际市场不确定性（货币汇率的波动及价格变动等）的影响。

Goetschalckx 等[5]设计了一个全球生产配送系统，该系统包括了供应商、生产商、配送中心、最终客户，并利用所建立的模型研究了在确保客户需求（如季节性需求、运输需求、配送需求等）得到有效满足的前提下，如何制定物流运价，实现该公司税后利润最大化，结果发现，顾客服务、客户需求是战略配送体系设计的基本方向，同时还需要考虑生产和客户的集成、用于描述存储的功能线性化以及运输速度误差的影响效果等因素。

2）全球化供应链合作计划协调问题研究

Bhatnagar 等[6]研究了全球化供应链的多工厂协调问题，将协调分为两大层次，即普通协调和多工厂协调。普通协调是不同活动的一体化决策问题，如设施选址、生产、配送等；多工厂协调是公司中同一活动不同层次之间的决策衔接问题；目前缺乏从精确层面上研究这两大层次之间的协调问题。Thomas 和 Griffin[7]研究发现，供应链中两个或更多主要阶段的协调问题实际上就是获得、生产和配送问题，具体包括买卖双方的协调、生产–配送协调、存储–配送协调以及战略规划等。而非线性配送费用模型、生命周期约束、普通国际供应专题、第三方国际物流、供应链分界点的确定等问题，将成为协调的研究方向。Vidal 和 Goetschalckx[8]认为，全球化制造合作计划协调还需要同时考虑工厂和配送中心的选址、工厂生产连接能力的限制、生产物资在一个或两个梯队间的转化和附加配送或生产的梯队等问题，这正是全球化供应链系统的表现。Lemoine 和 Dagnæs[9]通过运筹学等数量化技术工具，从跨国公司角度分析了物流基础设施、市场竞争机制及物流供应链运行等问题，为供应链背景下跨国公司的全球网络设施选址定位和战略配送体系设计等问题提供支持。Giannoccaro 和 Pontrandolfo[10]指出，在全球化制造合作计划协调问题上，相应的协调应该包括从研发、生产和过程的设计、营销、供应到配送等所有价值链的活动。由于全部网络的生产活动构成了跨国公司的分支，协调问题也应扩展至全球供应网络和配送渠道，进而需要处理随之而来的物流问题。

3）政府在区域物流发展中的角色与职能问题研究

Kanter 和 Pittinsky[11]认为，政府保持当地控制权的最好方式就是积极参与全球竞争，从而提高当地与全球经济联系的能力。这些能力可以总结为观念（知识以及基于知识的产品）、能力（高效低耗生产所必需的技能、基础）和联系（提供运输和交易衔接的能力）。Kouvelis 和 Rosenblatt[12]研究了全球化供应链管理中设施融资、交通以及地区交易规则等全球生产和配送网络主要因素的效用，构建了一个混合整数规划模型，该模型考虑了全球设施网络与政府补贴的贸易关税、税收的平衡问题，分析结果证明，补贴融资、关税、区域贸易规则和税收在塑造全球公司的制造和分销网络中具有普遍性和主导性。文献[13~15]研究表明，美国、英国、日本等市场经济比较发达的国家，对物流发展的法律法规十分重视，有专门的部门进行研究，并建立了比较完善的法律法规体系。一些国家，特别是荷兰、德国、比利时等国家的地方政府在物流基础设施建设方面发挥了重要的主导作用，它们在交通基础设施、大型港口、物流中心（基地）及物流园区等建设上的投入巨大，一些大型企业也有参与投资建设。新加坡、日本、韩国等东亚国家，在加强法律法规建设的同时，更加重视从产业政策和产业规划的角度从上到下来推动本国物流产业的发展，并取得了实质性成效。

4）区域物流发展影响因素和发展对策问题研究

Trunick[16]分析了美国俄亥俄州物流产业的影响因素，认为一个地区能否成为区域物流中心主要取决于高科技产业、区域经济全球化、集中物流配送和小规模、多频率的航运等四个因素。Ackermann 和 Müller[17]通过分析非等级区域生产网络（non-hierarchical regional production networks，NHRPN）模型，提出物流业网络结构受到企业间合作及解体的影响，若利用一个三层结构（物流基础设施、运输计划平台、物料需求流程）的模型来规划区域物流系统，则可以避免因市场变化而造成的物流资源浪费和不足现象。Hyland[18]概述了美国俄亥俄州如何通过多次非正式的专家会议，采用有效手段，历经四年最终建立了东北俄亥俄物流网络的过程，并详细分析了促进区域物流产业整体发展的一些经验。Trunick[19]从建立物流管理专门组织、制定城市物流建设规划、加强城市交通和物流节点、高速公路建设等多个方面介绍了美国亚特兰大市为促进区域物流发展，最终成为区域物流中心城市的相关经验。Ruth 等[20]对东南亚国家联盟（简称东盟）在 2007 年 8 月提出的涉及六大领域的东盟地区物流发展政策及整合路线图进行了详细的解析和阐述，为东盟内部的物流自由化和发展提供了重要的参考价值。

5）区域物流网络节点的功能、服务范围和规划问题研究

Bish[21]在对物流中心的集装箱场站功能、业务流程与宏观分布问题进行分析的基础上，对加拿大、美国两国的多式联运进行了案例分析，指出内陆集装箱集散中心若要发挥更好的物流集散功能，必须进行集中化布局。Meléndez[22]认为一个国家或地区在制定其发展规划时要认真考虑物流和交通基础设施的重要和深刻影响，如欧盟在组建过程中充分考虑了物流和交通基础设施对区域发展规划的重要性，并被认为是可行的和成功的。Stefansson[23]认为公共物流网络是实现对区域物流资源进行最有效配置的一种非常便捷、非常高效的方式，主张将公共物流网络作为区域物流的一项重要的基础设施来建设，作者通过技术手段构建了一个包含 36 个物流节点和 59 条运输线路的公共物流网络模型来模拟和分析不同网络情况下过境贸易及其物流成本的变化情况。Hesse 和 Rodrigue[24]针对柏林仙兰登堡的交通货运等物流问题进行了研究，认为出现这些物流问题是区域经济发展的必然结果，并从区域货运中心建设、物流中心建设、物流服务水平提升、区域物流政策等方面提出了相应的对策。Fisher[25]将区域物流系统的规划分为网络规划与节点规划两部分，认为网络规划采用的是传统的运输规划思想，而节点规划则是根据每个节点功能的不同，划分为消费型配送、生产型配送和运输转运三类。

6）物流基础设施对区域物流的带动效用研究

Talley[26]分析了区域交通基础设施投资与区域经济生产之间的关系，他认为两者间关系相当复杂，并建立了两者之间的关系模型，运用该模型可以研究区域交

通基础设施投资所产生的空间可达性和服务质量对区域经济生产和运输服务的影响。Razzaque[27]经过调查认为，作为第三世界国家的孟加拉国，其物流发展面临五个方面的挑战，并提出了一个框架模型从四个方面来应对这些挑战。Skjött-Larsen等[28]利用多层经济合作与开发组织（Organization for Economic Co-operation and Developmect，OECD）模型研究了丹麦政府和瑞典政府共同建立Öresund大桥对改善地区基础设施、促进两国经济文化交流、最终使该地区成为物流领先区域（中心）及地区经济带的发展所产生的作用。研究结果表明，桥梁的修建可以让运输系统和活动系统两大基础设施网络层联系更为紧密，从而获得规模效益、聚集效益以及专业化优势；Öresund大桥不仅是一定地域范围内的基础服务设施，还是物流活动的集合，能够促进地区通过组合提高吸引力，成为物流配置的网络中心。

7）企业物流能力的研究

Daugherty和Pittman[29]指出，企业的物流能力是企业资源的一部分，企业资源包括所有的资产、能力、组织过程、企业标志、信息、知识等，它们是由企业控制的、使企业能够构想和执行改进其效率和效果的战略，是对厂商能否在尽可能低的总成本下提供有竞争优势的客户服务的一种相对评估，并认为信息技术和弹性是最重要的物流能力。Fawcett等[30]以设在墨西哥的美商公司为例，利用运送能力、品质能力、弹性能力、成本能力和创新能力五项要素衡量物流能力，从时间基础能力和附加增值潜在能力两个方面对发展物流能力以改善国际性运作的绩效问题进行了研究，研究结果表明，物流能力可改善企业的经营绩效，在物流能力的各项层面中均需强调信息技术应用的重要性。Ellinger[31]利用客户的响应速度、客户服务水平、递送的准时性、质量的稳定性以及延迟或者短缺的提前通知等五个物流绩效衡量指标对物流能力进行分析，并将这些衡量指标与企业绩效联系起来。Lynch等[32]以美国杂货零售商为研究对象，探讨了物流能力、竞争战略对经营绩效的影响，认为物流能力的内涵应包括业务运作能力与附加价值服务能力。Zhao等[33]以北美地区的制造商、批发商及零售商为对象，研究了物流能力对企业绩效（客户导向能力与信息导向能力）的影响，并将物流能力分为客户焦点和信息焦点两个方面。Morash[34]研究了供应链战略、物流能力和企业绩效之间的关系，认为供应链物流能力包括客户服务能力、质量、信息、物流成本和生产力、配送柔性以及物流速度。Cho[35]研究了电子商务环境下物流能力、物流外包与企业绩效之间的关系，结果表明，无论在传统环境还是在电子商务环境下，企业为了实现良好的绩效都需要很强的物流能力，在衡量企业绩效的所有相关联变量中，物流能力与企业绩效的关联性最强，物流能力是在电子商务市场环境下竞争的企业应具有的关键能力。Bowersox等[36]指出，物流能力是对厂商能否在尽可能低的总成本下提供有竞争优势的顾客服务的一种相对评估，从战略意义上来看，物流重要程度常取决于是否强调积极地利用这种能力去获得竞争优势，所有的厂商都必须实现的通用过程就是创造顾客价值。Closs 和 Xu[37]研究了信息技术对物流能力的影响，认为信息技术作为增强物流能力的一种方式已经得到普遍使用，信息技术既能增加企业能力又可减少企业成本。

2. 国内区域物流研究现状

国内关于区域物流的研究是在引进、吸收国外物流理论和实践经验基础上开展的。与国外研究不同的是，受到国内行政区划、经济体制等因素的影响，国内有关物流的研究主要从宏观和区域两个层面展开。近些年来，随着物流业在我国各地区的快速发展，有关区域物流的研究也成为研究的热点领域，在定性分析不断深入的同时，定量研究也在其基础上逐步发展起来。概括起来，国内有关区域物流的研究内容可分为六个方面，即区域物流发展研究、区域物流规划研究、区域物流竞争力研究、区域物流需求研究、区域物流能力研究以及区域物流系统研究。

1）区域物流发展研究

区域物流发展研究主要涉及区域物流发展对策研究、区域物流发展模式研究、区域物流发展水平评价研究等。

（1）区域物流发展对策研究。

马立宏和张文杰[38]认为，有关区域物流管理的理论研究与实践虽然在我国已经起步，但由于物流理论研究环节的相对滞后，我国区域物流发展还存在许多误区，如将发展现代物流的目的与发展现代物流的手段混为一谈、将现代物流系统等同于“物+运输+仓储+信息网络”、对“第三利润源”的社会期望值过高、区域物流理论研究人员和实际工作者在思考区域物流发展战略及其规划问题时容易出现不顾“区情”和脱离“区情”的倾向等，并指出在我国物流业发展的初期阶段，为推动区域物流和物流产业的健康发展，应进一步明确区域物流概念体系，从多角度来分析和认识区域物流，深入研究区域物流的增长机理，并增加区域物流政策研究的内容。谈毅[39]分析认为，我国区域物流发展主要存在四个问题：物流管理与流通体制分割，有关物流发展的政策法规还很不完善；物流基础设施相对落后，缺少综合性物流服务；脱离我国尚处于现代物流初级阶段的现实，盲目扩张；物流和配送方面的人才稀缺。他针对这四个问题提出了相应的对策建议，包括：创新物流发展环境；建立推进现代物流发展的统一协同机制；积极引入国际顶级第三方物流服务供应商，提升国内第三方物流服务水平；加快人才培养和引进等。杨平[40]运用产业经济学的“结构—行为—绩效”范式和发展经济学的相关模型对我国区域物流产业现状进行了定量分析，指出我国物流产业组织的基本现状为进入壁垒低，物流市场集中度低，物流服务差异度低，产业资源配置效率低，市场绩效低。以此为基础，从体制建设、中心城市、物流平台、核心竞争力四个角度提出了相应对策。梁春梅[41]指出，物流业虽已成为长江三角洲服务业发展的亮点与突破口，但在发展过程中仍存在核心竞争力、信息化建设、物流人才等方面的问题。并结合长江三角洲发展物流业的区位、经济、政策、物流发展条件等优势和长江三角洲物流业在对外开放、物流信息平台、物流教育等方面的发展机遇，提出了长江三角洲区域物流发展的对策，包括：建立统一的物流市场；建设长江三角洲综合运输体系，推进现代物流业发展；加快长江三角洲物流业的信息化建设；实现交通运输的科学发展与和谐发展；加强对现代物流人才的培养。刘丹和王健[42]根据 2005 年福建省投入产出表对其物流业进行产业关联分析，研究结果表明，近年来福建省物流业发展迅速，对各产业发展起到了较大的推动作用，但与其他发达省份相比还存在一定差距；为更好地促进物流业发展，福建省应抓住国家调整振兴物流业和加快海峡西岸经济区建设的历史性机遇，加强对物流业的组织领导与政策扶持力度，全面提升物流企业自身竞争力，积极推进制造业与物流业有机融合与联动，大力发展国际物流，进一步增强物流业对国民经济的基础和支撑作用，使之成为福建省经济发展新的增长点。潘双利等[43]对区域物流的低碳化发展进行了研究，认为区域物流的碳排放源主要集中于“点”和“线”两个方面，目前区域物流低碳化发展尚存在协调难度大、动力不足、成效不明显和技术支持缺乏等诸多难题，需要明确各参与主体的角色与作用、找准节能减排的切入点和重点，并转变区域物流发展模式，从寻找合适的碳排放统计方法、出台更多鼓励性减排政策、“点线”结合减少碳排放和构建区域物流低碳化发展的服务平台入手，促进区域物流和物流行业的低碳化发展。何记东[44]以商丘市物流产业为例，研究了区域物流产业发展的制约因素，认为物流产业发展的制约因素在于经济发展水平低、工业化水平不高、周边经济不发达、存在地区竞争和物流集散仍为传统模式等因素；并提出了商丘市物流产业未来发展的对策，主要包括发挥交通优势，加强基础设施推进枢纽经济发展，大力打造城市品牌，打造产业集群，同时整合区域物流产业，发展特色行业物流和国际物流，构建高效的物流系统。

（2）区域物流发展模式研究。

海峰等[45]指出，经济区位、物流基础设施、产业结构与规模、产业组织及其关联度、产业布局、区际产业联系、区域市场等方面的差异，决定了不同区域其物流发展模式的不同。他们在分析区域经济及产业活动特点的基础上提出了四种不同类型的区域物流模式，即基于产业聚集区的区域综合型模式、基于产业链的区域供应链一体化型模式、基于区域货物枢纽的多功能服务型模式、基于区域交易市场的交易服务及仓储配送型模式。舒辉[46]运用解释结构模型（interpretive structure modeling, ISM）对区域物流发展模式七个影响要素进行了层次结构分析。研究结果表明，地理区位、政府作用和自然资源是影响区域物流发展模式选择的最基础要素，具有基础和引导作用；经济整体发展水平、产业集群、市场与贸易的完善度都是区域经济基础要素，是最终决定区域物流发展模式选择的直接要素；而物流基础设施则属于中间层要素。尽管地理区位和自然资源对区域物流发展模式选择决策具有基础和引导作用，但其发挥的影响作用有限；而政府作用则不同，其对区域物流发展模式选择决策的引领作用强大，并具有很强的灵活性与可操作性。由于区域物流基础设施的建设往往投入大、建设周期长，具有投资收益不确定性及对经济发展促进的滞后性，因而，在决策区域物流发展模式时必须认真考虑其建设和运营模式。柳键和邱国斌[47]从物资流通体系、外贸流通体系、商品市场建设和基础设施水平四个方面分析了中部地区物流产业发展现状，认为中部地区的物流产业总体上还处于从传统迈向现代的过渡时期，区域内经济水平欠发达，产业信息化程度不高，基础设施相对落后，企业规模偏小；在此基础上，从物流基地建设、信息系统建设、网络节点建设方面提出了符合时代要求的物流与贸易集成运营的现代区域物流系统发展模式，认为中部地区区域物流发展模式可以通过加快基础设施建设、建立长效的合作机制以及构建物流信息共享系统三种方法实现。

舒辉和周熙登[48]指出，区域经济与区域物流是彼此依存的统一体，区域经济是包括物流活动在内的各种经济活动的总和，区域经济发展水平决定了区域物流产业的发展模式与区域物流系统的空间结构；随着区域经济发展从不平衡到平衡，区域物流产业发展模式也由增长极发展模式、点-轴发展模式向网络发展模式动态演化。其中，网络发展模式是物流产业发展的目的，而点-轴发展模式是增长极发展模式向网络发展模式演化的中间阶段。因此，他们提出，在区域物流发展规划中，应根据区域经济发展阶段的不同，合理确定区域物流资源的空间配置方式，同时结合区域经济产业结构与产业规模，把区域物流确定为区域的主导产业、协作配套产业或基础性产业予以发展。李军和张学龙[49]研究发现，中国-东盟区域物流产业的发展是一个动态过程，根据区域经济和产业经济发展理论，提出了区域物流产业发展的四维模型理论假设；基于理论假设，着重根据产业分布要素，研究了中国-东盟自由贸易区内物流产业在点、线、面和体四个维度的开发模式，认为要提升中国-东盟区域物流产业竞争优势，必须整合社会资源，规范物流体系等，同时，政府还要集中力量做好物流整体发展规划、基础设施建设规划、信息平台的搭建以及制订专业的人才培育计划等工作。孙淑生和李亚[50]针对湖北省的优势产业——高新技术产业，提出基于产业聚集的区域综合型物流发展模式，该模式是以区域内的产业聚集区各产业组织为主要服务对象，为各产业组织供应链物流活动提供终端物流配送服务和区域性物流服务的现代物流模式。在对该模式分析的基础上，进一步提出了基于产业聚集发展区域物流的对策，包括：充分利用市场规律、辅之以适当的政策措施，调动市场发展潜力；规范市场，营造一个公平有序的竞争环境；充分吸引国际、国内资源，积极培育产业发展的基础；重点扶持一批大型、有发展潜力的物流服务商，带动中小物流业者。崔雯[51]在系统分析京津冀区域多重经济发展影响要素后，提出了京津冀区域经济一体化下的物流发展模式概念模型，基于概念模型构建了京津冀区域物流模式影响因素指标体系，通过熵权法与层次分析法相结合的方法来评价京津冀区域的多重经济发展影响因素对该地区区域物流发展的影响程度，根据评价结果确定了京津冀区域的物流建设运营模式为物流地产商运营模式+主导企业运营模式。

（3）区域物流发展水平评价研究。

汪波等[52]在综合分析区域物流发展关键因素的基础上，采用层次分析法制定了全面、合理的评价指标，进而运用模糊综合评判法对天津市区域物流发展水平进行研究评价，结果表明，天津市的物流发展总体上处于起步后的发展阶段，尚有较大的发展空间。金萍[53]在总结比较国内外区域物流发展水平评价研究内容的基础上，构建了区域物流评价指标体系；在比较分析常用的几种典型评价方法后，采用主成分分析和聚类分析两者相结合的方法对浙江省区域物流发展状况进行定量的评价，并对评价结果做了定性的讨论；最后结合浙江省区域产业特色、空间发展结构、经济区划和布局等实际情况，提出了一些关于促进浙江省区域物流协调发展的思考与建议。李永宁[54]从可持续发展的要求出发，界定了区域物流业可持续发展的概念及特征，构建了其可持续发展的评价指标体系，并运用熵值法进行综合评价，解决以往区域物流业评价中存在的不够系统、不够全面的弊端。以江苏省物流业发展状况作为样本进行实证分析，结果表明，所提出的区域物流业可持续发展评价指标体系和评价方法具有科学性，是合理、可行的。金凤花等[55]基于场论和物流场论对区域物流进行分析，从基础设施、经济发展水平、物流需求状况、产业规模和信息化水平等五个方面构建了区域物流发展水平评价指标体系；运用物流场势模型对全国各地区域物流的发展水平进行了评价和比较。并根据分析结果，提出区域物流发展的建议：合理规划区域物流的发展；加强基础设施建设，优化产业发展环境；提升物流业信息化发展水平；深入挖掘物流市场需求，大力发展第三方物流企业。朱帮助和李军[56]采用主成分分析法，构建区域物流发展水平综合评价模型。该模型在建立评价指标体系的基础上，利用主成分分析能够剔除多指标间存在相关性及信息重叠的特点，对区域物流发展水平进行综合评价；并利用该模型对广东江门市及其周边地区的物流发展水平进行实证分析，结果表明，江门市物流发展水平逐年提高，但与周边地区相比仍较低。周泰和王亚玲[57]建立了区域物流发展水平的模糊物元评价模型，并采用熵值法来计算指标权重系数，用以有效地减少计算的主观性和赋值中的不确定性。实例分析表明，该评价模型计算方法简便，计算结果直观、合理，具有实用价值。李继云和孙良涛[58]在阐述区域物流发展水平评价指标选取原则的基础上，构建了区域物流发展水平综合评价指标体系，并运用主成分分析法对云南各区域的物流发展水平进行评价，根据评价结果，提出加快云南各区域物流发展的建议：加强区域物流规划、建立健全现代物流业发展长效机制；加快物流基础设施建设；提高物流企业的经营组织化水平和信息化水平；重视物流专业人才培养和物流人才培训。何剑等[59]在构建丝绸之路经济带区域物流发展水平测评指标体系的基础上，采用全局主成分分析方法，综合比较了丝绸之路经济带中国段九个省区市的物流发展水平，并利用空间分析软件对丝绸之路经济带区域省区市物流发展水平进行矢量聚类，结果显示：丝绸之路经济带上四川物流发展水平上升趋势比较明显，但经济带整体物流水平不高而且不均衡，在战略上缺乏协调性；各省区市物流发展情况呈现集聚效应，四川、陕西和重庆物流发展水平较高，新疆、云南、广西物流发展水平一般，青海、甘肃、宁夏物流发展水平较低。最后提出完善基础设施、强化协同发展等促进丝绸之路经济带区域物流发展的建议。刘彩霞[60]在阐述区域物流发展水平研究成果和区域物流相关理论的基础上，提出了对区域物流发展水平的认识和评价主要考虑的内容，构建了区域物流发展水平评价指标体系；通过对多种评价方法进行比较，将层次分析法和标准相关重要性（criteria importance though intercriteria correlation，CRITIC）法相结合确定权重，同时运用逼近理想解排序法（technique for order preference by similarity to an ideal solution，TOPSIS）模型评价区域物流发展水平；并运用该模型对太原市物流发展水平进行评价，结果表明，太原市物流发展水平相对较低，与其他物流相对发达的城市相比还有一定差距；最后根据评价结果，提出了提升太原市物流发展水平的对策和建议。

2）区域物流规划研究

区域物流规划研究主要涉及区域物流的规划理论、规划原则、规划内容、规划方法、规划评价等方面的研究，代表性研究成果如下。

林荣清[61]综合增长极理论、梯度推进理论、区域分工理论及其相互关系，提出了基于非均衡发展理论的区域物流系统规划模型。刘灵镛[62]根据物流业在城市经济发展中的作用、城市经济发展对物流业的要求以及物流业与城市经济的关联特点，建立了基于产业关联的城市物流系统规划模型，从产业结构层次研究了物流业与城市其他产业的关联机制和比例结构，为城市物流系统规划提供了战略性决策支持。黄毅[63]研究了区域物流规划理论及方法，认为区域物流规划应以现代物流理论、增长极理论、协同理论、系统理论等为指导，在综合本区域和外部环境的基础上，确定本区域物流发展定位、功能定位、物流设施的总体布局、政策措施规划等内容。董昆及等[64]通过对不同城镇的交通区位以及城镇社会经济发展的分析，引入交通区位势和城镇节点重要度，建立基于交通可达性和城镇节点重要度的区位势理论模型，并将其成功应用于平阳县区域物流体系布局规划的实证研究中。王建华[65]从已出台和实施的部分区域物流项目入手，结合近年来区域物流规划研究成果，以图例集成的方式研究并提出区域物流规划模式的“盆式”结构，包括区域物流规划的理论体系、内容体系和方法体系，其中，理论体系是整个区域规划的基础，内容体系是区域规划的具体内涵，方法体系是解决问题和具体实现规划内容的关键所在，应以此为基础，指导我国区域物流规划科学有效地进行。赵启兰等[66]分析了区域物流规划的定位现状及其基本原则，以此为基础，分析了影响区域物流定位的因素及其变化趋势，利用层次分析法确定各因素的权重，建立了确定区域物流定位的定量分析模型，并将此法应用于“郑州现代物流规划”项目中，为郑州发展区域物流提供了依据。该模型具有一般性，可根据不同城市（或区域）的实际情况，对所选取的影响因素进行适当调整，进而可以将模型推广应用。刘建文[67]立足于非均衡发展理论对区域物流规划的适用性和原理释义的分析，在此基础上，构建了囊括设计原则、基本框架、评价内容及评价指标的区域物流规划评价体系。陈火全等[68]研究了区域物流信息化规划研究领域中物流信息化定义、区域物流信息化规划理论与实践、趋势等不同的研究视角及焦点。结果表明，迄今为止，还没有一个物流信息化定义被大家广泛地认同和使用；区域物流信息化规划理论面临新的挑战；区域物流信息化规划实践中对于物流信息化平台的投资运营模式、管理模式等方面的研究显得不足；出现了从物联网来研究区域物流信息化规划的新趋势。王建[69]指出现代物流理论、区域经济理论和战略环境分析理论是区域物流规划的主要理论基础，并提出区域物流发展规划的核心内容包括建设三大网络（物流运作设施网络、物流运输设施网络和物流信息网络）、构建两大体系（物流人才教育培养与物流技术发展体系、物流发展政策措施体系）和优化物流业结构。王敏[70]运用模糊评价分析和聚类分析的方法，对河南省区域物流中心规划进行实证分析，结果表明，河南省十七个地市可分为五个类别和三级中心，在此基础上，构建了大郑州、豫西、豫北、豫东、豫西南五大物流圈，以形成布局合理、高效便捷、功能完善的区域物流体系。

3）区域物流竞争力研究

区域物流竞争力研究主要涉及区域物流竞争力影响因素、评价指标、评价方法等方面的研究，代表性研究成果如下。

王圣云和沈玉芳[71]从区位环境、硬环境、软环境和经济环境四大要素入手，应用主成分分析法和因子分析方法对我国区域物流竞争力进行了综合评价和比较，结果表明，强竞争力省区市主要分布在东部沿海地区的珠江三角洲、长江三角洲和环渤海地区，弱竞争力省区市主要分布在西部地区，并以此为基础分析了我国区域物流竞争力的特征。肖艳[72]提出通过隶属度分析、相关分析和鉴别力分析对初选指标进行筛选，围绕竞争环境、竞争实力、竞争潜力三方面构建了区域物流竞争力评价指标体系；采用改进的层次分析法对我国各省区市的区域物流竞争力进行评价；通过评价结果分析了我国区域物流竞争力的空间布局及发展趋势，并针对我国区域物流竞争力较弱的西部地区，提出西部地区提升区域物流竞争力的发展策略。谢如鹤等[73]从物流产业发展环境、产业组织形态与规模、产业发展水平、产业市场竞争力、产业社会化水平、物流企业整体竞争力六个方面构建评价指标体系，运用多层模糊评价法对区域物流产业竞争力进行了评价。欧阳小迅和黄福华[74]通过对区域物流竞争力解释性因素进行评判，建立了一套三级区域物流竞争力评价指标体系，运用基于方差加权与熵值法相结合的综合赋权非线性评价模型对区域物流竞争力指数进行测度和评价。季模模[75]认为物流产业竞争力评价体系应从产业规模、产业效益、产业结构、产业需求、产业环境等方面进行构建，并应用主成分分析法对我国各地的区域物流产业竞争力进行了排序和综合评价。张乐[76]从研究区域物流产业体系结构出发，认为企业发展水平、基础设施水平、物流信息化建设、经济基础、社会环境及政策是影响区域物流产业竞争力的五个关键因素，并依此构建了一套区域物流产业竞争力评价指标体系，应用多级模糊综合评价法建立了区域物流产业竞争力评价模型。李虹[77]综合运用物流理论、产业经济学、区域经济理论以及数理分析方法，从环境竞争力、供给竞争力、发展竞争力以及竞争潜力等四个方面建立了区域物流竞争力评价指标体系，利用主成分分析法在全国范围内对辽宁区域物流竞争力进行了综合评价。何景师等[78]采用因子分析法对长江三角洲、珠江三角洲、环渤海三大经济圈的七省市物流产业核心竞争力进行分析，并计算出基础因子、吸引因子和物流效益因子等三个主成分因子和综合得分排名，实现了区域物流核心竞争力的评价，最后从五个方面给出了提升区域物流产业核心竞争力的对策。蒋明琳等[79]以波特钻石模型作为研究分析范式，从政府能力、物流需求、物流资源、物流企业、区域经济发展水平和信息化水平等六个方面构建区域物流竞争力评价体系，运用因子分析法对中部六省与我国其他各省的区域物流竞争力水平进行实证比较分析。实证结果表明：中部六省区域物流整体竞争力在全国处于中等水平；六省之间的区域物流竞争力差异较大；除山西以外，各省的区域物流供需水平严重失衡。并在此基础上从培育物流骨干企业和信息化建设等方面提出政策建议。李玉民等[80]从低碳物流竞争环境、服务能力、发展水平三方面构建区域物流低碳竞争力评价指标体系，通过投影寻踪法测度各指标对区域物流低碳竞争力的影响程度，利用投影值函数表征区域物流低碳竞争力水平，依据投影值散布图对区域物流低碳竞争力进行排序、分类。应用河南省相关数据进行实证研究，测度河南十八个地市物流低碳竞争力指数，将其划分为四个竞争层次，分析每个层次的地市在发展物流低碳竞争力中面临的问题并提出建议。邹书利和王亚芳[81]运用主成分分析法对珠江三角洲内部区域物流竞争力进行分析评价，根据评价结果，深圳、广州、东莞三地的区域物流竞争力在珠江三角洲地区名列前茅，惠州、肇庆、江门三地的区域物流竞争力排在最后。

4）区域物流需求研究

区域物流需求研究主要是研究如何选择合适的方法对区域物流需求进行有效

的预测，代表性研究成果如下。

过秀成等[82]认为区域物流需求量是区域物流中心设置与分布的主要决定因素，是区域物流中心功能设计和规模确定的基础，在参考宏观经济预测和交通需求预测有关方法的基础上，提出了多区间投入产出模型和空间价格均衡模型相结合的区域物流需求分析模型，该模型既能较好地分析地区间和部门间的经济关联，同时又能将交通产生作为内生变量处理，并加以修正，使物流需求分析过程很好地把握社会经济和物流供应条件两方面因素，具有较高应用价值。王晓原和张敬磊[83]在区域物流需求预测分析的基础上，构建了区域物流规模预测的集对分析聚类预测模型，用此模型对山东省各地区的区域物流规模做出预测。该模型将物流作业量规模与影响业务量变化的社会经济（如三次产业产值、国内生产总值）等环境因素联合起来考虑，为区域物流政策的制定以及基础设施规划提供了一定的依据。汤俊和肖建华[84]、张步阔[85]以基于最小一乘准则的最优回归原理为主要算法，结合物流系统规划理论，建立了区域物流需求预测的最小一乘准则最优回归模型，并将该模型应用于区域物流需求的短期预测中，取得了较为理想的预测结果并获得了很好的稳健性。

王伟等[86]考虑物流节点的资源环境约束条件，提出了具有普适性的物流节点物流量预测方法体系，将物流节点的物流需求分为趋势性、转移性和诱发性物流需求，引入生命周期理论确定物流节点成长曲线，基于供需动态均衡构建逻辑（Logistic）模型，确定物流节点物流量，并以豫南口岸物流中心为例进行实证分析，预测结果表明，较之以往预测方法，该方法更为适合物流节点发展的实际，可为物流节点选址、规模的确定、布局和合理化运营提供依据。周晓娟和景志英[87]运用多元线性回归（multiple linear regression，MLR）模型对河北省物流需求预测进行实证分析，证明了多元线性回归模型适合进行区域物流需求预测，并从三个方面提出加快河北省物流产业发展的政策建议。李勇等[88]研究了区域物流网络中由 x 个零售商、y 个配送中心、z 个供应商组成的供应链的库存需求预测问题，将供应链的各个节点分为上下游两级，结合供应链以及库存需求的特点，运用狄克斯特拉（Dijkstra）算法求解了最短路径，构建了整条供应链的需求预测模型，用以求得各个节点企业的精确需求量，最后通过具体实例论证了预测模型的有效性。许沛沛和何跃[89]将自组织数据挖掘方法应用于区域物流需求预测，建立了参数的数据处理分组法（group method of data handling，GMDH）输入输出模型和非参数模糊规则归纳区域物流需求预测模型，鉴于单个模型预测的局限性，以最小二乘法为最优化准则，建立了最优线性组合预测模型，实证分析表明，自组织数据挖掘方法是区域物流需求预测的有效工具，组合预测结果比较满意。冯淑贞[90]结合我国社会物流统计制度确立的指标体系，对传统的以货运量为核心的物流预测方法的优缺点进行了分析，在此基础上提出了产运系数法，即从物流基本概念出发的物流需求量计算方法，并采用该方法对某地区的运输量、库存量、配送量、全社会物流需求量、第三方物流需求量进行了预测。结果表明，以产品为核心进行物流需求量预测相对于以货运量为核心进行物流需求预测更能反映市场需求的真实情况。龙琼等[91]提出了一种基于诱导有序加权平均算子和模糊层次分析法相结合的组合预测模型，先采用诱导有序加权平均算子建立组合预测模型，并基于历史数据解算各单项预测模型的加权系数；再针对组合预测模型中各单项模型的加权系数确定问题，引入模糊层次分析法，得到各单项预测模型的公平排序，进而确定各单项预测模型在预测年度的诱导值序列，从而预测出相应物流需求量；最后通过应用算例验证了该模型的正确性和可靠性。

何国华[92]从区域物流需求预测内容、指标选择和预测方法三方面进行了系统研究，首次全面综合地提出了区域物流需求预测的内容及其对应的评价指标，并将货运量作为进行物流量分析的类比指标，运用灰色预测模型进行区域物流需求的预测与分析，获得了较高的预测精度。周茵[93]在灰色预测模型的基础上建立残差灰色预测模型，并应用该模型对西安地区铁路货运物流需求进行预测，结果表明，该方法具有预测精度高、理论可靠、计算简单等优点，有良好的实用性。王小丽[94]针对区域物流需求量影响因素众多、难以准确掌握的问题，将灰色预测模型与多元线性回归模型加以整合，提出了多因素灰色预测模型，并将该模型应用于河南省物流需求的预测中，提高了区域物流需求预测的精度和可靠性。高洪波和杨建强[95]基于多变量灰色模型算法，以物流需求预测为目标，研究探讨了物流需求预测的多变量灰色模型［GM（1，n）］的构建思路与方法，并以某地区的物流需求为算例，构建了一个物流需求的 GM（1，3）模型，给出了该模型的构建步骤和过程，通过残差检验证实 GM（1，3）模型对物流需求预测有着较好的可行性和实用性，且使用该模型预测时所需原始样本数据量小，预测精度较高，无论是对物流需求的宏观长期预测，还是对物流需求的微观短期预测都具有一定的适用性。Geng 和 Zhang[96]提出了一种基于自适应粒子群优化算法与无偏灰色模型的物流需求预测方法，无偏灰色模型用于预测物流需求，自适应粒子群优化算法用于调整无偏灰色模型的参数，分别以中国物流需求数据和河北省实际物流需求为例，检验了所提方法的有效性，结果表明，所提方法的物流需求预测性能优于传统的无偏灰色模型和灰色模型。倪金升和狄卫民[97]利用双指数平滑法对 2012~2020 年河南省铁路运输、公路运输、水路运输和航空运输四种运输模式的物流需求量进行预测，预测结果表明，河南省不同运输模式的货运量和货运总量都将呈现出继续增长的良好态势，河南省物流业将处于一个持续、快速增长的黄金时期；在此基础上，结合河南省实际情况提出了协调投资比例、平衡物流发展、优化产业结构、发展第三方物流、加强物流网络化建设、完善物流法律法规等六方面的建议。

后锐和张毕西[98]在研究区域经济与区域物流需求之间内在关系的基础上，提出了区域物流需求的多层感知器（multilayer perceptron，MLP）神经网络预测模型，该模型采用区域经济指标对区域物流需求进行预测，以实现区域经济与区域物流需求之间的非线性隐式表达。他们通过对上海市物流需求的预测发现，该模型能够实现较高的既定预测精度与效度，但其数据依赖性较大，对数据样本数量与质量要求较高。周泰和王亚玲[99]在全面分析影响区域物流需求的多种因素以及合理选取物流需求量指标的基础上，采用径向基（radial basis function，RBF）函数神经网络构建了区域物流需求量的非线性预测模型，并以四川省相关统计数据为基础，对区域物流需求量进行了预测，研究表明，该预测模型较全面地反映了区域物流需求量的变化规律，预测精度较高，泛化能力强，预测结果具有较高的可信性。尹艳玲[100]分析了影响物流需求的因素，在此基础上提出了基于自适应神经网络算法的物流需求预测模型，给出了基于梯度信息的离散神经网络自适应学习算法，并采用李雅普诺夫（Lyapunov）方法证明了算法的收敛性，通过对某市物流需求的实证研究比较了常规神经元网络和自适应神经网络的物流需求预测结果，结果表明，自适应神经网络可以得到更为精确的预测结果，比常规的神经网络具有更快的收敛速度和更小的预测误差。陈思远和郭奕崇[101]利用逆向传播（back propagation，BP）神经网络构建了安徽省物流需求预测模型，在初步确定了预测模型的输入指标和输出指标后，通过灰色关联分析，验证了两者之间的强关联性，该模型揭示了输入指标与物流需求量指标之间的非线性映射关系；利用训练好的 BP 神经网络进行预测，计算结果表明，基于 BP 神经网络的物流需求预测模型是有效的，获得了较高的预测精度。贾素琴和杨家其[102]考虑到影响区域物流需求的因素众多且复杂、单一的预测模型很难做出准确预测，通过对影响物流需求的各生产或经济指标进行相关性分析，构建了基于自回归移动平均-径向基神经网络模型的区域物流需求量预测模型，以吉林省为例，对吉林省 2014~2020 年物流需求发展趋势进行了预测，结果表明，该方法具有较高的预测精确度，适用于不规则变化的区域物流需求预测。

庞明宝等[103]从神经网络的非线性预测入手，建立非线性支持向量机物流量预测模型，并在廊坊市应用，通过与传统时间序列、多元线性回归、BP 神经网络时间序列及多元非线性回归进行比较，证明将支持向量机用于区域物流量预测比其他方法具有更高的预测精度，能对不同年份都做出较为精确的预测，是一种更有潜力的新方法。唐伟鸿和李文锋[104]提出一种基于时间序列的支持向量机物流需求预测方法，通过对某省公路运输量的预测表明，该方法用于物流系统中的运输量预测是可行的，相对于神经网络，该方法对数据有更好的容错性，能保证快的收敛速度和高的计算精度，且解收敛于全局最优，预测结果更接近于真实值。骆世广等[105]针对物流量预测问题受众多因素影响，而已有的方法都是用多输入单输出模型进行预测、难以获得满意的预测效果，提出一种多输出支持向量机的方法用于广州市的物流量的预测，并选取自适应迭代支持向量机方法进行预测，结果证明，多输出支持向量机的预测是有效的。黄虎等[106]从区域经济等影响因素指标与区域物流需求之间的内在关系的角度，应用基于结构风险最小化（structural risk minimization）准则的支持向量回归（support vector regression，SVR）方法，建立“影响因素-区域物流需求”SVR 预测模型来研究预测区域物流需求问题。运用该方法对上海市的物流需求量进行预测，发现该方法能获得较小的训练相对误差和测试相对误差。王娜[107]分析了区域物流和区域经济之间的关系，并从经济发展影响因素的角度出发，建立了基于结构风险最小化原则的 SVR 预测模型，通过对某市物流业的实证分析，证明了 SVR 预测模型的可行性和可信度。陈思等[108]对区域物流需求多样性的特征进行了分析，并在此基础上建立了多产业结构下的 SVR 预测模型，并利用四川省 2000~2010 年的实际数据对模型进行了预测和研究，预测结果表明，基于区域物流多样性的预测模型比不考虑区域物流需求差别的预测更为准确。陈海英等[109]针对当前支持向量机的参数优化难题，提出一种改进人工鱼群算法优化支持向量机的物流需求预测模型，首先对原始物流需求数据进行混沌分析，挖掘出隐藏其中的物流需求变化规律，然后采用支持向量机对物流需求数据进行非线性建模，并采用人工鱼群算法搜索支持向量机的参数，最后利用某地区物流数据与当前经典模型进行性能对比测试，结果表明，该模型预测精度更高，更加客观地反映了物流需求变化特性。庞明宝等[110]针对普通最小二乘预测所存在的问题和物流系统样本量少的具体状况，提出偏最小二乘 SVR 区域物流量预测方法，采用主成分分析法提取影响物流量因素的新综合变量，建立以新综合变量为输入、物流量为输出的 SVR 非线性预测模型，在廊坊市物流量预测中进行仿真试验，证明了该方法的可行性与正确性。

梁毅刚等[111]将核主成分分析（kernel principle component analysis，KPCA）与最小二乘支持向量机相结合建立了区域物流需求的核主成分-最小二乘支持向量机预测模型，先利用核主成分分析提取物流需求影响因素的非线性特征信息，再将提取出的非线性主成分输入最小二乘支持向量机进行区域物流需求预测；最后通过实例验证该模型的预测性能。结果表明，核主成分分析具有很好的非线性特征提取能力，适用于区域物流需求影响因素的特征提取，核主成分-最小二乘支持向量机预测模型的预测精度较最小二乘支持向量机明显提高，是一种有效的中短期区域物流需求预测方法。之后，Geng 和 Dong [112]利用时变加速系数粒子群优化算法调整核主成分-最小二乘支持向量机预测模型的两个参数，来提高预测模型的收敛速度和预测精度，以河北省物流需求为例，验证了新方法的有效性，结果证实，时变加速系数粒子群优化算法不仅提高了核主成分-最小二乘支持向量机预测模型的预测精度，而且加快了模型的收敛速度、减少了建模时间。孙志刚[113]针对物流需求的复杂变化特性，提出一种蚁群算法优化最小二乘支持向量机的物流需求预测模型，先对物流需求数据进行重构，再采用最小二乘支持向量机刻画物流需求的复杂非线性变化特性，并通过蚁群算法优化选择最小二乘支持向量机参数，通过湖南省物流需求预测实例测试了该模型的性能，结果表明，该模型有效提高了物流需求预测精度。

王玥[114]建立了基于灰色模型、回归分析和弹性系数法的区域物流需求组合预测模型，以江苏省物流量为例，验证了该组合预测模型的有效性，并运用该组合预测模型对江苏省物流量进行了预测。刘莉[115]、白世贞等[116]针对灰色预测模型在区域物流中不能有效解决季节变动而引起的物流需求变化的问题，引入季节指数的概念，构建基于灰色模型和季节指数的物流需求预测模型，阐述了该方法的建模过程，给出了相应的具体实施方案，并以哈尔滨市物流需求统计数据为例，对所提方法进行了仿真分析，仿真结果证明了该方法的有效性和可行性。闫娟[117]、李程[118]分别采用组合灰色预测模型与神经网络预测区域物流需求，通过与单一灰色预测模型、单一神经网络的比较，得出组合预测模型具有更高区域物流需求预测精度的结论。万励等[119]先采用线性回归模型、移动自回归模型和支持向量机分别预测区域物流需求，再通过 BP 神经网络对预测结果进行非线性组合，对上海市物流需求的预测结果表明，组合预测模型很好地揭示了上海市物流需求的变化规律，提高了物流需求的预测精度。黄敏珍和冯永冰[120]、牛芳兵[121]针对区域物流需求本身的不确定性特点，利用灰色预测模型预测区域物流需求，采用马尔可夫链模型对预测结果进行修正，应用结果表明，该方法得出的预测结果更可靠，而且能够对区域物流需求的发展趋势进行宏观把握，有利于决策者的决策行为。曹萍和陈福集[122]以货运量作为物流需求的内容，选取福建省 1997~2009 年经济数据作为面板数据，采用基于遗传算法的灰色神经网络模型对福建省区域物流进行预测，实证结果表明，网上购物水平是影响区域物流需求量的一个重要因素，组合预测模型较单一预测模型具有更好的预测效果，未来几年内福建省物流需求将呈上升态势。田丽[123]采用组合预测的方法，建立了一种基于支持向量机和神经网络的组合模型，采用支持向量机进行预测得到预测基本数据，通过 BP 神经网络修正残差，进行算例仿真分析，结果证实，组合预测模型具有更高的精度，是一种有效的预测方法，为物流需求预测提供了新的思路。邓敬春和杨梅[124]在分析现有城市物流量预测方法的基础上，针对现有预测方法不能准确反映城市物流的结构和空间分布特征的问题，提出了物流需求预测四阶段法的思路，并对各阶段采用的相对较为可行的预测方法、模型及应用进行了分析。运用该方法，较好地解决了物流在城市运输网络上的主要物流流向与流量预测问题，为城市物流基础设施布局规划提供了依据。

5）区域物流能力研究

区域物流能力研究主要涉及区域物流能力分析、区域物流能力评价、区域物流能力与区域经济关系等方面的研究，代表性研究成果如下。

谭清美和葛云[125]以货物周转速度作为衡量区域物流能力的综合指标，对江苏省 1984~2001 年的物流能力和交通行业投资的关系进行回归分析，通过研究区域物流投资弹性问题，得到江苏省物流能力投资弹性随时间的变化和物流能力投资弹性与投资的关系曲线，以此模型预测了 2004 年江苏省物流能力投资弹性值，并指出物流能力的提高不仅仅依赖于交通行业投资的增长，建设现代物流系统是提高江苏省综合物流能力根本途径的结论。闰秀霞和孙林岩[126]指出，区域物流能力有两个方面属性，即区域物流的需求能力和区域物流服务的供给能力（区域物流服务的供给能力可分为区域物流服务运作能力和区域物流服务关系能力两要素），并以中国经济区域划分中的东部、中部、西部地区的不同省区市为样本，采用结构方程模型，以线性结构关系（linear structural relation）软件为工具，对区域物流能力与区域经济协同发展进行了实证研究，研究发现，利用结构方程模型能够较好地解释区域物流能力和区域经济的协同问题，区域物流运作能力和关系能力的提高在一定程度上能够提升区域经济的竞争力。闰秀霞和孙林岩[127]提出了一个物流能力与区域经济关系的概念模型，对地区差异条件下物流能力对经济增长的影响作用进行研究，结果表明，在同一时段下，东部地区物流能力对经济增长的影响大于中部、西部地区，其他因素在不同地区之间的边际产出有一定的差异，突出表现在西部地区劳动力投入对经济增长的影响维持在较高的水平，而在不同时段下，物流能力对经济增长的影响在东部、西部地区之间有着不同的变化趋势。王岳峰和刘伟[128]研究认为，物流能力必须含有任务和资源两个要素，企业物流能力、供应链物流能力、区域物流能力的任务都是不一样的，区域物流能力的供给主体是区域物流部门，其任务是满足社会经济发展的需要．区域物流能力的构成也包括要素性资源和结构性资源；在此基础上，定性分析了区域物流能力规划与区域经济发展之间的辩证关系，指出在进行区域物流能力规划时，要考虑未来物流需求的不确定性。冯华和胡娟[129]采用主成分分析法构建区域物流能力评价模型，以湖北省为例，对历年湖北省物流能力的时间序列数据进行综合分析与评价，并采取横向比较的方法，将湖北省物流能力与其他省份物流能力水平相对比进行分析，通过综合主成分指标来分析区域经济与区域物流能力之间的相关性，研究发现，区域物流能力对区域经济增长有明显的拉动作用，大力发展物流产业、提高区域物流能力应是湖北省经济建设的重要任务。

周泰等[130]将区域经济与区域物流能力的作用关系分解成区域产业经济与区域物流能力关键要素的作用关系，选取区域物流能力的三个关键要素作为控制变量，建立了区域物流能力与产业经济的灰色控制系统，并以江苏省为例进行了实例分析，实证结果表明，该模型计算结果客观、合理，具有实用价值。徐文彦[131]在界定物流能力含义的基础上，探讨了区域物流能力的含义及其构成要素，并从区域经济发展水平、交通投资及物流需求等三个方面定性地分析了区域物流能力与区域经济的关系，认为区域物流能力的规划和建设应适应或适当超前于区域经济发展，从而起到拉动区域经济发展的作用而不致出现资源浪费。周泰等[132]将灰色预测模型与径向基函数神经网络有效结合，构建了基于灰色径向基函数网络的非线性组合预测模型，并应用该组合模型对 2006~2008 年的四川省物流能力值进行了短期预测，并分析了预测结果的合理性。研究表明，该组合模型优于任何单一灰色预测模型，能很好地反映区域物流能力的变化规律，在小样本、贫信息的条件下仍然能得到合理精准的预测结果，具有实用性。李全喜等[133]从物流基础设施、物流经济产出、物流产业规模等方面的指标体系出发，构建包含区域经济产出、社会物资需求、基础设施投资等方面的区域经济指标体系，基于我国 2003~2008 年 31 个省（自治区、直辖市，不含港澳台地区）的面板数据，利用典型相关分析方法对区域物流能力与区域经济发展进行实证分析，发现区域物流能力与区域经济发展高度相关，并从物流建设投资、物流基础设施、区域物流从业人员、区域物流规模等方面提出了促进区域物流能力发展的建议。陈虎和杨勇攀[134]对攀枝花市 1995~2008 年区域物流与地区生产总值增长的有关数据进行因果关系检验与协整分析，并建立误差修正模型，探讨攀枝花市区域物流能力与地区生产总值之间的关系。研究发现，攀枝花地区区域经济发展与区域物流能力之间的因果关系是单向的，区域经济发展是区域物流能力发展的原因，区域物流能力与地区生产总值之间存在长期的均衡关系，当期物流能力的发展会强烈受到上一期区域经济发展的影响。

王岳峰和刘伟[135]以盲数作为数学工具建立了区域物流能力的盲数测评模型，在构建区域物流能力构成要素的层次分析体系基础上，采用改进的德尔菲（Delphi）法建立模糊一致判断矩阵，确定各构成要素的权重，再将专家的评分结果表示成盲数并计算盲数均值，采用加权评分的方法得到区域物流能力总的测算值，最后通过设计的算例证明了该模型的可行性和适用性。张诚等[136]应用灰色系统建模方法，选取区域物流能力的三个关键要素作为控制表变量，以区域经济三个产业的地区生产总值为状态变量，建立物流能力与产业经济的灰色控制系统，并以江西省的数据进行实证分析，研究表明，江西省目前正处于工业化前中期，区域物流能力对第二产业发展支持最大，区域物流能力的增强能加快第二产业和第三产业的快速发展，产业结构优化和升级可通过提高区域物流能力来实现，并能区域经济的增长。周泰和王亚玲[137]分析了优化区域产业投资结构能增强区域物流能力的原因，进而建立了有约束条件限制的非线性规划投资结构优化模型，采用径向基函数神经网络实现了区域产业投资结构与区域物流能力之间的非线性映射，基于四川省产业投资实际数据，采用改进遗传算法对该模型进行求解，以获得优化问题的近似最优解以及投资结构的优化方向，优化结果表明，该模型对产业投资结构的优化是合理、有效的。李丽等[138]分析了产业转移与区域物流能力的作用机理，认为产业转移通过推动物流产业带的形成、提高物流服务能力和物流业竞争力、改善物流环境和改变物流衔接模式影响区域物流能力；区域物流能力通过现代物流管理、区域物流信息化建设、产业聚集、改善投资环境和产业结构升级影响产业转移。在此基础上，采取梯度系数法评估京津冀地区产业梯度，运用模糊物元理论评估京津冀地区的物流能力，实证结果表明，京津冀物流能力还无法适应产业转移的需要，仍要大力发展京津冀地区物流能力，发挥产业转移与物流能力间的相互作用。刘林和吴金南[139]从区域物流资源和区域物流效率两个层面构建区域物流能力的指标体系，根据我国31个省级区域（不含港澳台地区）2007~2009年的面板数据，实证检验了区域物流能力促进区域经济增长的过程机制，指出区域物流资源通过区域物流效率促进区域经济增长，物流资源、物流效率和经济增长之间存在显著的正相关关系，卓越的区域物流能力会导致卓越的经济增长。

郭艳和于兆宇[140]在分析区域物流能力与经济协同发展含义和特征的基础上，选取区域物流能力及经济系统协同发展相关指标，采用协同学理论计算了2002~2009年江西省区域物流能力与经济系统协同度值，发现江西省区域物流与经济系统得到了较好的协同发展，两者的协同度年平均增长9.9%，并指出若要进一步促进江西省区域物流和经济协同发展，应以培育和集聚支持江西省区域经济发展的现代物流企业为基础，加大物流基础设施建设，合理调整物流产业投资结构，创新物流投资环境，鼓励民营企业进入物流市场竞争，提升促进江西省经济发展的物流产业整体竞争力，同时应采取有力措施，积极吸引和培养物流人才。王小丽[141]以2000~2011年河南省相关统计数据为基础，分析了河南省区域物流发展状况，并构建区域物流能力评价指标体系，对河南省各地市的区域物流能力进行评价，发现河南省区域物流发展整体水平还较弱、各地市物流能力有明显差异、物流能力发展呈现不均衡态势，进而提出河南省可以通过整合区域物流资源、建立高效的物流网络共享平台、提升物流企业核心竞争力等策略，进一步提升区域物流能力。之后，王小丽[142]将灰色关联度模型与理想方案方法相结合，提出了一种灰色关联理想方案决策方法，并将该方法应用到河南省各市区域物流能力评价之中，选取了影响河南省区域物流能力的13个主要指标，利用灰色关联理想方案决策方法对其区域物流能力进行定量分析，结果表明，该方法的评价科学、合理、有效，评价结果与实际情况符合。张广胜[143]针对我国区域物流发展现实特点，从物流经济环境、供给能力、发展水平及发展潜力等4个方面构建了能够体现区域物流能力的指标体系，选取2011年我国31个省（自治区、直辖市，不含港澳台地区）的数据为研究样本，运用对比分析、主成分聚类分析，结合平均数、极差指标进行实证研究，分析了区域物流能力的发展差异，结果表明，各地区的物流能力发展水平各异，不同地域间各物流要素差距明显，总体呈现由东向西递减的趋势。范月娇[144]分别建立了区域物流服务能力和经济发展水平的综合测度指标体系，并选择海西蒙古族藏族自治州20个城市2004年、2008年和2012年的数据，利用因子分析法测度其综合值，基于该综合值并利用耦合度模型计算了这三个年份海西蒙古族藏族自治州各城市物流服务能力和经济发展水平耦合度，并从时间维度和空间维度对其耦合度的差异进行了分析，分析结果表明，海西蒙古族藏族自治州区域物流服务能力和经济发展水平耦合度在时间上总体表现为逐步提高的态势，在空间上存在内部差异，而且不同年份差异特征明显。

6）区域物流系统研究

区域物流系统研究主要涉及区域物流系统优化、区域物流系统演化机理等方面的研究，代表性研究成果如下。

李玉民等[145]提出了基于主成分分析的区域物流综合评价及发展战略方法，首先建立评价指标体系，利用主成分分析能够剔除多指标间存在相关性及信息重叠的特点对区域物流发展的综合竞争力进行评价；其次运用SWOT分析方法对影响物流发展的优势（strengths）、劣势（weaknesses）、机遇（opportunities）、威胁（threats）等因素进行讨论，依据讨论结果提出具有竞争力的区域物流发展战略；最后通过实例研究证明了该方法合理且可行。吴坚和史忠科[146]基于对区域物流物资调运、仓库合理布局、产品产量和库容确定等问题的系统分析，提出了一种整合的区域物流系统优化模型，并应用混合整数规划方法对模型求解。实例验算证实了该算法的正确性，能够有效解决有关物流的一些实际问题。况漠[147]从区域经济增长的内在规律出发，深入研究交通经济带演化机制中的物流作用机理，进而运用系统科学理论研究区域物流系统优化问题，探索和建立区域物流系统优化的理论和技术，为区域物流发展战略和政策的制定提供决策支持。桂寿平等[148]将系统动力学基本原理与现代物流有机结合，探讨了区域物流系统动力学的全新理念与建模方法，并根据区域物流系统动力学模型的特点，推导出了其数学解析式；通过对珠三角地区区域物流系统的分析，论证了该模型的实用性与理论指导意义，为区域物流系统的整合与调配提供了一个新的研究方向。李兆磊[149]应用区域经济和现代物流的相关理论与方法，从理论上对区域物流系统的演化机理进行深入分析，提炼出区域物流系统演化的一般性规律，阐释了我国区域物流系统演化的内外部机理，探索了符合我国国情的区域物流系统管理和调控方法，拓展了区域物流的研究领域和思路，为区域物流的健康持续发展提供理论依据和决策支持。

顾秀君[150]基于长三角地区社会物流和产业集群发展现状，研究了长三角地区区域物流系统与产业相关性，指出要保证长三角地区经济的持续高速发展，需要以长三角地区社会物流的协同发展为基础，结合长三角地区的产业集群分布，打破行政划分的限制，做好长三角地区社会物流的规划，从整体和系统的角度促进长三角地区产业结构调整，优化产业布局，促进长三角地区经济系统健康可持续。李远远[151]研究认为，区域物流系统是在外部环境和驱动力因素的作用下，以一定的基础条件为保障，实际运作产出物流服务质量和物流服务效益的系统；并按照“驱动力—基础条件—外部环境—实际运作”的逻辑思路，合理选取具体评价指标，构建了系统、完备的区域物流系统综合评价指标体系。杨晓雁[152]从区域物流系统的构造入手，建立了区域物流系统与区域经济系统相互作用关系的分析模型；通过分析模型的推演，揭示了区域物流系统与区域经济系统之间互为因果的内在关系，基于对分析模型结论的经济学讨论，根据我国经济数据进行了实证数据检验与分析，总结出区域物流系统对区域经济系统的正负反馈效应。周凌云和穆东[153]运用自组织理论和方法，分析了区域物流复杂系统的组成和自组织运行特性，并以生物种群和区域物流产业集群的相似性为基础，借鉴生态学中生物种群的生态位理论，探讨了区域物流系统的协同发展阶段，同时根据各阶段演化机理分析建立区域物流系统协同演化方程，从而为区域物流系统产业结构调整和协同发展提供决策支持。

谢泗薪和张文华[154]基于供应链动态联盟理论、产业集群联动理论及经济空间设计规划方法，从企业微观层面和经济空间宏观层面对区域物流系统协同演化与创新发展机理进行了阐述，从多重角度提出了区域物流实现路径及多尺度空间融合机制，分析了系统创新与演化的三种动力，即追求规模经济、降低交易费用、构造竞争优势，指出未来的研究需将区域物流政策与制度体系构建作为区域物流协同创新与演化的重要参量进行研究，着重探讨政府的政策法规、经济结构布局、基础网络设施的重置、交易规则制定等内容。张中强[155]将区域物流系统的组成要素分为物流基础、经济基础、基础环境三种要素；运用协同学知识，分析了区域物流系统的负熵机理，并提出要使区域物流系统驱向协同发展方向，必须使系统流出的熵大于流入的熵，即使系统获得负熵流，从而使系统的总熵下降，避免系统熵增加，导致系统出现无序状态；在此基础上，构建了区域物流协同状态模型，并阐述了模型的作用。邓恒进[156]构造了区域物流创新系统的逻辑模型，该模型包括创新主体、创新投入、创新产出和创新内容四个子系统，每个子系统分别包含三种要素；从产出牵引、要素协同、循环反馈、主导转换四方面分析了区域物流创新系统的运行机理；最后提出区域物流创新系统的应用思路。孙志伟和王淑婧[157]利用因子分析方法对面向日韩的山东半岛主要城市物流业竞争力水平进行分析评价，确定了青岛为一级节点城市，烟台、威海为二级节点城市，潍坊、淄博、东营、济南与日照为三级节点城市，并在此基础上确定了面向日韩的外向型港口轴线、铁路公路连接东西轴线、中转辐射内陆轴线以及海运中转轴线四条物流发展轴线，最后划定鲁东、鲁中、鲁南三大物流发展区域，为面向日韩的半岛区域物流系统更快、更健康地发展提供了理论思考。杨云峰等[158]在界定区域物流协同内涵的基础上，构建了包括 13 项指标的区域物流系统协同水平评价指标体系，并运用系统协同度模型测度序参量的方法构建了区域物流系统协同水平测度模型，并利用该模型测度环渤海地区的物流系统协同发展水平，应用结果证实，该模型能有效测度区域物流系统的协同发展水平，并对区域物流子系统的发展状况做出评价。

1.2.2　国内外区域物流与区域经济研究现状

1. 国外区域物流与区域经济研究现状

国外有关区域物流与区域经济的阐述最早可追溯到18世纪70年代，亚当·斯密[159]提出“一国商业的发达，全赖有良好的道路、桥梁、运河及港湾等公共工程”，“经济的发展，需要有良好的物流基础设施作为支撑，整个流通过程才能得以顺利进行”。物流活动渗透于社会经济系统的生产、交换、分配、消费四大环节中。从生产过程来看，生产资料的装卸、搬运、存储等物流活动无不一一参与了资本价值的增值过程；同时，从流通过程来看，商品的价值又包含了物流活动产生的各种费用，如运输费、仓储费等。关于区域物流与区域经济的理论研究是以韦伯[160]的工业区位论为代表的经典区位理论。工业区位论首次提到区域物流系统的规模和效率会对区域经济的发展产生影响，但这一理论仅研究了交通因素在区位选择中的作用，以及由此产生的运输费用对产品成本产生的影响，未对区域物流与区域经济之间的作用关系进行研究。20世纪50年代以后，越来越多的国外学者开始重视区域物流系统的区域经济效益与社会效益方面的研究，研究内容主要集中于企业这一微观层面，对中观层面或宏观层面的研究较少。相关的研究内容可概括为四个方面[161]。

1）交通运输与区域经济之间关系的研究

Paul[162]指出，交通运输和其他社会制度都是生产增长的源泉，竭力主张发展交通运输来带动经济的繁荣和发展。Scherer 和 Ross[163]研究发现，区域交通运输状况与区域经济之间存在相辅相成、相互促进的关系，经济发达区域的交通运输就相对繁荣，而交通运输繁荣的地区，其区域经济也相对比较发达。Debbage[164]研究了航空运输与区域经济发展之间的关系，并得出航空运输与区域经济的发展之间具有重要联系的结论。Rondinelli 和 Berry[165]研究认为，经济全球化对多式联运的服务与结构提出了更高的要求。Button 和 Taylor[166]在分析航空运输与区域经济发展关系的基础上，构建了美国新经济制度与区域航空运输之间的关系模型。Pedersen[167]将运输作为物流的一个环节，研究了运输在区域经济发展中的作用，发现在20世纪70年代前，运输费用是区域经济和工业发展的最重要的因素之一，随后运输费用的重要性逐渐减弱，将货物运输转化为物流这一更广的范畴之后，它的重要性越来越强。Kulshreshtha 等[168]通过时间序列分析和多元共交向量自回归模型定量分析了印度铁路货物运输需求的长期结构关系，证实了印度铁路运输物流对经济增长的影响。Berechman[169]基于亚壁古道的比较，研究了罗马公路发展的运输和经济问题。Ham 等[170]通过建立模型，分析了区域之间的货物流动和多重运输网络对区域经济的直接与间接影响，认为其对区域经济规模与范围也存在着影响作用。Lahiri 和 Yao[171]认为，运输在商业循环中扮演重要角色，他们通过严格的统计程序建立了运输经济指标体系，用于评估运输的现状和预测其未来。Zhang[172]研究了交通运输条件对经济增长与经济带的影响作用，得出运输与区域经济之间存在密切相关性的结论。

2）区域物流基础设施与区域经济发展关系的研究

Ahmed 等[173]对发展中国家的道路投资进行了研究，研究发现，在许多发展中国家，运输设施的不足是造成社会经济发展和民族融合的重要瓶颈之一；交通运输设施是其他基础设施的先行投资，运输设施的缺乏会致使教育和医疗服务设施等其他公共社会基础设施难以引入，同时会阻碍现代技术的传播、农业生产的投入以及农业和其他经济部门通过市场的联系。Aschauer[174]应用经济计量的方法研究了基础设施投资下降和随后生产率下降之间的关系，证明了基础设施对经济发展具有极其重要的作用。Talley[26]构建了区域交通基础设施投资与区域经济生产的关系模型，并利用该模型研究了两者之间的作用关系，结果表明，区域交通基础设施投资所产生的空间可达性与服务质量对区域经济生产与运输服务有重要影响。Meléndez[22]对拉丁美洲物流基础设施与区域经济发展进行了研究，结果显示，相关基础设施的规划建设对区域物流业的发展来说非常重要，对区域经济一体化的发展具有积极意义，导致物流效率低下及区域内部经济活动发展缓慢的主要原因是滞后的区域经济制度环境。

Lee 和 Yang[175]研究了韩国仁川国际机场的发展战略，分析了其作为东北亚物流中心的发展潜力，认为韩国仁川国际机场为提高其竞争力应有选择性地发展。Zevgolis 等[176]分析了希腊雅典地下仓储物流中心的建造、库容量和经济情况，同时论证了在土地价格高和土地紧缺的情况下，地下物流设施比地面上相同功能的物流设施更具有经济竞争力。Leonard[177]、Akombe[178]研究发现，物流设施网络和物流区域一体化的建设对区域经济增长具有显著的促进作用，但是，区域经济一体化整合的过程需要政府有效加强相关政策的引导与扶持作用，更需要借助于现代物流业的发展来强化市场配置生产要素的功能，共同促进区域经济的增长和产业结构的优化。Mačiulis 等[179]从定性角度分析了物流基础设施投入与区域经济增长的关系，认为物流基础设施投入与区域经济增长之间存在正向推动效应和负向阻碍效应，并提出了物流产业基础设施投入与经济协调增长的可行性策略。

Hulten 等[180]的研究结果表明，基础设施网络外部性对经济发展具有显著的正向促进作用。Bensassi 等[181]将物流基础设施建设指标作为解释变量，构建了一个增强型的贸易引力模型，通过对西班牙地区的实际验证，研究了物流基础设施对区域经济发展的重要作用。Padeiro[182]运用层次回归模型分析了物流基础设施建设对巴黎地区经济以及解决就业问题的作用，结果表明，物流基础设施建设能够实现高就业和高经济增长。

3）城市物流与城市经济关系的研究

Taniguchi 等[183]引入了城市物流的概念，并指出城市公共物流节点对交通堵塞具有一定的缓解作用，可以利用各个物流节点的功能来降低成本、节约能源，进而促进城市经济的发展。Ramokgopa[184]论述了城市物流系统对城市经济产生的重要作用，并且从定性角度分析和评价了区域物流与区域经济协调发展的影响因素，得出城市物流系统在城市经济发展中起到重要作用的结论。Raicu 等[185]认为，城市道路交通运输网络是城市物流发展的重要载体，并运用可靠性矩阵仿真模型分析了城市道路交通运输网络的可靠性与城市物流业运作可靠性的关系。Benjelloun 和 Gabrriel[186]对城市物流的模型、概念、规划问题进行了论述分析，基于城市中大量成功的项目，预测了城市物流的发展方向，并提出了解决城市物流瓶颈的合理途径。

4）区域物流与区域经济关系的研究

Kisperska-Moron[187]对波兰经济过渡时期的物流变化情况进行了研究，并指出在经济过渡期，波兰经济发展的关键是物流，不同经济时期的库存变化情况能够揭示物流的变化情况。Padmore 和 Gibson[188]认为，现代物流的扩散效应和回流效应促使企业外部规模经济形成区域产业集群，加速区域劳动市场扩大、技术外溢、行业创新，进而实现区域经济一体化；区域物流发展在结构、动力和自适应性三个方面具有动态复杂性特征。Bowersox 等[189]研究了区域经济一体化与物流产业发展之间的关系，认为区域经济的稳定发展在带动区域物流产业发展的同时，其增长方式和产业结构的优化也在一定程度受到物流产业发展的影响。Tanigucji 和 Heijden[190]以城市作为研究对象，从经济和环境两个角度出发，研究了物流交通线路设计和网络优化问题，并利用计算机模拟仿真技术建立了城市物流交通网络模型对城市物流进行定量研究，分析了城市的运输需求以及城市交通拥挤与城市宏观经济增长之间的长期均衡关系，其研究结论具有一定的借鉴作用。Iding 等[191]探索了特立尼达岛、多巴哥岛和新加坡等地区物流业发展的经验，总结了区域经济的快速增长与该区域物流业发展之间的关系，为荷兰 Curacao 经济区的建设提供了理论指导。Gogoneata[192]根据世界银行的数据，分析了 42 个国家物流产业与经济发展的影响因素，通过回归分析得出物流产业的发展与该国经济有较强关联性的结论。Tyan 等[193]研究指出，在经济全球化和电子商务的大背景下，跨国公司建立全球供应链体系是保证市场份额的必要手段，并且第二方物流正逐渐成为国际性产品分拨的主体。Francisco[194]研究了圣迭戈地区物流业与经济发展的关系，认为圣迭戈应根据货物价值的流向来规划布局物流网络体系，以此促进当地经济的发展。Larson 等[195]以美国东南部地区为例，选取储存、运输、配送等物流环节所产生的物流成本为研究对象，分析了物流成本对区域经济的影响，得出物流成本在一定程度上阻碍区域经济发展的结论，并且从降低物流成本的角度提出实现经济发展的对策。

2. 国内区域物流与区域经济研究现状

国内有关区域物流与区域经济的研究起步相对较晚，最早开始于 20 世纪 80 年代关于经济联系与运输联系共存发展的探讨。这些研究为区域物流与区域经济之间关系的探索提供了新的思路和理论方法。由于行政区划等因素的影响，国内关于区域物流与区域经济的研究侧重于宏观层面、区域层面的研究。相关研究内容主要涉及以下两方面。

1）区域物流与区域经济相互关系的研究

区域物流与区域经济相互关系研究在国内开展得较早，取得了一系列的研究成果，代表性研究成果如下。

董千里等[196]分析了物流发展的理论，从微观层次探讨了区域物流运作的四种基本模式，并提出了针对区域经济新增长点的开发建设以及汽车运输企业第三方参与区域物流活动的思路和途径。具体来说，采用企业集团和多企业聚合等方式是实现区域物流系统化的有效手段，也是交通运输业的技术创新和运输业向高度化方向发展的重要途径；在构筑区域物流系统的过程中，政府及主管部门利用有关机制培育能够将现有物流设施联网运行的经营主体是第一步；指导专业性、行业性、小区域范围物流系统逐步兼容扩展是第二步；在规划设计各类开发区时，应当运用区域物流理论指导区域内外高层次物流合理化目标和运作方式的实现，从而使各类开发区能够在更大范围内、更高层次上实现并享受区域物流合理化的规模经济和社会效益。刘文茹等[197]在分析区域物流与区域经济关系的基础上，从区域市场中的流通、区域性物流中心的传统功能和服务两方面探讨了区域性物流中心在区域经济中的地位；指出了我国目前区域物流中心建设中存在的问题涉及体制弊端、条块分割和区域封锁、社会化程度低以及信誉问题等方面。并提出了我国区域物流中心建设今后的发展对策：做好区域性物流中心的总体规划和内部规划；加快我国物流设施的发展与建设，积极进行物流中心的技术改造；加快我国物资、商业批发企业的转型改制，完善物流功能；注重研究开发物流技术和装备，降低物流成本，提高物流中心效率；积极引进外资，推动中外合资物流企业的发展步伐，以引进国外先进物流技术和管理经验，带动我国物流业的发展，提高我国物流业的现代化水平；扩展区域性物流中心的功能和规模，加快建立物流业的信誉等级制度。张文杰[198]运用经济学中的区域经济理论与交易理论研究了区域经济与现代物流之间的相互关系，指出经济的全球化、区域经济一体化、区域中的企业对利润和核心竞争能力的追求以及我国经济发展的现实促进了现代物流的发展；同时，现代物流的发展也改变着区域经济的增长方式、促进新的产业形态的形成、优化区域产业结构、促进以城市为中心的区域市场的形成和发展。徐杰和鞠颂东[199]以长江经济区为大环境，重点探讨了长江经济区区域经济系统空间结构及运行、产业结构变动导向、区域经济一体化战略的推进对安徽地区物流需求的影响，得到的结论为：长江经济区的区域经济运行决定了安徽地区基本物流服务需求，产业结构升级改变了安徽地区物流需求结构，经济一体化战略的推进带动了安徽物流服务需求的变化。谭清美和王子龙[200]结合货物周转量和旅客周转量这两项指标，引入物流当量概念，用以综合反映区域物流能力，并通过分析江苏省物流能力对经济增长的贡献情况，得出江苏省物流能力对地区生产总值增长的贡献率为36.77%的结论。

海峰等[201]在阐述区域物流内涵的基础上，系统探讨了区域物流主体、客体与载体等区域物流结构要素；从区域经济发展与区域产业结构发展的角度，系统分析了区域物流对区域经济活动效率和水平的影响及对带动区域产业结构升级、形成区域支柱产业的作用。Chen 和 Cai[202]采用系统动力学的研究方法，分析了第三方物流与区域经济发展之间的关系，研究结果发现，一个地区第三方物流的发展与区域经济的发展之间存在相互制约、相互促进的关系。林敬松和黄细洋[203]指出，区域经济是一种聚集经济，合理的物流系统对区域经济发展起着基础性作用；区域产业聚集的发展趋势要求区域物流产业形成与区域经济发展相适应的产业的聚集。为促进区域物流与区域经济的发展，应采取的政策措施包括：统一协调区域内各级政府的关系，合理规划区域物流体系；以资源整合为突破口，加快区域物流发展；统一物流标准，构建区域物流发展的平台；加快推行物流信息化，提升区域物流的发展水平；以现代物流企业制度建立为突破口，打造区域物流体系的微观主体；坚持人本机制，培养具有现代物流技术的人才，重视物流技术的研究与开发。明小波[204]指出，现代物流程度改变着区域经济的产业价值结构，同时控制着区域经济范围达到某一极限，在电子商务和现代物流共同作用下最终将形成一个合理的区域经济范围。

周君[205]运用 Logistic 模型对区域物流业与地区经济增长之间的关系进行分析，采取边际和弹性经济分析方法，量化了区域物流业发展所带来的地区经济的增长，并以天津市为案例进行实证研究，通过时间序列分析法预测了未来几年区域经济和物流业发展的趋势，利用 Logistic 模型分析出天津市物流业的单位增长所带来的地区经济的增长额度和变化规律，结果表明，天津市物流业对区域经济增长的贡献度是相当高的，而且在不同阶段呈现了不同的发展趋势。朱坤萍[206]基于区域经济理论和区域交易理论，研究了区域经济与区域物流之间的关系，结果表明，区域经济的发展水平、发展层次和结构决定了区域物流的发展水平、发展层次和结构，而现代物流产业又促进了区域产业结构的升级。李兆磊和张雅琪[207]从区域物流与区域经济相互匹配的角度出发，提出区域物流系统适应性评价指标体系，并对区域物流子系统适应性评价指标加以分析，以此为依据对区域物流系统进行规划或改进，使区域物流结构、服务水平、法律政策、基础设施、信息网络、人员素质等与需求相适应。肖振秀[208]探讨了区域物流与区域经济的相关问题，指出区域物流系统的构建，要从区域经济发展的宏观背景和区域社会经济发展的战略高度来确定构建的目标；要从物流这一新兴的、特殊的产业形态的产业发展角度来把握区域物流业的体系结构、空间布局和运行的一般规律等；应针对区域所处的区位、交通条件、市场状况和产业布局等现状和区域物流业发展的现状等规划、构建区域的物流业体系结构；具体到一个区域的物流体系建设的目标则是形成结构合理、设施配套、技术先进、运转高效的区域现代物流体系。冯云[209]运用全国最新的投入产出数据，计算了我国物流业的直接消耗系数、完全消耗系数、影响力系数和感应度系数，研究表明，发展物流业对经济发展具有巨大贡献，区域物流发展的不平衡性是引发区域经济差距的主要原因。陈涛[210]从整体角度研究了浙江物流业对区域经济的影响，并从产业角度分析了物流业与其他产业之间的关联效应，认为浙江区域经济与现代物流之间存在极为密切的联系，而且两者之间存在互推效应。

刘明菲和李兰[211]以武汉市为例，利用 1995~2004 年的统计数据，建立数量模型来对区域物流与经济的互动机理进行论证，并结合物流与经济的关系图对互动机理进行了分析，指出地区生产总值对物流产值有很大的贡献，物流产值的增加速度与地区生产总值成正比，而物流作为区域经济的一部分，支持和促进了区域经济的增长。武志惠等[212]利用 Logistic 模型确定区域物流业与区域经济增长之间的数量关系，并以三大经济圈为例，通过边际分析和弹性分析计算出三大经济圈物流业的单位增长带来的区域经济的贡献，指出不同的物流业增长阶段，各区域物流业对区域经济增长有不同的贡献；决策者应当针对不同的阶段特征，制定正确的物流产业政策来促进区域物流业的发展。崔国辉和李显生[213]以物流产业投资、货物周转里程、物流网络密度和地区生产总值为研究对象，运用动态计量经济理论的模型和方法，对吉林省 1991~2007 年物流产业与经济发展之间的协整与因果互动机制进行了实证分析。研究结果表明，从格兰杰因果关系检验看，吉林省物流网络密度对经济发展有单向的因果关系，经济发展对物流货物周转里程与物流产业投资有单向的因果关系；从协整检验和误差修正模型看，吉林省物流与经济关系呈现出比较稳定的长期均衡发展趋势，短期内的偏差波动能以 87%的速度被纠正。张梅青等[214]利用共生理论研究了物流产业与区域经济的协调与不协调的互惠共生关系，认为两者协调发展时，竞争与合作有相互促进的意义，两者不协调发展时，合作的作用大于竞争，并在理论研究的基础之上，从优化共生单元、优化共生界面、优化共生环境三方面提出了相关发展政策建议。王珍和谢五洲[215]选取地区生产总值和货运量作为中部六省区域经济和物流产业发展水平的衡量指标，运用协整分析理论和格兰杰因果检验来定量研究中部六省物流业与区域经济增长之间的相互关系，结果表明，中部地区经济发展与物流产业之间存在长期均衡关系；中部六省经济增长与物流产业之间存在单向因果关系，最后建议中部各省应按照“大市场，大流通”的思路来制定相关政策，将物流业作为重要的支柱产业，促进中部地区经济发展与物流产业之间的长效良性互动，从而实现中部崛起的战略目标。闫冰[216]分析了区域物流对区域经济发展的促进作用以及区域物流对区域经济的提升作用，基于两者的互动发展关系，提出了区域物流的发展对策。曹阳等[217]运用系统动力学模型构建了区域物流与区域经济的因果关系图，并辅之以统计学方法确定参数，进而构建了区域物流需求及供给与三次产业之间的系统动力学模型，通过对模型中参数变化所引起的物流与经济各指标变化的分析，探讨了辽宁省区域物流与区域经济的相互关系。娜仁图雅[218]以内蒙古沿黄经济带为研究对象，从区域物流的发展水平必须与区域经济发展相协调的角度分析了沿黄经济带的物流业发展问题，通过对内蒙古沿黄河地区区域物流发展现状与现存问题的分析，提出了相应的发展建议与对策，使之与区域经济相协调。

赵瑞[219]利用 SWOT 分析方法，结合京津冀区域经济与区域物流协调发展特征，分析了区域经济与区域物流协调发展的优势、劣势、机遇和挑战，并从政府统筹规划、综合交通运输网络建设、物流园区合理布局、区域经济与区域物流协调信息平台构建四个方面提出了京津冀区域经济与区域物流协调发展的对策。廖迎和阮陆宁[220]基于 1978~2006 年 30 个省（自治区、直辖市，不含港澳台地区，重庆市数据并入四川省）的面板数据，运用面板单位根和面板协整方法，实证分析了区域物流与区域经济增长的关系，结果表明，二者存在面板协整关系，即长期均衡正相关关系；物流基础设施增长和简单的物流数量的增长均不能对经济增长产生较大的影响；我国必须提高物流的服务质量，加快物流的信息化、现代化，繁荣商品市场，扩大潜在的物流需求，支持经济增长。杨志梁等[221]根据协整检验和因果关系检验等计量方法，利用我国各省 1991~2007 年物流发展水平和地区生产总值的年度数据，对我国东部、中部、西部地区的物流和经济增长的关系进行了实证分析。结果显示，三个区域的物流与经济增长均存在协整关系，东部地区两个变量存在双向格兰杰因果关系，而中部、西部地区两个变量仅存在物流对经济增长单向的格兰杰原因。何萍和张光明[222]运用单位根检验和协整检验分析江苏省区域经济因素与区域物流需求的协整关系，把存在协整关系的江苏省区域经济因素指标与区域物流需求量进行因果关系检验，进一步确定因果关系类型，最后确定了对江苏省区域物流发展具有推动作用的六个区域经济因素分别为地区生产总值、第一产业生产总值、第二产业生产总值、全社会固定资产投资、社会消费品零售总额及人均收入。高秀丽等[223]根据 1978~2009 年的广东省年度数据，选取代表区域物流发展水平的三个重要指标，运用脉冲响应模型分析经济增长与物流发展间的联动效应，并运用协整理论和格兰杰因果检验分析经济增长与物流业的长期关系和因果关系，结果表明，广东省物流业与经济增长之间保持着长期协整关系，长期来看，物流业的发展会促进经济增长，广东省经济增长带动了物流业的快速发展，但由于物流业仍然处于发展的初期阶段，对经济增长的促进作用还不是很显著。最后提出了发展广东省物流业的建议：加强物流基础设施建设；构建现代化综合交通运输体系以实现物流无缝衔接；加快物流信息技术的应用和标准化，增加高端物流服务供给。雷勋平等[224]以安徽省 1978~2010 年国民经济和物流业年度经济数据为基础，运用计量经济软件对安徽省区域物流业与区域经济增长之间的关系展开实证研究，对经济增长变量地区生产总值和区域物流业发展变量物流产值进行时间序列平稳性检验、协整检验和格兰杰因果检验，研究结果表明，地区生产总值增长和物流业发展不同步，物流业发展滞后于经济发展；两者之间仅存在单向因果关系，经济增长促进物流业发展，但物流业对经济增长的贡献尚不显著；安徽省和地方各级政府应抓住“皖江城市带承接产业转移”等历史机遇，大力发展物流业，促进安徽省区域物流业发展与经济增长的良性互动。

以上研究虽然研究了区域物流与区域经济之间的相互关系，但如何认识区域物流与区域经济之间的相互作用机制，如何开发区域物流与经济增长的协同运作模式等问题有待深入研究。

2）区域物流与区域经济协同发展的研究

近年来，区域物流与区域经济的协同发展研究受到了国内学者的广泛关注，相关研究成果丰富。目前，关于区域物流与区域经济协同发展的研究主要从定性和定量两个方面展开。

区域物流与区域经济协同发展的定性研究主要是从理论角度分析区域物流与区域经济的协同发展关系，代表性研究成果如下。

郭湖斌[225]、曹东[226]研究了区域物流与区域经济的协同发展关系，认为区域经济与区域物流总体上是相互依存、相互促进的统一体，区域经济的快速发展对区域物流产生巨大的需求，同时促进了与现代物流相关的交通运输、仓储配送和邮电通信业等行业和部门的快速发展，反之，区域物流业的发展也促进了地区经济的增长，两者之间呈现出一种相互促进的协同发展关系。

定量研究主要是采用计量经济学方法、灰色系统方法和协同学等方法研究区域物流与区域经济的协同发展关系，代表性研究成果如下。

国世旭[227]研究了区域物流与区域经济的作用机制，通过 Logistic 模型实证分析了南京市区域物流与区域经济协同发展现状，结合南京市发展现代物流业的条件，提出了在建立南京都市圈的基础上从区域物流的网络体系、政策平台、信息平台、人才战略等方面发展区域物流促进区域经济增长的措施建议。张诚和周敏[228]利用区域经济物流弹性和时间序列分析法，定量分析中部地区的区域物流与区域经济的协同关系，揭示了二者之间的相互作用关系，并提出了促进中部地区物流发展的建议：建立统一协调的政府管理机制，合理规划物流体系；加快物流信息化建设，促进区域物流发展水平；转变传统物流企业，培养并促进区域物流主体；重视物流技术的研发与应用，培养现代物流人才。郭湖斌[229]运用 Logistic 模型对长江三角洲区域物流与区域经济发展之间的协同关系进行定量分析，采取边际分析和弹性分析法，就区域物流产业发展对区域经济增长的促进作用进行了量化分析，并提出长江三角洲区域物流业的发展需要转向加强物流管理、实施物流设施现代化的集约型发展模式，同时应注意区域内部不同行政区域主体间的协调，提高区域物流协同系统的协同度和有序度，从而提升区域物流业发展对区域经济发展的促进作用。张红波[230]基于协同共生理念，以长株潭经济圈为例，研究了现代物流和区域经济的协同发展关系，并运用灰色关联分析方法，分析了现代物流业发展对区域经济增长的影响，分析结果表明，现代物流业的发展与区域经济的发展呈明显的正相关关系，两者互相促进和协同发展，以此为基础分别从政府部门和现代物流企业的视角，为实现现代物流和区域经济的协同发展提出了相应的对策和建议。任伟等[231]运用灰色关联分析法研究了河北港口物流与区域经济的协同发展关系，结果显示，河北港口物流和经济发展指标有高度关联性，并从发展河北特色物流业务、完善港口物流信息化建设、提升港口物流服务能力、增加固定资产投入以及落实协同发展资金保障等五个角度提出相关对策建议。张中强和宋学锋[232]利用协同学对区域经济与区域物流协同发展状态进行分析，并建立了徐州地区区域经济与区域物流协同发展的状态和调控模型，在遵循模型参数经济含义的基础上，通过非线性灰色系统建模方法得出这些参数的近似代替值，最后构建了徐州地区区域经济与区域物流协同发展状态和调控模型的具体形式，并指出应将区域物流的货运量、客运量、等级公路里程、交通运输仓储和邮电投资、交通运输仓储和邮电产业总值五个指标放在首要位置进行发展。

刘明菲和柯锦辉[233]以武汉为实例，运用计量经济学中边际与弹性理论，测度区域经济物流弹性，并分析了区域经济与区域物流的协同关系。结果表明，武汉 2004 年以前，区域物流对区域经济有强大的推动力，但推动作用逐年减弱；2005 年后区域经济对区域物流具有巨大的带动作用。贺玉德和马祖军[234]认为产业转移下区域物流系统与区域经济系统具有新的变化和特征，相互影响、相互适应，他们基于协同学自组织角度，将区域物流、区域经济视为统一系统，构建了区域物流-经济系统协同发展指标和模型，并以四川省为例进行实证分析，结果表明，四川省在产业转移后其区域物流-经济系统协同具有阶段特点，其协同度在融合冲突中上升。贺玉德和马祖军[235]通过区域物流和区域经济相互作用分析，构建了以

CRITIC 值为权重系数的数据包络分析（data envelopment analysis，DEA）协同发展模型，以 2003~2012 年四川省区域物流和区域经济发展数据进行实证分析，结果表明，四川省区域物流与区域经济协同发展效度分两个阶段，其中 2002~2008 年较为平稳，2009~2012 年有逐渐下降趋势，进而提出了实现区域物流与区域经济协同发展的政策建议，包括：物流产业协调联动、打造新形势下的物流产业布局；行业联动、产业集聚，打造优势产业链条，形成有竞争力的产业聚集；避免同质化区域竞争，加强区域间协同合作。傅为忠和李孟雨[236]应用经济学弹性理论对 ISM 模型进行了改进，并以东部地区为例，利用改进 ISM 模型对区域物流与区域经济协同发展的影响因素层次结构进行了研究，研究结果表明，区域物流与区域经济协同发展的直接影响因素有公路运营里程、货运量、货物周转量和经济结构，根本影响因素有物流业固定资产投资、邮政业务总量、地区生产总值。

1.2.3 国内外研究现状评述

国内外研究者对于区域物流、区域物流与区域经济关系的问题做了大量研究，研究的侧重点在于区域物流与区域经济之间的相关性，这些研究可以为深入研究京津冀区域物流与区域经济的协同发展关系提供参考。但从总体上看，国内外的研究均处于探索阶段，仍存在一定的局限性与不足。

从研究内容上看，首先，区域物流缺乏一个完整的概念体系。区域涉及区域之间、相关产业间、产业内部、企业之间等多种复杂的关联性，具有更强的经济性与社会性，国内外研究者从各自的层面和知识领域出发进行研究，缺乏系统整体性的考虑。其次，缺乏对区域物流与区域经济相互作用的研究。国内外有关区域物流与区域经济关系的研究成果中，大部分集中于研究区域物流对区域经济的推动作用机制，忽视了区域经济对区域物流发展的支撑作用；有些研究者从区域物流与区域经济的相互影响角度进行了研究，但仅局限于从整体上分析区域物流与区域经济之间相关性及作用方向，缺乏对区域物流与区域经济相互作用的研究。

从研究方法上看，所使用的研究方法存在一定的局限性。大部分研究成果都是利用定性分析或定量分析法进行区域物流与区域经济关系的研究，从定性与定量相结合的分析角度来探讨区域物流与区域经济关系的研究还是较少的。其中，在定量分析方法的选择上，大多数研究者以 Logistic 模型、向量自回归模型、协整和误差修正模型、格兰杰因果检验等为主，重点研究两者之间的因果关系与协调性，研究方法比较单一，模型缺乏形象性，评价区域物流与区域经济发展水平的指标过少，不能全面代表区域物流与区域经济各自的发展状况，未能从系统角度表征区域物流与区域经济之间的整体相关性，这使得区域物流与区域经济的研究难以取得更大突破。

有关区域物流与区域经济协同发展的研究多以某个省或某个区域为研究对象，研究重点主要是区域物流对区域经济的影响、区域物流与其他产业部门之间的关系等，以此揭示区域物流与区域经济系统之间的协同发展关系。这些研究成果为研究京津冀区域物流与区域经济的协同发展开阔了思路，同时还能为京津冀区域物流与区域经济协同发展的对策与建议提供依据。

1.3　本书的研究目标与研究思路

1.3.1　本书的研究目标

京津冀区域物流的发展正处于起步阶段，在京津冀区域协同发展的背景下，京津冀区域物流与区域经济的协同发展进程相对缓慢，互动机制尚未形成，这对京津冀区域物流业和区域社会经济的发展也是十分不利的。本书的总体目标是，在总结国内外区域物流与区域经济研究现状基础上，运用区域物流理论、区域经济理论、协同学理论和产业结构优化理论，对京津冀区域物流与区域经济的协同发展进行讨论，并就其发展现状、相互关系、协同状态、发展趋势、对策建议等方面的内容展开深入的研究，力求使其成为加快京津冀区域物流从传统型向现代型转变的推动力之一。

本书的具体研究目标为：

（1）明确京津冀区域物流与区域经济指标的相关性、京津冀区域物流业的产业关联效应和产业波及效应。

（2）构建京津冀区域物流与区域经济协同发展的灰色控制模型，分析京津冀区域物流业与区域产业经济之间的增长弹性。

（3）计算京津冀区域物流与区域经济的协同度，分析京津冀区域物流与区域经济的协同发展程度。

（4）根据区域物流理论与产业结构优化理论，明确京津冀区域物流业对区域产业结构的优化作用。

（5）构建基于改进粒子群算法的最小二乘支持向量机预测模型，预测京津冀区域物流与区域经济的未来发展规律。

（6）结合京津冀区域的现实状况，提出促进京津冀区域物流与区域经济协同发展的总体思路与对策建议。

1.3.2 本书的研究思路

依据研究目标，本书的研究思路沿着“区域物流与区域经济相关理论研究—京津冀区域物流与区域经济发展现状研究—京津冀区域物流与区域经济关系研究—京津冀区域物流与区域经济协同发展实证研究—京津冀区域物流对区域产业结构优化作用研究—京津冀区域物流与区域经济预测研究—京津冀区域物流与区域经济协同发展对策研究”的脉络展开探讨，系统研究京津冀区域物流与区域经济的协同发展关系。首先对国内外区域物流、区域经济理论的研究成果，特别是有关区域物流与区域经济关系的研究成果进行分析和总结，对某些概念的内涵及特征进行比较和界定；根据京津冀“两市一省”的实际数据，分析京津冀区域物流和区域经济的相关指标，以期对两者的发展现状有一更全面、更深刻的认识；以系统科学理论和协同学理论为指导，综合运用各种相关学科的理论与方法，从定量角度对京津冀区域物流与区域经济的相互作用、协同状态、发展趋势等方面进行分析与论证。在此基础上，结合京津冀区域的实际状况，提出促进京津冀区域物流与区域经济协同发展的总体思路与对策建议。

本书研究思路的技术路线如图1-1所示。

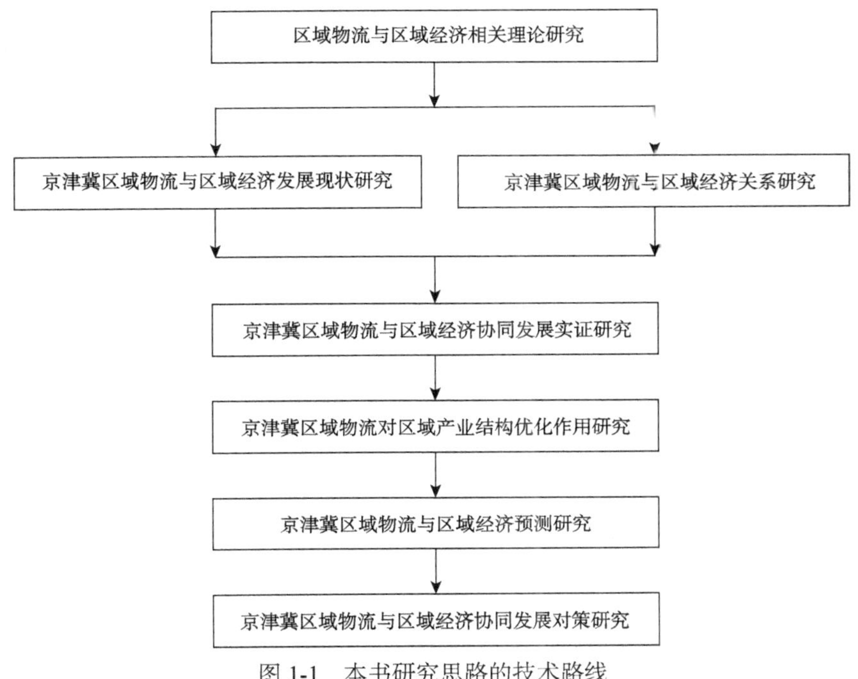

图1-1 本书研究思路的技术路线

1.4 本书的研究内容与研究方法

1.4.1 本书的研究内容

根据以上的研究目标与研究思路，本书主要围绕京津冀区域物流与区域经济的协同发展开展研究，研究内容主要包括以下几个方面。

（1）关于区域物流与区域经济相关理论研究，探讨区域和区域经济的内涵、特征，归纳总结区域物流和区域物流系统的内涵、特征、构成，阐述区域经济相关理论、区域物流相关理论、区域物流与区域经济相互作用机理，以及区域物流与区域经济协同发展理论，为后面研究奠定理论基础。

（2）关于京津冀区域物流与区域经济发展现状研究，从物流发展规划、运输基础设施、运输结构、物流业发展状况等方面研究京津冀区域“两市一省”的物流发展现状；从经济规模、产业结构、固定资产投资、国内外贸易等方面分析京津冀区域经济的发展现状。

（3）关于京津冀区域物流与区域经济关系研究，共分三部分：第一部分在分析区域物流与区域经济关系的基础上，构建京津冀区域物流与区域经济的互动作用模型，分析京津冀区域物流与区域经济的互动关系；第二部分在分析区域物流的经济影响因素基础上，选择京津冀区域物流的经济指标，定量分析京津冀区域物流与区域经济指标的相关性；第三部分根据京津冀区域投入产出表，分析京津冀区域物流业的产业关联效应和产业波及效应。

（4）关于京津冀区域物流与区域经济协同发展实证研究，根据区域物流发展指标体系构建原则，构建京津冀区域物流发展指标体系，采用层次分析法选取京津冀区域物流发展的主要衡量指标。以此为基础，构建京津冀区域物流与区域经济的灰色控制模型，分析京津冀区域物流与区域经济之间的增长弹性。最后基于主成分分析和协同学理论，构建京津冀区域物流与区域经济的协同发展模型，实证研究京津冀区域物流与区域经济的协同发展关系。

（5）关于京津冀区域物流对区域产业结构优化作用研究，首先，界定产业结构与产业结构优化的概念，归纳总结产业结构合理化和产业结构高级化的内涵、研究内容以及度量方法。其次，选取产业结构合理化的度量指标，构建相应的回归模型，从定量角度分析京津冀区域物流对区域产业结构合理化的作用程度。最后，选取产业结构高级化度量指标，构建相应的回归模型，分析京津冀区域物流与区域产业结构高级化的作用程度。

（6）关于京津冀区域物流与区域经济预测研究，在归纳总结区域物流预测方法的基础上，将自适应惯性权重粒子群优化算法与最小二乘支持向量机相结合，构建最小二乘支持向量机-自适应惯性权重粒子群优化算法模型，通过自适应惯性权重粒子群优化算法优化选择最小二乘支持向量机的参数，利用最小二乘支持向量机-自适应惯性权重粒子群优化算法模型预测京津冀区域物流与区域经济的未来发展变化趋势。

（7）关于京津冀区域物流与区域经济协同发展对策研究，从六方面分析京津冀区域物流与区域经济协同发展存在的问题，基于京津冀区域物流与区域经济协同发展的总体思路，从六方面提出促进两者协同发展的对策建议。

1.4.2 本书的研究方法

1. 总体研究方法

1）文献研究法

在阅读大量国内外有关区域物流、区域经济、区域物流与区域经济发展关系、京津冀地区的物流发展规模、经济发展水平、经济结构、主要产业类型等相关文献资料的基础上，分析和总结区域物流与区域经济的相关理论、相互作用机理、协同发展理论等，作为理论分析与实证研究的基础。

2）多学科理论与方法交叉

将区域物流理论、区域经济理论、系统科学、协同学、计算机与信息技术、智能预测理论等多个学科的理论与方法综合交叉运用，可以提高研究成果的科学水平与理论价值。

3）定性分析与定量研究相结合

在定性分析区域物流与区域经济关系的基础上，运用数学建模方法结合计算机技术，研究京津冀区域物流与区域经济之间的相互关系、协同发展、未来发展规律，以及京津冀区域物流业对区域产业结构的优化作用等。定性分析与定量分析相结合的方法，可以使研究结果更全面、更合理。

4）理论分析与实证研究相印证

先从理论上分析区域物流、区域经济的相关理论，以及京津冀区域的协同发展现状、协同发展空间格局。在理论分析基础上，实证研究京津冀区域物流与区域经济的协同发展。理论与实证相印证，可以提高研究成果的实用性与应用价值。

2. 定量研究方法

研究过程中采用的定量研究方法包括以下几种。

1）灰色关联分析

区域物流是区域经济的派生需求，经济因素是影响区域物流发展的主要因素。区域物流的经济影响因素较多，各因素对区域物流的影响程度不尽相同，确定各经济因素对区域物流发展的影响程度，是进行区域物流发展分析的前提。本书在分析区域物流发展的经济影响因素基础上，选取影响京津冀区域物流的区域经济指标，运用灰色关联分析研究京津冀区域物流与区域经济指标之间的相关性，揭示京津冀区域物流对区域经济指标的依赖程度。

2）投入产出分析

研究京津冀区域物流与区域经济的关系，需要分析京津冀区域物流业对其他行业部门所产生的影响，也就是分析物流业在京津冀区域经济发展中的关联效应和波及效应。本书利用投入产出分析的数学模型，计算出包括京津冀物流业以及农林牧渔业、采掘业、制造业、燃气及水的供应业、建筑业、批发和零售业、其他第三产业在内的八个行业部门的直接消耗系数、中间投入率、完全消耗系数、影响力系数和感应度系数，分析京津冀区域物流业的产业关联效应和产业波及效应。

3）层次分析法

衡量京津冀区域物流发展的指标比较多，各指标对京津冀区域物流发展水平的反映能力也存在差别，因此需要对各指标的重要性进行区分，选择最能反映京津冀区域物流发展水平的衡量指标进行分析。层次分析法是一种定性分析与定量分析相结合的系统分析法，适用于多准则、多目标复杂方案的决策分析，本书采用层次分析法选择比较重要的、同时能表征京津冀区域物流发展水平的典型衡量指标。

4）多变量灰色模型

本书将京津冀区域物流与区域经济的作用关系，分解为京津冀区域物流与区域产业经济的作用关系，进而分解为京津冀区域物流发展衡量指标与区域产业经济的作用关系，以京津冀区域物流发展衡量指标、区域三次产业产值分别作为控制变量与状态变量，构建一个与区域产业经济结构相对应的京津冀区域物流灰色控制模型，分析京津冀区域物流业与区域产业经济之间的增长弹性。

5）主成分分析

京津冀区域物流系统和区域经济系统是两个复杂的大系统，各自的量化指标相对多，为准确分析这两个系统的协同发展关系，需要全面选择它们的量化指标。本书利用主成分分析法分别将京津冀区域物流系统和区域经济系统的多个量化指标转化为具有代表意义的综合发展指标，充分利用多个量化指标所提供的信息，保证分析结果的可靠性。

6）回归分析法

回归分析法以相关经济理论为基础，以统计分析资料为支撑，通过建立适合的回归模型分析经济变量之间的关系。在研究京津冀区域物流对区域产业结构优化的作用中，分别以京津冀区域的产业结构熵数指标、产业结构泰尔指数、三次产业比重、三次产业就业人数为因变量，以京津冀区域物流业产值为自变量，构建回归模型，分析京津冀区域物流对区域产业结构合理化的作用程度；分别以产业结构高级化指数、三次产业劳动生产率为因变量，以京津冀区域物流业产值为自变量，构建回归模型，分析京津冀区域物流对区域产业结构高级化的作用程度。

7）基于改进粒子群优化算法的最小二乘支持向量机

为了能够科学、准确地揭示京津冀区域物流与区域经济的发展变化规律，需要对二者进行定量的预测研究。京津冀区域物流指标与区域经济指标的变化区域均呈现出一种复杂的非线性函数特性，很难建立一个精确的数学模型来全面、客观和准确地描述它们的发展变化规律。本书利用基于改进粒子群优化算法的最小二乘支持向量机建模简单、非线性映射能力强的特点对京津冀区域物流与区域经济的未来发展变化趋势进行预测，以寻优能力优异的改进粒子群优化算法——自适应惯性权重粒子群优化算法选择最小二乘支持向量机的参数。

1.5 本书的研究创新

本书首次对京津冀区域物流与区域经济的协同发展关系进行全面研究，研究内容涵盖理论分析、实证研究、对策建议等各个阶段，通过内容的有机融合，形成了一个系统、完整的京津冀区域物流与区域经济协同发展的实证研究体系。本书的创新之处具体表现在以下七个方面：

（1）在前人分散的研究成果基础上，分别对区域、区域经济、物流、区域物流、区域物流系统等概念的内涵及特征进行了规范，同时对区域物流与区域经济的相互作用机理以及区域物流与区域经济的协同发展进行了较为全面的分析探讨。

（2）从物流发展规划、运输基础设施、运输结构、物流业发展状况等方面分析了京津冀区域物流发展现状，认为京津冀区域近几年的物流发展速度明显加快，区域物流运输基础设施比较完善，公路货物运输占主导地位；在京津冀区域内部，各地区物流发展并不平衡，河北省由于地域较大，在物流运输基础设施、物流业发展方面均优于北京、天津两市。同时，从经济规模、产业结构、投资、国内外贸易等方面分析了京津冀区域经济发展现状，认为京津冀区域经济增长迅速，区域经济实力得到明显提升，河北省的地区经济与天津、北京两市相比存在一定差距，经济实力相对较弱；北京市已进入后工业化阶段，天津市处于工业化阶段后期，正在向后工业化转变，而河北省尚处于工业化阶段中期。

（3）构建京津冀区域物流与区域经济互动作用模型，利用该模型分析了京津冀区域物流与区域经济的互动关系；选取了影响京津冀区域物流的六个区域经济指标，运用灰色关联分析法研究了京津冀区域物流与区域经济指标的相关性；根据京津冀区域投入产出表计算了京津冀区域物流业与其他产业的直接消耗系数、中间投入率、完全消耗系数、影响力系数和感应度系数，分析了京津冀区域物流业的产业关联效应和产业波及效应，认为京津冀区域物流业属于“低附加值、高带动力”的产业，但还处于起步阶段，对京津冀区域经济的带动作用尚不明显。

（4）构建包含两个一级指标、七个二级指标的京津冀区域物流发展衡量指标体系，采用层次分析法选取基础投资占比、人均货运量、从业人数占比三个指标作为京津冀区域物流发展的主要衡量指标。以这三个指标为控制变量，以第一产业、第二产业、第三产业产值为状态变量，构建京津冀区域物流与区域经济的灰色控制模型，利用该模型分析了京津冀区域“两市一省”物流业与产业经济之间的增长弹性以及京津冀区域整体物流业与区域产业经济之间的增长弹性。将主成分分析与协同学理论相结合，构建京津冀区域物流与区域经济的协同发展模型，通过该模型分析了京津冀区域物流与区域经济的协同发展关系。

（5）计算京津冀区域产业结构的熵数指标及泰尔指数，并分别构建以两指标为因变量，以京津冀区域物流业产值为自变量的两个回归模型，分析京津冀区域物流对区域产业结构变化以及合理化的影响；分别构建以京津冀区域三次产业比重、京津冀区域三次产业就业人数为因变量，以京津冀区域物流业产值为自变量的两个回归模型，分析了京津冀区域物流对区域三次产业产值的贡献度以及区域劳动力结构的作用程度。同时，选取产业结构高级化指数作为产业结构高级化的度量指标，计算京津冀区域产业结构高级化指数，构建以该指数为因变量，以京津冀区域物流业产值为自变量的回归模型，分析了京津冀区域物流对区域产业结构高级化的影响；并以京津冀区域三次产业劳动生产率为因变量，以京津冀区域物流业产值为自变量构建回归模型，分析了京津冀区域物流对区域三次产业劳动生产率的作用程度。

（6）将自适应惯性权重粒子群优化算法与最小二乘支持向量机相结合，通过自适应惯性权重粒子群优化算法选择最小二乘支持向量机的最优参数，构建了最小二乘支持向量机-自适应惯性权重粒子群优化算法模型；选取六个评价指标，检验了最小二乘支持向量机-自适应惯性权重粒子群优化算法模型的预测性能，最后利用该模型预测了京津冀区域物流与区域经济 2017~2020 年的发展变化趋势。

（7）在分析京津冀区域物流与区域经济协同发展存在问题的基础上，提出两者协同发展的总体思路与对策建议，认为促进京津冀区域物流与区域经济协同发展应该保证区域物流供需的综合调整、全面提升区域物流企业的核心竞争力、全方位提高区域物流信息技术水平、促进区域产业结构调整及联动发展、充分发挥政府的引导扶持作用、加强区域经济发展的基础保障。

参考文献

[1]薛辉. 产业集群与区域物流协作模式研究[D]. 北京交通大学博士学位论文，2009.

[2]李建军. 区域物流协同成长研究[D]. 江西财经大学博士学位论文，2013.

[3]Aikens C H. Facility location models for distribution planning[J]. European Journal of Operational Research，1985，22（3）：263-279.

[4]Verter V，Dincer M C. An integrated evaluation of facility location，capacity acquisition，and technology selection for designing global manufacturing strategies[J]. European Journal of Operational Research，1992，60（1）：1-18.

[5] Goetschalckx M，Vidal C J，Dogan K. Modeling and design of global logistics systems：a review of integrated strategic and tactical models and design algorithms[J]. European Journal of Operational Research，2002，143（1）：1-18.

[6]Bhatnagar R，Chandra P，Goyal S K. Models for multi-plant coordination[J]. European Journal of Operational Research，1993，67（2）：141-160.

[7]Thomas D J，Griffin P M. Coordinated supply chain management[J]. European Journal of Operational Research，1996，94（1）：1-15.

[8]Vidal C J，Goetschalckx M. Strategic production-distribution models：a critical review with emphasis on global supply chain models[J]. European Journal of Operational Research，1997，98（1）：1-18.

[9]Lemoine W，Dagnæs L. Globalisation strategies and business organisation of a network of logistics service providers[J]. International Journal of Physical Distribution & Logistics Management，2003，33（3）：209-228.

[10]Giannoccaro I，Pontrandolfo P. Supply chain coordination by revenue sharing contracts[J]. International Journal of Production Economics，2004，89（2）：131-139.

[11]Kanter R M，Pittinsky T L. Globalization：new worlds for social inquiry[J]. Berkeley Journal of Sociology，1995，40：1-20.

[12]Kouvelis P，Rosenblatt M J. A mathematical programming model for global supply chain management：conceptual approach and managerial insights[A]//Geunes J，Pardalos P M，Romeijn H E. Supply Chain Management：Models，Applications，and Research Directions[C]. Boston：Springer，2002.

[13]Stock J R，Lambert D M. Strategic Logistics Management[M]. 2nd ed. Homewood：Irwin Publishing，1987.

[14]Rodrigue J P, Hesse M. Globalized trade and logistics: North America perspectives[A]//Leinbach T R, Capineri C. Globalised Logistics Transport: Intermodality, E-Commerce, Logistics and Sustainability[C]. Cheltenham: Edward Elgar, 2007.

[15]Kaneko J, Nojiri W. The logistics of just-in-time between parts suppliers and car assemblers in Japan[J]. Journal of Transport Geography, 2008, 16 (3): 155-173.

[16]Trunick P A. Is your region logistics friendly?[J]. Transportation & Distribution, 1999, 40 (5): 55-65.

[17]Ackermann J, Müller E. Modelling, planning and designing of logistics structures of regional competence-cell-based networks with structure types[J]. Robotics and Computer-Integrated Manufacturing, 2007, 23 (6): 601-607.

[18]Hyland T. Speaking out for NE Ohio[J]. Transportation & Distribution, 2002, 43 (5): 44-48.

[19]Trunick P A. Peach of an offer[J]. Transportation & Distribution, 2003, 44 (3): 31-34.

[20]Ruth B, Cook P, Kent P. Formulating regional logistics development policy: the case of ASEAN[J]. International Journal of Logistics Research and Applications, 2008, 11(5): 359-379.

[21]Bish E K. Theoretical analysis and practical algorithms for operational problems in container terminals[D]. PhD. Dissertation of Northwestern University, 1999.

[22]Meléndez M F. The logistics and transportation problems of Latin American integration efforts: the Andean Pact: a case of study[D]. PhD. Dissertation of The University of Tennessee, 2001.

[23]Stefansson G. Collaborative logistics management and the role of third-party service providers[J]. International Journal of Physical Distribution & Logistics Management, 2006, 36 (2): 76-92.

[24]Hesse M, Rodrigue J P. The transport geography of logistics and freight distribution[J]. Journal of Transport Geography, 2004, 12 (3): 171-184.

[25]Fisher O. The planning of regional logistics[J]. Journal of Melbourne University, 2002, 30 (2): 102-122.

[26]Talley W. Linkages between transportation infrastructure investment and economic production[J]. Logistics and Transportation Review, 1996, 32 (1): 145-154.

[27]Razzaque M A. Challenges to logistics development: the case of a Third World country—Bangladesh[J]. International Journal of Physical Distribution & Logistics Management, 1997, 27(1): 18-38.

[28]Skjött-Larsen T, Paulsson U, Wandel S. Logistics in the Öresund region after the bridge[J]. European Journal of Operational Research, 2003, 144 (2): 247-256.

[29]Daugherty P J, Pittman P H. Utilization of time-based strategies: creating distribution flexibility/responsiveness[J]. International Journal of Operations & Production Management, 1995, 15 (2): 54-60.

[30]Fawcett S E, Stanley L L, Smith S R. Developing logistics capability to improve the performance of international operations[J]. Journal of Business Logistics, 1997, 18 (2): 101-127.

[31]Ellinger A E. Improving marketing/logistics cross-functional collaboration in the supply chain[J]. Industrial Marketing Management, 2000, 29 (1): 85-96.

[32]Lynch D F, Keller S B, Ozment J. The effects of logistics capabilities and strategy on firm performance[J]. Journal of Business Logistics, 2000, 21 (2): 47-68.

[33]Zhao M, Dröge C, Stank T P. The effects of logistics capabilities on firm performance: customer-focused versus information-focused capabilities[J]. Journal of Business Logistics,

2001，22（2）：91-107.
[34]Morash E A. Supply chain strategies，capabilities，and performance[J]. Transportation Journal，2001，41（1）：37-54.
[35]Cho J K. Firm Performance in the E-Commerce Market：The Role of Logistics Capabilities and Logistics Outsouring[M]. Fayetteville：The University of Arkansas Press，2001.
[36]Bowersox D J，Closs D J，Cooper M B. Logistics Management：The Integrated Supply Chain Process[M]. 2nd ed. New York：McGraw-Hill，2002.
[37]Closs D J，Xu K. Logistics information technology practice in manufacturing and merchandising firms—an international benchmarking study versus world class logistics firms[J]. International Journal of Physical Distribution & Logistics Management，2000，30（10）：869-886.
[38]马立宏，张文杰. 区域物流发展现状及对策研究[J]. 中国流通经济，2002，16（4）：14-16.
[39]谈毅. 我国区域物流发展与对策研究[J]. 特区经济，2004，（10）：147-148.
[40]杨平. 我国区域物流产业发展问题的研究——以西部地区为例[D]. 天津工业大学硕士学位论文，2007.
[41]梁春梅. 长三角区域物流发展的对策研究[J]. 生产力研究，2011，（9）：122-123
[42]刘丹，王健. 基于投入产出分析的福建省物流业发展对策研究[J]. 中国流通经济，2010，24（11）：49-52.
[43]潘双利，祝海波，郑贵军. 区域物流低碳化发展的思路与对策[J]. 特区经济，2011，（12）：243-245.
[44]何记东. 区域物流产业发展的制约因素及其对策——以商丘市为例[J]. 物流科技，2016，39（8）：121-123.
[45]海峰，张丽立，孙淑生. 区域现代物流模式探讨[J]. 经济管理，2005，（20）：44-50.
[46]舒辉. 区域物流发展模式选择影响要素分析[J]. 当代财经，2010，（12）：71-75.
[47]柳键，邱国斌. 中部地区区域物流发展模式研究[J]. 改革与战略，2011，27（2）：123-125.
[48]舒辉，周熙登. 区域物流产业总体发展模式初探[J]. 中国流通经济，2010，24（9）：22-25.
[49]李军，张学龙. 中国—东盟区域物流产业发展模式的研究[J]. 科技进步与对策，2009，26（7）：59-62.
[50]孙淑生，李亚. 基于产业聚集的区域物流发展模式[J]. 物流科技，2008，31（2）：8-10.
[51]崔雯. 基于京津冀区域经济一体化的物流发展模式研究[D]. 北京交通大学硕士学位论文，2009.
[52]汪波，杨天剑，赵艳彬. 区域物流发展水平的综合评价[J]. 工业工程，2005，8（1）：83-87.
[53]金萍. 区域物流发展评价研究——以浙江省为例[D]. 浙江工业大学硕士学位论文，2007.
[54]李永宁. 区域物流业可持续发展的综合评价[J]. 统计与决策，2009，（5）：60-61.
[55]金凤花，李全喜，孙磐石. 基于场论的区域物流发展水平评价及聚类分析[J]. 经济地理，2010，（7）：1139-1145.
[56]朱帮助，李军. 基于主成分分析的区域物流发展水平综合评价——以广东省江门市为例[J]. 工业技术经济，2008，27（5）：105-107.
[57]周泰，王亚玲. 基于模糊物元的区域物流发展水平评价[J]. 北京交通大学学报（社会科学版），2010，9（3）：37-41.
[58]李继云，孙良涛. 基于主成分分析的云南各区域物流发展水平评价与对策分析[J]. 价格月刊，2012，（12）：84-87.
[59]何剑，董春风，董丹丹. 丝绸之路经济带区域物流发展水平评价研究[J]. 铁道运输与经济，

2015，37（9）：7-12.
[60]刘彩霞. 区域物流发展水平评价体系构建及实证研究[D]. 长安大学硕士学位论文，2012.
[61]林荣清. 基于非均衡发展理论的区域物流规划模型[J]. 福建行政学院学报，2004,(4)：44-47.
[62]刘秉镰. 基于经济发展关联机制的城市物流规划方法研究[D]. 北京交通大学博士学位论文，2007.
[63]黄毅. 区域物流规划理论及方法研究[J]. 商业时代，2009，(25)：17-18，26.
[64]董昆及，董洁霜，韩印，等. 基于区位势的区域物流体系布局规划研究[J]. 物流科技，2010，33（1）：37-40.
[65]王建华. 区域物流规划模式研究[J]. 科技和产业，2008，8（4）：58-61.
[66]赵启兰，王耀球，刘宏志. 基于趋势的区域物流规划的定位分析[J]. 北京交通大学学报，2006，5（3）：35-39.
[67]刘建文. 区域物流规划的理论基础与评价体系研究[J]. 管理世界，2009，(8)：178-179.
[68]陈火全，郭东强，欧阳钟辉. 区域物流信息化规划研究综述[J]. 生态经济，2011，(2)：110-115.
[69]王建. 区域物流规划理论框架的构建[J]. 中国流通经济，2006，18（11）：12-15.
[70]王敏. 河南省区域物流体系规划研究——基于模糊聚类理论[J]. 河南科技大学学报（社会科学版），2011，29（5）：67-69.
[71]王圣云，沈玉芳. 我国省级区域物流竞争力评价及特征研究[J]. 中国软科学，2007，(10)：104-110.
[72]肖艳. 区域物流竞争力评价研究[D]. 重庆大学硕士学位论文，2007.
[73]谢如鹤，邱祝强，陈宝星. 区域物流产业竞争力指标体系及其应用[J]. 工业工程，2008，11（1）：109-112.
[74]欧阳小迅，黄福华. 区域物流竞争力评价指标、方法和实证[J]. 湖南商学院学报，2010，17（2）：69-74.
[75]季模模. 区域物流产业竞争力综合评价研究[D]. 浙江工商大学硕士学位论文，2010.
[76]张乐. 区域物流产业竞争力评价研究[D]. 中南大学硕士学位论文，2011.
[77]李虹. 关于我国区域物流竞争力的分析与评价——以辽宁为例[J]. 技术经济与管理研究，2012，(4)：108-111.
[78]何景师，桂寿平，范明明. 基于因子分析的区域物流竞争力分析[J]. 中国集体经济，2010，(8)：115-116.
[79]蒋明琳，舒辉，林晓伟. 基于钻石模型的中部六省物流竞争力评价研究[J]. 价格月刊，2015，(4)：43-48.
[80]李玉民，刘旻哲，郭利利. 基于投影寻踪法的区域物流低碳竞争力评价及实证研究[J]. 地域研究与开发，2015，34（2）：28-33.
[81]邹书利，王亚芳. 区域物流竞争力研究——以珠江三角洲为例[J]. 科技和产业，2009，9(4)：30-32.
[82]过秀成，谢实海，胡斌. 区域物流需求分析模型及其算法[J]. 东南大学学报（自然科学版），2001，31（3）：24-28.
[83]王晓原，张敬磊. 区域物流需求分析集对聚类预测模型研究[J]. 软科学，2004，18（5）：11-13，17.
[84]汤俊，肖建华. 区域物流需求预测的LaOR方法[J]. 商业研究，2007，(9)：32-35.
[85]张步阔. 基于最小一乘准则最优回归模型的区域物流需求预测问题研究[J]. 物流技术，2013，32（3）：328-330.

[86]王伟，赵亮，黄莉，等. 基于供需动态均衡的物流节点物流量预测研究[J]. 中国市场，2009，（49）：11-15.
[87]周晓娟，景志英. 基于多元线性回归模型的河北省物流需求预测实证分析[J]. 物流技术，2013，32（5）：270-272.
[88]李勇，屈亚琴，黄仁存，等. 供应链环境下的区域物流网络库存需求预测模型[J]. 统计与决策，2011，（11）：43-46.
[89]许沛沛，何跃. 基于自组织数据挖掘的区域物流需求预测[J]. 统计与决策，2011，（6）：58-59.
[90]冯淑贞. 基于产运系数法的物流需求量预测研究[J]. 物流技术，2013，32（6）：91-93.
[91]龙琼，胡列格，喻杰，等. 基于 IOWA-FAHP 的物流需求组合预测模型[J]. 物流技术，2012，31（8）：265-267，332.
[92]何国华. 区域物流需求预测及灰色预测模型的应用[J]. 北京交通大学学报（社会科学版），2008，7（1）：33-37.
[93]周茵. 残差灰色预测模型在物流需求预测中的应用[J]. 铁道运输与经济，2007，29（11）：59-61.
[94]王小丽. 基于多因素灰色模型的物流需求量预测[J]. 统计与决策，2013，（14）：86-87.
[95]高洪波，杨建强. 基于多变量灰色模型算法的物流需求预测研究[J]. 物流技术，2013，32（7）：220-222.
[96]Geng L Y，Zhang Z F. Forecasting logistics demand using unbiased GM（1，1）model optimized by AIWPSO algorithm[J]. International Journal of Hybrid Information Technology，2016，9（10）：325-334.
[97]倪金升，狄卫民. 河南省物流需求预测分析及发展对策研究[J]. 物流技术，2013，32（9）：178-181.
[98]后锐，张毕西. 基于 MLP 神经网络的区域物流需求预测方法及其应用[J]. 系统工程理论与实践，2005，25（12）：43-47.
[99]周泰，王亚玲. 基于多因素分析的区域物流需求径向基函数网络预测[J]. 商业研究，2009，（9）：163-166.
[100]尹艳玲. 基于自适应神经网络的物流需求预测研究[J]. 河南理工大学学报（自然科学版），2010，29（5）：700-704.
[101]陈思远，郭奕崇. 基于 BP 神经网络的安徽省物流需求预测研究[J]. 物流技术，2012，31（9）：231-233.
[102]贾素琴，杨家其. 基于 ARIMA-RBF 模型的区域物流需求预测[J]. 物流技术，2016，35（4）：54-57.
[103]庞明宝，常振华，刘娟. 基于非线性支持向量机区域物流量预测[J]. 物流科技，2007，30（9）：20-23.
[104]唐伟鸿，李文锋. 基于时间序列的支持向量机在物流预测中的应用[J]. 物流科技，2005，28（1）：8-11.
[105]骆世广，叶赛，胡蓉. 基于多输出支持向量机的物流量预测研究[J]. 华东交通大学学报，2010，27（5）：67-71.
[106]黄虎，蒋葛夫，严宇松，等. 基于支持向量回归机的区域物流需求预测模型及其应用[J]. 计算机应用研究，2008，25（9）：2738-2740.
[107]王娜. 基于区域经济背景的 SVR 在区域物流需求预测中的应用[J]. 物流技术，2014，33（4）：

266-268.

[108]陈思，甘蜜，闫英. 物流需求多样性下的区域物流需求预测研究[J]. 河北工业科技，2014，31（6）：480-487.

[109]陈海英，张萍，柳合龙. 人工鱼群算法优化支持向量机的物流需求预测模型研究[J]. 数学的实践与认识，2016，（2）：69-75.

[110]庞明宝，谢玲，郝然，等. 基于偏最小二乘支持向量机回归区域物流量预测[J]. 河北工业大学学报，2008，37（2）：91-96.

[111]梁毅刚，耿立艳，张占福. 基于核主成分-最小二乘支持向量机的区域物流需求预测[J]. 铁道运输与经济，2012，34（11）：63-67.

[112]Geng L Y，Dong Q T. Forecast of regional logistics demand using KPCA-based LSSVMs optimized by PSOTVAC[J]. Advanced in Information Sciences and Services Sciences，2012，4（19）：313-319.

[113]孙志刚. 蚁群优化支持向量机的物流需求预测[J]. 计算机系统应用，2013，22（5）：107-110.

[114]王玥. 区域物流需求预测方法研究[J]. 物流技术，2009，28（12）：169-171.

[115]刘莉. 基于灰色预测模型与季节指数的区域物流需求预测[J]. 物流技术，2010，29（4）：41-42，46.

[116]白世贞，刘莉，杨艳玲. 基于灰色模型与季节指数的物流需求预测研究[J]. 物流工程与管理，2010，32（6）：8-10.

[117]闫娟. 灰色神经网络模型在物流需求预测中的研究[J]. 计算机仿真，2011，28（7）：200-203.

[118]李程. 基于灰色-神经网络的上海物流量组合预测[J]. 物流技术，2013，32（1）：143-146.

[119]万励，李余琪，吴洁明. 区域物流需求预测的应用研究[J]. 微电子学与计算机，2011，28（9）：160-164.

[120]黄敏珍，冯永冰. 基于灰色-马尔可夫链的区域物流需求预测[J]. 统计与决策，2009，（16）：166-168.

[121]牛芳兵. 基于灰色-马尔可夫链的山东物流需求预测分析研究[J]. 物流技术，2014，33（6）：118-120.

[122]曹萍，陈福集. GA-灰色神经网络的区域物流需求预测[J]. 北京理工大学学报（社会科学版），2012，14（1）：66-70.

[123]田丽. 基于 SVM 和神经网络组合预测模型物流需求预测[J]. 重庆工商大学学报（自然科学版），2012，29（9）：61-64.

[124]邓敬春，杨梅. 四阶段法在物流需求预测中的应用[J]. 物流工程与管理，2013，35（4）：75-78.

[125]谭清美，葛云. 区域物流投资弹性研究[J]. 河海大学学报（自然科学版），2004，32（1）：117-118.

[126]闰秀霞，孙林岩. 区域物流能力与区域经济协同发展研究[J]. 经济师，2005，（3）：257-259.

[127]闰秀霞，孙林岩. 物流能力对区域经济发展的影响分析[J]. 科技进步与对策，2006，23（10）：160-163.

[128]王岳峰，刘伟. 对区域物流能力规划与区域经济发展若干问题的思考[J]. 物流科技，2006，（11）：77-79.

[129]冯华，胡娟. 基于主成分分析的区域物流能力研究[J]. 商业时代，2009，（10）：16-17.

[130]周泰，王亚玲，叶怀珍. 区域物流能力与产业经济的灰色控制系统[J]. 武汉理工大学学报，2009，31（19）：168-172.

[131]徐文彦. 区域物流能力与区域经济关系研究[J]. 物流科技，2009,（10）：14-15.
[132]周泰，叶怀珍，王亚玲. 基于灰色径向基函数网络的区域物流能力组合预测[J]. 公路交通科技，2010，27（1）：149-154.
[133]李全喜，金凤花，孙磐石. 区域物流能力与区域经济发展的典型相关分析——基于全国面板数据[J]. 软科学，2010，24（12）：75-79.
[134]陈虎，杨勇攀. 区域经济发展与物流能力因果关系的实证检验[J]. 统计与决策，2010,（9）：90-91.
[135]王岳峰，刘伟. 信息混沌环境下区域物流能力盲数测评模型[J]. 管理学报，2010，7（3）：418-422.
[136]张诚，于兆宇，廖韵如. 江西区域物流能力与产业经济的灰色控制系统研究[J]. 华东经济管理，2011，25（7）：23-25.
[137]周泰，王亚玲. 基于径向基函数网络的区域物流能力投资结构优化[J]. 数学的实践与认识，2011，41（9）：49-55.
[138]李丽，黄超，刘琦杰. 产业转移与区域物流能力的相互作用机理分析[J]. 北京工商大学学报（社会科学版），2011，26（6）：41-47.
[139]刘林，吴金南. 区域物流能力影响经济增长的过程机制研究[J]. 统计与决策，2012,（12）：46-49.
[140]郭艳，于兆宇. 江西区域物流能力与经济系统协同发展[J]. 企业经济，2012,（11）：124-127.
[141]王小丽. 河南省区域物流能力评价及实证研究[J]. 物流技术，2013，32（2）：12-14.
[142]王小丽. 基于灰关联理想方案决策的区域物流能力评价[J]. 统计与决策，2013,（16）：42-44.
[143]张广胜. 区域物流能力发展差异研究[J]. 价格月刊，2013,（11）：8-11.
[144]范月娇. 区域物流服务能力与经济发展水平的耦合度及其时空差异分析——基于海西 20 个城市数据的实证研究[J]. 华侨大学学报（哲学社会科学版），2014,（4）：86-96.
[145]李玉民，李旭宏，毛海军，等. 基于主成分分析的区域物流综合评价及发展战略[J]. 交通运输系统工程与信息，2004，4（2）：91-95.
[146]吴坚，史忠科. 区域物流系统的优化模型[J]. 华南理工大学学报（自然科学版），2004，32（8）：68-71.
[147]况漠. 基于 TEB 演化机制的区域物流系统优化理论与方法研究[D]. 西南交通大学博士学位论文，2006.
[148]桂寿平，朱强，陆丽芳，等. 区域物流系统动力学模型及其算法分析[J]. 华南理工大学学报，2003,（10）：36-40.
[149]李兆磊. 区域物流系统演化机理研究[D]. 长安大学硕士学位论文，2008.
[150]顾秀君. 长三角区域物流系统与产业相关性研究[J]. 学术探索，2013,（12）：95-98.
[151]李远远. 区域物流系统综合评价指标体系构建研究[J]. 广西师范大学学报（哲学社会科学版），2014，50（3）：55-58.
[152]杨晓雁. 区域物流系统效应分析[J]. 国际商务研究，2011,（4）：40-52.
[153]周凌云，穆东. 区域物流系统的协同演化研究[J]. 北京交通大学学报（社会科学版），2009，8（2）：26-31.
[154]谢泗薪，张文华. 区域物流协同创新与演化机制探微[J]. 价格月刊，2014,（1）：44-48.
[155]张中强. 区域物流系统发展的负熵机理及状态模型[J]. 统计与决策，2011,（7）：72-74.
[156]邓恒进. 区域物流创新系统的逻辑构造与应用思路[J]. 商业研究，2012,（3）：188-194.
[157]孙志伟，王淑婧. 面向日本、韩国的山东半岛区域物流系统空间结构优化[J]. 经济与管理

研究，2014，（12）：96-101.

[158]杨云峰，芮晓丽，袁长伟. 区域物流系统协同水平测度模型[J]. 长安大学学报（自然科学版），2015，35（4）：125-131.

[159]斯密 A. 国富论：国家财富的性质和起因的研究[M]. 谢祖钧，孟晋，盛之译. 长沙：中南大学出版社，2003.

[160]韦伯 M. 工业区位论[M]. 李刚剑译. 北京：商务印书馆，1997.

[161]赵莉. 中国物流产业与区域经济协调发展研究[D]. 哈尔滨商业大学博士学位论文，2013.

[162]Paul R R. Problems of industrialization of Eastern and South-Eastern Europe[J]. The Economic Journal，1943，53（9）：202-211.

[163]Scherer F M，Ross D R. Industrial Market Structure and Economic Performance[M]. New York：Houghton Mifflin Harcourt（HMH），1980.

[164]Debbage K G. Air transportation and urban-economic restructuring：competitive advantage in the US Carolinas[J]. Journal of Air Transport Management，1999，5（4）：211-221.

[165]Rondinelli D，Berry M. Multimodal transportation，logistics，and the environment：managing interactions in a global economy[J]. European Management Journal，2000，18（4）：398-410.

[166]Button K，Taylor S. International air transportation and economic development[J]. Journal of Air Transport Management，2000，6（4）：209-222.

[167]Pedersen P O. Freight transport under globalisation and its impact on Africa[J]. Journal of Transport Geography，2001，9（2）：85-99.

[168]Kulshreshtha M，Nag B，Kulshrestha M. A multivariate cointegrating vector auto regressive model of freight transport demand：evidence from Indian railways[J]. Transportation Research Part A，2001，35（1）：29-45.

[169]Berechman J. Transportation-economic aspects of Roman highway development：the case of Via Appia[J]. Transportation Research Part A：Policy and Practice，2003，37（5）：453-478.

[170]Ham H，Kim T J，Boyce D. Assessment of economic impacts from unexpected events with an interregional commodity flow and multimodal transportation network model[J]. Transportation Research Part A，2005，39（10）：849-860.

[171]Lahiri K，Yao V W. Economic indicators for the US transportation sector[J]. Transportation Research Part A：Policy and Practice，2006，40（10）：872-887.

[172]Zhang W B. Economic geography and transportation conditions with endogenous time distribution amongst work，travel，and leisure[J]. Journal of Transport Geography，2007，15（6）：476-493.

[173]Ahmed Y，O' Sullivan P，Sujuno W D. Road Investment Programming for Developing Countries：An Indonesian Example[M]. Evanston：Transportation Center，Northwestern University，1976.

[174]Aschauer D A. Is public expenditure productive?[J]. Journal of Monetary Economics，1989，23（2）：177-200.

[175]Lee H，Yang H M. Strategies for a global logistics and economic hub：Incheon International Airport[J]. Journal of Air Transport Management，2003，9（2）：113-121.

[176]Zevgolis I E，Mavrikos A A，Kaliampakos D C. Construction，storage capacity and economics of an underground warehousing-logistics center in Athens，Greece[J]. Tunnelling and Underground Space Technology，2004，19（2）：165-173.

[177]Leonard D R. Regional integration and development：a study of the European Union，the

transformation of Spain and the pursuit of regional development[J]. Masters International, 2003, 42（3）：234-239.

[178]Akombe R K. Regional integration and the challenge of economic development：the case of the Common Market for Eastern and Southern Africa（COMESA）[J]. Dissertation International, 2005，66（4）：56-59.

[179]Mačiulis A, Vasiliauskas A V, Jakubauskas G. The impact of transport on the competitiveness of national economy[J]. Transport，2009，24（2）：93-99.

[180]Hulten C R, Bennathan E, Srinivasan S. Infrastructure, externalities, and economic development：a study of India manufacturing industry[J]. The World Bank Economic Review，2006，20（2）：291-308.

[181]Bensassi S，Márquez-Ramos L，Martínez-Zarzoso I，et al. Relationship between logistics infrastructure and trade：evidence from Spanish regional exports[J]. Transportation Research Part A，2015，72（72）：47-61.

[182]Padeiro M. Transport infrastructures and employment growth in the Paris metropolitan margins[J]. Journal of Transport Geography，2013，31（6）：44-53.

[183]Taniguchi E, Noritake M, Yamada T, et al. Optimal size and location planning of public logistics terminals[J]. Transportation Research Part E，1999，35（3）：207-222.

[184]Ramokgopa L N. City logistics：changing how we supply[C]. Proceedings of the 23rd Southern African Transport Conference，Pretoria，South Africa，2004.

[185]Raicu R，Raicu S，Popa M. The influence of transportation network reliability on city logistics[C]. Proceedings of the 4th International Conference on City Logistics，Langkawi，Malaysia，2005.

[186]Benjelloun A，Gabrriel T. Trends，challenges and perspectives in city logistics[C]. Proceedings of Transportation and Land Use Interaction, Editura Politecnica Press Bucharest Romania, 2008.

[187]Kisperska-Moron D. Logistics change during the transition period in the Polish economy[J]. International Journal of Production Economics，1994，35（1~3）：23-28.

[188]Padmore T，Gibson H. Modelling systems of innovation：Ⅱ. A framework for industrial cluster analysis in regions[J]. Research Policy，1998，26（6）：625-641.

[189]Bowersox D J，Closs D J，Stank T P. 21st Century Logistics：Making Supply Chain Integration a Reality[M]. Oak Brook：Council of Logistics Management，1999.

[190]Tanigucji E，Heijden R V D. An evaluation methodology for city logistics[J]. Transport Reviews，2000，20（1）：65-90.

[191]Iding M，Thijs R，Kuipers B. The relation between economic zone and logistics[J]. TNO Imo Report，2001，（12）：166-195.

[192]Gogoneata B. An analysis of explanatory factors of logistics performance of a country[J]. Amfiteatru Economic，2008，10（24）：143-156.

[193]Tyan J C，Wang F K，Du T. Applying collaborative transportation management models in global third-party logistics[J]. International Journal of Computer Integrated Manufacturing，2003，16（4~5）：283-291.

[194]Francisco J E. Value Chain on the Regional Logistics Planning System[M]. London：Pitman Publishing，2011.

[195]Larson J A，Yu T H，English B C，et al. Cost evaluation of alternative switchgrass producing，harvesting，storing，and transporting systems and their logistics in the Southeastern USA[J].

Agricultural Finance Review，2010，70（2）：184-200.
[196]董千里，阎敏，董明. 关于区域物流理论在我国应用的研究[J]. 重庆交通学院学报，1998，17（2）：74-80.
[197]刘文茹，赵启兰，王耀球. 论区域性物流中心的建设[J]. 物流技术，2001，20（6）：25-27.
[198]张文杰. 区域经济发展与物流[J]. 物流技术，2002，21（3）：7-9.
[199]徐杰，鞠颂东. 区域经济的发展对地区物流需求的影响——长江经济区发展对安徽地区物流需求影响的实证分析[J]. 数量经济技术经济研究，2003，（4）：130-133.
[200]谭清美，王子龙. 城市物流对经济的拉动作用研究[J]. 工业技术经济，2004，23（1）：89-91.
[201]海峰，武兰芬，张丽立. 发展区域物流推动区域经济[J]. 科技进步与对策，2004，21（9）：71-73.
[202]Chen C Y，Cai X L. Interaction model with development of regional economy and third party logistics and its case study[C]. Proceeding of the 2005 International Conference on Management Science & Engineering，2005.
[203]林敬松，黄细洋. 物流业与区域经济发展的思考[J]. 华东经济管理，2005，33（6）：88-89.
[204]明小波. 电子商务与现代物流对区域经济结构和范围的影响[J]. 企业经济，2006，（3）：132-133.
[205]周君. 区域物流业对地区经济增长的影响分析[J]. 统计与决策，2006，（2）：109-112.
[206]朱坤萍. 区域物流与区域经济发展的互动机理[J]. 河北学刊，2007，27（2）：168-171.
[207]李兆磊，张雅琪. 区域物流系统适应性评价指标体系研究[J]. 物流技术，2007，26（7）：9-11.
[208]肖振秀. 关于区域物流与区域经济的相关问题探讨[J]. 中国集体经济，2008，（Z1）：119-120.
[209]冯云. 物流业与中国经济发展关系的实证分析[J]. 统计与决策，2008，（5）：146-149.
[210]陈涛. 浙江省区域经济与现代物流关系的投入产出分析[J]. 中国商贸，2012，（15）：153-154.
[211]刘明菲，李兰. 区域物流与区域经济互动作用机理分析[J]. 工业技术经济，2007，26（3）：40-42.
[212]武志惠，虞巧颖，申金升. 三大经济圈的物流业对区域经济增长的实证分析[J]. 北京交通大学学报（社会科学版），2008，7（1）：43-47.
[213]崔国辉，李显生. 区域物流与经济发展协整与因果互动机制[J]. 交通运输工程学报，2010，10（5）：90-96.
[214]张梅青，周叶，周长龙. 基于共生理论的物流产业与区域经济协调发展研究[J]. 北京交通大学学报（社会科学版），2012，11（1）：27-34.
[215]王珍，谢五洲. 中部六省区域物流与经济发展的协整分析与因果检验[J]. 物流技术，2013，32（10）：66-68.
[216]闫冰. 区域物流和区域经济的互动关系分析及发展对策[J]. 物流技术，2014，33（21）：88-89.
[217]曹阳，王利，蔡乐. 基于系统动力学模型的区域物流与经济协调发展分析——以辽宁省为例[J]. 安徽农业科学，2014，42（23）：8064-8068.
[218]娜仁图雅. 内蒙古沿黄经济带物流业与区域经济协调发展对策研究[J]. 经济论坛，2015，（1）：32-36.
[219]赵瑞. 京津冀区域经济与区域物流协调发展的 SWOT 分析及对策[J]. 物流技术，2016，35（3）：41-43.
[220]廖迎，阮陆宁. 区域物流与区域经济增长的实证研究——基于面板单位根与面板协整分析[J]. 南昌大学学报（人文社会科学版），2008，39（3）：64-69.
[221]杨志梁，张雷，程晓凌. 区域物流与区域经济增长的互动关系研究[J]. 北京交通大学学报

（社会科学版），2009，8（1）：38-40.
[222]何萍，张光明. 江苏省区域物流发展与区域经济的关系[J]. 工业工程，2011，14（5）：146-149.
[223]高秀丽，王爱虎，房兴超. 广东省区域物流与区域经济增长关系的实证研究[J]. 工业工程，2012，（1）：60-65.
[224]雷勋平，谭艳华，王亮，等. 安徽省区域物流与区域经济的协整关系研究[J]. 山东工商学院学报，2013，27（2）：84-88.
[225]郭湖斌. 区域物流与区域经济协同发展研究[J]. 物流科技，2008，31（7）：83-86.
[226]曹东. 区域物流与区域经济协同发展研究[J]. 企业家天地（理论版），2010，（9）：15-16.
[227]国世旭. 区域物流与区域经济协同发展研究——以南京市为例[D]. 河海大学硕士学位论文，2006.
[228]张诚，周敏. 中部区域物流与区域经济协同发展研究[J]. 物流工程与管理，2010，32（10）：76-78.
[229]郭湖斌. 长三角区域物流与区域经济协同发展的经济计量研究[J]. 商业时代，2010，（19）：33-35.
[230]张红波. 现代物流与区域经济的协同发展研究——以长株潭经济圈为例[J]. 当代经济管理，2013，35（12）：61-67.
[231]任伟，阚连合，张忠鹏. 河北港口物流与区域经济协同发展浅析[J]. 物流技术，2013，32（1）：166-168，207.
[232]张中强，宋学锋. 区域经济与区域物流协同发展状态与调控模型研究[J]. 数学的实践与认识，2013，43（14）：224-230.
[233]刘明菲，柯锦辉. 区域物流与区域经济的协同性分析[J]. 理论月刊，2008，（4）：64-66.
[234]贺玉德，马祖军. 产业转移下区域物流与区域经济协同度分析——基于四川省的实证研究[J]. 管理现代化，2014，（1）：99-101
[235]贺玉德，马祖军. 基于CRITIC-DEA的区域物流与区域经济协同发展模型及评价——以四川省为例[J]. 软科学，2015，29（3）：102-106.
[236]傅为忠，李孟雨. 基于改进ISM模型的区域物流与区域经济协同发展影响因素分析[J]. 管理现代化，2016，36（3）：23-25.

第 2 章　区域物流与区域经济相关理论研究

本章对已有的关于区域经济和区域物流概念的内涵进行阐述、比较和分析，在对概念的内涵进行深刻把握与理解的基础上，论述区域物流及区域经济的相关理论，分析探讨区域物流与区域经济之间的相互作用机理，从意义、目标、协同表现三方面论述区域物流与区域经济的协同发展理论。

2.1　区域经济相关理论

2.1.1　区域与区域经济

1. 区域的概念及特征

1）区域的概念

区域（region）是客观存在、抽象的空间概念，没有严格和确定的边界，地球表面的任何一部分、一个地区、一个国家甚至几个国家都可以称一个区域[1]。关于区域的概念有很多，目前尚无统一的界定，比较有代表性的有：美国区域经济学家 Hoover[2]提出，“区域是基于描述、分析、管理、计划或者制定政策等目的而作为一个应用性整体加以考虑的一片地区。它可以按照内部的同质性或功能一体化原则划分”。林德金[3]认为，区域就是“具有内聚力和同质性的地区，经济上有密切的相关性、协调运转的整体性、相互交叉的渗透性”。程必定[4]将区域定义为“人的经济活动所造就的具有经济中心、经济腹地和经济网络三大构成要素的不可无限分割的经济社会综合体”。郝寿义和安虎森[5]在综合国内外学者的研究基础上，给出了经济学所研究的区域的含义，即区域是指便于组织、计划、协调、控制经济活动而以整体加以考虑的，并考虑行政区划基础上的一定的空间范围，它具有组织区内经济活动和区外经济联系的能力，常由一个以上以高级循环占重要比重的中心城市、一定数量的中小城镇以及广大乡村地区所组成。他们还指出，在区域经济学理论中，“区域”一词既是一种实体的概念，又是一个抽象的、观念上的空间概念，往往没有严格的范围和界限。实际应用时，常以行政区划界限为界限[6]。

区域是社会生产地域分工的表现形式，它与社会生产地域分工一样是客观存在的。在区域的形成与发展过程中，根据不同的划分原则，区域可以划分为均质区域（homogeneous region）、节点区域（nodal region）和计划区域（planning region）三个系列[7]。均质区域是指区域内各种变量一致性最大且区际分异最大的地表连续地段。各种变量可以是特定地区的自然资源条件、地形和气候，也可是特定地区的社会经济因素。节点区域又称作极化区域，是指一群质异但功能上关系极为密切的地区。区域内不同部分是通过围绕区域增长极的相互关联而相互依存的。这种区域内部相互依存或共同利益得以实现的基础是功能一体化，而不是均质性。计划区域一般是指实际存在的管理区域，它是为了一定的管理目标而创造的，是政府计划、政策的实施地区。

2）区域的特征

区域应是国家的一个特殊的、经济上尽可能完整的地区，区域的主权弱于国家，没有像国家那样有各种各样的人为障碍[8]。因此，区域包含地域性、独立性和开放性三个重要特征[9]。

（1）区域具有地域性。

区域是一个地域空间概念，是某个整体中的一部分。区域是人类经济活动及其必需的生产要素存在和运动所依赖的载体，这种经济活动的载体在自然、社会、历史、经济、文化等因素的共同作用下，形成一个复杂的有机结合体，表现出显著的系统性、综合性、层次性以及实体性。人类的经济活动只局限于地球表面，每一项经济活动都必须落在一定的区域上，因此，应从空间维度来分析、考察经济活动。

（2）区域具有独立性。

区域是区内各经济利益主体在经济上紧密联系，在社会、文化上趋于或融合为一体的地域空间。不仅区域内部利益主体具有独立性，就是任何一个区域或其他区域之间也存在着较明显的功能差异或界面分割，各区域之间相对独立。在经济规律的作用下，区域经济活动往往能够超越行政管辖权的范围，这是区域内各主要经济利益主体共同利益的结合与表现，即使国家对该区域拥有政治、经济管理权，但该区域却不是纯粹的行政区概念，具有相对的独立性与稳定性。

（3）区域具有开放性。

一个独立的区域并不是一个封闭的区域，它是在一国总体目标的指导下，不断与外界进行物质与能量交换、优化调整自身组织结构、发挥自身独特功能的单位。各区域在发挥各自比较成本优势、追求自身利益最大化的同时，也随之建立起一套各具特色、专业化突出的经济结构，以塑造在整体中的地位和形象。但是，每一个区域单位仅仅是一国国民经济体系中的一个环节，它必须与其他区域单位连接起来，相互竞争、相互依存，才能在整个经济体系中发挥自己的优势。所以，就某一个区域而言，若没有对外的开放性，就很难找准其生存的位置；若没有一国整体的国民经济体系及宏观目标的导向，就会走向无序和无度。

2. 区域经济的概念及特征

1）区域经济的概念

区域经济是一个国家或地区的经济发展到一定阶段客观上存在的空间表现形式，它具有一定的地理空间，由经济中心、经济腹地与经济网络构成，是特定区域经济内部的社会经济活动和众多经济要素相互关系的总和，是地域性综合经济体系[10]。任何经济活动都离不开某一特定空间，不管其发展水平如何，最终都可能在某一特定空间找出自己的位置。这种经济活动与特定空间的结合，便产生了区域经济。区域经济有广义与狭义两个层面的含义，广义的区域经济既可以是一国的某一地域的经济活动，即地区经济，也可以在国际经济研究中视作一国经济，甚至多国组成的经济共同体或经济圈。狭义的区域经济用以表示国内大小不等的地区经济，即地域经济。区域经济是国民经济的重要组成部分，区域经济协调发展是实现国民经济持续、快速发展的基础[11]。

区域经济实质上是一个综合性的经济发展概念，是通过自然地域、经济联系以及社会发展需要而形成的经济联合体，是社会经济活动专业化分工与协作在空间上的反映[12]。区域经济是一种具有鲜明特色的国民经济，它是以客观存在的经济地域单元为基础，按照地域分工原则建立起来的具有区域特点的地域性经济。随着经济全球化的推进，区域经济的发展正在加快，区域经济可以是国家与国家之间的经济联合体，也可以是一个国家内各地区结成的经济联合体。

区域经济存在的客观条件主要有：一是生产要素的不完全流动性。有些生产要素对地表的附着力强，在常态下无法自由流动，而有些生产要素具有很强的流动性，但其流动往往会受限或是不完全自由的，限制生产要素流动的因素涉及制度因素、区域之间的利益动机、文化传统和宗教习惯等。二是经济活动的不完全可分性。产品生产工序的不完全可分性、规模经济和聚集经济，使得各种生产要素和经济活动尽可能聚集在一定空间范围内，形成以城市为中心的区域经济。三是商品和劳务的不完全流动性。经济活动由于空间的阻隔而产生运输成本和空间成本，这些成本限制了经济活动自然天赋优势的发挥程度，使得经济活动不能随资源要素的附存状况均匀分布或随机散布，而是集中在一定的空间范围内，进而形成区域经济。

在我国的区域经济研究中，区域经济是一个相对的概念。根据区域经济的大小，可以将其分为三类[13]：一是包括大部分国土面积的经济带，如长三角经济区、珠三角经济区、环渤海经济区和东、中、西三大经济带；二是包括多省或一省的经济区，如中原经济区；三是省内的地区经济，如河北省内部有冀东、冀中、冀南之分，江苏省内部有苏南、苏中、苏北之分。总而言之，相对于一国经济，区域经济是一国国民经济在特定地区范围内的空间分布主体，通常根据经济资源的分布相似和经济发展程度的相近对区域经济进行划分。

2）区域经济的特征

区域经济从不同的角度看具有不同的特征。从系统的角度看，区域经济只是经济系统中的一个子系统，并与部门经济等其他系统并列，具有以下四方面的共同特征[14]。

（1）区域经济具有区域性。

区域性是区域经济最基本、最显著的特征。经济的发展，不论是工业、农业、商业和运输业等，都要落实到一定的区域，并受该区域的自然、技术和经济社会等条件的影响。从地域空间范围角度，区域经济有狭义与广义之分，狭义的区域经济研究的是一个国家内较之国民经济低一个或几个层次的区域性经济问题，广义的区域经济不仅研究一个国家内的地域分工，而且研究全球性的国际分工问题。区域的范围可以是一国，也可以是跨国的。国际区域空间范围无限扩大后，最终便成为全球经济。

（2）区域经济具有差异性。

差异性是指不同区域所具有的各种经济发展要素（地理位置、自然资源、生态环境、技术条件和经济社会发展水平等）总是各不相同的。这种差异性实质上反映了各区域经济的优劣势，也是决定区域经济发展不平衡的一个重要因素。

（3）区域经济具有开放性。

区域经济是一种充分承认并利用不同区域所具有的各种经济要素及其程度上的差异，注重区域之间的流通与交换的开放式经济。此外，区域经济还具有不断强化自身输出、输入功能和扩张功能的作用，使得商品生产与流通向更高层次发展，创造了形成统一区域市场的条件，从而使不同区域经济扬长避短、相互补充、协调发展。

（4）区域经济具有综合性。

区域经济是一个相对独立而内部又有着密切联系的有机系统。因此，不同区域的经济虽然各具特色、各自具有不同的支柱行业和骨干企业，但都具有一定的综合性和系统性，即要综合考虑多因素、多部门、多行业和多企业之间的系统协调。各区域应当成为各具特色、互相开放、相互补充、相互促进的区域经济综合体。

另外，从经济一体化角度看，区域经济以经济一体化为基本特征。一般来说，区域经济的联系越紧密，经济一体化的程度也就越高，因此，区域经济具有以下三个特征[15]。

（1）区域经济是以市场为导向的经济。

区域经济基本上不存在全区域型的利益主体和决策主体，其经济活动主要是在市场的调节下进行的。在大多数情况下，经济区与行政区是非重合的，因而任何地方政府都不可能直接调控和干扰经济区域内的经济要素配置和经济活动，这将有利于国内统一市场的形成。即使是在两者完全重合的情况下，经济区内的地方政府也只能在市场经济规律要求之下对经济进行调控，否则必将导致区域经济运行的紊乱。这是因为经济区并不是指单纯的自然地理区域，首先考虑的是在区域共同利益基础上的经济活动的内在联系。

（2）区域经济具有高度的地缘性。

区域经济具有一体化的经济空间结构和经济网络系统。区域经济的经济空间结构一般具备自然地理条件的连续性和人文历史因素的同质性；同时，现代城市网络和交通通信网络也有力地推动了区域经济网络系统的发展，使得各经济主体按照比较优势原则广泛进行专业化协作，从而不断突破行政区划的限制，形成布局合理、特色明显、覆盖多个行政区的区域经济共同体。

（3）区域经济具有边界特征和内在结构的动态性。

区域经济的形成与发展主要取决于区域内的经济增长极或经济增长点。区域经济是区域内经济要素和经济活动集聚的结果，其大小规模主要取决于中心城市的经济实力、区域经济联系、交通条件等。极化与辐射作用程度的差异决定了经济区内部各区域间经济联系的广度和深度。因此，区域经济也具有边界特征，但其边界是经济边界，而不是行政边界。同时，从基本属性上讲，区域经济是经济发展的产物，随着经济的发展而产生，又随着经济的发展而发展，因而区域经济又具有动态性，而且是一种不以人的意志为转移的动态性客观存在。

2.1.2 区域经济理论

区域经济理论是于20世纪20~40年代形成的科学理论，该理论是从经济学的视角出发，研究在资源分配不均匀且生产要素不能完全自由流动的情况下，各经济区域的差异以及它们之间关系的科学[16]。经过几十年的发展，区域经济理论形成了包括区域经济增长理论、区域经济布局理论、区域经济发展理论、区域经济一体化理论等众多理论[17]，比较有代表性理论如下。

1. 梯度推移理论

在生产布局学中，梯度被广泛用于地图上表示地区之间经济发展水平的差别，以及由低水平地区向高水平地区过渡的空间变化速率。在现代生产布局研究中，各国普遍遇到的一个问题是地区之间经济发展不平衡。为了解决这个问题，就需要绘制地区经济发展梯度图，以表明在国家或地区范围内，经济发展水平由高到低的梯度发展状况。梯度推移理论源于工业生产生命周期阶段理论[18]。该理论认为，工业各部门和各种工业产品都处于生命周期的不同阶段，即经历创新、发展、成熟、衰退四个阶段。区域经济学家将这一理论引入区域经济学中，便产生了区域经济发展的梯度推移理论。

区域经济发展梯度推移理论认为，区域经济的发展是不平衡的，就好像是处于不同的阶梯上，高收入地区处于高梯度，低收入地区处于低梯度，而在高收入地区与低收入地区之间，还有几个中间梯度。有梯度就必然有空间上的转移，高梯度地区首先应用新技术，先一步发展，而后随着时间的推移，新技术逐步有序地从高梯度地区向处于二级、三级的低梯度地区推移。这种现象既是经济技术发展不平衡的结果，也是经济技术高度化的基础。梯度推移理论强调不同的区域存在经济技术等差距，各区域应按综合经济实力选择与自己相适合的产业，通过区域之间分工与协作，使区域之间的经济技术等差距可以逐步缩小，最终实现区域经济发展的相对均衡。

区域经济发展的梯度推移过程中有三种效应在同时起作用，即极化效应（polarized effects）、扩散效应（spread effects）和回波效应（backwash effects），它们共同制约着地区生产分布的集中与分散状况。极化效应促使城市带的发展梯度上升；扩散效应在一定程度上促进了较低梯度国家与地区的发展；回波效应是对扩散效应的否定，是一种对扩散效应的负作用，其作用在于遏制低梯度地区的发展，促使高梯度地区进一步发展，主要表现为阻碍不发达地区的资本积累、导致人才流失等。如果扩散效应大于回波效应，地区则会获得发展。

2. 辐射理论

物理学中的辐射理论可以很好地解释现代经济发展中的辐射问题，两者具有很大的相似性。作为一个物理学的概念，辐射是指能量高的物体与能量低的物体通过一定的媒介互相传送能量的过程。辐射是一个双向的过程，辐射的结果是随着能量的传递而物体之间的能量逐渐拉平。一个物体的能量只要高于周围其他物体，净辐射出去的能量就大于自然吸收的能量；两个物体距离越近，能量辐射越大；两个物体的能量落差越大，辐射越强烈；辐射的速度和程度与辐射媒介有关，辐射媒介越有效，辐射越充分。

区域经济发展与现代化进程中的辐射是指经济发展水平和现代化程度相对较高的地区（辐射源）与经济发展水平和现代化程度相对较低的地区进行资本、人才、技术、市场信息（辐射媒介）等的流动和思想观念、思维方式、生活习惯等方面的传播，通过流动和传播，进一步提高经济资源配置的效率，以现代化的思想观念、思维方式、生活习惯取代与现代化相悖的旧的习惯势力。区域经济发展水平和现代化程度较高的地区称为辐射源。辐射的媒介是交通条件、信息传播手段和人员的流动等。

辐射理论反映了经济发展进程中的普遍规律性，揭示了经济发展过程中影响因素的传导作用。从地图上看，中心城市是一个点，沿海、大江、大河以及大湖沿边和铁路干线是一条线，经济发展水平相对较高的发达地区（如长江三角洲、珠江三角洲等地区）是一个面，这些都可以看做经济发展水平相对较高的辐射源。这些地区参与的辐射分别称为点辐射、线辐射和面辐射。

1）点辐射

点辐射一般以大中城市为中心向周边城市推开，如同平静的水面上投入一块石头，产生的波浪由中心向外扩散，逐步扩散到较远的地区。从静态的角度来看，中心城市的现代化进程和经济发展水平相对较高，技术、人才、资金相对比较充分，居民思想观念、思维方式和生活方式相对也比周边地区先进，但自然资源和劳动力很可能比较缺乏；而周边地区的自然资源和劳动力可能比较充裕，但资本积累和技术进步的速度相对可能较慢。因此，若周边地区和中心城市能够很好地实现优势互补，则可以大大加快以中心城市为核心的地区经济发展速度。

2）线辐射

线辐射一般以铁路干线、公路干线、大江、大河以及大湖沿边航道和濒临沿海的陆地带为辐射的带状源，向两翼地区或上下游地区推开。与点辐射的分析一样，通常辐射干线上的城市或地区的经济发展水平相对较高，辐射干线两翼的经济发展水平相对较低。辐射干线上的城市或地区的资本、技术、人才和先进的思想观念、思维方式以及生活方式就会与两翼落后地区相互传播，传播的结果可能会使两者之间实现优势互补，从而在整体上推动整个地区的经济发展进程。

3）面辐射

点辐射和线辐射大大加快了辐射区域的经济发展水平，会形成一种以新城市或辐射干线为核心的经济发展水平相对较高的区域，这些区域的中心城市和小城市连成一片，形成具有较强辐射能力的辐射源，并进一步与周边落后地区进行相互辐射。这些地区在地图上表现为一个面，这样的辐射称为面辐射。

辐射理论有助于我们进一步加深对经济发展和现代化进程中区域合作重要性的认识。辐射理论认为，区域之间由于存在广泛的辐射，相互之间的影响非常重要。无论是落后地区还是先进地区得到进一步发展，都会对对方产生积极的影响。

通过合作，积极加强正面辐射，有效避免负面辐射，都会在双方之间产生良性的滚动效应。相反，任何一方的停滞和落后都只能导致两败俱伤。因此，区域之间的合作对双方的经济发展和现代化进程都显得十分重要。

3. 增长极理论

区域经济发展的增长极理论最初由 Perroux[19]于 1950 年提出，之后，Boudeville 解释了区域结构的形式，从而奠定了增长极理论在区域经济发展理论中的重要地位[20]。增长极理论借助于物理学中的“磁极”概念，分析了空间经济发展不平衡的原因，认为受力场的经济空间中存在着若干个中心或极，产生类似“磁极”作用的各种离心力和向心力，每一个中心的吸引力和排斥力都产生相互交汇的一定范围的“场”。这个增长极可以是部门的，也可以是区域的。

随着市场经济的不断发展，Herchman 提出了“核心—边缘理论”[21]，为人们提供了一个看待经济发展的角度，即经济进步的发生在不同的地方具有不同的先后顺序，通常只有一个或几个区域能够首先把握经济发展的机遇，获得先于其他地区的发展。这些区域经济的不断发展将会产生强大的内生动力，使经济发展加速，由此出现增长极。区域经济发展的失衡是引起增长极出现的主要原因，增长极的出现使得发达地区经济快速发展，而落后地区将更加贫困，此种状况若持续较长时间，落后地区则出现涓滴效应（trickling down effects）和极化效应[22]。涓滴效应主要是指发达地区通过产业转移、经济扩散等活动给予落后地区资金、技术、人才等方面的支持，对落后地区资源进行开发，刺激落后地区的市场需求，吸引外商投资建厂，由此逐步增加落后地区经济发展动力，改善其经济发展现状。极化效应则是指发达地区通过高效生产、扩大市场份额、挤占经济区位等进一步压制落后地区的经济发展，使其经济状况愈加消沉。在极化效应初期，发达地区与落后地区的经济差距将会被大幅度拉大，区域经济发展失衡状况十分严重；在极化效应后期，由于发达地区覆盖范围不断扩大，竞争加剧，一些厂商将会转移生产目标，将生产地乃至研发地转到较为落后的地区，集聚带来的效应由此大大下降，落后地区的经济面临复苏的契机。通过政府行政调节、市场完善、人口流动及城市规模的变化等因素，中心和边缘将融为一体，区域经济将会达到平衡的局面。增长极理论从两个方面打破了传统的经济均衡，为区域经济发展理论提供了新的研究思路[23]。一是增长极理论不提倡区域经济发展的均衡增长；二是引入了空间变量，丰富了经济内容。增长极理论强调区域经济发展的非平衡性增长，即在区域经济发展过程中，应根据本地区特点将稀缺资源尽可能地集中投入，以提高少数地区的投资效益和发展潜力，并强化其经济实力，使其与周围区域形成差异性，最终通过市场机制的传导来使整个区域经济得到发展。

4. 比较理论

区域经济发展的比较理论主要包括区域差异理论、地域分工理论和区域产业结构比较理论[24]。

1）区域差异理论

区域差异理论的研究目的在于确定各种经济活动应在何处布局。从其发展历程来看，区域差异理论经历了以下三个阶段[25]。

（1）古典区位论。

古典区位论也称作成本决定论，研究的是各种区位因素对产业配置的吸引作用。古典区位论产生于 19 世纪 20~30 年代，其主要思想在于一个区域对工业区位选择吸引力大小的决定力量是最小生产成本。影响产品成本的一般性区位因素有运输费、劳动费和集聚效益，区位选择总是倾向于生产总成本费用最低的地点。

（2）近代区位论。

随着市场经济的发展，市场的空间形式与功能在生产力布局中的作用日益突出。古典区位论由于将市场因素排除在影响生产力布局的因素以外，不能正确说明实际的区位选择和产业配置过程。由此，近代区位论（也称作利润决定论）应运而生，并取代了古典区位论，在 20 世纪 50 年代之前成为占主流的区位理论。近代区位论主要研究市场规模和市场需求结构对区位选择和产业配置的影响，指出成本最低只是作为企业总利润的一个因素而发挥作用，成本最低点并不意味着利润最高点。企业家应关心的实质不是成本最低而是利润最高。总之，近代区位论通过市场和价格揭示出利润最大化是影响区位选择的决定性因素，使区位论从微观走向宏观化，弥补了古典区位论排除市场因素的缺陷。

（3）现代区位论。

随着科技的进步、人们收入和需求层次的提高，区位决定因素又有了新的变化，出现了现代区位论。现代区位论强调以人的行为因素为依据，对成本市场因素做综合分析，进而发展成为综合的整体性的区位理论，即空间结构理论。现代区位论认为，最大利润原则固然是产业配置的基本原则，但这一原则的实现同自然环境、产品成本和区域之间的工资水平等因素有关。因此，合理的区位选择和产业配置必然受多种因素的影响，必须对多种因素进行综合分析。决策者最终选择的区位不一定是成本最低的或利润最高的区位，而是综合优势最显著的区位。

2）地域分工理论

社会劳动的地域分工是指相互联系的社会生产体系在地理空间上的分布，是社会分工的空间表现形式。地域分工的前提条件是产品的区际交换和贸易，动力是经济利益。地域分工理论的主体首先是由亚当·斯密创立的绝对优势理论

（absolute advantage theory）[26]，在此基础上，大卫·李嘉图（David Ricardo）又提出了比较优势理论（comparative advantage theory）[27]，此外，地域分工理论还包括要素禀赋理论（factor endowment theory）等。其中，比较优势理论是地域分工理论的核心内容。

（1）绝对优势理论。

绝对优势理论源于地域分工学说。绝对优势理论认为“每个国家都自己生产所需的全部物品是不明智的，因为每个国家都有擅长生产和不擅长生产的东西，如果外国能以比我们自己制造还便宜的商品来供应我们，我们最好就用我们具有某些优势的行业生产出来的部分产品向他们购买。每个国家都有其绝对有利的、适宜于某些特定产品的生产条件，如果每个国家都按其绝对有利的生产去进行专业化生产，然后进行交换，各国的资源就能正确地配置和有效地利用，从而提高劳动生产率，增加国民财富”。将不同国家的同种产品的成本进行直接比较，如果在某种产品上所花成本绝对地低，就称产品具有绝对优势。只要有这种绝对成本优势，就应该发展这种产品的专业生产，并出口换回自己在生产上不占绝对优势的产品，贸易双方都能够从交易中获得利益。

（2）比较优势理论。

比较优势理论是相对于绝对优势理论而言的，该理论来源于国际分工理论。比较优势理论认为，参与国际贸易的各个国家虽然在经济发展、资源情况等方面存在着差异，但每个国家都能以具有比较优势的产品参与国际贸易。有些国家可能在生产成本和劳动生产率等各个方面都占优势，则可在优中择优，找到最具有比较优势的产品参与贸易活动；而有些国家可能在各方面都处于劣势，但也能在劣势中找到比较优势。这样参与贸易的各国都节约了社会劳动，并能消费和享受更多的产品。因此，比较优势理论的核心观点是只要成本比率在各国间存在差异，各国就能够生产各自的比较优势产品，即相对成本较低的产品，并在国家间进行交换，通过贸易增进利益。

比较优势理论又可分为静态比较优势理论和动态比较优势理论。静态比较优势是指现时的比较优势，认为比较优势的源泉是要素禀赋的差异。静态比较优势理论认为，决定国际贸易流向及其利益分配的不是绝对成本低廉而是相对成本低廉，一国并不一定要在某种产品生产成本上占据绝对优势，一国只要集中生产并出口具有比较优势的产品，进口其处于比较劣势的产品，该国就能够从国际分工和交换中获取比较利益。动态比较优势是指转化中的比较优势，认为要素组合成生产的能力和价值实现的能力，如技术管理优势、营销网络优势、生产网络优势、制度优势及基础设施条件等，也是比较优势的源泉[28, 29]。动态比较优势理论认为，产品的比较优势并不是既定的、一成不变的，而是随着资本积累和技术进步而转化的。随着时间的推移，一国旧产品的比较优势将逐步丧失，新产品的比较优势将不断产生，当一国产品的比较优势发生变化之后，其产业结构与贸易结构也将随之改变[30]。因此，对那些有潜力、对国民经济有重要意义的产业采取扶持政策，经过一段时期的成长之后，这些产业就可能发展转化为有竞争能力、有优势的出口产业。

（3）要素禀赋理论。

要素禀赋理论是对比较优势理论的发展与完善，是现代国际贸易理论的新开端。要素禀赋是指一个国家拥有的生产资源状况。国家之间的要素禀赋差异不是指生产要素的绝对量在国家之间不同，而是指各种生产要素的相对量在国家之间不同。要素禀赋理论认为，生产要素禀赋的相对差异决定了区域分工与贸易，表现在五个方面[31]：一是土地及矿产资源的差异；二是资本的差异，表现为拥有资本的原始积累和储备，能够较为容易地获取国外的贷款；三是劳动力及数量的差异，表现为拥有大量的劳动力，劳动者能够胜任本职工作，具有操作较为先进机器设备的技能；四是技术水平的高低，表现为拥有同行业中最先进的设备和较强的生产能力，技术操作人员具有较丰富的从事某些产品的生产经验，且充满创新精神，能不断地开发出新产品；五是经营管理水平的差异，表现为通过采取一定的管理机制和组织原则，形成一个有利于工业高效运行的外部环境和内部机制，使经济规模的作用得到充分发挥。

3）区域产业结构比较理论

区域产业结构比较理论可分为静态比较与动态比较两种[32]。静态比较是各区域某一时点上产业结构在区际分工阶段中的相对地位比较；动态比较则是区域产业结构的变动比较。

（1）区域产业结构静态比较，特别是主要制造业的专业化程度。

一个区域的非农产业发展水平，是决定该区域在全国区际分工中相对地位的主要因素。非农产业发达、主要制造业专业化程度较高的区域，在经济联系与区际分工中的地位相对有利。因此，区域产业结构静态比较可以从以下两个方面进行比较。

非农产业发展水平的区域比较。由产业结构演化理论可知，随着经济的发展，第一产业的比重不断下降，第二、三产业比重不断上升。因此，可用非农产业比重描述一个区域的产业结构水平。通常用区位商来计算，区位商值越大，则意味着非农产业的发展水平越高，区域产业结构相对地位越高。同理，也可以利用制造业内部的非消费品产业部门比重来反映区域产业结构的相对地位。

制造业构成技术水平的区域比较。区域产业结构中制造业构成技术水平越高，专业化部门越多，则区域产业结构中制造业的相对地位越重要。因此，可用专业化系数来测度专业化程度（或技术水平）。专业化系数值大于 1 的制造业部门为专业化部门，专业化系数值越大，专业化程度越高（或技术水平越高）。

若一个区域的专业化部门数多，则表明该区域产业结构的制造业构成技术水平高；若两个区域的专业化部门数相等，则还须计算两个区域专业化牺牲的标准差，标准差越小，表明产业的均衡度越高，该区域整体的产业结构制造业构成技术水平越高。

（2）区域产业结构动态比较。

产业结构优化过程是一个动态过程，需要掌握产业结构变动的一般过程及基本趋向。而产业结构的一般过程及基本趋向从某种意义上是进行产业结构优化与调整的基本参照框架。因此，为把握产业结构变动的一般规律性，首先要描述产业结构变动的一般过程和基本趋向。区域产业结构动态比较包括产业结构的变化状况和产业结构的转换能力两个方面。

产业结构变化状况的区域比较。定量描述区域产业结构变化状况的主要指标有产业结构变化指数和专业化指数，这两个指数分别从产业结构变动速度和产业结构的变动方向上刻画产业结构变动对区域经济发展的影响：一个区域的产业结构变化指数值越大，该区域的产业结构变化越大；一个区域的专业化指数值越大，该区域的专业化水平程度越高。

产业结构转换能力的区域比较。产业结构转换能力是指产业结构适应市场变化和保持区域经济持续、稳定、协调而向高级化调整、演进的可能性条件。一个区域的产业结构是否具有良好的转换能力，反映了该区域产业结构的综合素质和潜力，对当地经济的持续、健康发展至关重要。由于区域产业结构是区域内各产业部门的结合方式，是生产要素的宏观聚集状态，因此，只要是影响生产部门存在条件和生产要素的因素都是区域产业结构转换的作用因素。从供给角度考虑，区域产业结构的转换能力取决于创新能力、积累能力和供给弹性。从需求角度考虑，区域产业结构的转换能力取决于人们不断变化的消费结构，这种变化对现存的产业结构产生巨大的压力并促使其变化。一般地，区域经济社会发展水平越高，消费层次越高，消费结构的变化越快，对产业结构转化的压力也越大。因此，可以通过转换能力综合指数（供给推动力指数与需求压力指数的乘积）来测算区域产业结构的转换能力。一个区域的转换能力综合指数值越大，表明该区域的产业结构转换能力越强，产业综合素质和潜力的相对优势越大。经济发展水平越高的区域，产业结构转换能力越强，也越有利于推动产业结构转换过程，从而越有利于当地经济持续快速发展，巩固其在全国的相对地位。需要注意的是，区域产业结构转换能力不同于产业结构转换过程，区域产业结构转变的快慢主要决定于经济发展阶段，考虑到区域外因素的影响，这种转变实际上是一个渐进与飞跃、自然演化与自觉调整相互交错的复杂过程。产业结构转换能力强的区域，其结构变化速度不一定快，而转换能力差的区域，结构变化速度也不一定慢。

5. 区域经济协同发展理论

随着经济全球化和区域一体化的不断深入，区域之间的经济联系、信息交换、技术合作越来越密切与广泛，生产要素的流动也更加频繁，各个区域不再是独立、封闭、静止的个体，而需要同其他区域不断加强交流与合作。与此同时，区域经济发展不平衡的问题也非常突出。过度的地方保护主义阻碍了区域间的横向经济联系，使商品和要素难以实现区际内自由流动和优化配置，同时产业结构趋同现象普遍、地区经济差距扩大、各方利益难以协调等因素，严重制约着区域之间规模经济效应的形成。

区域经济是一个复杂动态的大系统，其中的每一个子系统或元素都带有自身的独特性。要想充分保持并发挥这些特性，避免子区域（子系统）的无序竞争与孤立分散，从而实现优势互补与整体效益，需要从系统的视角出发，并考虑区域之间的差异性与互补性，以形成一种竞争与协作共存、整体与个体互动的区域经济协同发展过程[33]。因此，可以将区域经济协同发展理解为一种区域内各子区域和经济组织之间协调与共生、自成一体、形成高效且高度有序化的整合，实现区域内各地域单元与经济组织一体化运作的区域经济发展方式。

自组织现象伴随着协同作用而产生，它反映了系统内部各子系统或要素在相互作用过程中自发组织起来的、促使系统自身逐步转为平衡状态或形成新的结构与功能的能力。因此，区域经济协同发展过程中也存在自组织现象。区域经济系统包括自然、社会、经济、人口、技术等多个子系统，这些子系统不仅相互影响、相互制约，还共同决定着区域经济的发展水平。区域经济系统的自组织就是将这些子系统纳入自组织的过程中，从而保证各层系统的有效运转与发展。这一现象要求区域之间保持较高的整合性和协调度。在一致的区域发展目标的指导下，各子区域应积极构建统一的区域市场和结构互补、水平分工与垂直分工共存的分工体系，使其商品与生产要素能够自由组合、各类资源能够优化配置，同时区域之间应地位平等、彼此开放，以确保区域系统的协调统一以及与外部系统的衔接或互动。此外，自组织系统的形成源于协同过程中的序参量作用，在序参量的影响下，系统才产生了一定的自组织结构与功能。合理控制这些序参量就能把握系统的自组织过程，进而提升系统整体的协同效应。区域经济协同发展的自组织过程也是由某些内部序参量支配的。这些序参量是子区域之间相互作用的结果，但同时又将控制这些子区域的竞争与协作关系，影响所在区域的整体经济效益和发展能力。可见，如果能明确区域经济协同发展中的序参量，并对其经济效应和作用程度进行判定，就可以有效把握区域经济的协同作用及影响。

2.2　区域物流相关理论

2.2.1　区域物流与区域物流系统

1. 区域物流

1）物流的概念

物流是社会经济发展到一定阶段的产物，其发展经历了漫长的历史过程。物流的概念最早可以追溯到 20 世纪初的美国，其形成原因存在两种不同的观点：一种观点认为，物流是由于经济原因产生的。1912 年，美国研究者 Shaw[34]从市场营销的角度定义物流，认为"物流是与创造需求不同的一个问题"，明确将企业的活动分为创造需求的活动和物流活动。另一种观点认为，物流是因为军事原因产生的。1905 年，美国军官 Baker 从军事后勤的角度提出了物流的概念，将"与军备的移动与供应有关的战争艺术的分支叫做物流"[35]。第二次世界大战中的军事后勤活动使得物流和系统分析方法得到有效应用，同时，积累了大量军事后勤保障理论与实践经验，形成和丰富了物流方面的理论与方法。这些理论与方法在第二次世界大战后被广泛应用到军事以外的其他领域。

以上两种不同观点的物流概念分别在它们各自的专业领域中得到了一定的应用与发展。随着时间的推移与经济社会的不断发展，物流不断地被赋予新的含义。由于引入时间和认识的角度不同，不同国家对物流概念的具体表示不尽相同。1986 年，美国物流管理协会将物流的定义表述为："一个有效的流动和存储规划、实施和控制，以满足客户需求的商品、服务和相关信息从原产地到消费地的过程。"[36]2000 年，该协会对物流进行了重新定义："物流是供应链程序的一部分，它是为满足客户需求对货物、服务和相关信息从原产地到消费地的高效、正向及反向流动和存储进行的规划、实施和控制的过程。"[37]2001 年，进一步修订为：物流是供应链过程的一部分，是对商品、服务及相关信息在起源地到消费地之间有效率和效益的正向和反向移动，其目的是满足客户要求[38]。2007 年，美国供应链管理专业协会（原美国物流管理协会）从管理的角度对物流进行了解释："物流管理是供应链管理的一部分，以满足客户需求为目的，对货物、服务和相关信息在原产地和消费地之间的正向和反向流动与存储进行规划、实施和控制。"[39]

20 世纪 60 年代末，物流理论思想开始向日本、加拿大、欧洲等国家和地区传播。刚刚引入物流的概念时，日本将物流直译为“物的流通”，即实物流通的简称。经过几十年的研究，随着日本物流水平的发展和对物流领域研究的不断深化，日本对物流概念的理解和认识更加深入。1981 年，日本日通综合研究所[40]给出的物流定义是：“把货物从供应者向需求者之间的物理位移，在这样转移的经济活动中创造了时间价值和场所价值。从物流的领域来看，包括包装、装卸、存储、库存管理、流通加工、配送和其他活动。” 1994 年，欧洲物流协会将物流描述为“在一个系统内对人员或商品的运输、安排及与此相关的支持活动的计划、执行和控制，以达到特定的目的” [41]。这个定义在欧洲大陆比较具有代表性，目前已经成为欧洲标准化委员会的标准定义。

我国于 20 世纪 70 年代末引入物流的概念，并把物流作为一门学科进行研究。不同的研究者对物流的概念进行了不同的诠释，比较有代表性的有：李京文等[42]将物流定义为“物质资料在生产过程各个生产阶段之间的流动和从生产场所到消费场所之间的全部运动过程”。王之泰[43]认为，物流是按用户要求，将物的实体从供给地向需要地转移的过程，这个过程涉及运输、储存、保管、搬运、装卸、货物处置和拣选、包装、流通加工、信息处理等许多相关活动。吴清一[44]将物流描述为“实物从供给方向需求方的转移，这种转移既要通过运输或搬运来解决空间位置的变化，也要通过仓储保管调节双方在时间节奏方面的差别”。崔介何[45]指出，物流是物质资料从供应者到需要者的物理性（实物性）流动，是创造时间和空间价值的经济活动。董千里[46]提出，物流是原材料供应者到生产者，经过生产过程直到最终产品到达使用者、消费者之间的供应链管理，是包括了订货、包装、装卸、运输、储存、库存控制、配送、流通加工、物流信息等许多环节及相关作业的集成。2006 年，我国国家标准《物流术语》对物流的概念进行了基本的界定，即物品从供应地向接收地的实体流动过程。根据实际需要，将运输、储存、装卸、搬运、包装、流通加工、配送、回收、信息处理等基本功能实施有机结合[47]。

由以上对物流的定义可看出，物流是一个不断发展的概念，随着人们对物流认识的不断深入，其内涵也随着时间和研究的进行而不断丰富和发展。但总体上可以认为，物流泛指物质资料实体的物理性移动，包括场所位置的转移和时间的占用。物质资料的这种物理性移动存在于社会再生产的全过程，包括物质资料在生产领域里生产过程中各阶段之间的流动，以及从生产所在地经供应所在地向消费所在地，或从生产所在地直接向消费所在地的流动，以实现物流的空间效用和时间效用[48]。

2）区域物流的概念

在区域经济一体化背景下，区域物流成为现代物流发展的一个重要领域，受到国内外学者的广泛关注。目前，区域物流的定义还没有形成统一的观念，但可以确定的是，区域物流是区域经济发展的产物，具有区域经济的属性，研究的是在一定区域空间范围内的物流活动。从某种程度上讲，区域物流系统是区域经济系统内产业经济的一个重要组成部分，区域物流的形成开始于区域经济，属于区域经济的范畴。

区域物流是一个相对的概念，所观察角度不同，区域物流的范围也不同，可以是一个国家、一个城市或一个地区的物流，强调系统性和合理性。1994 年，美国《物流手册》将区域物流定义为“在区域范围内的一切物流活动，包括包装、运输、装卸、保管、加工流通及信息传递等功能实体性的流动以及物流过程中各环节的物品运动”[49]。海峰等[50]认为，区域物流是在一定的区域地理环境中，以大中型城市为中心，以区域经济规模和范围为基础，结合物流辐射的有效范围，将区域内外的各类物品从供应地向接收地进行有效的实体流动。根据区域物流基础设施条件，将公路、铁路、航空、水运及管道输送等多种运输方式及物流节点有机衔接，并将运输、储存、装卸、搬运、包装、流通加工、配送及信息处理等物流基本活动有机集成，以服务本区域的经济发展，提高本区域物流活动的水平和效率，扩大物流活动的规模和范围，辐射其他区域，提高本区域的综合经济实力[51, 52]。靳伟[53]提出，区域物流是指一个地区范围或一个区域范围的货物运输、保管、装卸搬运、包装、流通加工、配送以及相关的信息传递活动，区域物流的主体是区域货物运输。王之泰[54]认为，区域物流是在一个区域城市群的各城市之间、城市与农村之间的物流和经济区域与经济区域之间的物流。这种物流较多地发生在经济区域范围内的城市之间，尤其是在对我国现阶段经济发展有重大影响的几个经济区域的城市群和几个经济区域之间。董千里[55]将区域物流定义为“在一定区域内，规划、构筑促进社会经济最佳战略实现的物流系统，及其与物流运营与监控等有关的活动体系”。王健[56]指出，区域物流是为实现区域经济社会的持续健康发展，对区域物资流动进行统筹协调、合理规划、整体控制，实现区域物流各个要素的系统最优目标。区域物流涉及物资在区域内的实体流动，区域间的货物集散过程，重点解决一个区域内的物流系统优化问题，保障整个区域的物流活动满足生产活动、消费生活的需要，提高区域经济运行质量，促进区域经济协调发展。

从以上对区域物流定义的论述可以看出，区域物流可以从狭义和广义两方面进行解释[57]。从狭义上讲，区域物流是指一个国家某一特定地域内的物流，是伴随着物流中心、物流信息平台等基础设施发展而存在的，物流活动的总和在一定经济区域范围内呈现出整体共性，从而与其他经济地区的物流活动相区别。广义的区域是指超出一个国家的范围，覆盖了一个自由贸易区，该自由贸易区由若干个在政治、经济、军事、文化上具有相同特性的国家组成，区域内各成员国之间基本取消关税壁垒，人员自由往来，地域联系和文化具有相似性，交通与信息网络实现一体化。

区域内各国之间的物流超出一国的概念而成为一个整体。

3）区域物流的结构

区域物流作为区域经济的一种特殊形态，具有完整性、有机性、复杂性等社会经济体系的一般特性。此外，区域物流的结构是多层次、多维度的，物流主体、物流客体和物流载体是区域物流的基本构成要素，而每一个要素均有其完整的体系结构，表现出各自不同的功能，从而形成区域物流的整体功能。

区域物流的主体是指直接参与或专门从事物流活动的组织者，包括承运企业、第三方物流企业、货主企业等。物流主体连接物流渠道的起点和终点，对整个区域物流活动起着主导和决定性的作用。

区域物流客体，即物流对象，是指所有在物流主体之间进行定向循环运动的物质实体。区域物流客体一般具有可移动性，且需要一定物流载体实现从供给主体向需求主体、从生产领域到消费领域的运动，其运动由物流主体驱动，具有一定的方向性和有序性。

区域物流载体是实现物流活动的基础条件，包括基础设施、物流活动工具设备以及相关的物流标准[58]。区域物流载体的完善程度和先进程度是一个区域物流发展水平的重要标志。

区域物流主体决定了区域物流的组织结构，区域物流客体决定区域物流的物品类型和规模，区域物流载体决定了区域物流的空间结构，三者构成了区域物流的总体结构，并决定了一定区域范围物流的总体发展规模与发展水平。

4）区域物流的特征

在经济全球化、市场一体化的信息时代，区域物流的作用日渐突出，受到各国和各地区的重视。随着观念的更新和技术的进步，区域物流呈现物流服务全程化、供应链管理一体化、物流活动社会化、与电子商务互为支撑以及物流管理信息化等现代物流的本质特征[59，60]。此外，区域物流还具备以下特征[61~65]。

（1）区域物流具有地域性。

区域物流是以区域为范围、以区域地理位置为前提的。区域地理位置的差异性是形成区域物流的地理条件，任何地区由于其地理位置的差异，客观上形成了区域地理的现实状态，这往往造成了区域经济的差异[66]。区域经济的发展是区域物流的基础，不同区域经济的水平、规模和产业形态，要求相应的区域物流服务保障，也就影响了区域物流的规模与发展水平。区域产业结构以其发展趋势往往对区域物流的主要组织形式、服务水平产生影响，中西部地区因其原材料工业、农业是产业结构的主体，所以区域物流的主要活动是以铁路、水运为运输方式的大宗货物运输；而东部的高新产业及珠江三角洲的制造业，其供应与产成品则可采用多种运输方式，同时对时间的响应要求较高，所以要求区域物流具有快速反应的能力[67，68]。

（2）区域物流具有中心性。

区域中心城市、区域的地理位置对区域物流的形成和发展具有重要的影响。区域的地理位置不仅是区域物流发展的基础，同时也是区域经济发展的基础。大中型城市是区域经济发展的中心，区域内的工商企业主要集中在城市，是实现区域经济聚集的主要空间表现形式，这就促使物流活动也主要发生在城市（尤其是大中型城市）及周边地区，从而形成物流活动在区域内的空间集聚现象。例如，北京、武汉、郑州等或广州、上海、深圳等沿海城市，在区域物流活动中承担着重要的物流功能，也是重要的区域物流节点和区域物流集散地。因此，客观上，这些城市具有区域物流中心的地位。中心城市已经发展成为区域物流活动的中心，是交通枢纽城市，拥有良好的物流基础设施。同时，中心城市的物流发展政策对区域物流发展内容、模式和趋势都会产生重要影响，这就使得区域物流的发展具有中心性特征。

（3）区域物流具有适应性。

区域物流的发展应与区域经济发展的规模与水平相适应。区域物流发展的前提是区域经济发展，没有区域的产业和市场基础，也就没有区域物流。不同的经济水平、发展规模和产业形态，要求与之相适应的区域物流作为服务保障，只有当区域物流发展与区域经济发展的产业形态、水平及规模相适应时，才能促进区域经济健康、快速、持续发展。

（4）区域物流具有相对性。

区域内各物流主体之间是相对独立的，各个区域之间也是相对独立的，任一区域与其他区域之间都有着明显的界限分隔和功能差异。在物流活动内部规律的作用下，物流活动往往超出行政区域的范围，这种跨行政区的物流概念上的区域，具有相对的独立性，是该区域内各物流主体共同利益的结合与表现。在不同物流区域之间，物流主体、客体、载体与本区域的经济紧密联系、与本区域的文化融合为一体，物流功能也存在差异，形成各自相对独立的区域物流体系。

（5）区域物流具有相对开放性。

在一个国家内，不同区域的物流之间既有分工又有协作，既有竞争又有依存，既相互独立又相互联系，构成了整个国家物流体系。不同区域的经济在社会制度、经济体制、物流运行规则以及货币政策等方面是一致的，不存在国家之间常有的关税、进口配额等人为障碍，因而具有更大的开放性。区域物流作为区域经济的重要组成部分，也具有开放性，但这种开放性是相对的，其受到空间距离与运输成本的制约。一般而言，区域规模越小，区域物流开放的程度就越高；区域规模越大，区域物流开放的程度越低。

（6）区域物流具有距离经济性。

区域物流运输具有距离经济性，即区域物流运输费用服从随着区域物流运输距离的递增而递减的规律。距离经济性对划分区域物流具有重要的影响作用。在健康、发达的区域物流市场环境下，区域物流企业作为区域物流组织和承担的主体，从企业运作的角度，必然要遵循距离经济性原理，通过选择最佳运输方式来降低物流费用，而不同的运输方式通常有最佳的时间、距离、经济性范围，如公路运输的最佳距离一般在 500 千米以内，铁路运输则在 500~1 500 千米，航空运输的最佳距离为 1 000 千米或 1 500 千米以上。因此，区域物流企业的运营范围存在最佳运输距离，这就要求区域物流企业在最佳的距离范围内实施有效的区域物流活动组织，从而使区域物流企业在向顾客提供满意、优质物流服务的同时，又获得尽可能多的经济效益。实际上这种最佳运输距离确定了区域物流的辐射范围。

2. 区域物流系统

1）区域物流系统的概念

区域物流系统是区域经济大系统中的一个子系统，它是指在一定的时间和空间里，由所需位移的物资、包装设备、装卸搬运机械、运输工具、仓储工具、仓储设施、人员和通信联系等若干相互制约的动态要素所构成的具有特定功能的有机整体[69]。区域物流系统是指以物流服务功能配置为目标，以区域经济规模和范围为基础，结合物流辐射的有效服务范围，由所在区域内众多物流环节和物流运作的各构成要素在物流运作机制的综合作用下，将区域之间及区域内部的物流活动进行有效集成[70]。区域物流系统存在的主要目的在于运用现代物流管理方法解决单一企业以外的各种物流问题，以保证在社会再生产顺利进行的前提条件下，实现物流的空间效益、时间效益和各种物流环节的合理衔接，最大限度地发挥地区物流设施的能力，实现区域或更大范围的物流合理化，促进地区经济的发展。

2）区域物流系统的特征

区域物流系统首先是一个系统，具有一般系统所共有的整体性、层次性、相关性、目的性和环境适应性等特点。从系统的角度看，区域物流系统本身具有人-机系统、大跨度系统、动态系统、复杂系统、多目标函数系统等特征[71]。此外，区域物流系统还具备物流系统的如下四个基本特征[72]。

（1）区域物流系统具有明确的物流目标。

物流系统的目标必须明确。一般来说，这个目标就是物流需求，它构成了物流系统的业务内容，由物流服务需求方提出，物流服务提供方同意，双方达成明确的协议。物流系统的目标通常主要体现在物流系统七个流动要素中的六个要素中：一是流体，物流系统中处理的流体可以分为商品、信息、服务三类，每类流体都要通过物流系统实现其在时间、空间上进行转移的目的，对物流系统提出特定的需求，是物流系统优化时的约束条件。二是流向，针对商品、信息和服务三类流体，从正向物流和反向物流两个方面进行分析。正向是指从原材料供应商开始到最终消费者整个过程所需要经过的所有商流渠道、物流渠道、信息流渠道、资金流渠道；反向是指从最终消费者到原材料供应商的整个过程中发生退货、废弃物处理、包装物回收等反向物流所需要经过的所有环节，包括中间部分环节之间的反向物流所需要经过的四种流。三是流量，需要从商品总量、结构以及流量在时间上的分布等三个方面明确商品流量信息。四是流程，物流服务需求方一般要求优化物流系统中的物流网络，以缩短流程、节约时间和成本。根据物流系统的需要，明确物流网络中的点、线、网的信息。其中，点代表工厂或者商店的仓库、配送中心、物流中心等，具体要明确发货点、收货点、储存点、加工点、消费点等的数量、地理分布、具体地址、联系人及联系方式、收货和发货手续、业务流程等；线代表干线和支线，要注意各条线路的距离、路况、影响运输的因素；网代表点的选址、点的数量的优化、点和线的类型、点和线的最佳组合与搭配方式、网络上运输和库存调度。五是流速，流速反映的是流体运动的速度，流体运动的速度一般需要由载体的速度决定。物流系统对速度的主要指标有订货处理周期、待运期、在途时间、送货周期。六是流效，物流系统的效果由效率和效益两方面组成。物流系统的最终效果反映在服务、成本、技术水平等方面。

（2）区域物流系统具有明确的物流资源。

物流系统需要的运作资源是物流系统的服务供给能力。物流系统的资源一般包括可用的物流资源和实际使用的物流资源。可用的物流资源是指宏观的全国的物流资源，一般不划在某一特定的物流系统中。通常，可用的物流资源越多，物流系统的基础越好。实际使用的物流资源是指根据客户物流需求，经过开发并可以集成起来形成一个可以实际运作的物流系统的可用资源，主要包括人力资源、财力资源、物力资源、信息资源等。物流系统的供给主要由物流系统集成商、物流系统运营商、物流系统的载体三部分构成。其中，物流系统集成商（通常物流公司起着物流集成商的作用）应有承担调研预测、系统分析、总体设计、资源开发、外包外购、过程监控、系统集成、增值服务等责任的能力；物流系统运营商承担了具体的物流运作，当物流系统集成商将物流资源集成进一个物流系统后，具体的物流业务运作，如运输、仓储、装卸搬运、包装等，需要物流运营商来具体运营，一个物流系统往往需要多个物流运营商；物流系统的载体一般分为基础设施与设备两个方面，特定物流系统的载体必须是经过设计与规划、被集成为物流系统的组成部分。

（3）区域物流系统具有明确的物流组织。

物流系统靠物流组织将物流资源应用到日常的运作中，满足客户的物流服务需求。物流组织是物流系统运作的基础，物流服务提供方必须根据需要建立能够覆盖物流服务需求方市场的组织网络。一个特定的物流系统的物流组织必须包括两个方面，即机构和管理。机构是指根据客户需要确定物流组织网络的覆盖范围、机构设置、人员配备、作业流程、作业标准等；管理是指物流组织需要根据客户的特定物流需求进行物流系统总体设计、资源开发、业务外包、过程监控、系统集成、管理制度制定等。

（4）区域物流系统具有统一的系统设计。

统一的物流系统设计是物流系统集成的依据。物流系统是一种人工系统，不是自动形成的，也不能自动形成，要经过设计和集成。物流系统的规划可以由不同主体完成，物流服务需求方、物流服务提供方、专业咨询公司等都可以提出物流系统规划。为了降低物流总成本、提高物流服务水平，物流服务需求方一般要统一规划和设计一定区域内的物流系统，然后，按照规划和设计，需找第三方物流运作商进行具体的物流运作，这样可以使本来不存在的物流系统经过规划和设计以及资源集成形成一个新的物流系统，或者使几个相互独立的地区性的小物流系统，经过规划和设计集成为一个统一的区域性或者全国性的大物流系统，在更大区域范围内起到资源优化的作用。

3）区域物流系统的构成

图 2-1 给出了区域物流系统的构成。由图 2-1 可知，区域物流系统由区域物流功能子系统、区域物流网络子系统和区域物流需求子系统构成[73]。

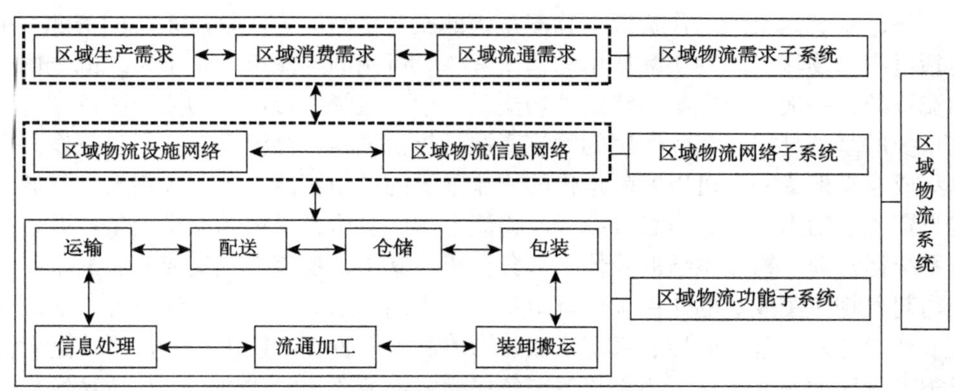

图 2-1　区域物流系统的构成

（1）区域物流功能子系统。

区域物流功能子系统由运输、配送、仓储、包装、装卸搬运、流通加工、信息管理等基本功能组成。区域物流功能是区域物流经济活动最微小的活动单元，是区域物流系统的基本子系统，也是区域物流研究的最基本单位。区域物流功能子系统是区域物流系统的重要组成部分，是区域物流供给能力的集中体现。区域物流功能子系统中各项物流功能需要通过区域物流企业得以实现，区域内不同类型的物流企业通过相互之间的协同配合，共同完成货物从区域发送地到区域接收地的运输、配送、仓储、包装、装卸搬运、流通加工、信息处理等物流操作，使货物在供应链内部或者供应链之间流转，满足生产领域、流通领域以及消费领域不同顾客的物流需求。

（2）区域物流网络子系统。

区域物流网络子系统是不同地区的物资流动过程中相互联系的组织与设施的集合，构建区域物流网络子系统的目的是为区域经济贸易和城市发展服务，促进各地区城市物流系统的相互接轨，实现区域物流系统的最优化。根据运作形态的不同，可将区域物流网络子系统分为区域物流设施网络和区域物流信息网络。

区域物流设施网络是由多个物流节点、多条运输线路、多种运输工具以及多种交通设施组成的复杂网络。其中，网络中的物流节点是物流中心（园区）、配送中心、仓储中心、终端客户或各种物流运输方式中的中转结合部；运输线路存在于物流中心、配送中心、仓库之间或存在于它们与最终客户之间；运输工具主要是火车、汽车、轮船、飞机、管道等；交通设施主要是铁路、公路、水路、航空和管道，对应的运输方式为铁路运输、公路运输、水路运输、航空运输和管道运输。区域物流设施网络中的节点布局越合理，运输线路越便捷，运输工具越先进，交通设施越发达，区域物流的供给效率就越高，客户的物流需求就越能得到有效满足。

区域物流信息网络是指伴随区域物流设施网络而相应传递各类信息的通信网络，它是以计算机与通信技术为基础，以区域物流活动一体化管理为目的，由一系列与区域物流活动相关的互相连接的信息节点和信息链组成的系统。这里的信息节点是指区域物流系统内一切物流活动相关实体内部的信息系统及建立在这些信息系统之上的物流信息平台；信息链是指连接各信息节点的通信网络系统，包括公共通信网络、专用通信网络、网络通信设备、网络链接线路等。区域物流信息网络越发达，区域物流活动所产生的各类信息越能够准确收集、分类整理、有效加工、安全存储、快速传递和充分共享，从而能更充分满足区域物流系统内各相关实体对于物流信息的需求。

（3）区域物流需求子系统。

物流需求是指一定时期内，社会经济活动为实现生产、消费、流通领域的原材料、成品和半成品、商品以及废旧物品、废旧材料等的有效配置而产生的对物品在空间、时间、作业量和费用等方面的要求，涉及运输、库存、包装、装卸搬运、流通加工以及与之相关的信息需求等诸多物流活动方面。物流需求是物流发展的重要前提条件，作为消费者的个人、企业、行业、地区、国家都可能存在物流需求，物流需求已经渗透到现代社会的各个方面[74, 75]。这里所说的物流需求主要是基于区域经济活动而产生的物流需求，包括区域生产物流需求、区域消费物流需求和区域流通物流需求。区域生产物流需求是从生产的角度提出的物流需求，是指区域内物质资料生产部门为满足生产、制造、加工所需要的原材料供应与产品生产而产生的物流需求，区域企业生产能力越强，区域生产物流需求量就越大；区域消费物流需求是从消费的角度提出的物流需求，是指区域内居民实际消费能力所能产生的物流需求，区域居民消费能力越强，区域消费物流需求量就越大；区域流通物流需求是从商品流通的角度提出的物流需求，是指区域内因商品流通而产生的物流需求，区域贸易市场规模越大，商品交易越频繁，区域流通物流需求量就越大。

2.2.2 区域物流发展理论

区域物流的发展理论主要包括区域物流可持续发展理论、产业经济理论和区域物流系统理论[76, 77]。

1. 区域物流可持续发展理论

区域物流可持续发展理论涉及两个方面：一是可持续发展，二是绿色物流管理。区域物流可持续发展的总体目标在于以考虑环境、资源容量为前提条件，促进区域物流本身的发展，以更好地为社会经济发展提供支持与保证，具体体现在社会发展、经济发展、环境保护和资源利用等四个方面。绿色物流以降低环境污染、减少资源消耗为主要目标，绿色物流管理的实现需要从政府政策、物流企业经营战略和供应链协同三方面开展。

2. 产业经济理论

产业经济理论包括区域经济发展的相关理论、产业集聚理论和产业布局理论。产业集聚理论指出，集聚能够产生集聚效应，进而增强经济活动的空间集中趋势，最终形成因果式的集聚动力。产业布局理论指出，产业布局从静态上表现为各要素、各部门在空间上的分布态势和地域上的组合形式；从动态上则表现为各种资源、要素以及企业部门为寻求最佳区位而在空间地域上的流动、转移或重新配置及再配置的过程。成本均衡问题是现代产业布局应考虑的实质问题。现代区位理论认为，产业布局选择应遵循成本最低、市场份额最少、聚焦效应等三个标准。

3. 区域物流系统理论

区域物流系统理论主要从系统分析的角度出发，将区域物流活动视作一个有机整体，为了实现某些特定目标，由构成系统的具有不同结构、功能的子系统相互合作、相互影响而形成的复合系统。区域物流系统理论的研究重点是将系统内各要素与环节相结合，通过功能之间的衔接，实现区域物流系统整体最优目标的过程。区域物流系统理论指出，在区域范围内，节点企业内部与企业之间的物流设施、资源、活动以及与此相关的人员、流程、信息、技术构成一个有机整体，共同运作实现物流功能。区域物流系统的构成要素包括流动要素、功能要素、网络要素等实体要素，以及客户资源、能力资源、信息资源等资源要素。区域物流系统可以实现物流处理功能、衔接功能、信息的处理、收集和传递以及整合功能。

2.2.3　区域物流空间理论

1. 区域空间结构理论

1）区域空间结构含义

空间结构是社会经济客体在空间中的相互作用及所形成的空间集聚程度和集聚形态。区域空间结构是指各种经济活动在区域内的空间分布状态及空间组合形式。区域空间结构是区域经济的一种重要结构，它可以把分散于地理空间的相关资源和要素连接起来，还能够产生特有的经济效益。

2）区域空间结构的基本结构

区域空间结构由点、线（网络）、面三要素组成，这三要素之间的相互作用形成了区域空间结构的基本结构[78]。点与点要素结合形成节点系统。节点要素的空间运行形式呈集聚发展，空间结构表现为条状城镇带和块状城镇群。点与线要素结合成交通、工业等经济枢纽系统，其要素的空间结构呈枢纽结构。点与面要素结合成城市-区域系统，区位要素的空间结构呈线性结构。线与线要素结合成网络设施系统，区位要素的空间结构呈网络结构。线与面要素结合成产业区域系统，区域要素的空间结构呈带状结构。面与面要素结合成宏观经济地域系统，区位要素的空间结构具有立体空间结构，其运行形式呈现区域相互作用或协调发展。

3）区域空间结构的基本模式

区域空间结构的基本模式主要有极核式空间结构、点轴式空间结构和网络式空间结构三种模式[79]。

（1）极核式空间结构。

在区域发展的早期，区域内的经济发展水平差异不是很明显。但随着经济的发展，加上各地区之间的资源禀赋不同，经济增长往往出现在具有创新能力的行业和地区。这些地区在经济空间上的集聚点就是增长极。经济增长率先发生在增长极上，而后通过不同的方式和路径向外扩散，并对整体经济产生相异的影响，这种空间结构被称为极核式空间结构。

（2）点轴式空间结构。

点轴式空间结构是以极核式空间结构为基础发展起来的。极核式空间结构中所形成的增长极数量不断增多，与周围的点之间建立起互补关系。这种互补关系是通过建设电力供应线、给排水供应线、交通线路等实现的，这些线路相互连接构成轴线。这种轴线首先是为区域增长极服务的，同时，轴线通过辐射作用向外扩展，从而带动周边地区的人口增长、产业结构优化、产业链发展，吸引人口、产业向轴线两侧集聚，并产生新的增长点。点轴贯通，就形成了点轴式空间结构。

（3）网络式空间结构。

网络式空间结构是在点轴系统的基础上发展起来的。在点轴式空间结构的发展过程中，轴线上的不同等级点之间的联系越来越密切，用以共享要素、资源和市场。点与点之间建设的多路径联系通道，纵横交错，形成动力供给、通信、交通网络。网络上的各个点同时会带动周围地区的经济发展，并通过网络构成区域的增长体系。与此同时，网络沟通了区域内各因素之间的联系，在全区范围内协调各种资源和要素，最后就构成了区域网络空间结构。

2. 区域物流空间的形成与演变规律

1）区域物流经济空间演化一般规律

根据经济地理学，经济要素与社会、自然等其他要素在区域空间集中配置、共享某些资源，会产生聚集效应，进而提高经济效益。随着经济的发展出现了很多经济要素集聚现象，并由于跨地域的线状基础设施的连接，由聚集点、线状基础设施以及辐射区域共同组成区域最基本的空间格局。聚集点与线状基础设施的发展，形成城市与经济聚集线状地带，并随着聚集规模的日益扩大与部分均质化，逐步演化成社会经济带[80~84]。

区域物流经济发展遵循了区域经济空间演化规律，也是所在经济区域内物流资源及相关经济、社会、自然等要素相互作用与影响的结果，反映在地域空间层面，则是物流经济要素在地域上的具体空间位置关系、集聚程度、相互作用的方向与强度等的空间结构。

2）区域物流经济空间演化研究目标

区域物流经济发展的空间结构是区域物流经济、社会和自然等要素相互作用的内在规律产物。科学地认识和分析区域物流经济空间结构的类型与发展，有助于设计并实施相关空间组织、调控策略，在以区域物流经济为特征的产业经济发展过程中，遵循区域物流经济空间演化规律、促进区域物流经济空间结构的高效演化，保证区域内人流、物流和能量流的经济化，实现区域物流经济环节在物流目标空间中时间、成本以及位移上的效率优化，以此带动相关产业的聚集、辐射，实现区域内物流资源聚集地带——区域物流经济辐射腹地的产业进化基础上的同质化平衡发展。

3）区域物流体系空间层次划分与演化层次

图 2-2 给出了区域协同物流体系空间表现层次划分[85, 86]。由图 2-2 可以看出，

区域协同物流体系空间可划分为四个层次，即物流基本聚集形式、物流经济带、物流网络和物流圈。

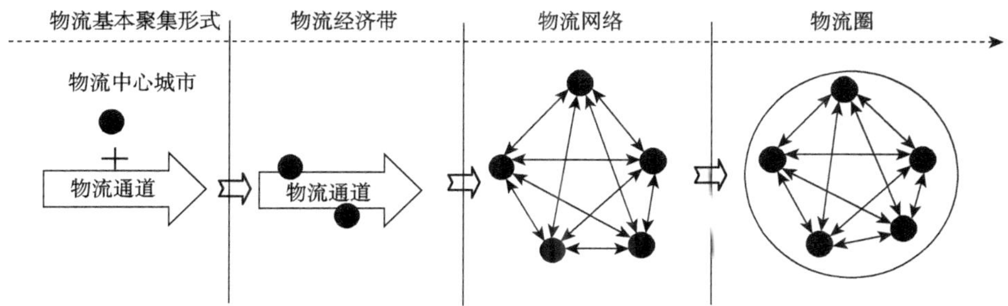

图 2-2　区域协同物流体系空间表现层次划分

（1）物流基本聚集形式。

由增长极理论可知，一个地区若具备其他地区不具备的发展条件和能力而成为增长极，其极化效应可以促使物流经济因素在空间的聚集运行。根据物流经济活动集中的区域特征，可将物流资源在空间的聚集形式分为点状聚集与线性聚集两种，这是区域物流体系空间层次组成的基本形式。物流经济点状聚集的特征是物流活动集中区域为面积狭小的城市区域，如物流中心城市；物流经济线性聚集的特征是聚集区域呈现线性通道特征，如物流通道，这是物流资源及其带动的相关产业沿着物流资源流动的线性公用基础设施周围进行集聚的结果。

（2）物流经济带。

物流经济带是在物流点状聚集或线性聚集的基础上，结合其他经济要素之后的集聚，依托物流中心城市及其经济腹地，形成的以物流经济为特色的区域经济有机整体。物流经济带是区域物流聚集活动的升级，它意味着区域物流经济不平衡的加剧。

（3）物流网络。

物流资源网络集聚模式的形成是物流经济要素在地域上不断地集聚和扩散实现的。区域物流经济追求利润的动机导致物流经济要素伴随着外部区域经济、交通等条件的发展与高级化而呈现动态变化，并表现为区域内物流资源的聚集通过点线之间的连接成为一体，最终形成物流网络体系。物流网络体系能保证区域内具有复杂、交错、便利的物流资源流动通道，加剧物流资源的聚集、吸引和辐射效应，促进物流经济要素在地域上集聚密度的提高，进而增加区域物流经济的不平衡发展。

（4）物流圈。

物流圈是区域物流经济高级同质化的表现，与周围地区相比，圈内物流经济发展呈现出高水平的一致同质性。物流圈的形成以物流网络的完善为基础，通过物流点状聚集与线性集聚程度的加深，使得区域内物流经济要素运动趋向于多方向性的扩散与辐射。物流圈具有巨大的物流经济吸引力与辐射力，能达到相应地区经济发展的最大地域范围，能提高不发达地区物流经济水平，使区域物流经济呈现出高级化的平衡发展态势。

2.3 区域物流与区域经济相互作用机理

从总体上讲，区域经济与区域物流是相互依存、相互促进的统一体。区域经济可以看做一个区域内包括物流活动在内的各种经济活动的总和，它对区域物流具有决定作用；区域物流是区域经济的一个重要组成部分，对区域经济发展具有推动作用，其存在和发展的主要目的是最大限度发挥本地区物流设施的能力，实现物资的空间效益、时间效益和各种物流环节的合理衔接，促进区域经济的发展[87]。图 2-3 给出了区域物流与区域经济相互作用机理。

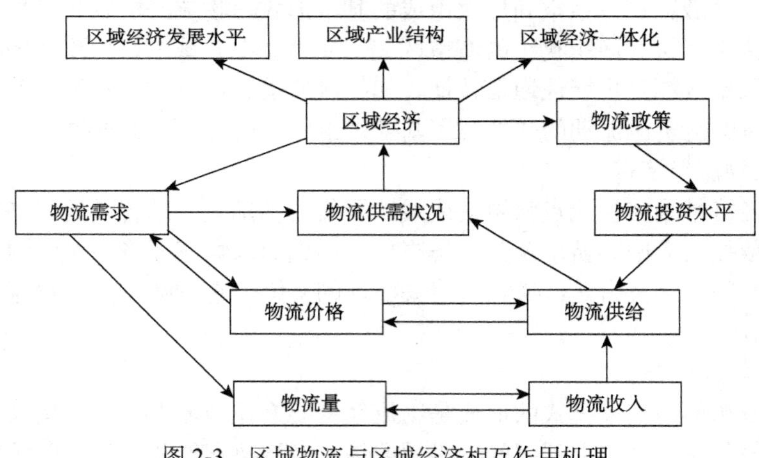

图 2-3 区域物流与区域经济相互作用机理

2.3.1 区域物流对区域经济作用机理

1. 区域物流中心的增长极作用

根据增长极理论，区域经济的发展主要依靠条件较好的地区或少数产业来带动，将这些地区与产业培育成增长极，通过它们的消滴效应和扩散效应带动影响周边地域经济发展。这两种增长系统都必须以优越的内外物流联系为条件。物流中心或物流园区，既是自身增长极的形成过程，又是逐步开始发挥增长极作用的过程，其扩散作用可促成区域物流体系的构建。物流中心的增长极作用主要体现在两方面：一是区域物流产业的带动效应，包括前向效应与后向效应。前向效应是指区域物流产业在提供服务的过程中需要投入其他产业提供的产品与技术而形成的关联效应，如区域物流产业对物流新工艺、新技术、新原料、新能源、新装备出现的诱导作用。后向效应是指区域物流产业所提供的服务为其他产业的生产过程发挥作用而形成的关联效应，如区域物流产业的发展对所在地区的商业、物资、供销、粮食、外贸等行业及地区经济的所有行业的供应、生产和销售中的物流活动的影响。二是强化辐射效应与削弱吸收效应。辐射效应是指所有导致发展刺激向空间扩散的机制及其对相邻区域形成的积极推动作用；相反，吸收效应是指发展刺激本身对它周边施加了消极影响。运输费用的分析在区域经济理论中一直占有重要位置，它直接同距离问题相联系并且与采购供应和产品销售问题密切相关，而这些因素又可以通过物流发展加以改善。区域物流在某种程度上弥补了区域要素禀赋的不足，为抑制极化效应创造了条件。现代物流业的发展可在很大程度上降低运费，使得企业的选址不一定集中在中心城市。这就无异于扩大了企业区位选择的空间。物资、信息、资金和人员的集散，又会直接推动餐饮、娱乐、金融、信息通信等相关产业的发展。现代物流业的发展最终也会对房地产开发形成新的需求，以商业房地产开发带动住宅房地产建设。如果区域经济有特长，发展物流就能为特色产业增长极进一步创造条件，降低增长极产业的成本，提高其竞争力。

2. 区域物流产业的带动作用

法国著名经济学家 Perroux 认为，城市中心区域的组织或行业具备较强的创新能力，其对区域产业的发展起着主导作用，此类组织或行业将会逐渐成长为增长极[22]。增长极的产生将会提高区域技术创新能力，汇聚区域资本、人力、信息等资源，以此促进企业或行业发展的规模化、产业化、信息化。这种由增长极支撑区域企业或行业发展的过程被称为支配效应，其中，增长极被看做推进型产业。推进型产业强大的集聚效应与整合能力使得区域绝大多数的行业或企业进行资源共享、密切联系，以此形成产业综合体。产业综合体的发展规模远大于区域之外的行业，其创新能力强，发展速度快，能够对市场变化做出灵敏的反应，使经济效益迅速扩散到区域各个部分，进而促进整个区域经济的规模增长。现代物流业进入市场的时间较短，其发展空间有待进一步挖掘，从当前物流业的发展形势来看，物流业的发展不仅使物流行业本身获得了巨大的经济效益，同时带动了相关产业的发展，具体表现在以下三个方面：第一，现代物流业的运输环节主要借助于所在区域的交通基础设施来实现，覆盖了水路、公路、铁路、航空、管道、电信等领域，带动了区域交通基础设施的建设及完善，为设备制造和经营业的发展提供了巨大的市场需求，增加了众多就业岗位。第二，现代区域物流与区域农业、工业、商贸业、邮政业等行业有着密切的联系，区域物流的发展带动了第一产业、第二产业、第三产业的多向发展，延长了产业链条，刺激了新的经济因素在这些产业中的出现，有利于区域产业结构的升级与转型。第三，现代物流业的经济收支活动与银行信贷、海关检验等行业的发展息息相关，现代物流业的蓬勃发展能够保证区域金融的相对稳定，扩大保险业的市场份额，增加政府税收，改善区域人民生活水平，提高整个区域经济运行的效率。从以上三方面可以看出，区域物流的发展极大地带动了区域相关产业的发展，现代物流业的经济贡献率逐年递增，为区域经济规模的扩大及区域就业产生了积极的影响，其产生的带动效应将会在区域今后的发展中得到更加鲜明的体现。

3. 区域物流网络的“点-轴”开发效应

现代物流作为某一地区的主导部门，不是孤立发展起来的，它同与其有联系的若干部门一起构成了一个主导部门综合体系。区域物流网络是由一些点和轴构成的，这里的点代表各级物流中心，轴代表由交通、通信干线连接起来的“基础设施束”。在物流网络形成过程中，社会经济要素在点上聚集，并由线状基础设施联系在一起而形成轴。轴对附近区域有很强的经济吸引力与凝聚力。轴线上集中的社会经济设施，通过产品、信息、技术、人员、金融等对附近区域有扩散作用。扩散的物质要素与非物质要素作用于附近区域，与区域生产力要素相结合，形成新的生产力，从而推动社会经济发展。在国家和区域的发展中，在“基础设施束”上会形成产业聚集带；不同国家及地区由于其地理基础和社会经济发展特点的差异，在“点-轴”空间结构形成过程中具有不同的内在动力、形式及不同的等级和规模。随着区域经济的进一步发展，“点-轴”必然发展到“点-轴-集聚区”。从纵向看，物流涉及运输、储存、装卸、搬运、包装、流通加工、配送和信息处理以及为以上各个环节提供装备与配套服务的诸多领域，从而构成了一个庞大的网络系统，现代物流产业通过影响核心竞争力而最终促进区域经济竞争力的提升。从横向看，物流服务几乎涉及国民经济的各个方面，是一个跨行业、跨部门、跨地区的基础性产业，具有强大的经济渗透带动效应。现代物流业的发展将会带动物流基础设施、技术改造、技术创新的投资，也会带动机械、电子、信息和通信等行业的进一步发展，同时还会促进产业结构、产品结构以及企业组织结构的调整与变化。物流产业对区域经济的拉动作用和对相关产业升级的促进作用有利于提高其基本发展与运行能力，因而现代物流产业的发展能够形成区域经济的比较竞争优势。

4. 区域物流的成本最小化效应

社会化大生产背景下的劳动分工使得区域产业或行业依托当地特色进行差异化发展，由此形成了区域经济，区域经济的形成是社会生产力发展的必然结果，也是企业追求利润最大化、成本最小化的现实反映[88]。一方面，随着社会分工的发展，商品种类不断增加，产品生产附加环节不断减少，社会劳动生产率的提高使得生产单个商品的成本下降，社会生产结构不断优化，社会协作能力大大增强；另一方面，愈加细致的社会分工也带来了市场竞争的加剧，某些垄断行业凭借其垄断地位，挤占市场份额，引起了社会经济秩序的混乱。而区域物流的发展则有利于稳定交易秩序、提高生产效率以及降低市场交易成本。首先，由于服务功能的相似性，区域物流在城市中心地区集聚，区域物流产业的带动作用吸引了众多行业在此集散，消费者在一定区域内即可享受到全面而完善的商品服务，大大减少了消费者寻求消费点所耗用的时间及精力，满足了消费者的需求，扩大了企业的服务领域。其次，物流企业在某区域的集聚也带来了三大的规模效应，物流企业之间交流联系的增强使得市场信息的获取更加全面而及时，减少了信息采集成本，延长了信息链，从而能够对快速变化的市场环境做出敏捷的反应，减少重大决策的失误；物流企业间技术、人才的合作使得资源利用效率大为增强，有利于抑制恶性竞争，促进市场良性发展。区域物流的成本最小化效应使得区域经济运行的各个环节相统一，减少了生产要素运行过程中所产生的附加费用，同时，区域物流的发展也有利于提高生产效率，降低企业运营管理费用，使得区域经济一体化发展的整体效益大大增强。

5. 区域物流对区域贸易的拉动作用

美国著名经济学家 Powers 认为，在区域分化的过程中，市场规模扩大所带来的效益增加大于任何经济活动所产生的效益，因此，他建立了以运输成本为研究核心的区域贸易模型[89]。从区域贸易模型可知，经济运行方式对于运输成本有着极大的依赖性，而运输成本则与供应地与接收地的地理位置密切相关。由此可见，区域物流、区域贸易、区域经济三者之间紧密相关。适宜的区位选择是开展区域贸易活动的前提条件，运输条件和生产要素集中程度是区位选择过程中主要考虑的因素，区域物流发达地区运输条件较好、生产要素较为集中，是开展区域贸易活动的首要选择。一方面，区域物流的发展可以刺激当地消费需求的增加，带来贸易成交数量的大幅度上升，同时降低区域贸易成本。另一方面，区域物流倡导贸易自由化，以加速商品流通、减少流通环节为流通原则，有利于实现区域各个行业的贸易公平。例如，我国长江三角洲经济快速发展的重要原因之一就是现代区域物流业的拉动，长江三角洲位于港口地区，交通便捷，有着优越的信息传递条件，随着物流活动的集中，其地理优势越发突出。善于利用各种资源是区域物流业发展的重要特征，区域物流以其强大的资源整合能力和效用扩散能力将长江三角洲的廉价劳动力、丰富的矿产资源、四通八达的交通网络以及较高的技术创新能力统一于物流业发展过程中，保证了物流业发展的良性循环，使得长江三角洲的资源得到合理开发和利用，进一步拉动了其区域贸易的发展。通过以上分析可以看出，现代区域物流业以完备的物流基础设施为支撑，以贸易自由、贸易公平、贸易高效为原则，通过加速生产要素流动、控制运输成本、密切贸易联系刺激区域市场需求，进而拉动区域经济的发展。

6. 区域物流对生产力布局与资源配置的优化作用

目前，我国各地区产业结构雷同、重复建设比较严重，东部、中部、西部产业相近系数较高，无法形成规模，厂商生产与销售成本高，消费者购买价格高，可谓两者俱损。各地区应依托资源优势从事生产与经营，形成区域之间的合理分工与协作，推动我国区域经济发展战略的实施，为区域之间的贸易发展奠定交易基础[21]。而地区分工造成的生产区域化与消费全球化矛盾则可以通过现代物流业得以解决。这样，不仅能够使各地区和企业避免不合理的重复建设以及由此造成的盲目竞争，取得较好的经济效益，也能使各地区的资源优势得到充分利用，提升区域竞争力。

综上所述，随着我国物流产业规模的急剧扩张，区域物流已成为区域经济发展的先行主力军，为区域经济发展注入了新的生命力。区域物流中心的增长极作用、区域物流产业的带动作用、区域物流网络的“点–轴”开发效应、区域物流的成本最小化效应、区域物流对区域贸易的拉动作用以及区域物流对生产力布局与资源的优化作用，能够为繁荣区域经济、增强区域经济实力贡献重要力量。因此，各区域应高度重视区域物流对区域经济发展的推动作用，进一步挖掘区域物流的发展潜力。

2.3.2 区域经济对区域物流的作用机理

区域物流的存在与发展以区域经济的存在与发展为前提，没有区域经济也就没有区域物流。区域物流与区域经济发展的水平、规模密切相关，不同区域经济的水平、规模和产业形态决定了区域物流的水平、规模与结构形态。区域物流对于区域经济的作用机理体现在以下几个方面[90]。

1. 区域经济发展水平决定区域物流发展规模

物流业在行业属性上是一种服务业，有着与其他服务业共同的特征，物流业需要依附于生产制造业与商贸流通业而存在，其价值在后者的产品上体现。物流业是通过生产制造业与商贸流通业降低物流成本、提高服务品质来实现价值的。也就是说，物流业的价值体现是通过生产制造业与商贸流通业所生产、经营的产品完成的，其目标是让商品更好地实现其价值。因此，若本地制造业与商贸流通业不发达或在整体市场竞争中不具有竞争力，物流业也就很难发展起来；若产品本身的价值有限，物流业也不可能让其有较大的利润增长，自身也无法获得利润。例如，对于具有较高附加值的产品，物流就有利可图；而对于具有低附加值的产品，其可让渡的利润空间很有限，物流难以维持。所以，物流总是伴随着商流而生，区域经济越发达，制造业、商贸业越活跃，作为服务行业的物流业也就有越良好的市场基础与客户群，就存在大规模发展的可能性。

2. 区域经济发展层次决定区域物流发展层次

一般来讲，经济越发达的地区对物流业的发展要求越高，也越可能为物流业发展提供比较厚实的经济基础与物质技术条件。若缺乏一定的经济基础与物质条件，物流业很难有发展的动力以及发展所必备的硬件环境与软件条件。在我国，人们对物流的认识不断深化，从最早利用物流描述实体的流动与销售，到后来将对物流的表述上升到采购供应，并开始强调一体化管理，之后又在其内涵上加入了信息流。1992 年，人们又突出了物流增值服务的重要内容。1998 年，基于经济全球化和市场国际化的现实，又特别强调了供应链管理的内容。物流内涵的不断扩展表明，经济发展所处的不同阶段，对物流的服务要求是不一样的，物流业的发展是由区域经济的发展所决定的；而市场与客户对于物流服务的需求又是基于整个区域经济发展状况和生产力发展水平所确定的，即有什么样的生产力水平就有什么样的物流服务需求，两者是一种对应的关系。因此，区域物流的发展一定要以本地区的生产力水平为依据，在切实把握市场需求的基础上适度超前。

3. 区域经济结构决定着区域物流结构

区域产业结构及其产业结构的变动趋势，对于物流基础设施、区域物流结构以及服务水平等有重要影响。中国地域辽阔，国土资源分布不均，各地区经济发展水平有差异，对区域物流的不同发展重点不能采用同一种模式。例如，自然资源分布较多的东北、西北、西南以及北方地区，历史上就以原材料采掘、粗加工和农业为其产业结构的主体，区域物流的主要活动是以铁路、水路为运输方式的大宗货物运输，其可挖掘的利润空间相对较小；而在东部和沿海地区，高新技术产业以及制造业是其产业结构主体，由于交通条件较好，其原材料供应和产成品销售可通过多种方式运输，同时对时间的要求也相应较高，由此决定了东部沿海地区的物流发展结构体现出集约化、规模化的特征，这与其他地区是显著不同的。

4. 区域经济一体化促进区域物流发展

区域经济理论认为，一个区域只要具备某种有利于经济发展的条件，就会形成区别于其他区域的一种优势，产生一种引力，在利益原则的驱动下有可能将相关企业与生产要素吸纳过来，使产业布局相对集中，从而促进地区经济发展。区域经济产业协调理论认为，产业结构的基本演进方向是由第一产业占优势比重逐级向第二产业、第三产业占优势比重演进，由劳动密集型产业占优势比重逐级向资本密集型、知识密集型产业占优势比重演进，由制造初级产品产业占优势比重逐级向制造中间产品、最终产品的产业占优势比重演进。一般而言，区域中心城市是商品集散与加工的中心，第一产业、第二产业的发展优势显著，而且物流设施与基础设备齐全，流通人力资本高，消费集中且需求量大，交通与信息发达，人才众多，城市与周围地区存在不对称性。在这种非对称结构中，城市扮演着中心地与增长极的作用，以其核心枢纽将其他地域“极化”成一个商品流通整体，从而能够促进现代物流业的发展。

5. 中国经济发展现实促进了现代物流业发展

中国的自然、人口、高新技术等资源分布不均衡，使得对物流在时间和空间上的要求跨度极大。因此，大力发展现代物流业是适应中国区域经济协调均衡发展的客观需要的。另外，中国加入世界贸易组织后，开放了分销服务业，这对中国服务贸易业提出了严峻挑战，但同时也创造了相应机遇，并促使国内不同区域、不同部门进一步消除彼此间的壁垒，加快分销体制改革和结构调整步伐。适应这一改革与调整的现代物流业必然成为现代分销网络建设中的重点。与此同时，为生产领域的开放所带动，适应现代生产需要的现代物流业也必然迅速发展。因此，扩大开放为中国物流业的全面发展创造了难得的机遇。

2.4 区域物流与区域经济协同发展理论

2.4.1 区域物流与区域经济协同发展的意义

区域经济系统存在着产业、要素等动态作用变化，区域经济的发展推动了区域物流层面的演化，同时区域经济的发展也需要区域物流系统效率的提高作为保障。

区域物流系统是一个有机的整体，其内部各实体功能必须相互协同合作，具备同等的应变能力，从而提供高效率、低成本的优质服务。同时，随着社会分工的细化以及经济全球化，商业、贸易日益倾向于无国界化，企业间联系更频繁、紧密和复杂，各区域社会经济活动已经成为相互依存的紧密群体。区域发展与外部的联系程度不断加深，区域经济不可避免地成为全球经济的组成部分，从而区域经济与区域物流运作的联系越来越紧密。在此过程中，一方面，区域物流作为区域经济的子系统，在其自身与区域经济其他系统的关联作用中，必然要受到不为自身所控制的序参量的作用，最终体现为区域物流系统从无序状态到新的有序状态的转变。在相变临界时，各种序参量的变化表现为临界涨落，这时只有控制好影响系统的序参量的变化才能够实现区域物流的有序发展。例如，经济在从传统经济到现代经济的转变过程中，必须要注意好产业结构地区之间的调整，只有在地区比较优势基础上的产业分工，才能够避免产业趋同，促进区域物流的发展。另一方面，物流经济并不仅仅是被动地适应，物流经济还会引导、促进区域经济的发展。这样，就有了在更大的系统内产生集体行为的可能性。这种行为可能造成区域经济结构的变化，并产生一种新的结构。区域物流在这种新结构中要重新适应，如此循环，区域物流与区域经济之间就建立了一种有机联系。

区域经济与区域物流的协同发展，是区域经济发展的客观要求，只有正确地认识区域物流与区域经济之间的相互规律，才能够在区域物流演化、演变的过程中，采取合适的手段，控制序参量的临界波动，引导区域物流的发展，从而实现区域物流与区域经济协同发展的要求。

2.4.2　区域物流与区域经济协同发现的目标

区域物流与区域经济的协同发展要求两者在功能、水平、结构方面的协调配合发展，体现为区域经济运行效率的提高与区域物流宏观和微观效益的实现，这两者之间是相互统一相互促进的。所谓区域物流的宏观效益，是指区域物流的发展所产生的区域内的社会经济效益；区域物流的微观效益是指区域物流运行后产生的物流企业效益。在发展区域物流的过程中，必须注意实现宏观和微观两个效益。实现宏观效益就能推动区域经济的发展，进一步又影响区域物流企业效益等方面的提高；微观效益是物流产业发展的基础，是实现宏观效益的必备条件。片面强调宏观或微观效益，都不利于区域物流和区域经济的健康发展。区域物流宏观效益与微观效益的实现过程是区域物流与区域经济协同发展的过程。

2.4.3 区域物流与区域经济协同发展的表现

区域物流与区域经济协同发展主要表现在以下的几个方面。

1. 区域物流与区域经济、社会要素协同

区域物流与区域经济、社会要素的协同，体现为区域物流作为区域经济的一部分所应有的功能，同时也是经济一般要素方面对于区域物流的要求，以及体现在区域物流与区域成本、资源、市场、产业状况、聚集效应、基础设施、企业运行便利程度方面的协同性。具体可以通过区域经济与物流网络体系协同和区域物流的主体层面协同两个方面来实现协同目标。

区域经济与区域物流网络体系协同是区域物流经济聚集的基本表现形式，是在企业物流系统化的基础上，通过规划、建立和完善区域物流网络体系等方法，实现区域物流系统化，进而保证区域物流系统与区域经济的协同发展。具体的表现途径包括区域间通道、城市干线道路、区域物流设施、城市的集配中心、企业的仓库等分布及其所联合组成的物流网络体系的设置。

2. 物流产业内协同

物流的产业内协同有利于发挥不同物流经济的专业化优势，降低运行成本，更好地服务于区域经济体系。物流产业内的协同配合，有利于减少重复性的投资，共同利用公共基础设施，共享信息资源，共同利用信息标准，有利于专业化物流技术、人才、专用性投资的交易，进而降低物流企业的进入壁垒，提高区域物流产业的竞争能力与水平。

区域物流系统物流产业协同程度，取决于作为物流市场的主要参与者的物流企业间的协同运作。基于我国物流业发展现状，我国应在逐步推动物流企业的独立化过程中，做好现代物流、传统物流、货主物流、第三方物流的合理搭配发展工作，逐步引导企业将其传统的运输、仓储业务剥离或者整合，实现物流运作的专业化、集约化发展，并推动传统物流企业到现代第三方物流企业的转变。物流企业的发展要适应于物流企业的空间聚集、配置，要逐步将物流企业按照企业类别、规模、特点转移到物流园区、中心中去，以实现聚集经济和规模经济。

区域物流的产业内协同一般表现为物流园区的协同，物流园区、中心等是发挥区域物流产业内协同的载体要素，是发挥物流经济聚集效益的重要载体。

3. 物流产业与供应链协同

经济区域的供应链协同因素，通过供应链上下游成员间的协作程度来体现物流产业与外部经济产业的关联程度，也是实现物流企业自身效益的外部市场因素。高效的供应链协同，意味着物流企业和相关企业的紧密关联，有助于发挥物流的经济先导作用，实现区域物流经济辐射能力的发挥和增强，进而推动区域物流空间聚集的高级同质化演化。反之，供应链协作程度的弱化，则意味着物流企业和相关企业之间脆弱的合作关联，表明该区域物流产业与相关产业协调性差，区域内物流企业无法满足相关企业群的专业化物流服务要求、相关企业群缺乏对物流企业群的认同，甚至排斥，严重的排斥将导致物流经济区域的衰败和陷落。

2.5　本章小结

本章是整个研究的理论基础，运用定性分析法全面系统地阐述了区域物流与区域经济的相关理论。首先，比较和分析了区域和区域经济的内涵、特征，介绍了区域经济理论中的梯度推移理论、辐射理论、增长极理论、比较理论、区域产业结构比较理论和区域经济协同发展理论。其次，归纳总结了区域物流和区域物流系统的内涵、特征、构成，介绍了区域物流发展理论（包括区域物流可持续发展理论、产业经济理论、区域物流系统理论）；在论述区域空间结构理论基础上，探讨了区域物流空间的形成与演变规律。再次，分析了区域物流与区域经济的相互作用机理，认为区域经济作为包括物流活动在内的各种经济活动的总和，对区域物流具有决定作用；区域物流作为区域经济的一个重要组成部分，对区域经济发展具有推动作用，其存在和发展的主要目的是最大限度发挥本地区物流设施的能力，实现物资的空间效益、时间效益和各种物流环节的合理衔接，促进区域经济的发展。最后，从意义、目标、协同表现三方面阐述了区域物流与区域经济的协同发展理论，认为区域经济与区域物流的协同发展，是区域经济发展的客观要求，只有正确地认识区域物流与区域经济之间的相互规律，才能够在区域物流演化、演变过程中，采取合适的手段，引导区域物流的发展，从而实现区域物流与区域经济协同发展。

参 考 文 献

[1]吴殿廷. 区域经济学[M]. 北京：科学出版社，2009.
[2]胡佛 E M. 区域经济学导论[M]. 王翼龙译. 北京：商务印书馆，1990.
[3]林德金. 区域经济规划的理论与实用方法[M]. 北京：中国社会科学出版社，1986.
[4]程必定. 区域和区域经济学的研究对象[J]. 财贸研究，1989，（3）：62-66.
[5]郝寿义，安虎森. 区域经济学[M]. 北京：经济科学出版社，2004.
[6]崔晓迪. 区域物流供需耦合系统的协同发展研究[D]. 北京交通大学博士学位论文，2009.
[7]崔功豪，魏清泉，刘科伟. 区域分析与规划[M]. 北京：高等教育出版社，2006.
[8]蒋昭侠. 产业结构问题研究[M]. 北京：中国经济出版社，2004.
[9]王瑾. 我国区域产业结构的理论分析[D]. 电子科技大学硕士学位论文，2001.
[10]周肇光. 区域经济学概论[M]. 合肥：安徽大学出版社，2008.
[11]武发德，潘玉君. 区域经济学导论[M]. 北京：中国社会科学出版社，2004.
[12]蔡利. 区域合作与落后地区发展思路探讨——以湘西地区为例[J]. 中国科技纵横，2011，（17）：83-83.
[13]连季婷. 京津冀协同发展中的河北省经济策略研究[D]. 东北财经大学博士学位论文，2015.
[14]叶依广. 区域经济学[M]. 北京：中国广播电视出版社，2008.
[15]夏立华. 从区划经济到区域经济——“哈大齐工业走廊”建设与黑龙江西部区域经济一体化研究[D]. 天津大学博士学位论文，2005.
[16]张中强. 区域物流协调发展[M]. 北京：中国物资出版社，2010.
[17]李曼. 京津冀区域经济一体化发展研究[D]. 天津大学博士学位论文，2005.
[18]Vernon R. International investment and international trade in the product cycle[J]. The Quarterly Journal of Economics，1966，80（2）：190-207.
[19]Perroux F. The pole of development's new place in a general theory of economic activity，regional economic development[A]//Higgins B，Savoie D J. Regional Economic Development：Essays in Honour of François Perroux[C]. Boston：Unwin Hyman Ltd. Press，1988.
[20]夏燕菊. 区域物流对长三角地区经济增长的贡献度分析[D]. 上海师范大学硕士学位论文，2008.
[21]刘明菲，李兰. 区域物流与区域经济互动作用机理分析[J]. 工业技术经济，2007，26（3）：40-42.
[22]王翼龙，李仁贵. 弗朗索瓦 · 佩鲁国际经济理论评介[J]. 经济学动态，1995，（9）：76-78.
[23]赵莉. 中国物流产业与区域经济协调发展研究[D]. 哈尔滨商业大学博士学位论文，2013.
[24]耿明斋. 现代空间结构理论回顾及区域空间结构的演变规律[J]. 区域经济评论，2005，（11）：16-20.
[25]何炼成. 中国经济发展新论[M]. 北京：中国社会科学出版社，2005.
[26]刘海明，杨健，王灿雄，等. 区域经济协同发展研究进展综述——兼论区域经济协同发展机制建立的必要性[J]. 中国集体经济，2010，（7）：86-89.

[27]克鲁格曼 P R，奥伯斯法尔德 M. 国际经济学：理论与政策[M]. 第八版. 黄卫平，胡玫，宋晓恒，等译. 北京：中国人民大学出版社，2011.
[28]郭克莎. 对中国外贸战略与贸易政策的评论[J]. 国际经济评论，2003，(9)：31-34.
[29]盛朝迅. 比较优势动态化与我国产业结构调整——兼论中国产业升级的方向与路径[J]. 当代经济研究，2012，(9)：63-67.
[30]侯高岚. 后发优势理论与经济赶超策略[M]. 北京：知识产权出版社，2005.
[31]张立柱. 区域产业结构动态性评价与应用研究[D]. 山东科技大学博士学位论文，2007.
[32]高洪深. 区域经济学[M]. 第四版. 北京：中国人民大学出版社，2014.
[33]张天悦. 试论交通在区域经济协同发展中的助推作用[D]. 北京交通大学硕士学位论文，2011.
[34]Shaw A W. Some problems in market distribution[J]. The Quarterly Journal of Economics，1912，26(4)：703-765.
[35]邵扬. 物流业对中国经济增长的影响研究[D]. 吉林大学博士学位论文，2009.
[36]Warsing D P，Souza G C，Greis N P. Determining the value of dedicated multimodal cargo facilities in a multi-region distribution network[J]. European Journal of Operational Research，2001，133(1)：81-93.
[37]Little A D. Logistics in service industries[J]. Defense Transportation Journal，1991，47(5)：82.
[38]Chen F Y，Goh M，Lee J，et al. ST logistics：distributing consumer goods in China[J]. International Transactions in Operational Research，2001，8(2)：203-219.
[39]宋华. 日本的现代物流管理[M]. 北京：经济管理出版社，2000.
[40]日本日通综合研究所. 物流手册[M]. 北京：中国物资出版社，1986.
[41]徐勇谋. 现代物流管理基础[M]. 北京：化学工业出版社，2003.
[42]李京文，徐寿波，王之泰，等. 物流学及其应用[M]. 北京：经济科学出版社，1987.
[43]王之泰. 现代物流学[M]. 北京：中国物资出版社，1995.
[44]吴清一. 物流学[M]. 北京：中国建材工业出版社，1996.
[45]崔介何. 物流学概论[M]. 北京：中国计划出版社，1997.
[46]董千里. 高级物流学[M]. 北京：人民交通出版社，1999.
[47]全国物流标准化技术委员会. 国家标准《物流术语》GB/T 18354-2006[EB/OL]. http://www.moc.gov.cn/zhuantizhuanlan/gonglujiaotong/shoufeigongluzmk/zhengcefagui/201508/t20150814_1863913.html，2015-08-14.
[48]郝渊晓. 现代物流管理学[M]. 广州：中山大学出版社，2003.
[49]Robeson J F，Howe R E，Copacino W C. The Logistics Handbook[M]. New York：Free Press，1994.
[50]海峰，张丽立，安进. 怎样认识区域物流[J]. 中国物流与采购，2003，(10)：30-31.
[51]谷永芬，何记东. 现代物流产业发展对区域经济发展的促进作用[J]. 物流科技，2003，26(6)：1-3.
[52]潘瑞玉. 物流业对区域经济增长的实证分析——以浙江为例[J]. 经济论坛，2006，(5)：22-24.
[53]靳伟. 最新物流讲座[M]. 北京：中国物资出版社，2004.
[54]王之泰. 新编现代物流学[M]. 北京：首都经济贸易大学出版社，2005.
[55]董千里. 高级物流学[M]. 第三版. 北京：人民交通出版社，2015.
[56]王健. 现代物流网络系统的构建[M]. 北京：科学出版社，2005.
[57]李丽萍. 区域物流系统动力学模型构建与应用研究[D]. 东北林业大学博士学位论文，2012.
[58]岳永荣. 绿色物流发展之对策分析[J]. 中国科技信息，2008，(6)：82-83.

[59]张锦. L-OD 预测理论与现代物流规划方法研究[D]. 西南交通大学博士学位论文，2002.
[60]黄虎. 基于区域经济的区域物流需求分析及实证研究[D]. 西南交通大学博士学位论文，2004.
[61]王国文. 区域物流规划的经济学基础[J]. 中国物流与采购，2005，(3)：58-59.
[62]史健. 区域物流中心选择的方法与实证研究[D]. 合肥工业大学硕士学位论文，2005.
[63]谌亮. 区域物流的协同机制研究[D]. 华南理工大学硕士学位论文，2010.
[64]徐青青，缪立新. 区域物流发展及研究综述[J]. 物流技术，2006，12（4）：1-3.
[65]阮俊虎. 基于 GA-SVM 的区域物流需求预测研究[D]. 河北工程大学硕士学位论文，2010.
[66]王成金，韩增林. 关于我国区域物流体系建设的思考[J]. 人文地理，2005，20（6）：19-22.
[67]王成金，韩增林. 试论环渤海物流网络的形成与运作[J]. 人文地理，2004，19（2）：69-73.
[68]韩增林，王成金，尤飞. 我国物流产业发展与布局的特点及对策探讨[J]. 地理科学进展，2002，21（1）：336-341.
[69]姜华. 区域物流系统的特征及其与区域经济系统的关系[J]. 中国青年政治学院学报，2006，3：87-90.
[70]李兆磊. 区域物流系统内涵分析[J]. 西安航空技术高等专科学校学报，2011，29（2）：36-39.
[71]孙明贵. 物流管理学[M]. 北京：北京大学出版社，2002.
[72]何明珂. 物流系统论[M]. 北京：高等教育出版社，2004.
[73]李建军. 区域物流协同成长研究[D]. 江西财经大学博士学位论文，2013.
[74]陈娅娜，鞠颂东. 区域物流需求分析——以长江三角洲南通地区为例[J]. 北京交通大学学报（社会科学版），2005，4（4）：16-18.
[75]魏际刚. 物流需求和物流供给[J]. 中国物流与采购，2006，(4)：40-43.
[76]郝鹏. 辽宁省区域物流及区域经济发展关系研究[D]. 东北师范大学硕士学位论文，2010.
[77]田慧丽."中三角"区域物流与区域经济的相关性及协同性研究[D]. 湖北大学硕士学位论文，2014.
[78]韩守庆. 长春市区域空间结构形成机制与调控研究[D]. 东北师范大学博士学位论文，2008.
[79]周子鑫，朱传耿. 我国区域空间整合研究进展与展望[J]. 地域研究与开发，2009，28（5）：1-5.
[80]卡布尔 J. 产业经济学前沿问题[M]. 于立张，王小兰译. 北京：中国税务出版社，2000.
[81]张攀，徐长乐. 区域物流一体化与上海物流发展[J]. 上海经济，2001，(5)：27-29.
[82]郑邦荣. 上海商业现代物流初探[J]. 上海商业，2001，(9)：31-32.
[83]刘斌，顾国建. 我国第三方物流形成的途径网[J]. 商场现代化，2001，(8)：18-20.
[84]徐杰，鞠颂东. 区域经济的发展对地区物流需求的影响——长江经济区发展对安徽地区物流需求影响的实证分析[J]. 数量经济技术经济研究，2003，(4)：130-133.
[85]国世勋. 区域物流与区域经济协同发展研究——以南京市为例[D]. 河海大学硕士学位论文，2006.
[86]徐青青. 现代区域协同物流系统研究[D]. 天津大学博士学位论文，2003.
[87]庞绪庆. 京津冀物流业与经济子系统协同发展的实证研究[D]. 天津商业大学硕士学位论文，2015.
[88]曾流. 区域物流的特征及对区域经济的推动作用[J]. 物流技术，2015，34（13）：111-113.
[89]郭湖斌. 区域物流与区域经济协同发展研究[J]. 物流科技，2008，31（7）：83-86.
[90]朱坤萍. 区域物流与区域经济发展的互动机理[J]. 河北学刊，2007，27（2）：168-171.

第3章　京津冀区域物流与区域经济发展现状研究

本章在阐述京津冀区域空间布局基础上，分析京津冀区域物流与区域经济发展现状，从物流发展规划、运输基础设施、运输结构、物流业发展状况等方面，研究京津冀区域“两市一省”的物流发展现状；从经济规模、产业结构、固定资产投资、国内外贸易等方面分析京津冀区域经济的发展现状。

3.1　京津冀区域概况

京津冀区域是指黄河下游临渤海的北京市、天津市以及河北省所构成的地域，包括北京、天津两大直辖市以及河北省的石家庄、保定、承德、廊坊、唐山、张家口、沧州、秦皇岛、衡水、邢台、邯郸等11座地级以上市及其所辖区域[1]。从行政区划上看，天津市曾为河北省的省会，与河北省联系紧密，而北京、天津两市周边的十几个县城，也在20世纪五六十年代由河北省划出。从历史上看，河北省保定市为传统的京师门户，也是历史上重要的军事和政治中心；承德是清朝皇帝的夏宫，实际上也是清朝的一个政治中心。天津市是北京市的出海口，是北方最重要的港口，同时在历史上又是北京市的门户。从人文上看，京津冀区域的文化习惯相近，百姓联系密切。从自然资源看，京津冀区域地势平坦、资源丰富，具有非常优越的自然条件。2014年，京津冀区域常住人口约为1.1亿，占全国人口的8.1%，土地总面积21.6万平方千米，占全国土地面积的2.3%。京津冀区域是北方的经济结构调整中心，在我国经济拓展方向上具有重要的枢纽地位，占据了得天独厚的地域优势。

京津冀在地域上是一个完整的整体，北京、天津两市分别位于河北省的腹地和边缘，在地理位置上，京津冀“两市一省”同时存在于一个区域内，并且还并列着两个地域相邻的特大城市——北京市和天津市。

北京市的东南方与天津相接，其余部分被河北省环绕，一共有 14 个市辖区以及两个县，共有 317 个县乡镇级区，总面积达 1.6 万平方千米。天津市作为我国的第三大城市，是我国近代工业的起源地，它地处于环渤海经济圈的核心，东与渤海相邻，北与燕山、北京市相接，与北京市相距 120 千米。天津市的总面积为 1.2 万平方千米，拥有 153 千米长的海岸线，陆线边界长达 1 137.5 千米。河北省的地辖面积达 18.8 万平方千米，下辖的地级市共有 11 个，石家庄是河北省的省会。目前，河北省正致力于联合进行公路、铁路、港口、机场等一系列交通设施投资与建设，联合开展区域水资源的保护以及合理利用，设立了一系列环境保护和重大生态建设项目，积极拓展河北省的行业与企业之间的经济贸易与技术合作。

北京市是我国的首都，政治地位突出，文化底蕴深厚，科技创新领先，人才资源密集，国际交往密切；天津市拥有北方最大的综合性港口，制造业基础雄厚，研发转化能力较强，发展势头良好；河北省自然资源丰富，劳动力相对充裕，产业基础较好，经济体量较大，具有广阔发展空间。这为三地实现优势互补、协同发展提供了良好条件。北京市作为京津冀区域发展的中心城市，是集合了教育、文化以及国际交流的中心。同时，北京市也是我国经济发展过程中的相关政策条款发展方向的决策中心。

3.2 京津冀区域物流发展现状分析

京津冀区域东面临海，为北方入海的重要通道，是华东、华北、西北地区连接东北的必经之地，地理位置优越，交通发达，具备了发展物流业的有利条件。近些年来，在区域经济发展的带动下，京津冀区域的物流需求规模迅速增加，物流基础设施逐步完善，物流信息化水平逐年得到提高，各类物流园区蓬勃发展，物流供给能力与物流服务水平迅速提升。

3.2.1 京津冀区域物流发展规划

物流是一个庞大的系统工程，包括运输、配送、仓储、加工包装、搬运装卸、信息处理等多个环节，需要各种各样的物流资源及其服务功能，单独一家物流企业不可能把这些资源全部“备齐”。完善物流功能要以资源整合为手段，而物流园区（中心）正是资源整合的最好形式，资源的有效整合以较少的投入发挥现有资源的更大效益，这既符合科学发展观的要求，也是现代物流发展的基本规律[2]。通过对物流园区的建设与新型物流服务的开发，可将分散的物流资源整合在园区内，激发中小工业、加工企业潜在的物流需求，有利于促进现代物流业的形成[3]。

物流园区作为物流业发展的重要基础设施，在京津冀协同发展建设中具有重要的作用。《全国物流园区发展规划（2013—2020 年）》将物流园区分为五大类别，即货运枢纽型物流园区、生产服务型物流园区、商贸服务型物流园区、综合服务型物流园区、口岸服务型物流园区。目前，京津冀运营的物流园区以综合服务型为最多，其次是商贸服务型和生产服务型。北京市、天津市、唐山市已被确立为一级物流园区布局城市，河北省的石家庄市、邯郸市、秦皇岛市、沧州市已被确立为二级物流园区布局城市。根据 2015 年第四次全国物流园区（基地）调查数据，京津冀区域共有物流园区 159 个，其中，北京市拥有物流园区 45 个，天津市拥有物流园区 46 个，河北省拥有物流园区 68 个。京津冀区域物流园区的实际运营比例逐年增大，规划与在建的比例呈现降低的态势，形成了众多的物流基地与物流中心枢纽城市。

1. 北京市物流发展规划

北京市物流规划空间布局的基本原则包括有利于服务和保障首都城市发展及改善民生的现实需求，有利于服务首都各类功能区的产业集聚和发展环境优化，有利于加快首都经济圈建设和区域经济一体化发展，有利于提高首都经济发展的国际影响力和辐射力，统筹考虑与城市交通干道的衔接以及与主要交通枢纽重点建设项目的协调配套。

根据以上原则，北京市的物流规划确定为点、线、面相互协调的“三环、五带、多中心”的物流节点空间布局[4]。“三环”是指在六环路附近重点规划建设物流基地，同时在五环路附近重点规划建设物流中心，在四环路附近重点规划建设配送中心，以形成物流中心与配送中心由远及近、相互依托、协同发展的空间格局。“五带”是指为加强货物运输合理化、提高物流效率，积极引导各类物流资源向西南（京石高速公路和 107 国道）、正南（京开高速公路、106 国道）、东南（京津塘高速公路、京沈高速公路）、东北（机场高速、京密路、京承高速公路）、西北（八达岭高速公路、110 国道）等五个方向的物流通道聚集，规划建设大型物流基地、若干个物流中心，形成五条集聚发展、连通快捷、服务产业的物流产业带。“多中心”是指根据北京市各产业集聚和新城建设多中心分散布局的特点，相应配置物流中心、配送中心，实现物流节点服务于产业发展与居民生活的功能。

在现有空间布局基础上，北京市还将发挥各物流节点的设施功能优势，引导物流资源在空间上的合理配置；适应未来物流业发展的实际需要，以加快物流业发展方式转变和服务水平提升为着力点，深化内涵、延伸发展，按照城市保障物流、专业物流、区域物流和国际物流的发展主线，强化北京市物流发展“广覆盖”“多组团”“立体化”的网络结构特征，进一步优化北京市的物流空间布局。

1）城市物流配送设施布局

城市物流配送设施布局以服务城乡建设和市民生活需要为前提，以满足农产品流通体系和生活必需品配送体系发展要求为重点，完善城市物流配送重点设施的布局，提高运行效率与保障能力，实现物流配送服务的“广覆盖”。以此为基础，加强农产品批发市场物流配送中心建设。改造和新建一批农产品物流配送中心，提升新发地、岳各庄、大洋路、八里桥等批发市场配送中心的功能与配送能力；鼓励中央批发市场、顺鑫石门市场、昌平水屯市场等建设物流配送中心。同时，在城区周边西郊、黄港、西毓顺、琉璃河等地新建一批农产品物流配送中心，逐步形成承接农产品向城内辐射的新物流节点。支持连锁经营的商业和餐饮企业优化调整配送中心布局，完善、提高配送中心功能。优化调整现有提供社会化服务的物流配送中心的布局与功能，支持冷链物流专用设施的建设；鼓励将城区既有仓储设施改建为现代化的生活必需品配送中心；引导通州、顺义、大兴等城市发展新区及其他郊区县新城发展所必需的配送中心建设。

2）产业集聚区专业物流设施布局

以服务本市高端产业功能区、工业开发区以及专业集聚区的建设与发展为目的，在五环、六环周边新建和改造功能完善、规模化、相对集中的物流中心或配送中心，引导物流资源集聚，形成了“多组团”的专业物流设施空间布局。

东部组团主要服务于通州经济技术开发区、电子商务总部基地等产业园区，以及机电、都市工业、新能源、新材料、文化创意等产业，在潞城、张家湾、宋庄等地重点发展电子电器、食品饮料、图书音像等专业物流集聚区；东南组团主要服务于北京经济技术开发区、中关村科技园区金桥科技产业基地等产业园区，以及电子信息、生物医药、环保、新能源、新材料等产业，在马驹桥、十八里店、亦庄、黑庄户等地重点发展电子、医药、快速消费品、家用电器等专业物流集聚区；南部组团主要服务于中关村科技园区大兴生物医药基地、大兴经济开发区等产业园区，以及生物医药、机械制造、印刷包装、服装等产业，在大庄、黄村、西红门等地重点发展医药、快速消费品、食品冷链、农产品、纺织服装、快递等专业物流集聚区；配合北京新机场建设，合理规划预留物流发展的设施空间；西南组团主要服务于中关村科技园区丰台园、北京石化新材料科技产业基地、北京窦店高端现代制造业产业基地等产业园区，以及石油化工、机械制造、电子信息、生物医药、新能源、新材料、汽车及配件等产业，在房山区燕山、窦店、闫村等地和丰台区五里店、榆树庄、白盆窑等地重点发展农产品、石化、汽车、钢材、医药、图书、服装等专业物流集聚区；西北组团主要服务于中关村国家自主创新示范区核心区，包括中关村科技园区昌平园、未来科技城、国家工程技术创新基地、中关村生命科学园、中关村永丰高新技术产业基地等高科技园区，北京八达岭经济开发区、北京新能源汽车设计制造产业基地、北京工程机械产业基地等产业园区，以及汽车、新能源、新材料、生物医药、环保等优势产业和新兴产业，在南口、马池口、沙河、清河等地重点发展汽车、工程机械、新材料、生物医药、农产品等专业物流集聚区；东北组团主要服务于北京天竺综合保税区、北京天竺空港经济开发区、北京汽车生产基地、北京林河经济开发区、北京雁栖经济开发区等产业园区，以及汽车、装备制造、都市工业、临空经济等产业，在首都机场周边、赵全营、高丽营、李桥、庙城等地重点发展航空物流、保税物流、会展物流及电子、汽车、食品饮料、农产品、快递等专业物流集聚区。

3）区域物流设施布局

区域物流设施布局以服务首都经济圈建设需要为目的，发挥北京作为全国航空、铁路、公路枢纽的优势，依托物流基地、物流中心等重要节点，加强物流通道建设，发展多式联运，打造便捷高效、辐射力强的区域物流网络体系。具体来说，完善物流基地的设施条件，发挥物流基地在区域物流网络中的重要节点作用，继续强化以航空货运枢纽为特征的空港物流基地功能，加快推动马驹桥、马坊等物流基地海陆联运体系的建设，提高京南物流基地公铁联运的服务功能。围绕规划新建的铁路、公路货运枢纽，布局建设服务区域、辐射全国的物流中心。依托昌平、房山等铁路中心站点，规划建设马池口、窦店等以集装箱运输为主的公铁联运物流中心；依托东坝、豆各庄、马驹桥等临近六环路的八个新建公路货运枢纽，规划布局能实现甩挂运输的公路物流中心，形成城际之间干线运输的重要物流节点。

4）国际物流设施布局

国际物流设施布局以服务首都开放型经济发展为目的，将口岸和政策功能区设施建设作为重点，为构筑多种运输方式衔接顺畅的“立体化”国际物流体系奠定设施基础。具体来说，继续优化北京市口岸体系。调整口岸功能布局，完善口岸功能，加强国际物流配套设施建设，打造具有世界一流水平的国际物流“高速走廊”。加强入海通道建设，推进通州马驹桥口岸功能区与配套设施建设，加快朝阳口岸向通州马驹桥的平移；继续完善平谷国际陆港口岸功能区设施，形成连接天津新港的海运国际物流通道；完善首都机场空港口岸周边综合配套，以北京市新机场一期工程建设为基础，启动新机场口岸建设工作；加强北京市丰台铁路货运口岸与边境口岸合作，配合铁路集装箱中心站建设，合理规划口岸功能。推进服务国际物流发展的政策功能区设施建设，加快推进天竺综合保税区的一期设施建设和二期用地调整、土地一级开发，大力推动亦庄保税物流中心建设，形成南北呼应的政策功能区分布格局。

目前，北京市已建成六大物流基地，它们分别是北京天竺综合保税区、北京空港物流基地、通州马驹桥物流基地、房山良乡物流基地、平谷马坊物流基地、大兴京南物流基地。物流基地是大型、公共性的物流节点，是辐射全国乃至国际的重要物流枢纽，也是城市功能性基础设施。由于各物流基地所在位置和服务定位不同，它们承担着北京市不同的物流发展任务[5, 6]。例如，北京天竺综合保税区直接依托空港口岸，集保税物流、出口加工、口岸通关等功能于一体，重点是报税物流，打造辐射东北亚的重要功能平台；北京空港物流基地位于临空经济区核心区，其区位优势明显，是北京市唯一的公路-航空国际货运枢纽型物流基地，优先发展航空与金融物流，吸引高端物流企业入驻；通州马驹桥物流基地集流通加工、内陆口岸、现代物流等功能于一体，为大型厂商在全国以及环渤海地区的分销、采购和北京市进出货物的集散提供物流平台；房山良乡物流基地位于北京西南良乡卫星城境内，属于铁路-公路货运枢纽型物流基地，承担大宗货物进出的中转集散功能，是北京市西南方向的重要公路货运枢纽与铁路集装箱节点站；平谷马坊物流基地是北京市重点发展的口岸型物流基地，连接北京市与京唐港、天津港等港口，同时也是京津冀海陆空铁多式联运系统的交汇点；大兴京南物流基地是北京市唯一具有公路运输转铁路运输的综合物流基地，其功能是依托主要进京公路货运通道及铁路专用线完成北京市南部货物集散运输。

2. 天津市物流发展规划

天津市物流规划空间布局的基本原则为“五个坚持”，即坚持物流空间布局与发展战略同步并进、坚持物流资源的存量整合与增量优化、坚持用地的节约集约与可持续利用、坚持物流业与主导产业的联动发展、坚持物流规划的前瞻性与创新性。根据以上原则，天津市将物流规划为“两带、三区、双环”的空间发展格局[7, 8]。

1）两带

“两带”是指以天津港为原点，构建沿海岸线形成的沿海物流发展带以及沿京津走廊形成的京津物流发展带。沿海物流发展带以天津港为起点，将沿海产业带作为延伸方向，建设一批沿海产业型物流园区、口岸型国际物流基地，以及功能互补的物流服务网点，形成物流基地、物流园区和物流服务网点相互依托、协调发展的空间格局。京津物流发展带以天津港为起点，将京津唐产业带作为延伸方向，依托新能源、新材料、生物制药、航空航天等核心产业聚集区，汇聚一批物流中心和大型产业物流基地。

2）三区

“三区”包括南部物流聚集区、北部物流聚集区和西部物流聚集区。南部物流聚集区位于津南区与西青区，形成服务于新型工业产业及高端电子信息产业的物流聚集区；北部物流聚集区位于宝坻区与蓟州区，建设服务于新型生态农业以及现代商贸的物流聚集区；西部物流聚集区位于西青区与静海县，形成服务于钢铁、冶金、建材及现代商贸的物流发展聚集区。

3）双环

“双环”是指以中心城区、滨海新区核心区为依托，在双城区周边构建支持城市生产、生活、商贸的市域物流配送环。

在物流园区建设方面，天津市目前已建成的重要物流园区有 16 个，表 3-1 列出了天津市的重要物流园区。

表 3-1　天津市的重要物流园区

物流园区	物流园区
开发区工业物流园区	东丽区东部物流基地
保税区国际物流运作区	东丽区钢铁散货物流园区
天津港散货物流中心	京津新城现代物流中心
天津港集装箱物流中心	北辰钢铁物流园区
天津空港国际物流园区	武清区自行车物流园区
天津空港物流加工区	静海物流园区
天津邮政物流中心	西青区西部物流基地
天津市物流货运中心	多功能物流加工园区

3. 河北省物流发展规划

河北省物流发展的基本原则为“五个坚持”，即坚持生产物流与生活物流相结合、坚持沿海带动与腹地拓展相结合、坚持剥离重组与两业联动相结合、坚持壮大基础与延伸服务相结合、坚持扩大规模和技术进步相结合。

按照提高物流资源使用效率、加快推进物流资源向重点区域、节点城市和集聚区转移，实现现代物流业集聚的发展任务，河北省将物流规划为“一带、两通道”的空间发展格局[9, 10]。“一带”是指以廊坊、保定等产业基地型和商贸集散型物流产业聚集区为重点，发挥环京津地区特色支撑产业对物流聚集的带动作用，打造“环京津物流产业带”。“两通道”是指以发展唐山港、秦皇岛港为龙头，覆盖唐山、秦皇岛、承德、张家口等市，连接蒙西、晋北等纵深腹地的“冀东物流通道”，发挥装备制造、钢铁、农副产品等产业支撑带动作用；以发展黄骅港和石家庄小商品交易市场等商贸物流为重点，覆盖沧州、衡水、石家庄、邢台、邯郸等市，连接晋中南、鲁西北、豫北等广阔腹地的“冀中南物流通道”，发挥钢铁、煤炭、建材等地区特色支撑产业对物流聚集的带动作用。

此外，河北省将引导重大物流资源向沿海、环京津集聚，推动重大物流项目建设，强化“环京津物流产业聚集带”功能，并推进京津冀交通运输体系和物流管理一体化运作，加快七个环首都现代物流园区建设；进一步拓宽冀东、冀中南两大物流通道，强化港口的带头作用，加强物流通道节点与物流设施建设，完善区域联动机制，促进物流要素的集聚，增强辐射带动能力。同时，推进三类物流产业集聚区建设，也就是以重点区域为切入点，推进环京津物流产业带产业聚集、推进冀东物流通道产业集聚、推进冀中南物流通道产业集聚。通过优化产业布局，巩固并提高河北省在国家规划物流网络中的重要地位。

在发展定位上，强化石家庄市、唐山市作为全国区域性物流节点城市的重要作用。石家庄市内陆港是具有国家二类口岸功能的内陆无水港口，能够实现公路、铁路、陆海和空运的多式联运。石家庄市内陆港的运行可以将沿海港口功能延伸到内陆区域，有利于港口口岸的大通关战略。此外，石家庄内陆港将建成华北地区最大的国际物流园区。唐山市处于环渤海经济圈中，京津冀都市圈合作与发展可将唐山市紧密融入京津。唐山港包括京唐港和曹妃甸港两个港区，京唐港区将重点建设钢铁物流、配煤物流和仓储物流等项目，曹妃甸港区将建设一批大型的第三方物流项目。

河北省按照区域与功能的不同，将物流基地规划为全国重要的大宗商品交易中心和物流中心、首都经济圈物流服务基地以及环渤海地区港口物流产业基地。其中，全国重要的大宗商品交易中心和物流中心用于生产和集散全国铁矿石、煤炭、钢铁等大宗商品，形成了我国重要的生产组织中心、物流配送中心和大宗商品交易中心；首都经济圈物流服务基地具有同城效应明显、京津配套设施完备的优势，可以促进京津冀一小时交通圈、一小时经济圈、一小时生活圈的建设，进而满足城市群快速增长的物流需求；环渤海地区港口物流产业基地拥有区位优势，以建立沿海经济隆起带为机遇，增强其辐射能力，努力提升港口物流服务，达到推动临港物流产业发展的目的。迄今为止，河北省已建成了五大物流枢纽和十大物流园区，表 3-2 列出了河北省五大物流枢纽和十大物流园区。

表 3-2　河北省五大物流枢纽和十大物流园区

物流园区	物流枢纽	
石家庄物流枢纽	河北省邮政物流园区	唐山综合物流园区
唐山物流枢纽	河北省交流物流园区	廊坊开发区综合物流园区
廊坊物流枢纽	石家庄国际物流园区	黄骅港国际物流园区
邯郸物流枢纽	石家庄航空物流园区	邯郸综合物流园区
张家口物流枢纽	唐山港能源原材料物流园区	秦皇岛综合物流园区

总之，京津冀区域“两市一省”均十分重视物流业的协同发展，三地区均已

详细规划了物流的发展方案，物流基地与物流园区的规划已形成了以北京、天津两市为轴心的网状结构。

3.2.2　京津冀区域物流运输基础设施分析

区域物流运输基础设施是区域物流发展的基础条件[11]。京津冀区域是全国拥有高密度物流运输网络的地区之一，区域内物流运输设施完善，海、陆、空等物流基础设施均比较先进，为京津冀区域内物流业发展以及跨区域物流合作奠定了良好的基础。本小节对京津冀区域的物流运输基础设施状况进行分析，为进一步分析京津冀区域物流与区域经济的协同发展奠定基础。

1. 公路基础设施

京津冀区域公路基础设施的发展是促进该区域物流发展的一个重要前提条件。京津冀区域的公路基础设施比较完备，区域路网密集，覆盖率较高，区域性公路网络已经初步形成。近年来，高速公路的建设在京津冀区域受到了特别的重视，自从全国第一条跨省市高速公路——京津唐高速公路于 1990 年通车以来，京津冀区域已经形成了以北京为中心，由国家高速公路构成的国家高速公路主干网，高速公路已连接了京津冀区域的三个行政中心，以及北京市、天津市各区和河北省 11 个地级市，同时高速公路也与区域内各大铁路枢纽、各大港口相通，实现了区域内的多式联运模式[12]。

1）普通公路

表 3-3 列出了 2008~2014 年京津冀区域公路里程及增长率，图 3-1 给出了 2008~2014 年京津冀区域公路里程曲线。由表 3-3 结合图 3-1 可以看出，2008~2014 年京津冀区域公路里程呈现出一种逐年稳步增长的趋势，从 2008 年的 18.34 万千米上升到 2014 年的 21.56 万千米，共增长了 3.22 万千米，增长率保持在 1.33%~5.76%。从京津冀区域内部来看，北京市、天津市、河北省三地区的公路里程存着一定的不平衡，河北省 2008~2014 年的公路里程明显大于北京市和天津市的对应值，北京、天津两市的公路里程之和仍少于河北省的公路里程。天津市和河北省 2008~2014 年的公路里程同样具有逐年增长的趋势，2014 年，天津市和河北省的公路里程分别达到 1.61 万千米和 17.92 万千米；北京市 2008~2014 年的公路里程处于逐年下降的态势，且下降的速度逐年加快，但天津市和河北省的公路里程增长速度较快，从而使得京津冀区域公路里程也出现逐年增长的趋势。

表 3-3　2008~2014 年京津冀区域公路里程及增长率

指标	地区	2008 年	2009 年	2010 年	2011 年	2012 年	2013 年	2014 年
公路里程/万千米	北京市	2.18	2.17	2.15	2.13	2.11	2.08	2.03
	天津市	1.21	1.43	1.48	1.52	1.54	1.57	1.61
	河北省	14.95	15.21	15.43	15.70	16.30	17.45	17.92
	京津冀区域	18.34	18.81	19.06	19.35	19.95	21.10	21.56
增长率/%	北京市	—	−0.46	−0.92	−0.93	−0.94	−1.42	−2.40
	天津市	—	18.18	3.50	2.70	1.32	1.95	2.55
	河北省	—	1.74	1.45	1.75	3.82	7.06	2.69
	京津冀区域	—	2.56	1.33	1.52	3.10	5.76	2.18

资料来源：北京市、天津市、河北省的公路里程数据均来源于国家统计局网站

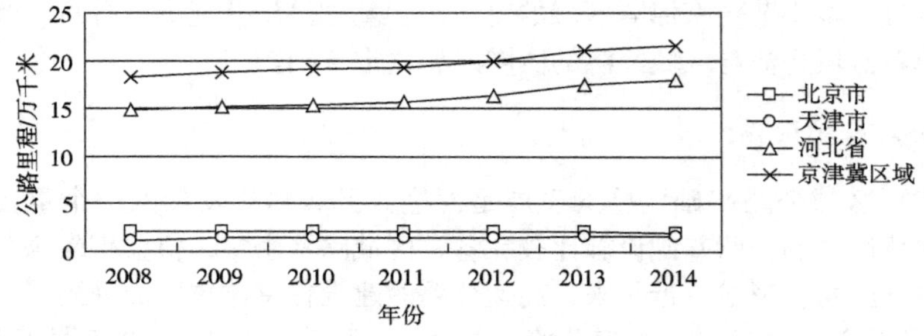

图 3-1　2008~2014 年京津冀区域公路里程曲线

表 3-4 列出了 2008~2014 年京津冀区域公路网密度及增长率，图 3-2 给出了 2008~2014 年京津冀区域公路网密度。由表 3-4 结合图 3-2 可以看出，京津冀区域 2008~2014 年的路网密度出现了持续稳定增长的态势，从 2008 年的 0.84 万千米/万千米^{2}增长到 2014 年的 0.99 万千米/万千米^2，共增长了 0.15 万千米/万千米^2。京津冀区域内部，2008~2014 年，北京市路网密度具有逐年缓慢下降的趋势，而天津市和河北省则呈现出逐年增长的趋势，天津市公路网密度在 2012 年与北京市持平，从 2013 年开始超过了北京市的路网密度，河北省 2008~2014 年的公路里程在“两市一省”中最长，但由于地域面积较大，其对应的公路网密度却是最小的。

表 3-4　2008~2014 年京津冀区域公路网密度及增长率

指标	地区	2008 年	2009 年	2010 年	2011 年	2012 年	2013 年	2014 年
公路网密度/（万千米/万千米^2）	北京市	1.33	1.32	1.31	1.30	1.29	1.27	1.24
	天津市	1.02	1.20	1.24	1.28	1.29	1.32	1.35
	河北省	0.79	0.81	0.82	0.83	0.86	0.92	0.95
	京津冀区域	0.84	0.87	0.88	0.89	0.92	0.97	0.99
增长率/%	北京市	—	−0.75	−0.76	−0.76	−0.77	−1.55	−2.36
	天津市	—	17.65	3.33	3.23	0.78	2.33	2.27
	河北省	—	2.53	1.23	1.22	3.61	6.98	3.26
	京津冀区域	—	3.57	1.15	1.14	3.37	5.43	2.06

资料来源：北京市、天津市、河北省的公路网密度数据均由国家统计局网站相关数据计算得出

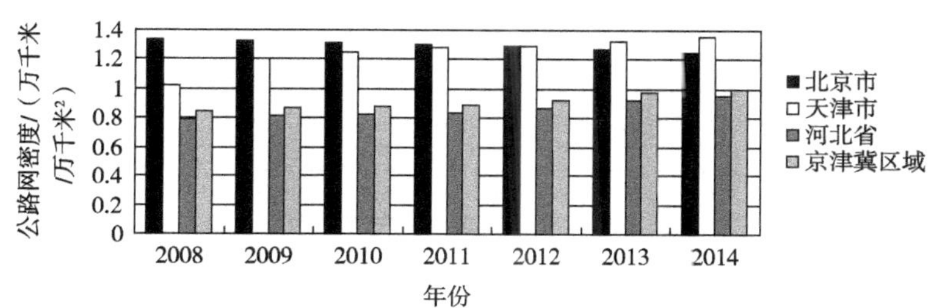

图 3-2　2008~2014 年京津冀区域公路网密度

表 3-5 列出了 2008~2014 年京津冀区域公路营运载货汽车拥有量及增长率，图 3-3 给出了 2008~2014 年京津冀区域公路营运载货汽车拥有量曲线。由表 3-5 结合图 3-3 可以看出，京津冀区域 2008~2014 年的公路营运载货汽车拥有量呈现持续快速增长的态势，但是其增长率从 2010 年开始出现了先增加后减少、之后再增加后又减少的波动性变化特征，其增长率变化比较大，处在 5.60%~29.95%。从京津冀区域内部看，北京市、天津市、河北省三地区的公路营运载货汽车拥有量存在着不平衡现象，河北省的公路营运载货汽车拥有量显著高于北京市和天津市的对应值，北京、天津两市的公路营运载货汽车拥有量之和明显少于河北省的公路营运载货汽车拥有量。天津市和河北省 2008~2014 年的公路营运载货汽车拥有量与京津冀区域相似，具有持续快速增长的态势，增长率的变化范围分别在 0.55%~39.44%、4.93%~31.49%。北京市公路营运载货汽车拥有量在 2010 年出现负增长，比上年下降了 12.35%，其他年份的公路营运载货汽车拥有量增长迅速，其增长率除 2014 年之外均保持在两位数以上。

表 3-5　2008~2014 年京津冀区域公路营运载货汽车拥有量及增长率

指标	地区	2008 年	2009 年	2010 年	2011 年	2012 年	2013 年	2014 年
公路营运载货汽车拥有量/万辆	北京市	12.15	14.41	12.63	14.32	16.36	18.63	20.30
	天津市	7.25	7.29	7.62	10.01	11.46	15.98	17.13
	河北省	51.52	62.66	77.73	90.45	99.99	131.48	137.96
	京津冀区域	70.92	84.36	97.98	114.78	127.81	166.09	175.39
增长率/%	北京市	—	18.60	−12.35	13.38	14.25	13.88	8.96
	天津市	—	0.55	4.53	31.36	14.49	39.44	7.20
	河北省	—	21.62	24.05	16.36	10.55	31.49	4.93
	京津冀区域	—	18.95	16.15	17.15	11.35	29.95	5.60

资料来源：北京市、天津市、河北省的公路营运载货汽车拥有量数据均来源于国家统计局网站

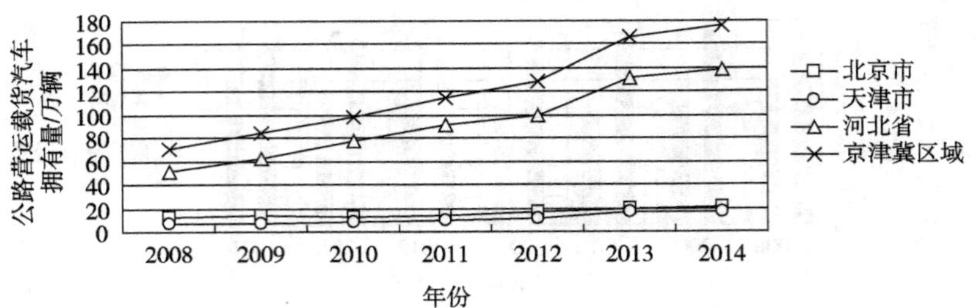

图 3-3 2008~2014 年京津冀区域公路营运载货汽车拥有量曲线

2）高速公路

表 3-6 列出了 2008~2014 年京津冀区域高速公路里程及增长率，图 3-4 给出了 2008~2014 年京津冀区域高速公路里程曲线。由表 3-6 结合图 3-4 可以看出，京津冀区域 2008~2014 年的高速公路里程具有逐年增长的变化趋势，从 2008 年的 0.48 万千米增加到 2014 年的 0.80 万千米，增长了 0.32 万千米，增长率保持在 4.41%~21.57%。在京津冀区域内部，北京市、天津市、河北省三地区的高速公路里程存在着一定的不平衡，京津冀区域的高速公路里程主要来源于河北省的高速公路旦程，北京、天津两市的高速公路里程之和仍少于河北省的高速公路里程。河北省 2008~2014 年的高速公路里程发展比较快，从 2008 年的 0.32 万千米增长为 2014 年的 0.59 万千米，增长了近一倍，其增长率的变化比较大，在 3.13%~30.30%；北京市和天津市 2008~2014 年的高速公路里程增长较慢，北京市除 2009 年和 2014 年外，其他年份的高速公路里程增长率均为零，到 2014 年，高速公路里程为 0.10 万千米；天津市 2009~2011 年的高速公路里程增长率为正值，其他年份的高速公路里程增长率为零，2014 年的高速公路里程达到 0.11 万千米。

表 3-6 2008~2014 年京津冀区域高速公路里程及增长率

指标	地区	2008 年	2009 年	2010 年	2011 年	2012 年	2013 年	2014 年
高速公路里程/万千米	北京市	0.08	0.09	0.09	0.09	0.09	0.09	0.10
	天津市	0.08	0.09	0.10	0.11	0.11	0.11	0.11
	河北省	0.32	0.33	0.43	0.48	0.51	0.56	0.59
	京津冀区域	0.48	0.51	0.62	0.68	0.71	0.76	0.80
增长率/%	北京市	—	12.50	0.00	0.00	0.00	0.00	11.11
	天津市	—	12.50	11.11	10.00	0.00	0.00	0.00
	河北省	—	3.13	30.30	11.63	6.25	9.80	5.36
	京津冀区域	—	6.25	21.57	9.68	4.41	7.04	5.26

资料来源：北京市、天津市、河北省的高速公路里程数据均来源于国家统计局网站

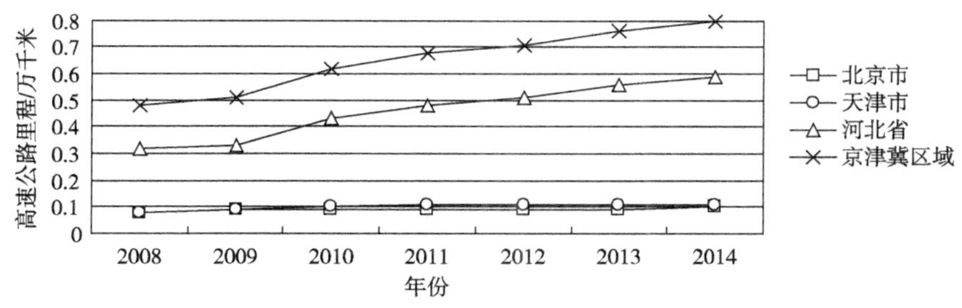

图 3-4　2008~2014 年京津冀区域高速公路里程曲线

表 3-7 列出了 2008~2014 年京津冀区域高速公路网密度及增长率，图 3-5 给出了 2008~2014 年京津冀区域高速公路网密度。由表 3-7 结合图 3-5 可以看出，京津冀区域高速公路网密度在 2010 年和 2014 年得到快速发展，分别比上年增长了 50.00%和 33.33%，2014 年高速公路网密度达到 0.04 万千米/万千米 ^{2}，其他年份的高速公路网密度保持不变，增长率均为零。从京津冀区域内部来看，2008~2014 年，天津市的高速公路网密度最大，北京市的高速公路网密度居于第二位，河北省的高速公路网密度最小；天津市 2009 年和 2011 年的高速公路网密度出现正增长，增长率分别为 14.29%和 12.50%，高速公路网密度分别为 0.08 万千米/万千米 ^{2} 和 0.09 万千米/万千米 ^{2}，2012~2014 年的高速公路网密度一直保持在 0.09 万千米/万千米 ^{2}；北京市 2014 年的高速公路网密度增长较快，比 2013 年增长了 20.00%，达到 0.06 万千米/万千米 ^{2}，其他年份的高速公路网密度保持不变；河北省 2011 年的高速公路网密度增长十分显著，相比于 2010 年增长了 50.00%，达到 0.03 万千米/万千米 ^{2}，从 2011 年开始，河北省的高速公路网密度一直保持不变。

表 3-7　2008~2014 年京津冀区域高速公路网密度及增长率

指标	地区	2008 年	2009 年	2010 年	2011 年	2012 年	2013 年	2014 年
高速公路网密度/（万千米/万千米 ^{2}）	北京市	0.05	0.05	0.05	0.05	0.05	0.05	0.06
	天津市	0.07	0.08	0.08	0.09	0.09	0.09	0.09
	河北省	0.02	0.02	0.02	0.03	0.03	0.03	0.03
	京津冀区域	0.02	0.02	0.03	0.03	0.03	0.03	0.04
增长率/%	北京市	—	0.00	0.00	0.00	0.00	0.00	20.00
	天津市	—	14.29	0.00	12.50	0.00	0.00	0.00
	河北省	—	0.00	0.00	50.00	0.00	0.00	0.00
	京津冀区域	—	0.00	50.00	0.00	0.00	0.00	33.33

资料来源：北京市、天津市、河北省的高速公路网密度数据均由国家统计局网站相关数据计算得出

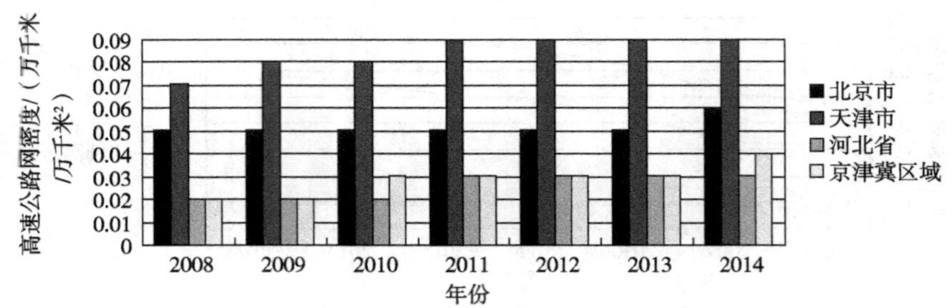

图 3-5　2008~2014 年京津冀区域高速公路网密度

2. 铁路基础设施

京津冀区域是中国第一个形成完整铁路网的地区，其铁路建设居于全国前列，尤其是高速铁路（客运专线）和重载货运铁路建设已经达到了世界领先水平[13]。作为全国铁路最密集的地区之一，京津冀区域的铁路基础设施是京津冀区域交通运输网络的骨干。京津冀区域内的铁路线路纵横交错、四通八达，其中，北京市密布着京哈、京承、京沪、京广、京九、京原、京包头等线路，同时大秦线路也通过北京市。天津市汇集的铁路线路主要有京哈、津沪和津蓟线。河北省以石家庄为中心，已经形成了北方的物流交通中心，通过河北省的有京广、京山、津浦、石太等十几条铁路运输干线。这些铁路运输干线相互交织，构成了网络状的铁路网络，通向区域内及全国各地[14]。

表 3-8 列出了 2008~2014 年京津冀区域铁路营业里程及增长率，图 3-6 给出了 2008~2014 年京津冀区域铁路营业里程曲线。由表 3-8 结合图 3-6 可以看出，2014 年底，京津冀区域铁路营业总里程为 0.83 万千米，其中，北京市、天津市、河北省的铁路营业里程分别为 0.12 万千米、0.08 万千米、0.63 万千米。从铁路营业里程增长状况看，2008~2014 年京津冀区域铁路营业里程呈波动性缓慢增长趋势，在经历了 2010 年铁路营业里程下降−1.39%之后，2011~2013 年的铁路营业里程明显增长，增长率从 2.82%上升到 9.21%，2014 年的铁路营业里程与 2013 年持平。其中，河北省 2011~2013 年的铁路营业里程增长较快，增长率分别为 6.12%、7.69%、12.50%，其他年份增长率为零；天津市 2010 年、2012 年的铁路营业里程分别下降了 10.00%和 11.11%，其他年份增长率为零；北京市 2011 年的铁路营业里程下降了 7.69%，其他年份增长率为零。

表 3-8　2008~2014 年京津冀区域铁路营业里程及增长率

指标	地区	2008 年	2009 年	2010 年	2011 年	2012 年	2013 年	2014 年
铁路营业里程/万千米	北京市	0.13	0.13	0.13	0.12	0.12	0.12	0.12
	天津市	0.10	0.10	0.09	0.09	0.08	0.08	0.08
	河北省	0.49	0.49	0.49	0.52	0.56	0.63	0.63
	京津冀区域	0.72	0.72	0.71	0.73	0.76	0.83	0.83

续表

指标	地区	2008 年	2009 年	2010 年	2011 年	2012 年	2013 年	2014 年
增长率/%	北京市	—	0.00	0.00	−7.69	0.00	0.00	0.00
	天津市	—	0.00	−10.00	0.00	−11.11	0.00	0.00
	河北省	—	0.00	0.00	6.12	7.69	12.50	0.00
	京津冀区域	—	0.00	−1.39	2.82	4.11	9.21	0.00

资料来源：北京市、天津市、河北省的铁路营业里程数据均来源于国家统计局网站

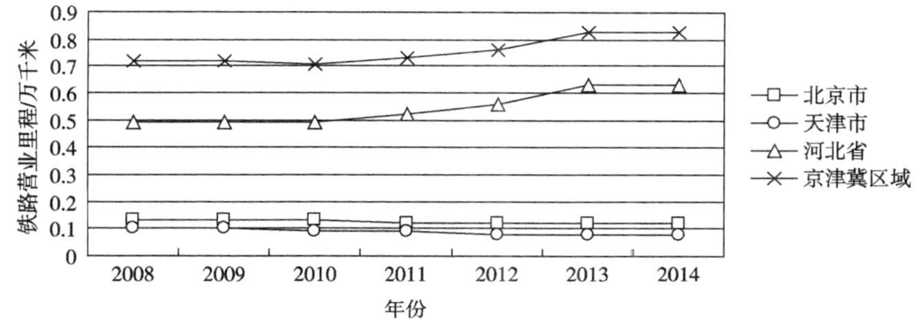

图 3-6　2008~2014 年京津冀区域铁路营业里程曲线

表 3-9 列出了 2008~2014 年京津冀区域铁路网密度及增长率，图 3-7 给出了 2008~2014 年京津冀区域铁路网密度。由表 3-9 结合图 3-7 可以看出，京津冀区 2008~2014 年的铁路网密度呈现阶段性增长的特征，2008~2012 年一直保持在 0.03 万千米/万千米 ^{2}，2013~2014 年增加为 0.04 万千米/万千米 ^{2}，增长率达到 33.33%。从京津冀区域内部来看，2008~2014 年，北京、天津两市的铁路网密度具有阶段性减少的特征，北京市 2008~2010 年的铁路网密度为 0.08 万千米/万千米 ^{2}，到 2011 年，铁路网密度减为 0.07 万千米/万千米 ^{2}，相比于上年减少了 12.50%，之后，铁路网密度一直保持在 0.07 万千米/万千米 ^{2}；天津市 2008~2011 年的铁路网密度一直 0.08 万千米/万千米 ^{2}，从 2012 年开始，铁路网密度减少为 0.07 万千米/万千米 ^{2}。河北省由于地域面积大，其铁路网密度明显小于北京、天津两市，且 2008~2014 年一直保持在 0.03 万千米/万千米 ^{2} 不变。

表 3-9　2008~2014 年京津冀区域铁路网密度及增长率

指标	地区	2008 年	2009 年	2010 年	2011 年	2012 年	2013 年	2014 年
铁路网密度/（万千米/万千米 ^{2}）	北京市	0.08	0.08	0.08	0.07	0.07	0.07	0.07
	天津市	0.08	0.08	0.08	0.08	0.07	0.07	0.07
	河北省	0.03	0.03	0.03	0.03	0.03	0.03	0.03
	京津冀区域	0.03	0.03	0.03	0.03	0.03	0.04	0.04
增长率/%	北京市	—	0.00	0.00	−12.50	0.00	0.00	0.00
	天津市	—	0.00	0.00	0.00	−12.50	0.00	0.00
	河北省	—	0.00	0.00	0.00	0.00	0.00	0.00
	京津冀区域	—	0.00	0.00	0.00	0.00	33.33	0.00

资料来源：北京市、天津市、河北省、京津冀区域的铁路网密度数据由相应的铁路营业里程与地域面积计算得出

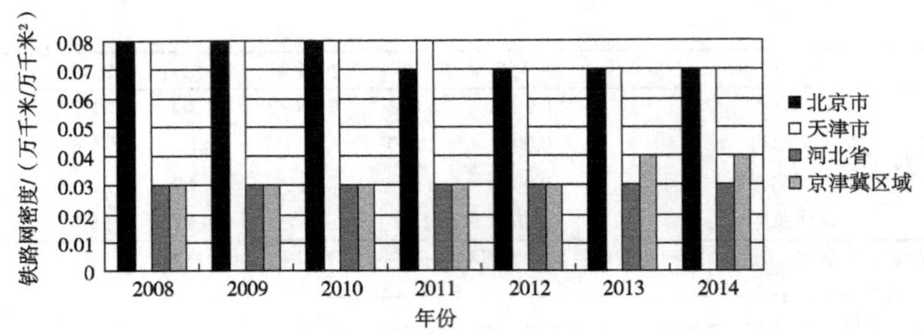

图 3-7　2008~2014 年京津冀区域铁路网密度

可见，在铁路基础设施建设方面，河北省发展最为迅速、天津市发展次之、北京市发展最为缓慢。近年来，京津冀区域快速铁路发展迅速，京津城际铁路和多条高铁贯穿其中，使得北京市、天津市、河北省三地之间的交通更加便捷。同时，高铁等快速特路的投入运营不仅缓解了普通铁路的客源，而且促进了货物运输铁路网络的逐步形成[15]。货物运输铁路网络以北京市为枢纽中心，天津市、石家庄市为重要节点，为物流业的协同发展开辟了新的道路。

3．水路基础设施

京津冀区域港口分布在渤海湾地区，区位优势良好，形成了天津港、秦皇岛港、京唐港、曹妃甸港和黄骅港五个主要港口。天津港位于海河入海口，处于环渤海经济圈与京津冀区域城市群的交汇地带，是我国北方最大的综合性港口，同时也是我国北方重要的现代化综合交通网络节点，承担了我国华北、西北地区的能源物资与原材料的中转运输。天津港的货物及集装箱吞吐量连续多年全国名列前茅，是我国主要的集装箱与煤炭港口，运输的货物主要有金属矿石、煤炭、石油天然气和机械设备等。天津港目前由北疆港区、南疆港区、东疆港区、临港经济区南部区域、南港港区东部区域等组成。北疆港区以集装箱和件杂货作业为主；南疆港区以干散货和液体散货作业为主；东疆港区以集装箱码头装卸及国际航运、国际物流、国际贸易和离岸金融等现代服务业为主，其东部区域正在完善城市配套功能；临港经济区南部区域以重装备制造业、新能源、粮油轻工业为主要发展方向；南港港区东部区域是以煤炭、矿石等大宗散货为主的新港区。

秦皇岛港坐落在渤海湾西海岸，位于河北省东部的秦皇岛市海港区，其北面紧靠燕山山脉，地理位置优越，是一个综合性的现代化港口。自建港以来，秦皇岛港就承担起了煤炭外运的重要任务，是我国最大的煤炭枢纽港、世界最大的煤炭输出港及散货港，同时还是东北、华北及西北地区的重要出海口，包括东港区、西港区和山海关港区。东港区主要用于能源运输，具有国际一流的现代化的煤炭港口，运输货物以煤炭、铁矿石、原油等重点物资为主；西港区已不再进行货物运输，重点发展邮轮和游艇等方面的旅游客运；山海关港区主要用做临港工业及工业园区。

京唐港与曹妃甸港一起通常称为唐山港[16]，它们是我国北方的重要港口。京唐港位于唐山市东南方向，处于渤海湾北岸，是京津冀区域五个港口中距离渤海湾出海口最近的港口，其货物运输以煤炭、钢铁、矿石为主。

曹妃甸港位于唐山市南部地区，坐落于渤海湾的中心地带，处于我国东北、华东、西北等经济区的交汇处，拥有 69.5 千米的深水岸线，常年不淤不冻，不需开挖航道和港池即可建设 30 万吨级以上大型泊位。曹妃甸港建港的历史较短，但发展速度很快，近几年的货物吞吐量直逼京津冀区域内其他港口，其定位为现代化散货港口，可以实现大宗散货转运，货物运输以矿石、原油和煤炭为主。

黄骅港位于渤海湾西岸，临近北京、天津两市，处于河北省与山东省的交界处，是河北省西南部沿海地区重要的港口，包括杂货港区、综合港区、煤炭港区和河口港区四个港区[17]。黄骅港是冀中南地区最经济、最便捷的港口，也是我国重要的能源输出港，其货物运输主要以煤炭、钢铁、水泥等多种杂货为主。

表 3-10 给出了 2014 年京津冀区域主要港口基础设施情况。由表 3-10 可知，截至 2014 年底，京津冀区域主要港口的码头长度达 88 630 米，生产用码头长度 83 010 米，共拥有 392 个泊位，在投入使用的 348 个泊位中，266 个万吨级泊位全部投入使用。其中，天津港的码头长度为 35 954 米，生产用码头长达 34 606 米，拥有泊位 162 个，投入使用的泊位为 151 个，占泊位总数的九成以上，万吨级以上泊位 106 个，占泊位总数的一半以上；秦皇岛港的码头长度为 18 564 米，生产用长度为 15 238 米的码头全部投入使用，拥有的码头长度为 15 928 米，拥有泊位 92 个，其中包括 44 个万吨级以上泊位，约占泊位总数的一半，投入使用的泊位为 72 个，占泊位总数的 3/4 以上；京唐港的码头长度达到 9 099 米，生产用码头长度为 8 477 米，拥有的 37 个泊位中，投入使用的泊位有 35 个，占泊位总数的九成以上，万吨级以上泊位为 32 个，占泊位总数的 3/4 以上；曹妃甸港长度为 15 238 米的码头全部投入使用，拥有的 54 个泊位也全部投入使用，并且都为万吨级以上级别；黄骅港的码头长度为 9 775 米，生产用码头长度为 8 761 米，在 47 个泊位中，有 36 个泊位投入使用，占泊位总数的 3/4 以上，其中有 30 个万吨级以上泊位，占泊位总数的一半以上。

表 3-10　2014 年京津冀区域主要港口基础设施情况

港口名称	码头长度/米	泊位数/个	万吨级泊位数/个	生产用		
				码头长度/米	泊位数/个	万吨级泊位数/个
天津港	35 954	162	106	34 606	151	106
秦皇岛港	18 564	92	44	15 928	72	44
京唐港	9 099	37	32	8 477	35	32
曹妃甸港	15 238	54	54	15 238	54	54
黄骅港	9 775	47	30	8 761	36	30
京津冀区域	88 630	392	266	83 010	348	266

资料来源：天津港、秦皇岛港、京唐港、曹妃甸港、黄骅港基础设施数据来源于《天津统计年鉴 2015》和《河北经济年鉴 2015》

4. 航空基础设施

伴随着京津冀区域物流业的快速发展，航空运输的优势日益突出。相比于铁路运输和公路运输，航空运输具有速度更快、安全性与灵活性更高的优势，在京津冀区域货物运输中占据着重要的地位。京津冀区域现有 12 个民用运输机场，其中，已建成并投入使用的机场有 8 个，它们分别是北京首都国际机场、天津滨海国际机场、石家庄正定国际机场、北京南苑机场、秦皇岛机场、邯郸机场、张家口机场、唐山机场；在建机场有 2 个，分别是北京新机场和承德机场；远期规划的机场有 2 个，分别是衡水机场和渤海湾海上机场[18~20]。其中，北京首都国际机场、天津滨海国际机场和石家庄正定国际机场是京津冀区域的三大主要机场，承担了该区域 95%以上的航空货物运输。三大机场都可以起降世界各类大型飞机，且它们的发展均已达到一定规模。北京首都国际机场位于北京市顺义区，处于京津冀区域的中部，于 1958 年正式投入运营，是我国综合性的大型枢纽机场，在国内、国际上都拥有重要的地位。北京首都国际机场是目前我国客货运量最大的机场，已有 70 多家国内外航空公司入驻运营，开通的 100 多条航线可通往世界主要国家及地区和国内大部分城市。天津滨海国际机场位于天津市东丽区，处于京津冀区域的东部，始建于 1939 年，是我国北方重要的航空货运基地和京津冀及至华北地区航空货运枢纽、国家一类航空口岸。机场货站拥有国际和国内两个航空货站，国际航空货站总面积约 5 万平方米，一级海关监管库 1.5 万平方米，国内货库 4 000 平方米，专用货机坪面积近 8 万平方米。2014 年，天津滨海国际机场新开设了 5 条航空货运航线，拥有全货机通航城市 22 个，其中，国际及地区城市 10 个，国内城市 12 个，并且还在不断增长[21]。天津滨海国际机场的国际航空货运网络已覆盖欧洲、美洲、东北亚的部分主要航空物流枢纽机场。石家庄正定国际机场位于河北省石家庄市正定，处于京津冀区域的南部，于 1958 年正式投入使用，目前通航的城市近 30 个，是北京首都机场的主要分流和备降机场。作为河北省最大的枢纽机场，石家庄正定国际机场是国内的主要干线机场，同时也是北方重要的国际航空货运中转基地[22~24]。

表 3-11 给出了 2014 年京津冀区域三大机场基础设施情况。由表 3-11 可知，北京首都国际机场为 4F 级机场，航站楼面积为 140 万平方米，建有 3 条跑道，分别为两条 4E 级和一条 4F 级，2014 年开通货运航线 28 条，飞机起降架次达到 58.2 万架，相比于上年增长了 2.5%，占总起降架次的 77.3%；天津滨海国际机场同样为 4F 级机场，航站楼面积为 24.8 万平方米，现有 2 条跑道，2014 年拥有货运航线 18 条，飞机起降架次为 11.5 万架，占起降架次总数的 15.3%，比上年同期增长了 13.7%；石家庄正定国际机场为 4E 级机场，航站楼面积为 5.5 万平方米，现有

2 条跑道，2014 年有 4 条货运航线投入使用，飞机起降架次为 5.6 万架，占起降架次总数的 7.4%，比上年同期增长了 8.1%。由以上分析可知，无论是现有设施、规模等级还是起降架次，北京首都国际机场在三大机场中都占主导地位，这不利于区域航空货物运输的协同发展。

表 3-11　2014 年京津冀区域三大机场基础设施情况

机场名称	机场等级	跑道数量/条	货运航线数量/条	航站楼面积/万平方米	起降架次		
					数量/万架	比重/%	增长率/%
北京首都国际机场	4F	3	28	140	58.2	77.3	2.5
天津滨海国际机场	4F	2	18	24.8	11.5	15.3	13.7
石家庄正定国际机场	4E	2	4	5.5	5.6	7.4	8.1

资料来源：北京首都国际机场、天津滨海国际机场、石家庄正定国际机场官方网站和《2014 年全国机场生产统计公报》

3.2.3　京津冀区域物流运输结构分析

交通运输是现代物流业发展的基础，是当前制约区域现代物流业发展的瓶颈，是影响物流业效益的主要因素，也是京津冀经济一体化的关键[25]。因此，京津冀区域物流的发展离不开交通运输的发展。运输分担率是指各种运输方式运量的构成比例。由于航空运输的货运量在整个货物运输中所占比重非常小，相关统计数据中没有航空货运量的数据。另外，管道运输只适合特殊的流体物质。因此，这里主要分析京津冀区域铁路运输、公路运输和水路运输的货运量及分担情况。

1. 北京市物流运输结构

北京市为内陆城市，物流运输中不涉及水路运输，这里仅对铁路运输和公路运输的货运量及分担情况①进行分析。表 3-12 列出了 2008~2014 年北京市货运量运输结构及分担率，图 3-8 给出了 2008~2014 年北京市货运量运输结构。由表 3-12 结合图 3-8 可以看出，自 2008 年以来，北京市公路货物运输一直占绝对主导地位，货运量分担率一直保持在 90.00%以上，2014 年公路运输货运量为 25 416 万吨，货运量分担率达到最高值，为 95.73%；铁路运输承担的货运量明显少于公路运输，到 2014 年，铁路运输货运量为 1 135 万吨，仅分担了总货运量的 4.27%。

① 由于舍入修约，分担率之和可能不为 100%。

表 3-12　2008~2014 年北京市货运量运输结构及分担率

年份	货运量/万吨		分担率/%	
	公路运输	铁路运输	公路运输	铁路运输
2008	18 689	1 836	91.05	8.95
2009	18 753	1 717	91.61	8.39
2010	20 184	1 578	92.75	7.25
2011	23 276	1 387	94.38	5.62
2012	24 925	1 237	95.27	4.73
2013	24 651	1 097	95.74	4.26
2014	25 416	1 135	95.73	4.27

资料来源：北京市货运量数据来源于国家统计局网站

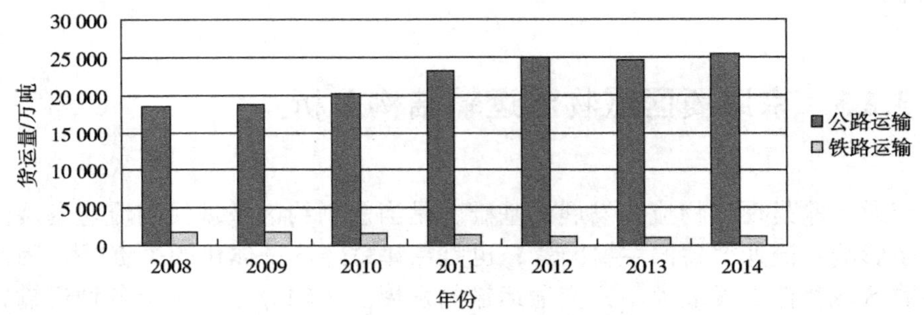

图 3-8　2008~2014 年北京市货运量运输结构

2. *天津市物流运输结构*

表 3-13 列出了 2008~2014 年天津市货运量运输结构及分担率，图 3-9 给出了 2008~2014 年天津市货运量运输结构。由表 3-13 结合图 3-9 可以看出，天津市 2008~2014 年的公路货物运输处于主导地位，分担了总货运量的一半左右，而且发展迅速，货运量呈现逐年上升的趋势，从 2008 年的 18 160 万吨增长到 2014 年的 31 130 万吨；铁路货物运输的发展具有先减后增的变化趋势，铁路运输货运量在 2009~2010 年明显减少，之后又逐年缓慢增长，货运量分担率在 2008 年和 2009 年分别为 35.79%和 26.61%，其余年份均未超过 20.00%，到 2014 年，铁路运输货运量为 8 874 万吨，分担率为 17.84%；水路货物运输自 2010 年起超过了铁路货物运输，成为第二大货物运输方式，水路运输货运量具有明显的波动性发展趋势，并呈现先增长、再降低、后又增长的变动特征，到 2014 年，水路运输货运量为 9 749 万吨，分担率为 19.59%。

表 3-13　2008~2014 年天津市货运量运输结构及分担率

年份	货运量/万吨			分担率/%		
	公路运输	铁路运输	水路运输	公路运输	铁路运输	水路运输
2008	18 160	12 210	3 744	53.23	35.79	10.97
2009	19 800	11 263	11 261	46.78	26.61	26.61
2010	20 855	7 242	11 916	52.12	18.10	29.78
2011	23 505	7 346	12 750	53.91	16.85	29.24
2012	27 735	7 909	10 371	60.27	17.19	22.54
2013	28 206	8 349	8 678	62.36	18.46	19.19
2014	31 130	8 874	9 749	62.57	17.84	19.59

资料来源：天津市货运量数据来源于国家统计局网站

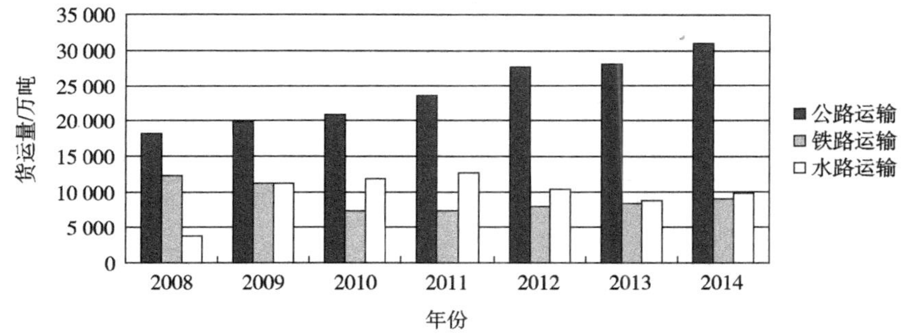

图 3-9　2008~2014 年天津市货运量运输结构

3. 河北省物流运输结构

表 3-14 列出了 2008~2014 年河北省货运量运输结构及分担率，图 3-10 给出了 2008~2014 年河北省货运量运输结构。由表 3-14 结合图 3-10 可以看出，河北省 2008~2014 年的公路货物运输同样起到主导作用，货运量分担率在 85.43%~89.23%，该时期公路运输货运量具有波动性变化状态：2008~2012 年持续增长，2013 年有所降低，2014 年货运量又增长到 185 286 万吨。2008~2014 年铁路货物运输对总货运量具有一定的分担作用，且分担率变化不大，保持在 9.59%~13.80%；水路货物运输在 2008~2014 年的分担作用明显不及公路、铁路两种运输方式，货运量分担率不超过 1.92%。

表 3-14　2008~2014 年河北省货运量运输结构及分担率

年份	货运量/万吨			分担率/%		
	公路运输	铁路运输	水路运输	公路运输	铁路运输	水路运输
2008	91 342	14 750	830	85.43	13.80	0.78
2009	106 530	15 483	1 052	86.56	12.58	0.85

续表

年份	货运量/万吨			分担率/%		
	公路运输	铁路运输	水路运输	公路运输	铁路运输	水路运输
2010	135 938	18 508	2 150	86.81	11.82	1.37
2011	166 680	20 447	2 672	87.82	10.77	1.41
2012	195 530	21 010	2 590	89.23	9.59	1.18
2013	172 492	22 469	3 048	87.11	11.35	1.54
2014	185 286	20 619	4 041	88.25	9.82	1.92

资料来源：河北省货运量数据来源于国家统计局网站

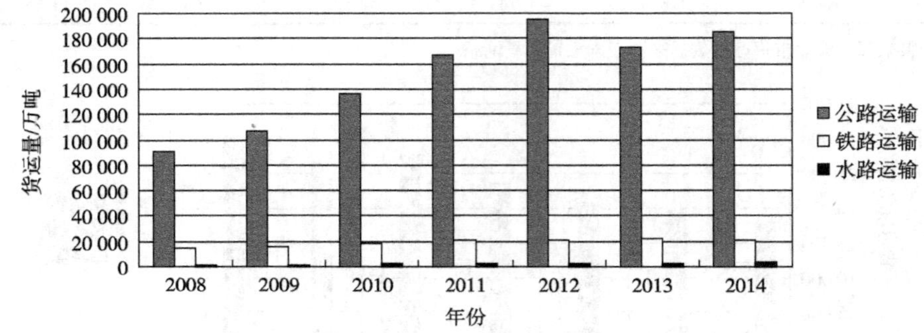

图 3-10　2008~2014 年河北省货运量运输结构

综上所述，在货运量分担方式分担上，京津冀区域三地的公路货物运输一直起到主导作用，因而发展京津冀区域的公路货物运输更有优势。

3.2.4　京津冀区域物流业发展状况分析

1. 区域物流需求状况

1）京津冀区域物流业产值

表 3-15 列出了 2008~2014 年京津冀区域物流业产值及增长率，图 3-11 给出了 2008~2014 年京津冀区域物流业产值曲线。由表 3-15 结合图 3-11 可以看出，2008~2014 年京津冀区域物流业产值呈现持续增长的态势，从 2008 年的 2 273 亿元增长到 2014 年的 4 065 亿元，物流业产值增长率自 2010 年以来出现了连续下滑的趋势，到 2014 年，增长率下降为 4.45%。在京津冀区域内部，北京市、天津市、河北省三地区的物流业产值不甚平衡，河北省的物流业产值明显高于北京、天津两市，北京、天津两市的物流业产值之和还不及河北省的物流业产值，而北京、天津两市中，北京市的物流业产值要稍高于天津市的物流业产值；从增长率

来看，北京市、天津市、河北省三地区 2008~2014 年的物流业产值增长率均具有波动性变化特征，其中，北京市、河北省的增长率一直为正值，物流业产值实现了连续的正增长，而天津市的物流业产值在 2013 年出现了负增长，较上年降低了 1.32%，其他年份的物流业产值都保持了正增长。

表 3-15　2008~2014 年京津冀区域物流业产值及增长率

指标	地区	2008 年	2009 年	2010 年	2011 年	2012 年	2013 年	2014 年
物流业产值/亿元	北京市	499	557	712	809	816	872	948
	天津市	436	471	585	632	684	675	721
	河北省	1 338	1 492	1 746	2 046	2 213	2 345	2 396
	京津冀区域	2 273	2 520	3 043	3 487	3 713	3 892	4 065
增长率/%	北京市	—	11.62	27.83	13.62	0.87	6.86	8.72
	天津市	—	8.03	24.20	8.03	8.23	−1.32	6.81
	河北省	—	11.51	17.02	17.18	8.16	5.96	2.17
	京津冀区域	—	10.87	20.75	14.59	6.48	4.82	4.45

资料来源：北京市、天津市、河北省的物流业产值数据均来源于国家统计局网站

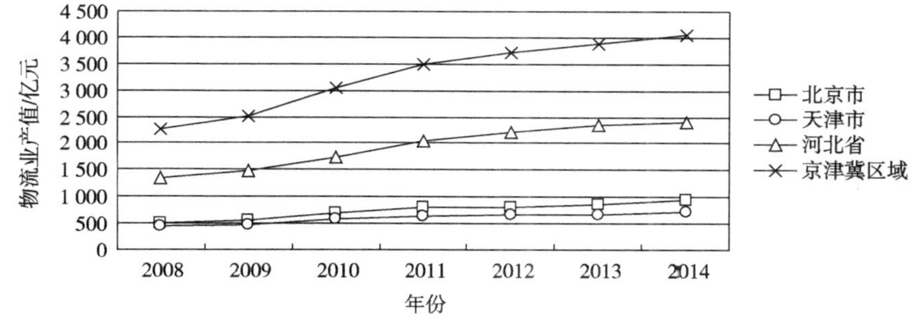

图 3-11　2008~2014 年京津冀区域物流业产值曲线

2）京津冀区域货运量与货物周转量

表 3-16 列出了 2008~2014 年京津冀区域货运量及增长率，图 3-12 给出了 2008~2014 年京津冀区域货运量曲线。由表 3-16 结合图 3-12 可以看出，京津冀区域 2008~2014 年的货运量存在先增长、再下降、后又增长的波动性变化特征，京津冀区域货运量从 2008 年的 161 561 万吨增长为 2012 年的 291 307 万吨，在 2013 年下降为 268 990 万吨之后，2014 年又增长到 286 250 万吨，除 2013 年以外，货运量增长率均为正值。从京津冀区域内部来看，2008~2014 年北京市、天津市、河北省存在着比较显著的货运量不平衡，京津冀区域货运量大部分来自河北省，而天津、北京两市的货运量之和仍明显小于河北省的货运量，且河北省的货运量与京津冀区域具有相似的变动特征，2009~2012 年货运量为正增长，2013 年为负增长，2014 年又转为正增长，相比于 2013 年增长了 6.03%；天津市 2008~2014 年的

货运量稍高于北京市同时期的货运量，且呈现波动性变动特征，其中，2010 年和 2013 年的货运量出现了负增长，分别比上年降低了 5.46%和 1.70%；北京市货运量则在 2009 年和 2013 年出现了负增长，分别比上年降低了 0.27%和 1.58%，其他年份都实现了正增长，2014 年的增长率为 3.12%，实现了 26 551 万吨的货运量。

表 3-16　2008~2014 年京津冀区域货运量及增长率

指标	地区	2008 年	2009 年	2010 年	2011 年	2012 年	2013 年	2014 年
货运量/万吨	北京市	20 525	20 470	21 762	24 663	26 162	25 748	26 551
	天津市	34 114	42 324	40 013	4 3601	46 015	45 233	49 753
	河北省	106 922	123 065	156 596	189 799	219 130	198 009	209 946
	京津冀区域	161 561	185 859	218 371	258 063	291 307	268 990	286 250
增长率/%	北京市	—	−0.27	6.31	13.33	6.08	−1.58	3.12
	天津市	—	24.07	−5.46	8.97	5.54	−1.70	9.99
	河北省	—	15.10	27.25	21.20	15.45	−9.64	6.03
	京津冀区域	—	15.04	17.49	18.18	12.88	−7.66	6.42

资料来源：北京市、天津市、河北省的货运量数据均来源于国家统计局网站

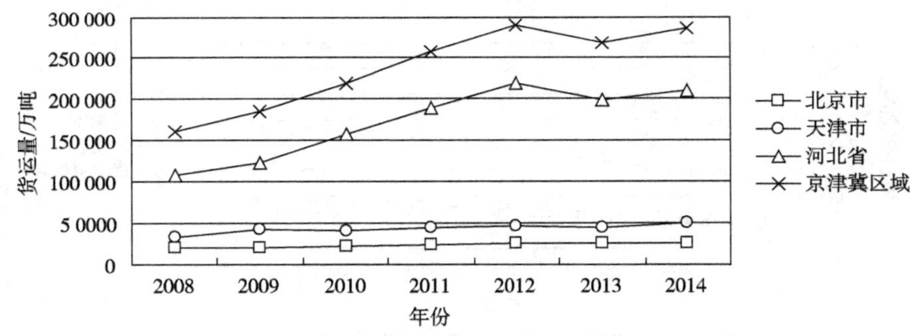

图 3-12　2008~2014 年京津冀区域货运量曲线

表 3-17 列出了 2008~2014 年京津冀区域货物周转量及增长率，图 3-13 给出了 2008~2014 年京津冀区域货物周转量曲线。由表 3-17 结合图 3-13 可以看出，京津冀区域 2008~2014 年的货物周转量呈现出明显的波动性变化特征：2009~2011 年货物周转量连续增长，但增长率逐年下降，从 2009 年的 78.34%下降到 2011 年的 10.28%；2012~2013 年物周转量出现了负增长，分别比上年下降了 7.24%和 18.65%；2014 年周转量又有所增长，比 2013 年增长了 9.49%，达到 17 324 亿吨 · 千米。从京津冀区域内部来看，天津市 2008~2014 年的货运周转量变动特征与京津冀区域相似，2009~2011 年货物周转量为正增长，但增长率从 2009 年的 255.42%快速下降为 2011 年的 2.70%，2012~2013 年货物周转量明显减少，分别比上年下降了 24.12%和 60.52%，2014 年货物周转量出现快速增长，相比于 2013 年增长了 16.31%，为 3 602 亿吨 · 千米；河北省 2008~2014 年的货物周转

量具有逐年上升的态势，从 2008 年的 5 925 亿吨 · 千米增长为 2014 年的 12 684 亿吨 · 千米，增长率保持在 8.10%~26.01%；北京市 2009 年和 2014 年的货运周转量出现了负增长，分别比上年降低了 3.56%和 1.33%，其他年份均实现了货运周转量的正增长，增长率保持在 0.10%~19.81%。

表 3-17　2008~2014 年京津冀区域货物周转量及增长率

指标	地区	2008 年	2009 年	2010 年	2011 年	2012 年	2013 年	2014 年
货物周转量/亿吨 · 千米	北京市	759	732	877	1 000	1 001	1 051	1 037
	天津市	2 703	9 607	10 065	10 337	7 844	3 097	3 602
	河北省	5 925	6 405	8 071	9 630	10 605	11 674	12 684
	京津冀区域	9 388	16 743	19 013	20 967	19 450	15 823	17 324
增长率/%	北京市	—	−3.56	19.81	14.03	0.10	5.00	−1.33
	天津市	—	255.42	4.77	2.70	−24.12	−60.52	16.31
	河北省	—	8.10	26.01	19.32	10.12	10.08	8.65
	京津冀区域	—	78.34	13.56	10.28	−7.24	−18.65	9.49

资料来源：北京市、天津市、河北省的货物周转量数据均来源于国家统计局网站

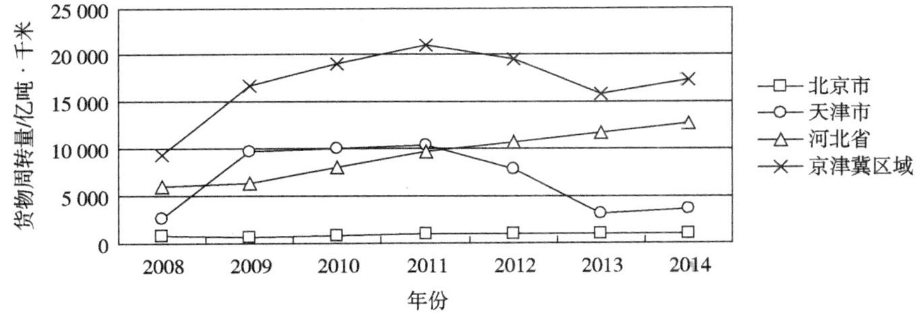

图 3-13　2008~2014 年京津冀区域货物周转量曲线

3）京津冀区域港口货物吞吐量

货物吞吐量是港口物流业发展情况的一个重要标志，吞吐量的大小反映了港口物流业的兴衰。表 3-18 列出了 2008~2014 年京津冀区域港口货物吞吐量及增长率，图 3-14 给出了 2008~2014 年京津冀区域港口货物吞吐量曲线。由表 3-18 结合图 3-14 可以看出，2008~2014 年京津冀区域港口货物吞吐量实现了稳定持续的增长态势，增长率一直保持在 6.21%以上，京津冀区域 2014 年的港口货物吞吐量为 149 105 万吨，相比于 2013 年的 139 096 万吨增长了 7.20%。在京津冀区域内部，五个港口除秦皇岛港外，其他四个港口的货物吞吐量均呈现出持续增长的态势，天津港 2008~2014 年的货物吞吐量一直名列前茅，并呈持续平稳增长趋势，2014 年实现货物吞吐量 54 002 万吨，增长率为 7.87%；秦皇岛港虽在 2009 年和 2012 年货物吞吐量有所下滑，但是之后又出现平稳回升趋势，2013 年和 2014 年的货

物吞吐量增长速度较其他年份有所下降，分别为0.59%和0.52%；京唐港2008~2014年的货物吞吐量具有明显的波动性增长趋势，除2011年和2014年，其他年份的货物吞吐量均实现了两位数的增长速度，2014年的货物吞吐量为21 500万吨，增长率为6.95%；曹妃甸港货物吞吐量在2008~2014年一直以较快速增长，2009年货物吞吐量增长率达到118.83%，其后每年的货物吞吐量均保持在两位数以上的增长速度，2014年货物吞吐量达到28 600万吨，第一次超过秦皇岛港成为河北省第一大港；黄骅港2008~2014年的货物吞吐量呈现出显著的波动性增长趋势，货物吞吐量在2011年的增长最为缓慢，增长率降为0.99%，2013年的增长速度最大，增长率上升为35.42%，2014年的增长率又降为2.91%，实现的货物吞吐量为17 600万吨。

表 3-18　2008~2014 年京津冀区域港口货物吞吐量及增长率

指标	港口	2008 年	2009 年	2010 年	2011 年	2012 年	2013 年	2014 年
货物吞吐量/万吨	天津港	35 593	38 111	41 325	45 338	47 697	50 063	54 002
	秦皇岛港	25 231	24 942	26 297	28 770	27 099	27 260	27 403
	京唐港	7 645	10 541	12 576	13 757	17 000	20 102	21 500
	曹妃甸港	3 207	7 018	12 591	17 506	19 456	24 568	28 600
	黄骅港	7 928	8 295	11 156	11 267	12 630	17 103	17 600
	京津冀区域	79 604	88 907	103 945	116 638	123 882	139 096	149 105
增长率/%	天津港	—	7.07	8.43	9.71	5.20	4.96	7.87
	秦皇岛港	—	−1.15	5.43	9.40	−5.81	0.59	0.52
	京唐港	—	37.88	19.31	9.39	23.57	18.25	6.95
	曹妃甸港	—	118.83	79.41	39.04	11.14	26.27	16.41
	黄骅港	—	4.63	34.49	0.99	12.10	35.42	2.91
	京津冀区域	—	11.69	16.91	12.21	6.21	12.28	7.20

资料来源：天津港、秦皇岛港、京唐港、曹妃甸港、黄骅港基础设施数据来源于《天津统计年鉴 2015》和《河北经济年鉴 2015》

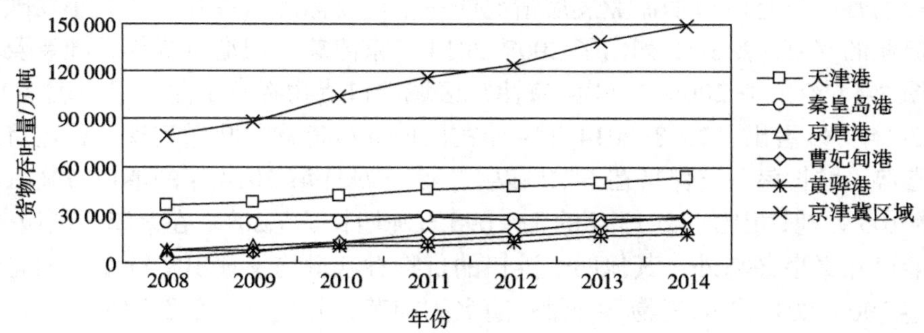

图 3-14　2008~2014 年京津冀区域港口货物吞吐量曲线

4）京津冀区域机场货物吞吐量

表 3-19 列出了 2008~2014 年京津冀区域机场货邮吞吐量及增长率，图 3-15 给出了 2008~2014 年京津冀区域机场货邮吞吐量曲线。由表 3-19 结合图 3-24 可以看出，2008~2014 年京津冀区域机场货邮吞吐量处于不断上升的趋势，从 2008 年的 1 549 612 吨增长到了 2014 年的 2 127 165 吨，货邮吞吐量增长率则处于整体下滑的趋势，到 2014 年，货邮吞吐量增长率下降为 1.24%。从京津冀区域内部来看，北京首都国际机场 2008~2014 年的货邮吞吐量一直排在首位，且呈现持续增长的趋势，但其货邮吞吐量增长率具有波动性下降态势，除 2011 年和 2012 年外，其他年份的货邮吞吐量增长率处于下降趋势，2014 年增长率下降为 0.20%。天津滨海国际机场和石家庄正定国际机场的邮货吞吐量远远不及北京首都国际机场，其中，天津滨海国际机场 2008~2014 年的货邮吞吐量具有波动性变化趋势，2011 年的货邮吞吐量出现负增长，相较于 2010 年的 202 484 吨下降了 9.70%，其他年份的货邮吞吐量均不断增长，2014 年，货邮吞吐量达到 233 359 吨，实现了 8.80% 的增长率。与其他两大机场比，石家庄正定国际机场 2008~2014 年的货邮吞吐量一直比较小，但货邮吞吐量增长速度总体上较高，2009~2012 年货邮吞吐量保持了两位数的增长率，2013 年和 2014 年的增长率虽有所减小，但也保持在 6.00% 以上，货邮吞吐量分别达到 42 976 吨和 45 555 吨。从以上分析可知，京津冀区域航空货物运输发展存在明显的不平衡现象，北京首都国际机场的货邮吞吐量一直占据主导地位，三大机场并未形成协同发展的格局。北京首都国际机场货源充足，甚至出现供不应求，而天津滨海国际机场和石家庄正定国际机场虽然距离北京市很近，但它们并没有争取到足够多的货源，一定程度上限制了机场资源的有效利用。随着京津冀区域城市交通的快速发展，以及北京新机场、天津滨海国际机场和石家庄正定国际机场扩建工程完成、投入使用，北京首都国际机场将逐渐向天津滨海国际机场和石家庄正定国际机场分流一部分货源。

表 3-19　2008~2014 年京津冀区域机场货邮吞吐量及增长率

指标	机场	2008 年	2009 年	2010 年	2011 年	2012 年	2013 年	2014 年
邮货吞吐量/吨	北京首都国际机场	1 367 710	1 475 657	1 551 472	1 640 232	1 799 864	1 843 681	1 848 251
	天津滨海国际机场	166 558	168 103	202 484	182 857	194 241	214 420	233 359
	石家庄正定国际机场	15 344	18 672	25 710	33 229	39 661	42 976	45 555
	京津冀区域	1 549 612	1 662 432	1 779 666	1 856 318	2 033 766	2 101 077	2 127 165
增长率/%	北京首都国际机场	—	7.90	5.10	5.70	9.70	2.40	0.20
	天津滨海国际机场	—	0.90	20.50	−9.70	6.20	10.40	8.80
	石家庄正定国际机场	—	21.70	37.70	29.20	19.40	8.40	6.00
	京津冀区域	—	7.28	7.05	4.31	9.56	3.31	1.24

资料来源：北京首都国际机场、天津滨海国际机场、石家庄正定国际机的场邮货吞吐量数据来源于《2008 年民航机场生产统计公报》和《2009~2014 年全国机场生产统计公报》

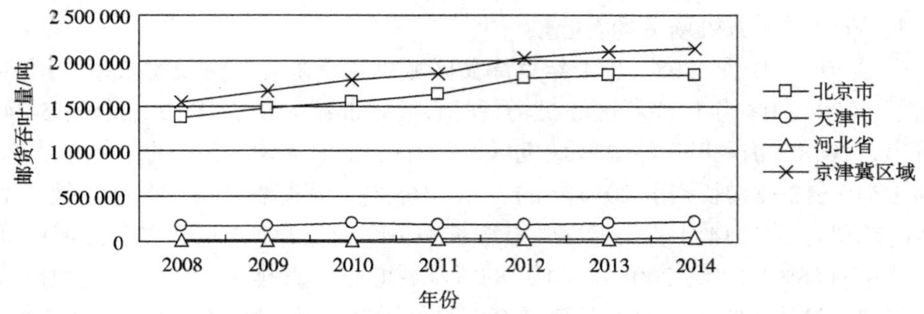

图 3-15　2008~2014 年京津冀区域机场货邮吞吐量曲线

5）京津冀区域邮政业务量

表 3-20 列出了 2008~2014 年京津冀区域邮政业务量及增长率，图 3-16 给出了 2008~2014 年京津冀区域邮政业务量曲线。由表 3-20 结合图 3-16 可以看出，京津冀区域 2008~2014 年的邮政业务量呈现逐年增长的趋势，从 2008 年的 154.54 亿元增长到 2014 年的 336.74 亿元，邮政业务量翻了一番，但邮政业务量增长率变化比较大，增长率从 2009 年的 7.10%增加到 2010 年的 20.41%，之后又下降到 2011 年的 1.11%，从 2012 年起增长率保持连续上升趋势，到 2014 年，增长率达到 25.00%。从京津冀区域内部来看，2008~2014 年北京市、天津市、河北省出现了邮政业务量不平衡的现象，京津冀区域近一半的邮政业务量来自北京市，而天津市、河北省的邮政业务量之和还不及北京市的邮政业务量，北京市的邮政业务量增长率变动特征与京津冀区域相似，2009~2014 年的增长率均为正值，且其变动范围较大，在 1.22%~24.65%；天津市、河北省 2008~2014 年的邮政业务量均呈现波动性变动特征，天津市 2008~2014 年的邮政业务量低于河北省同时期的邮政业务量，而且 2011 年两地区都出现了邮政业务量的负增长，邮政业务量分别比上年降低了−31.83%和−16.93%。

表 3-20　2008~2014 年京津冀区域邮政业务量及增长率

指标	地区	2008 年	2009 年	2010 年	2011 年	2012 年	2013 年	2014 年
邮政业务量/亿元	北京市	87.82	88.89	107.34	130.16	142.33	163.03	203.22
	天津市	23.76	26.08	33.84	23.07	25.65	29.3	36.08
	河北省	42.96	50.55	58.12	48.28	59.59	77.06	97.44
	京津冀区域	154.54	165.52	199.30	201.51	227.57	269.39	336.74
增长率/%	北京市	—	1.22	20.76	21.26	9.35	14.54	24.65
	天津市	—	9.76	29.75	−31.83	11.18	14.23	23.14
	河北省	—	17.67	14.98	−16.93	23.43	29.32	26.45
	京津冀区域	—	7.10	20.41	1.11	12.93	18.38	25.00

资料来源：北京市、天津市、河北省的邮政业务量数据均来源于国家统计局网站

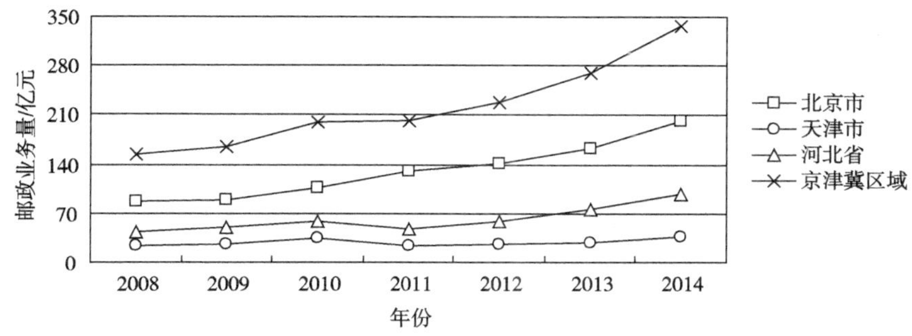

图 3-16　2008~2014 年京津冀区域邮政业务量曲线

2. 区域物流供给状况

1）京津冀区域物流业固定资产投资

表 3-21 列出了 2008~2014 年京津冀区域物流业固定资产投资及增长率，图 3-17 给出了 2008~2014 年京津冀区域物流业固定资产投资曲线。由表 3-21 结合图 3-17 可以看出，京津冀区域 2011 年的物流业固定资产投资出现了明显的负增长，比 2010 年降低了 11.22%，其余年份的物流业固定资产投资呈现增长趋势，到 2014 年，物流业固定资产投资达到 3 565 亿元，比 2008 年的 1 563 亿元翻了一番。从京津冀区域内部来看，河北省的物流业固定资产投资分别在 2011 年和 2014 年出现了负增长，但由于物流业固定资产投资基数比较大，其 2008~2014 年的物流业固定资产投资一直大于北京市和天津市的对应值；北京市的物流业固定资产投资分别在 2011 年和 2013 年出现了负增长，但其 2008~2014 年的物流业固定资产投资变化幅度并不大，保持在 506 亿~768 亿元；天津市同样在 2011 年和 2013 年出现了物流业固定资产投资的负增长，除 2011 年和 2012 年外，天津市其余年份的物流业固定资产投资均小于北京市的物流业固定资产投资。

表 3-21　2008~2014 年京津冀区域物流业固定资产投资及增长率

指标	地区	2008 年	2009 年	2010 年	2011 年	2012 年	2013 年	2014 年
物流业固定资产投资/亿元	北京市	615	663	694	506	696	657	768
	天津市	324	484	539	506	730	603	751
	河北省	624	1 026	1 521	1 433	1 543	2 124	2 046
	京津冀区域	1 563	2 172	2 755	2 446	2 970	3 384	3 565
增长率/%	北京市	—	7.80	4.68	−27.09	37.55	−5.60	16.89
	天津市	—	49.38	11.36	−6.12	44.27	−17.40	24.54
	河北省	—	64.42	48.25	−5.79	7.68	37.65	−3.67
	京津冀区域	—	38.96	26.84	−11.22	21.42	13.94	5.35

资料来源：北京市、天津市、河北省的物流业固定资产投资数据均来源于国家统计局网站

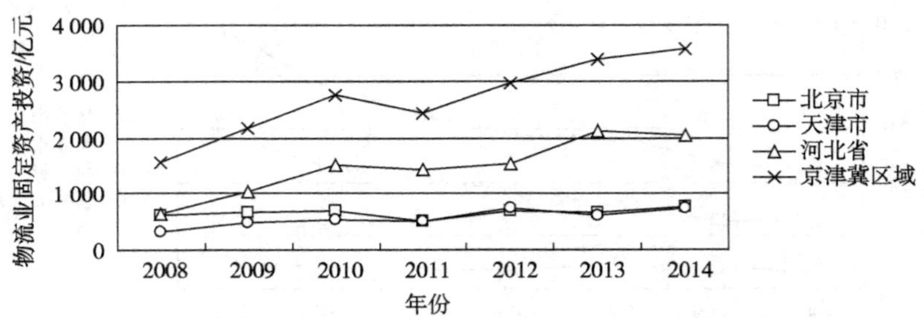

图 3-17　2008~2014 年京津冀区域物流业固定资产投资曲线

2）京津冀区域物流业就业人员

表 3-22 列出了 2008~2014 年京津冀区域物流业就业人员及增长率，图 3-18 给出了 2008~2014 年京津冀区域物流业就业人员曲线。由表 3-22 结合图 3-18 可以看出，京津冀区域 2008~2014 年物流业就业人员呈现出一种逐年稳定上升的趋势，从 2008 年的 85.84 万人增长到 2014 年的 103.53 万人，年增长率具有波动性变化特征，其值保持在 0.87%~5.21%。在京津冀区域内部，北京市 2008~2014 年的物流业就业人员最多，甚至多于天津市、河北省两地区物流业就业人员之和，且出现持续增长的趋势，年增长率在 0.73%~12.57；河北省、天津市 2008~2014 年的物流业就业人员变动都比较小，河北省物流业就业人员一直保持在天津市物流业就业人员的两倍左右，但该时期它们的物流业就业人员增长率均出现了负值，天津市的增长率在 2009 年、2011 年、2014 年出现负值，物流业就业人员分别比上年降低了 1.44%、8.56%和 0.07%，河北省的增长率在 2009~2012 年出现负值，物流业就业人员分别比上年降低了 0.82%、1.49%、2.87%和 0.33%。

表 3-22　2008~2014 年京津冀区域物流业就业人员及增长率

指标	地区	2008 年	2009 年	2010 年	2011 年	2012 年	2013 年	2014 年
物流业就业人员/万人	北京市	47.68	50.07	51.00	57.41	57.83	59.23	60.23
	天津市	12.47	12.29	12.50	11.43	14.08	14.35	14.34
	河北省	25.69	25.48	25.10	24.38	24.30	27.59	28.96
	京津冀区域	85.84	87.84	88.60	93.22	96.21	101.17	103.53
增长率/%	北京市	—	5.01	1.86	12.57	0.73	2.42	1.69
	天津市	—	−1.44	1.71	−8.56	23.18	1.92	−0.07
	河北省	—	−0.82	−1.49	−2.87	−0.33	13.54	4.97
	京津冀区域	—	2.33	0.87	5.21	3.21	5.16	2.33

资料来源：北京市、天津市、河北省的物流业就业人员数据均来源于国家统计局网站

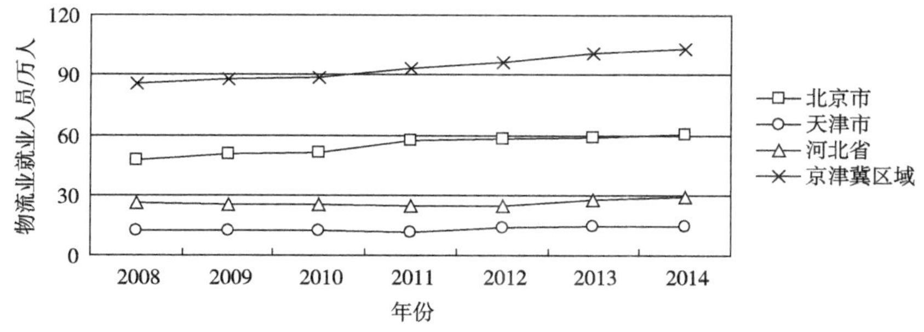

图 3-18　2008~2014 年京津冀区域物流业就业人员曲线

3.3　京津冀区域经济发展现状分析

京津冀区域以其独有的政治文化优势、区位优势、雄厚的工业基础和先进的技术装备，成为 21 世纪我国最具发展潜力和活力的经济增长中心之一，也是继长江三角洲和珠江三角洲之后我国第三个区域经济增长极，其各项经济指标在全国均名列前茅。

3.3.1　京津冀区域地区生产总值分析

1. 京津冀区域地区生产总值总量

表 3-23 列出了 2008~2014 年京津冀区域地区生产总值及增长率，图 3-19 给出了 2008~2014 年京津冀区域地区生产总值曲线。由表 3-23 结合图 3-19 可以看出，2008~2014 年京津冀区域地区生产总值呈现出一种快速增长的趋势，尤其是 2010~2011 年增长速度显著，增长率分别为 18.48%和 19.08%，之后几年增速有所放缓，到 2014 年，京津冀区域实现地区生产总值为 66 479 亿元，相比于上年增长了 6.05%。在京津冀区域内部，2008~2014 年河北省的地区生产总值一直排在第一位，北京市的地区生产总值居于第二位，天津市的地区生产总值最少。从增长速度来看，天津市 2008~2014 年的地区生产总值增长最为迅速，地区生产总值增长率保持在 8.90%~22.63%，2014 年的地区生产总值达到 15 727 亿元，相比于 2008 年的 6 719 亿元增长了 9 008 亿元；北京市 2014 年的地区生产总值为 21 331 亿元，与 2013 年相比增加了 1 530 亿元，是 2008 年地区生产总值的近两倍；河北省 2014 年实现的地区生产总值为 29 421 亿元，是 2008 年的近两倍。由此可见，北

京市、天津市、河北省的经济增长迅速，经济实力显著提高，为京津冀区域的协同发展奠定了基础。

表 3-23　2008~2014 年京津冀区域地区生产总值及增长率

指标	地区	2008 年	2009 年	2010 年	2011 年	2012 年	2013 年	2014 年
地区生产总值/亿元	北京市	11 115	12 153	14 114	16 252	17 879	19 801	21 331
	天津市	6 719	7 522	9 224	11 307	12 894	14 442	15 727
	河北省	16 012	17 235	20 394	24 516	26 575	28 443	29 421
	京津冀区域	33 846	36 910	43 732	52 075	57 348	62 686	66 479
增长率/%	北京市	—	9.34	16.14	15.15	10.01	10.75	7.73
	天津市	—	11.95	22.63	22.58	14.04	12.01	8.90
	河北省	—	7.64	18.33	20.21	8.40	7.03	3.44
	京津冀区域	—	9.05	18.48	19.08	10.13	9.31	6.05

资料来源：北京市、天津市、河北省的地区生产总值数据均来源于国家统计局网站

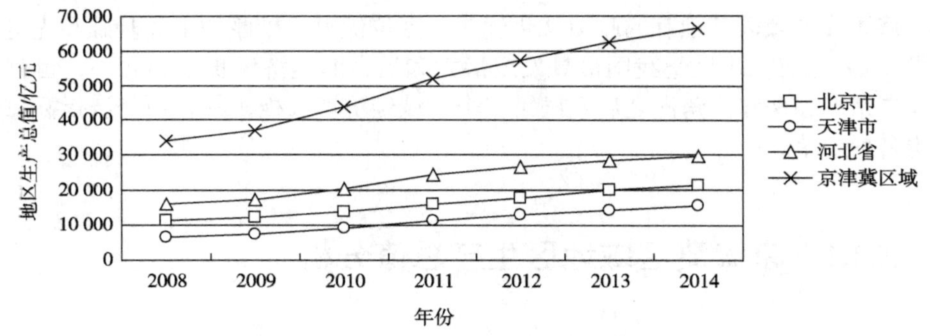

图 3-19　2008~2014 年京津冀区域地区生产总值曲线

2. 京津冀区域人均地区生产总值

表 3-24 列出了 2008~2014 年京津冀区域人均地区生产总值及增长率，图 3-20 给出了 2008~2014 年京津冀区域人均地区生产总值曲线。由表 3-24 结合图 3-20 可以看出，2008~2014 年京津冀区域人均地区生产总值呈现持续增长的趋势，尤其是 2010 年和 2011 年的人均地区生产总值增长较快，增长率分别为 13.90%和 14.43%；之后，人均地区生产总值增长速度逐年减慢，2014 年人均地区生产总值为 245 210 元，增长率降为 4.94%。从京津冀区域内部看，北京、天津两市的人均地区生产总值增长尤为突出，北京市的人均地区生产总值从 2008 年的 64 491 元增长到 2014 年的 99 995 元，增长了 35 504 元，该时期北京市人均地区生产总值的增长率出现了波动性变动特征；天津市 2008 年的人均地区生产总值为 58 656 元，2014 年达到 105 231 元，增长了 46 575 元，其人均地区生产总值的增长速度同样具有波动性变动特征且先增加后减少；河北省 2008 年的人均地区生产总值为

22 986 元，2014 年增至 39 984 元，增长了 16 998 元。但相比于北京、天津两市，河北省人均地区生产总值增长速度则较为缓慢，其人均地区生产总值与北京、天津两市人均地区生产总值差距逐年扩大，尤其是 2014 年，河北省人均地区生产总值增长率下降为 2.76%，导致当年河北省人均地区生产总值不足北京市、天津市的一半。这说明河北省与天津、北京两市在经济上还存在着较大的差距，经济实力较弱。究其原因，河北省人口基数大，使得人均水平远远落后于北京、天津两市。另外，河北省经济实力较为薄弱，经济基础不足，这在很大程度上影响了京津冀区域经济一体化的发展进程。

表 3-24　2008~2014 年京津冀区域人均地区生产总值及增长率

指标	地区	2008 年	2009 年	2010 年	2011 年	2012 年	2013 年	2014 年
人均地区生产总值/元	北京市	64 491	66 940	73 856	81 658	87 475	94 648	99 995
	天津市	58 656	62 574	72 994	85 213	93 173	100 105	105 231
	河北省	22 986	24 581	28 668	33 969	36 584	38 909	39 984
	京津冀区域	146 133	154 095	175 518	200 840	217 232	233 662	245 210
增长率/%	北京市	—	3.80	10.33	10.56	7.12	8.20	5.65
	天津市	—	6.68	16.65	16.74	9.34	7.44	5.12
	河北省	—	6.94	16.63	18.49	7.70	6.36	2.76
	京津冀区域	—	5.45	13.90	14.43	8.16	7.56	4.94

资料来源：北京市、天津市、河北省的人均地区生产总值数据均来源于国家统计局网站

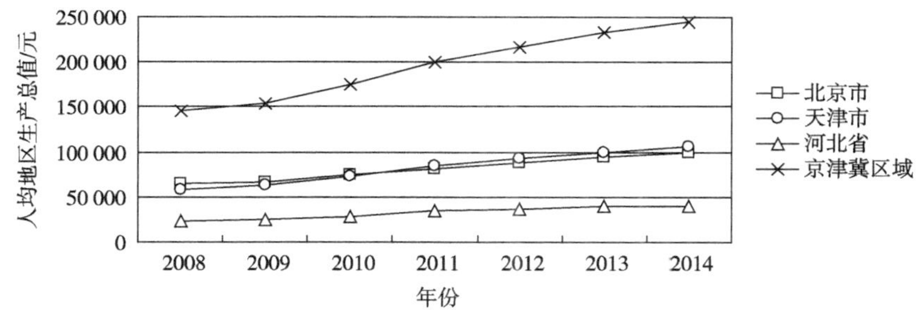

图 3-20　2008~2014 年京津冀区域人均地区生产总值曲线

3.3.2　京津冀区域产业结构分析

1. 北京市三次产业比重

表 3-25 列出了 2008~2014 年北京市三次产业比重[①]，图 3-21 给出了 2008~2014

① 由于舍入修约，三次产业比重之和可能不为 100%。

年北京市三次产业比重曲线。由表 3-25 结合图 3-21 可以看出，2008~2014 年，北京市的产业结构呈现“三二一”型，第三产业所占比重最大，第二产业所占比重次之，第一次产业所占比重最小。具体来看，北京市 2008 年的第一产业所占比重较小，为 1.00%；第二产业所占比重较大，为 23.33%；第三产业所占比重最大，为 75.67%，在三次产业中占主导地位。随着时间的推移，第三产业所占比重越来越高，第一产业、第二产业所占比重则越来越低。到 2014 年，北京市的第一产业所占比重降为 0.75%，第二产业所占比重为 21.31%，第三产业所占比重达到 77.95%，仍然是北京市的主导产业。因此，北京市 2008~2014 年三次产业所占比重稍有变化，但其产业结构并未发生改变，第三产业一直是北京市的主导产业。

表 3-25　2008~2014 年北京市三次产业比重（单位：%）

年份	第一产业比重	第二产业比重	第三产业比重
2008	1.00	23.33	75.67
2009	0.96	23.07	75.97
2010	0.87	23.57	75.56
2011	0.83	22.63	76.54
2012	0.83	22.16	77.01
2013	0.81	21.68	77.51
2014	0.75	21.31	77.95

资料来源：表中数据由北京市第一、二、三产业产值计算得出

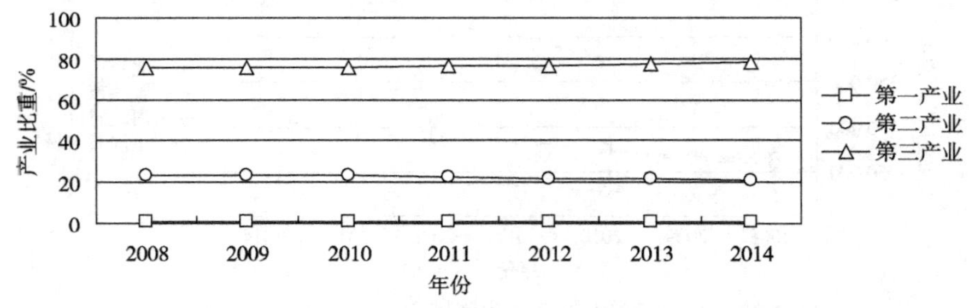

图 3-21　2008~2014 年北京市三次产业比重曲线

2. 天津市三次产业比重

表 3-26 列出了 2008~2014 年天津市三次产业比重，图 3-22 给出了天津市三次产业比重曲线。由表 3-26 结合图 3-22 可以看出，2008~2014 年，天津市的产业结构呈现“二三一”型，第二产业所占比重最大，第三产业所占比重次之，第一次产业所占比重最小。具体来看，天津市 2008 年第二产业所占比重最大，为 55.21%，第三产业所占比重次之，为 42.96%，第一产业所占比重最小，为 1.82%。之后，第一产业、第二产业所占比重逐年缓慢下降，相应的，第三产业所占比重逐年缓

慢上升。到 2014 年，第一产业、第二产业所占比重分别降为 1.28%和 49.38%，第三产业所占比重上升为 49.34%，与第二产业所占比重基本持平。因此，天津市 2008~2014 年的产业结构虽未发生改变，但随着第三产业的快速发展，第三产业有取代第二产业成为主导产业的趋势。

表 3-26　2008~2014 年天津市三次产业比重（单位：%）

年份	第一产业比重	第二产业比重	第三产业比重
2008	1.82	55.21	42.96
2009	1.71	53.02	45.27
2010	1.58	52.47	45.95
2011	1.41	52.43	46.16
2012	1.33	51.68	46.99
2013	1.31	50.60	48.09
2014	1.28	49.38	49.34

资料来源：表中数据由天津市第一、二、三产业产值计算得出

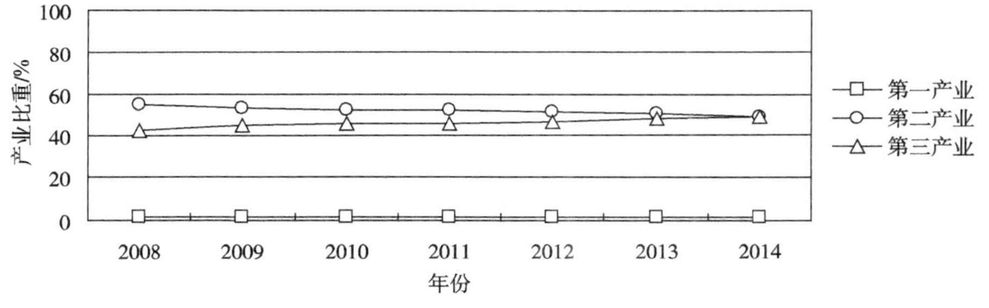

图 3-22　2008~2014 年天津市三次产业比重曲线

3．河北省三次产业比重

表 3-27 列出了 2008~2014 年河北省三次产业比重，图 3-23 给出了河北省三次产业比重曲线。由表 3-27 结合图 3-23 可以看出，2008~2014 年，河北省的产业结构同样呈现“二三一”型，与天津市的产业结构相比，河北省第一产业所占比重相对较大、第三产业所占比重相对较小。具体来看，河北省 2008 年第二产业所占比重为 54.34%，第三产业所占比重为 32.95%，第一产业所占比重为 12.71%。之后几年，第一产业、第二产业所占比重有所下降，第三产业所占比重有所上升。到 2014 年，河北省第一产业所占比重为 11.72%，第二产业所占比重为 51.03%，第三产业所占比重为 37.25%。因此，河北省 2008~2014 年产业结构并无明显变化，第二产业一直是河北省的主导产业。

表 3-27　2008~2014 年河北省三次产业比重（单位：%）

年份	第一产业比重	第二产业比重	第三产业比重
2008	12.71	54.34	32.95
2009	12.81	51.98	35.21
2010	12.57	52.50	34.93
2011	11.85	53.54	34.60
2012	11.99	52.69	35.31
2013	11.89	51.97	36.14
2014	11.72	51.03	37.25

资料来源：表中数据由河北省第一、二、三产业产值计算得出

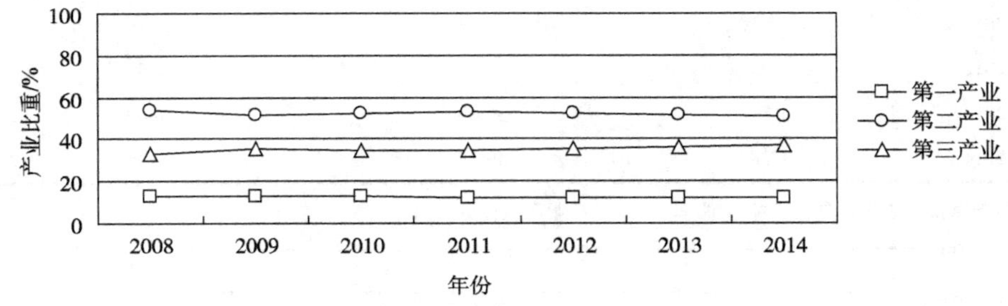

图 3-23　2008~2014 年河北省三次产业比重曲线

综合以上分析可知，目前，北京市已进入后工业化阶段，实现了从传统的制造业向现代服务业的转变，天津市处于工业化阶段后期，正在向后工业化转变，而河北省尚处于工业化阶段中期，三地呈现明显的产业结构阶梯变化格局。可见，京津冀区域目前还没有科学合理地优化产业结构，尤其河北省第三产业所占比重与北京市相比较小，这不利于京津冀区域物流与区域经济的协同发展。

3.3.3　京津冀区域投资分析

1. 京津冀区域社会固定资产投资

表 3-28 列出了 2008~2014 年京津冀区域社会固定资产投资及增长率，图 3-24 给出了 2008~2014 年京津冀区域社会固定资产投资。由表 3-28 结合图 3-24 可以看出，京津冀区域 2008~2014 年的社会固定资产投资处于不断上升的趋势，从 2008 年的 15 905 亿元增长到 2014 年的 45 221 亿元，增长了近两倍。从京津冀区域内部来看，北京市、天津市、河北省三地之间存在着社会固定资产投资的不平衡，河北省社会固定资产投资显著高于北京、天津两市，北京、天津两市社会固定资

产投资之和低于河北省的社会固定资产投资。天津市 2008~2014 年社会固定资产投资保持了较快的增长速度，社会固定资产投资增长率一直保持在两位数以上，天津市 2008~2009 年的社会固定资产投资稍低于北京市同时期的社会固定资产投资，但从 2010 年开始，天津市社会固定资产投资超过了北京市，到 2014 年，天津市社会固定资产投资达到 10 987 亿元，是北京市的近 1.5 倍。

表 3-28　2008~2014 年京津冀区域社会固定资产投资及增长率

指标	地区	2008 年	2009 年	2010 年	2011 年	2012 年	2013 年	2014 年
社会固定资产投资/亿元	北京市	3 849	4 858	5 494	5 911	6 463	7 032	7 562
	天津市	3 189	4 700	6 114	7 057	8 340	9 528	10 987
	河北省	8 867	12 312	15 083	15 795	19 105	22 630	26 672
	京津冀区域	15 905	21 871	26 691	28 763	33 908	39 190	45 221
增长率/%	北京市	—	26.21	13.09	7.59	9.34	8.80	7.54
	天津市	—	47.38	30.09	15.42	18.18	14.24	15.31
	河北省	—	38.85	22.51	4.72	20.96	18.45	17.86
	京津冀区域	—	37.51	22.04	7.76	17.89	15.58	15.39

资料来源：北京市、天津市、河北省的社会固定资产投资数据均来源于国家统计局网站

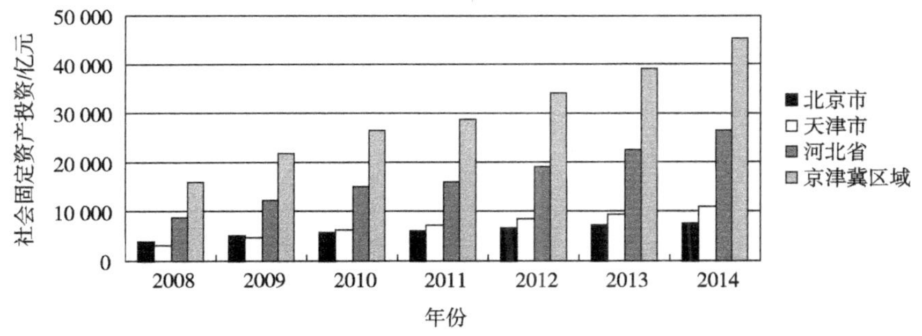

图 3-24　2008~2014 年京津冀区域社会固定资产投资

2. 京津冀区域人均社会固定资产投资

表 3-29 列出了 2008~2014 年京津冀区域人均社会固定资产投资，图 3-25 给出了 2008~2014 年京津冀区域人均社会固定资产投资。由表 3-29 结合图 3-25 可以看出，京津冀区域 2008~2014 年的人均社会固定资产投资始终保持着一种较快的发展态势，从 2008 年的 14 495 元增长到 2014 年的 97 641 元，增长了近 6 倍。从京津冀区域内部看，河北省 2008~2014 年人均社会固定资产投资明显高于北京、天津两市，且保持着较快的发展势头，从 2008 年的 8 089 元增长到 2014 年的 50 553 元，增长了 5 倍多。天津市 2008~2014 年人均社会固定资产投资同样快速增长，

2014 年的人均社会固定资产投资达到 38 060 元，相比于 2013 年增长了 36.02%。北京市 2008~2014 年人均社会固定资产投资增长较缓慢，其人均社会固定资产投资与天津市和河北省的差距逐年拉大，到 2014 年，北京市人均社会固定资产投资仅为 9 029 元。由此可见，河北省和天津市在加强基础设施建设、改善地区生态环境、完善交通系统等方面的投资较大，而北京市由于这些方面的设施已经比较完善，相应的投资则相对较低。

表 3-29　2008~2014 年京津冀区域人均社会固定资产投资

指标	地区	2008 年	2009 年	2010 年	2011 年	2012 年	2013 年	2014 年
人均社会固定资产投资/元	北京市	2 315	3 165	4 019	4 781	6 096	7 661	9 029
	天津市	4 092	6 734	10 092	13 522	19 677	27 981	38 060
	河北省	8 089	11 978	16 072	18 619	26 818	37 292	50 553
	京津冀区域	14 495	21 877	30 183	36 922	52 591	72 934	97 641
增长率/%	北京市	—	36.72	26.98	18.96	27.50	25.67	17.86
	天津市	—	64.57	49.87	33.99	45.52	42.20	36.02
	河北省	—	48.08	34.18	15.85	44.04	39.06	35.56
	京津冀区域	—	50.93	37.97	22.33	42.44	38.68	33.88

资料来源：北京市、天津市、河北省的人均社会固定资产投资数据均来源于国家统计局网站

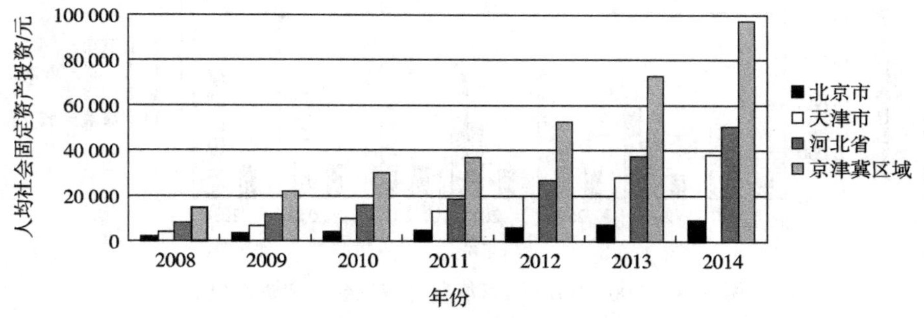

图 3-25　2008~2014 年京津冀区域人均社会固定资产投资

3. 京津冀区域三次产业投资比重

表 3-30 列出了 2008~2014 年北京市三次产业投资比重，图 3-26 给出了北京市三次产业投资比重曲线。由表 3-30 结合图 3-26 可以看出，北京市 2008~2014 年的三次产业投资比重变化均不明显，处于比较平稳的状态。具体来看，第三产业投资比重在 86.31%~90.35%，明显高于第一产业、第二产业投资比重；第二产业投资比重稍高于第一产业投资比重，保持在 8.47%~12.90%，具有波动性变化特征；第一产业投资比重最小，不超过 2.50%，但近几年呈现出上升的趋势。

表 3-30　2008~2014 年北京市三次产业投资比重（单位：%）

年份	第一产业投资比重	第二产业投资比重	第三产业投资比重
2008	0.73	10.03	89.24
2009	1.18	8.47	90.35
2010	0.79	9.61	89.60
2011	0.80	12.90	86.31
2012	2.25	11.14	86.61
2013	2.50	10.74	86.77
2014	2.17	9.48	88.35

资料来源：表中数据由北京市第一、二、三产业投资计算得出

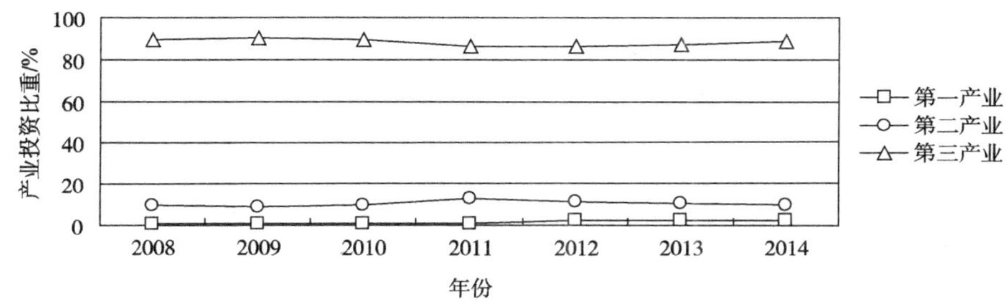

图 3-26　2008~2014 年北京市三次产业投资比重曲线

表 3-31 列出了 2008~2014 年天津市三次产业投资比重，图 3-27 给出了天津市三次产业投资比重曲线。由表 3-31 结合图 3-27 可以看出，天津市 2008~2014 年的三次产业投资比重变化均不明显，同样处于比较平稳的状态。具体来看，第二产业、第三产业投资比重均显著高于第一产业投资比重，第三产业投资比重处于 54.24%~56.02%，整体上稍高于第二产业投资比重，第一产业投资投资比重则相对较小，一直在 0.67%~1.00%变动。

表 3-31　2008~2014 年天津市三次产业投资比重（单位：%）

年份	第一产业投资比重	第二产业投资比重	第三产业投资比重
2008	0.67	43.31	56.02
2009	1.00	43.31	55.69
2010	0.75	44.22	55.03
2011	0.82	43.99	55.20
2012	0.83	44.93	54.24
2013	0.67	44.17	55.16
2014	0.69	44.10	55.21

资料来源：表中数据由天津市第一、二、三产业投资计算得出

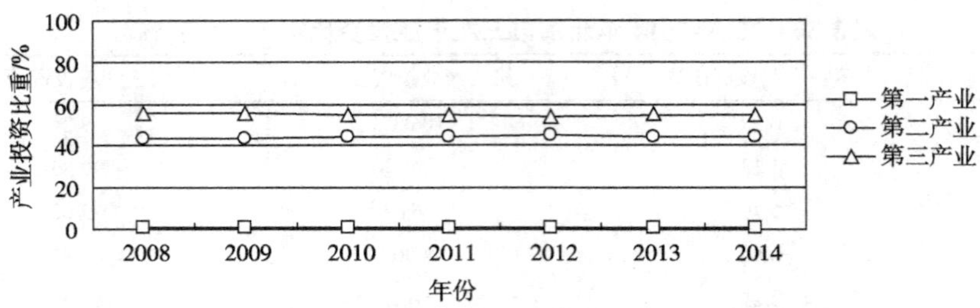

图 3-27 2008~2014 年天津市三次产业投资比重曲线

表 3-32 列出了 2008~2014 年河北省三次产业投资比重，图 3-28 给出了河北省三次产业投资比重曲线。由表 3-32 结合图 3-28 可以看出，2008~2014 年，河北省的三次产业投资比重与天津市的三次产业投资比重相似，第二产业、第三产业投资比重均高于第一产业投资比重，第二产业投资比重与第三产业投资比重相差不大；而河北省的第一产业投资比重稍高于天津市的第一产业投资比重。具体来看，第二产业投资比重在 43.96%~53.41%，2008~2009 年稍高于第三产业投资比重、2010~2011 年又低于第三产业投资比重、2012 年之后又略高于第三产业投资比重，第一产业投资比重一直比较平稳，保持在 2.70%~4.36%。

表 3-32 2008~2014 年河北省三次产业投资比重（单位：%）

年份	第一产业投资比重	第二产业投资比重	第三产业投资比重
2008	4.36	53.41	42.23
2009	4.18	48.16	47.66
2010	3.71	43.96	52.33
2011	2.70	47.25	50.05
2012	3.41	49.13	47.46
2013	3.15	48.78	48.07
2014	3.90	48.92	47.18

资料来源：表中数据由河北省第一、二、三产业投资计算得出

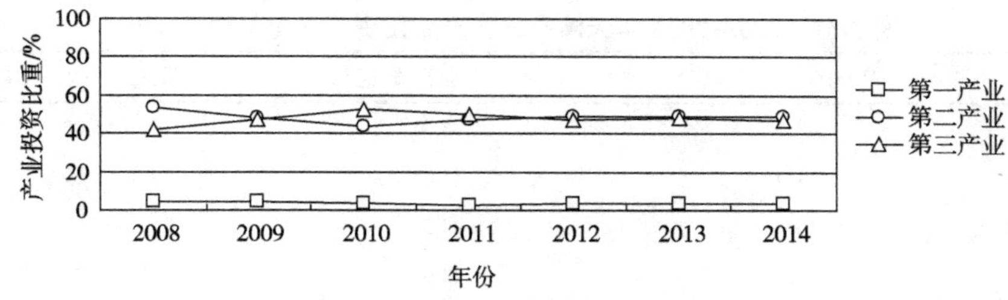

图 3-28 2008~2014 年河北省三次产业投资比重曲线

根据以上分析可知，北京市第三产业最为发达，而天津市正处于第二产业向第三产业转型的过渡阶段，河北省依然以第二产业产发展为主。北京市第二产业发展正在趋缓，这与京津冀协同发展中北京市产业外迁的大环境有关，北京市第三产业发展则保持了稳定发展。天津市第二产业和第三产业整体上保持了高速增

长的态势。从发展趋势看，天津市对第三产业的重视程度正逐步提高。河北省第二产业和第三产业发展均呈现加快态势。从投资增速看，河北省对第二产业的投资重视程度要高于第三产业，未来的发展重点依然是第二产业。

3.3.4　京津冀区域国内外贸易分析

1. 京津冀区域国内贸易分析

京津冀区域社会消费品零售总额可用于衡量京津冀区域国内贸易状况。表 3-33 列出了 2008~2014 年京津冀区域社会消费品零售总额及增长率，图 3-29 给出了 2008~2014 年京津冀区域社会消费品零售总额曲线。由表 3-33 结合图 3-29 可以看出，京津冀区域 2008~2014 年的社会消费品零售总额保持着持续稳定的增长趋势，社会消费品零售总额增长率整体上有下降的趋势，到 2014 年，京津冀区域社会消费品零售总额达到 26 197 亿元，实现了 9.80%的增长率。从京津冀区域内部来看，北京市、天津市、河北省三地 2008~2014 年的社会消费品零售总额均处于稳步上升的趋势，其中，河北省 2008~2014 年的社会消费品零售总额一直居于首位，每年的社会消费品零售总额增长率都保持在两位数以上，2014 年其社会消费品零售总额达到 11 821 亿元；北京市 2008~2014 年的社会消费品零售总额排在第二位，该时期的社会消费品零售总额增长速度呈缓慢下降趋势，2014 年增长速度降为 8.63%，实现的社会消费品零售总额为 9 638 亿元；天津市 2008~2014 年的社会消费品零售总额排在第三位，社会消费品零售总额增长率表现出先增加后减少的变化趋势，2011 年增长率达到最大值 18.71%，之后逐年减少，2014 年增长率减少到 6.02%，当年的社会消费品零售总额为 4 739 亿元。

表 3-33　2008~2014 年京津冀区域社会消费品零售总额及增长率

指标	地区	2008 年	2009 年	2010 年	2011 年	2012 年	2013 年	2014 年
社会消费品零售总额/亿元	北京市	4 646	5 310	6 340	7 222	8 124	8 872	9 638
	天津市	2 079	2 431	2 860	3 395	3 921	4 470	4 739
	河北省	4 991	5 765	6 822	8 036	9 254	10 517	11 821
	京津冀区域	11 715	13 506	16 022	18 653	21 299	23 859	26 197
增长率/%	北京市	—	14.29	19.40	13.91	12.49	9.21	8.63
	天津市	—	16.93	17.65	18.71	15.49	14.00	6.02
	河北省	—	15.51	18.33	17.80	15.16	13.65	12.40
	京津冀区域	—	15.29	18.63	16.42	14.19	12.02	9.80

资料来源：北京市、天津市、河北省的社会消费品零售总额数据均来源于国家统计局网站

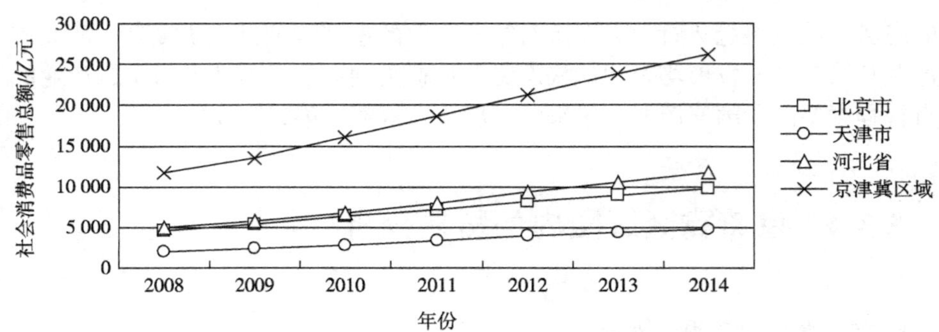

图 3-29 2008~2014 年京津冀区域社会消费品零售总额曲线

2. 京津冀区域国外贸易分析

京津冀区域进出口贸易总额可用于衡量京津冀区域国外贸易状况。表 3-34 列出了 2008~2014 年京津冀区域进出口贸易总额及增长率，图 3-30 给出了 2008~2014 年京津冀区域进出口贸易总额曲线。由表 3-34 结合图 3-30 可以看出，2008~2014 年京津冀区域进出口贸易总额出现显著的波动性变化趋势，从贸易总量来看，京津冀区域的进出口贸易总额从 2008 年的 3 905 亿美元上升到 2014 年的 6 093 亿美元，增长了近一倍；但进出口贸易总额的增长率变化较大，2009 年由于国际金融危机的影响，京津冀区域进出口贸易总额减少了 823 亿美元，与上年相比下降了 21.08%，金融危机之后，京津冀区域的国际贸易得到快速发展，2010~2011 年进京津冀出口贸易总额的增长率分别为 38.19%和 28.32%，2012~2013 年的增长率有所降低，基本维持在 6.00%左右，到 2014 年，京津冀出口贸易总额出现了负增长，比 2013 年降低了 0.51%。京津冀区域内部“两市一省”存在着比较明显的进出口贸易总额不平衡，京津冀区域进出口贸易总额大部分来自北京市，而天津市、河北省两地的进出口贸易总额之和还不及北京市的进出口贸易总额。北京市 2008~2014 年的进出口贸易总额变化趋势与京津冀区域相似，进出口贸易总额在 2009 年为负增长，2010~2013 年转为正增长，2014 年又出现了负增长，比 2013 年降低了 3.15%。天津市 2009 年的进出口贸易总额比 2008 年下降了 20.65%，从 2010 年开始进出口贸易总额转为正增长，但增长率逐年下降，2014 年增长率降为 4.20%。河北省进出口贸易总额在 2009 年和 2012 年出现负增长，其余年份均为正增长，2014 年的进出口贸易总额的增长率为 9.11%。

表 3-34 2008~2014 年京津冀区域进出口贸易总额及增长率

指标	地区	2008 年	2009 年	2010 年	2011 年	2012 年	2013 年	2014 年
进出口贸易总额/亿美元	北京市	2 717	2 147	3 017	3 896	4 081	4 290	4 155
	天津市	804	638	821	1 034	1 156	1 285	1 339
	河北省	384	296	421	536	506	549	599
	京津冀区域	3 905	3 082	4 259	5 465	5 743	6 124	6 093

续表

指标	地区	2008 年	2009 年	2010 年	2011 年	2012 年	2013 年	2014 年
增长率/%	北京市	—	−20.98	40.52	29.13	4.75	5.12	−3.15
	天津市	—	−20.65	28.68	25.94	11.80	11.16	4.20
	河北省	—	−22.92	42.23	27.32	−5.60	8.50	9.11
	京津冀区域	—	−21.08	38.19	28.32	5.09	6.63	−0.51

资料来源：北京市、天津市、河北省的进出口贸易总额数据来源于国家统计局网站

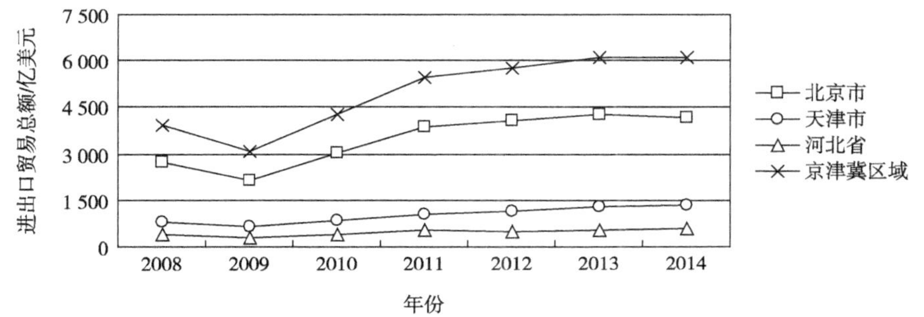

图 3-30　2008~2014 年京津冀区域进出口贸易总额曲线

3.4　本章小结

本章分析了京津冀区域物流与经济发展现状。首先，阐述了京津冀区域的空间布局。京津冀区域是北方的经济结构调整中心，北京市作为中国的首都，已成为京津冀区域发展的中心城市，集合了多种功能于一体；天津市拥有北方最大的综合性港口，制造业基础雄厚，研发转化能力较强；河北省自然资源丰富，劳动力相对充裕，产业基础较好，具有广阔发展空间。在物流发展规划方面，京津冀区域已形成众多物流基地、物流中心枢纽城市，形成了以北京市的“三环、五带、多中心”、天津市的“两带、三区、双环”、河北省的“一带、两通道”为格局的物流产业发展规划。其次，分析了京津冀区域的物流发展现状。京津冀区域路网密集，覆盖率较高，区域性公路网已经初步形成；京津冀区域的铁路货物运输发展较为缓慢，公路货物运输处于主导地位，发展京津冀区域的公路运输更有优势；京津冀区域物流业近几年来发展速度明显加快，区域物流业产值、区域港口货物吞吐量、区域机场货邮吞吐量、区域邮政业务量、区域物流业就业人员等指标均呈现持续增长的状态；区域货运量与货物周转量、区域物流业固定资产投资虽在某年份出现过负增长，但整体上它们仍表现出增长的发展态势。最后，分析了京津冀区域的经济发展现状。京津冀区域经济增长迅速，区域经济实力得到明显提

升，地区生产总值、人均地区生产总值、区域国内外贸易一直保持稳定增长。河北省的经济与天津、北京两市存在一定差距，经济实力相对较弱。北京市的第三产业一直是主导产业，天津市、河北省的第二产业是主导产业。北京、天津两市的社会固定资产投资和人均固定资产投资均低于河北省，两市的第三产业投资在三次产业中最高，河北省对第二产业的投资重视程度要高于第三产业，未来的发展重点依然是第二产业。

参 考 文 献

[1]陈志卷. 基于经济发展关联机制的区域物流园区规划方法研究[D]. 南开大学博士学位论文，2012.

[2]颜廷标，崔巍. 京津冀一体化的内部互动与优势互补[J]. 领导之友，2004，(3)：28-30.

[3]刘爱玲，周智敏. 京津冀物流园区协同发展探析[J]. 宏观经济管理，2016，(8)：65-67.

[4]北京市商务委员会，北京市发展和改革委员会. 北京市“十二五”时期物流业发展规划[EB/OL]. http://www.bjpc.gov.cn/zwxx/ghjh/wngh/125sq/index_2. htm#top，2011-08-08.

[5]冉雄英. 北京铁路枢纽物流中心规划研究[J]. 铁道运输与经济，2013，35(6)：61-66.

[6]孙前进. 北京物流基地分布及功能定位浅析[J]. 商业时代，2011，(25)：39-40.

[7]刘卉，赵树明，刘颖，等. 城市发展主要地区生态网络空间分析与优化——以天津“双城”地区为例[C]. 中国环境科学学会 2013 年学术年会，中国，昆明，2013.

[8]天津市发展和改革委员会. 天津市现代物流业发展“十二五”规划[EB/OL]. http://www.tjdpc.gov.cn/zwgk/zcfg/wnwj/ghcyfz/201401/t20140109_39259. shtml，2011-09-05.

[9]叶红玲. 河北打造“一带两通道”物流格局[J]. 中国水运，2009，(10)：13-13.

[10]河北省发展和改革委员会. 河北省现代物流业“十二五”发展规划[EB/OL]. http://www.hbdrc.gov.cn/web/web/xxgkzxgh/4028818b4c269a1a014c35255bd557aa.htm，2012-01-31.

[11]才利民. 京津冀优势互补促进大北京地区共同繁荣发展[J]. 港口经济，2003，(1)：23-24.

[12]黎张宁，赵剑峰，杨钦文，等. 京津冀区域物流一体化 SWOT 分析[J]. 现代管理，2015，5(6)：127-132.

[13]李玉涛. 京津冀地区基础设施一体化建设研究[J]. 经济研究参考，2015，(2)：28-47.

[14]张颖. 基于 SD 模型的京津冀地区物流与经济协调发展分析[D]. 北京交通大学硕士学位论文，2009.

[15]梁亚晨. 基于协同发展的京津冀物流中心选址问题研究[D]. 大连海事大学硕士学位论文，2015.

[16]李振伟. 基于京津冀一体化的曹妃甸港港口物流竞争力研究[D]. 中国海洋大学硕士学位论文，2015.

[17]周晓雯. 京津冀港口与腹地产业协同发展研究[D]. 河北师范大学硕士学位论文，2016.

[18]曹建文. 京津冀机场民航运输协同发展研究[J]. 港口经济，2014，(12)：32-36.

[19]田延. 基于 DEA 的京津冀多机场协同发展研究[D]. 中国民航大学硕士学位论文，2015.

[20]左伟伟. 基于骨干航线网络结构的京津冀世界级机场群建设研究[D]. 中国民航大学硕士学位论文，2016.
[21]张祚铭. 京津冀协同发展背景下天津航空物流业发展对策研究[J]. 港口经济，2015，(3)：37-40.
[22]刘旭龙. 京津冀区域机场系统协调发展研究[D]. 河北大学硕士学位论文，2015.
[23]陈兆明. 京津冀航空物流产业协同发展路径研究[J]. 价格月刊，2015，(11)：77-80.
[24]张家顺，高记，吕荣杰. 京津冀民航机场一体化发展研究[J]. 河北工业大学学报（社会科学版），2015，7（1）：10-16.
[25]甄荣军. 京津经济圈产业联动释放竞争力[J]. 互联网周刊，2005，(4)：50-53.

第 4 章　京津冀区域物流与区域经济关系研究

本章首先基于区域物流与区域经济关系分析，构建京津冀区域物流与区域经济的互动作用模型，分析京津冀区域物流与区域经济的互动关系。其次，在分析区域物流的经济影响因素基础上，选择京津冀区域物流的经济指标，通过灰色关联分析法研究京津冀区域物流与区域经济指标的相关性。最后，基于京津冀区域投入产出表，利用直接消耗系数、中间投入率、完全消耗系数、影响力系数和感应度系数分析京津冀区域物流业的产业关联效应和产业波及效应。

4.1　京津冀区域物流与区域经济相互作用分析

4.1.1　区域物流与区域经济关系分析

1. 区域物流对区域经济发展的作用

区域物流是区域经济的主要构成要素，是区域经济系统形成与发展的一种主导力量，它对提高生产领域、流通领域的效率和经济效益，提高区域市场竞争能力，改变生产企业的布局和生产方式都发挥着积极的能动作用[1]，区域物流对区域经济的拉动作用主要体现在以下几个方面[2, 3]。

1）区域物流能够激发区域经济的发展

随着物流业的发展，以及物流市场范围的不断扩大，区域内物流企业凭借着区域内齐全的物流设施、高水平的服务，吸引越来越多的资金、技术及劳动力向本区域集中，促进区域经济形成和区域经济结构的合理布局，有利于区域经济的发展，也有利于区域的整体规划。这在一定程度上可以使区域产业聚集效应更加凸显。在选择节点城市时，区域物流企业需考虑到的因素主要有区域内的运输条件、市场规模、劳动力资源、聚集经济、政府政策等[4]。

2）区域物流能够降低区域内部物流运作的总成本

区域物流企业利用其专业优势和优质的服务，可以在区域范围内对各种物流要素进行整体的优化组合和合理配置，扩大物流规模，最大限度地发挥各种物流要素的作用，提高物流运作效率，获得规模经济，降低单位产品的物流成本。同时，物流企业与制造业之间的沟通与合作，使得整个物流流程更加顺畅，减少了信息交换的费用；提供个性化物流服务建立相互信任和承诺，可以减少各种履约风险。

3）区域物流能够增强整个区域经济的核心竞争力

企业将物流外包给区域物流企业公司，使得分工进一步细化，区域内企业将精力投入自身的核心竞争力，使得原有的专业化水平进一步提升。并且企业通过物流外包，减少了生产前置和销售后置时间，能够及时将产品运送到各个分销网络，快速反馈市场上的信息，及时了解消费者的动态，扩大产品市场覆盖率。

4）区域物流能够降低区域内企业之间的经营风险

在区域范围内，传统的物流企业与货主企业的合作是松散的，缺乏严格的制度约束，在商品市场需求不稳定的情况下，双方都面临着极大的风险。若需求增加，价格上涨，企业外包物流费用就会上升；反之，若需求减少，价格下降，企业外包物流费用就会下降。第三方物流与生产、销售企业的联系是通过契约或合同建立稳定、明确的合作关系实现的。由于契约将双方的费用价格固定化、风险平均化，双方实际上结成了一个利益共同体。联盟企业之间的长期合作将在很大程度上抑制交易双方之间的机会主义行为，从而降低企业的经营风险。

2. 区域经济对区域物流发展的作用

区域经济是按照自然区域、经济联系、民族、文化传统以及社会发展需要而形成的经济联合体，是社会经济活动专业化分工与协作在空间上的反映[5]。区域经济的发展状况决定了区域物流的现代化程度。区域物流是区域经济总体架构中的一个组成部分，因此区域受经济对其发展的决定性作用，可从政策、人力、财力、发展空间等诸方面显现。在区域经济发展的各个不同阶段，对区域物流的需求不同，相应的产业政策，对区域物流的重视程度也不同，致使区域物流的发展状况也不同，主要体现在以下几个方面[6, 7]。

1）区域经济为区域物流的发展提供需求和产业的支持

区域经济的发展将产生数量大、品种多的产品，使得市场交易量不断上升，规模不断扩大，对区域物流的需求不断增加。交易量的上升和交易环节的分解，使区域企业的生产经营活动变得更加复杂，要实现物流活动的合理化，仅仅将物流系统范围局限在企业内部或区域内部已远远不够，需通过区域物流企业间跨行业、跨地区的物流系统网络，将原材料生产企业、制品生产企业、批发零售企业等生产流通全过程上下游相关企业的物流活动有机结合起来，形成一个链状的商品供应系统。区域经济发展而产生的大规模、多品种的商品，为区域物流企业的发展提供强有力的产业支持。

2）区域经济可以促进区域物流企业发展的专业化和规模化

区域经济向专业化的发展趋势也要求现代物流提供专业化的服务，促使区域物流向专业化方向发展。而区域经济向全球一体化的发展，则要求区域物流企业必须拥有一个遍布全国的甚至是全球的网络体系，才能顺利完成物流的收取、存储、分拣、运输和递送工作，而运转这样一个体系所需要的资金、人员、设备等是巨大的，只有达到一定规模的区域物流企业才能得以维持。

3）区域经济有利于区域物流企业服务水平的提高

区域经济的发展、区域经济水平的提高，将加大对外资企业的吸引。无论在发达国家还是发展中国家，外商投资的区域性都非常明显。外商企业带来先进的技术、大量的资金、现代化的管理理念，将对区域内企业的经营方式方法产生巨大的影响，促进区域内企业管理水平的提高。外资企业的进入将对区域内的区域物流企业在功能、技术水平以及服务标准上提出更高的要求，在一定程度上促进了区域物流企业服务水平的提高。

4.1.2 京津冀区域物流与区域经济互动作用模型分析

1. 京津冀区域物流与区域经济互动作用模型构建

经济行业分类标准规定，物流业属于交通运输、仓储和邮政业，这里利用交通运输、仓储和邮政业产值代表物流业产值来衡量京津冀区域物流发展水平。在区域经济指标中，地区生产总值能够直接反映京津冀区域经济的发展水平，此外，物流业固定资产投资可以加快京津冀区域经济的发展速度，该指标也可以作为衡量区域经济发展水平的指标。由于京津冀区域物流业固定资产投资数据难以获得，这里选用京津冀区域交通运输、仓储和邮政业的固定资产投资代表京津冀区域物流业固定资产投资。因此，以京津冀区域物流业产值作为因变量、区域经济指标（地区生产总值和物流业固定资产投资）作为自变量，构建京津冀区域物流与区域经济的互动作用模型如下：

$$R_{\text{logistics}} = v_1 R_{\text{GDP}} + v_2 R_{\text{invest}} + \mu \qquad (4\text{-}1)$$

其中，$R_{\text{logistics}}$ 为京津冀区域物流业产值；R_{GDP} 为京津冀区域地区生产总值；R_{invest} 为京津冀区域物流业固定资产投资；v_1, v_2 为模型参数。

2. 京津冀区域物流与区域经济相关性分析

根据京津冀区域 2004~2014 年统计数据，分析京津冀区域物流业产值与地区生产总值、物流业固定资产投资的相关性。表 4-1 列出了 2004~2014 年京津冀区域物流业产值与区域经济指标数据。

表 4-1 2004~2014 年京津冀区域物流业产值与区域经济指标数据（单位：亿元）

年份	物流业产值	地区生产总值	物流业固定资产投资
2004	1 165	17 622	522
2005	1 471	20 887	813
2006	1 696	24 048	1 138
2007	1 988	28 707	1 529
2008	2 273	33 846	1 563
2009	2 520	36 910	2 172
2010	3 043	43 732	2 755
2011	3 487	52 075	2 446
2012	3 713	57 348	2 970
2013	3 892	62 686	3 384
2014	4 065	66 479	3 565

资料来源：表中数据由国家统计局网站、《北京统计年鉴 2015》、《天津统计年鉴 2015》、《河北经济年鉴 2015》相关统计数据整理、计算得出

根据表 4-1 中的数据，分别做出京津冀区域物流业产值与地区生产总值、物流业固定资产投资的散点关系图，图 4-1 给出了京津冀区域物流业产值与地区生产总值的散点关系，图 4-2 给出了京津冀区域物流业产值与物流业固定资产投资的散点关系。从图 4-1 和图 4-2 可以看出，京津冀区域物流业产值与地区生产总值、物流业固定资产投资之间均存在线性相关关系。

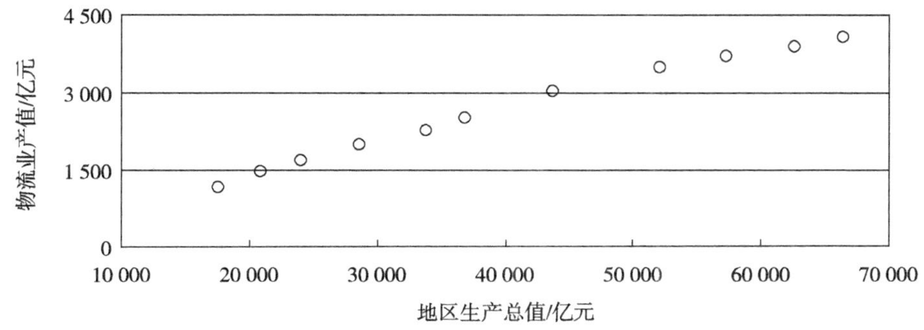

图 4-1 京津冀区域物流业产值与地区生产总值散点关系

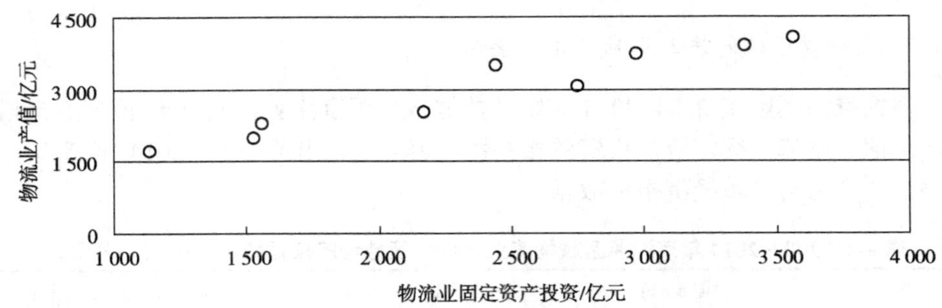

图 4-2 京津冀区域物流业产值与物流业固定资产投资散点关系

为进一步确定京津冀区域物流与区域经济之间的关系，分别计算京津冀区域物流业产值、地区生产总值、物流业固定资产投资之间的皮尔逊（Pearson）相关系数，表 4-2 给出了京津冀区域物流业产值与区域经济指标皮尔逊相关系数。

表 4-2 京津冀区域物流业产值与区域经济指标皮尔逊相关系数

指标	物流业产值	地区生产总值	物流业固定资产投资
物流业产值	1.000 0	0.994 8	0.979 9
地区生产总值	0.994 8	1.000 0	0.975 0
物流业固定资产投资	0.979 9	0.975 0	1.000 0

由表 4-2 可知，京津冀区域物流业产值、地区生产总值、物流业固定资产投资三项指标之间的皮尔逊相关系数均接近于 1，说明京津冀区域物流业产值与区域经济指标以及区域经济指标之间存在显著的相关性，京津冀区域物流业发展与区域经济发展之间关系密切，加强京津冀区域的物流活动对于拉动京津冀区域经济具有一定的作用。

3. 京津冀区域物流与区域经济回归分析

通过以上相关性分析可知，京津冀区域物流业产值与区域经济指标之间具有显著的线性相关关系。基于表 4-1 中的数据，以京津冀区域物流业产值为因变量、区域经济指标（地区生产总值和物流业固定资产投资）为自变量进行回归分析，表 4-3 给出了京津冀区域物流业产值与区域经济指标回归分析结果。

表 4-3 京津冀区域物流业产值与区域经济指标回归分析结果

R^2	调整后 R^2	回归标准差	残差平方和	F 统计量	P 值	Durbin-Watson 统计量
0.991 7	0.989 6	104.921 2	88 067.700 0	478.811 1	0.000 0*	0.819 8

*表示在 1.00%水平下显著

注：R^2 为回归方程的拟合优度，P 值为 F 统计量的概率

由表 4-3 可知，回归方程的拟合优度 R^2 和调整后 R^2 均接近于 1，F 统计量为

478.811 1，其 P 值在 1.00%水平下通过显著性检验，说明回归方程拟合效果较好，能够较好地反映出京津冀区域物流业产值与区域经济指标之间的关系。R^2=0.991 7，说明京津冀区域物流业产值的变化中 99.17%可由区域经济指标来解释。由此，得到京津冀区域物流与区域经济的互动作用模型表达式为

$$\theta = 0.047\,8\theta_1 + 0.199\,3\theta_2 + 319.632\,6 \qquad (4\text{-}2)$$

由式（4-2）可以看出，在京津冀区域物流业固定资产投资不变的情况下，京津冀区域地区生产总值每增加 1 个单位，京津冀区域物流业产值约提高 0.047 8 个单位；在京津冀区域地区生产总值不变的情况下，京津冀区域物流业固定资产投资每增加 1 个单位，京津冀区域物流业产值约提高 0.199 3 个单位。因此，从整个京津冀区域来看，物流业产值与地区生产总值、物流业固定资产投资均成正比。也就是说，京津冀区域物流产值随着本区域地区生产总值和物流业固定资产投资的增长而扩张，且区域物流业固定资产投资增长对区域物流业产值的贡献要大于区域地区生产总值增长的贡献。区域物流作为京津冀区域经济的一部分，也支持和促进了京津冀区域经济的增长，区域物流业每增加 1 个单位产值，京津冀区域经济增加 20.92 个单位。据 2016 年相关统计数据，京津冀区域物流业产值的增加幅度高于全国平均值，说明京津冀区域具备发展物流业的有利条件，可以将物流业作为经济的新增长点来促进区域经济的发展。

4.2　京津冀区域物流与区域经济灰色关联分析

4.2.1　灰色关联分析

1. 灰色关联分析简介

灰色系统理论（grey system theory）是我国学者邓聚龙[8~13]于 20 世纪末提出的一种系统分析理论，该理论是以经典控制理论、现代控制理论和模糊控制理论为基础，将一般系统论、信息论和控制论的观点与方法延伸到社会、经济、生态等抽象系统，并结合运用数学方法发展起来的一套理论和方法。灰色系统理论将一切系统分成白色系统、黑色系统和灰色系统三种类型。白色系统是信息完全已知的系统；黑色系统是信息完全未知的系统；灰色系统是部分信息已知、部分信息未知的系统。灰色系统理论的研究对象是部分信息已知、部分信息未知的小样本、贫信息不确定系统，通过不确定系统部分已知信息的生成和开发，尽可能挖掘出有效信息、忽略无效信息，达到实现正确认识和把握系统隐含信息、运行行

为和演化规律的目的[14]。灰色系统理论经过几十年的发展，现已形成以灰色关联空间为基础的分析体系，以灰色模型为主体的模型体系，以灰色过程及其生成空间为基础与内涵的方法体系，以系统分析、建模、预测、决策、控制、评估为结构的技术体系，奠定了其作为一门新的交叉学科的学术地位[15,16]。在灰色系统理论发展的同时，其实际应用也日趋广泛，应用领域不断扩展，先后在工程控制、经济管理、未来学研究、社会系统、生态系统、农业系统、军事等众多领域得到应用[17]，取得了很好的经济效益和社会效益。

灰色关联分析是灰色系统理论的一个重要研究方面，灰色系统的建模、预测、决策以及控制等都以灰色关联分析为基础。灰色系统由于数据少、信息不完全，难以确定系统因素之间的数量关系，难以判断系统的主要因素与次要因素。灰色关联分析的目的就是对“少数据”、信息不完全的系统进行因素之间的量化和排序，寻求系统中各因素之间的主要关系，找出影响系统的重要因素，从而掌握系统的主要特征，促进和引导系统快速、有效地发展[18]。对于灰色系统中的两个因素，其随时间或不同对象而变化的关联性大小的量度，称为灰色关联度。灰色关联分析根据灰色关联度来衡量因素之间的相关性和关联程度[19]。在灰色系统发展过程中，如果随着时间的变化，系统中的两个因素变化的趋势大体相同，那么就可以称这两个因素的关联程度高，反之，则称两个因素的关联程度低。在一个动态系统的发展过程中，哪些是主要影响因素完全可以用灰色关联度的排序来分析，若灰色关联度较小，说明该系统不受或少受此因素的影响，若灰色关联度较大，说明该因素是影响该系统发展的主要因素。

数理统计中的回归分析、方差分析、主成分分析等都可用于系统分析，但它们均存在一些不足之处[20]：①要求有大量数据，数据量少难以找出统计规律；②要求样本服从某个典型的概率分布，要求各因素数据与系统特征数据之间呈线性关系且各因素之间彼此无关，这种要求往往难以满足；③计算量较大，一般要借助于计算机；④可能出现量化结果与定性分析结果不符的现象，导致系统的关系和规律遭到歪曲和颠倒。灰色关联分析弥补了采用数理统计方法进行系统分析的不足，它具有直观、计算简便、不要求比较序列具有典型分布规律、数据量要求较少等优点。

2. 我国学者对于灰色关联分析的应用研究

自从灰色关联分析提出以来，它已在经济、管理、社会、工业、农业、交通、化工等众多领域得到广泛应用。

胡启洲和张卫华[21]在考虑城市公交系统多因素的基础上，用定量分析法将公交线网中的主要优化目标及约束条件用函数关系表示，在定义最佳方案点的基础上，以目标函数为因素指标集，以备选方案为论域集，利用灰色系统的关联度知识，建立了城市公交线网优化的定量决策模型，优化结果显示，优化后公交线网利用率增大，可达性良好，为多指标决策问题提供了一种合理可行的方法。陈洪涛和周德群[22]运用灰色关联度平移时间法，分析了上海期货交易所与纽约商品期货交易所、伦敦国际石油交易所、新加坡纸货市场、东京工业品交易所前后一个月的石油期货价格之间的关联度，分析发现，国内燃料油期货价格滞后于纽约商品期货交易所约 15 天，滞后于东京工业品交易约 26 天，滞后于伦敦国际石油交易所和新加坡纸货市场约 30 天。钱吴永等[23]针对 TOPSIS 法中指标权重的确定问题，利用灰色关联思想，提出基于灰色关联度确定指标权重的方法，并将该法与 TOPSIS 法相结合，构建了利用灰色关联度定权的加权 TOPSIS 模型，继而给出加权 TOPSIS 法的计算步骤，通过供应商选择的实例验证了该法的有效性。施红星等[24]针对传统灰色关联模型受到统计序列横纵坐标（振幅和间隔）的双重影响，提出仅受振幅因素影响的振幅关联度模型，并证明了该模型只与波形的波动振幅大小和方向有关，不受曲线波形的序列间隔影响，且能表示出正负相关性，同时应用该模型研究了中国国内生产总值指数与居民消费指数两者增减幅度间的关系，取得了良好的效果，适用于分析两组有明显波动的序列数据。

胡大立等[25]从知识创造、知识获取、企业创新和创新环境四个方面构建了区域创新能力的指标体系，运用因子分析方法对中国各省市的创新能力进行总体评价，同时利用灰色关联分析法研究区域创新能力与产业结构演进的内在关联，结果发现，中国大部分省市的第三产业或第一产业与创新能力的关联性密切；从创新能力与中国三次产业绝对发展和相对发展相关性的演变趋势看，创新能力对三次产业绝对发展的促进作用呈现先下降后上升的变动趋势，创新能力对第一产业相对发展呈现先下降后上升的负相关性，对第二产业相对发展起着越来越大的阻碍作用，而对第三产业相对发展一直起着较大的促进作用。李连友和张曦[26]利用灰色关联分析及排名赋值分析就国内外 14 家机构或个人对 2006~2010 年中国国内生产总值增速预测的准确性做出评价，并对预测偏误进行了相应的分析，结果显示，预测准确程度排在前两位的均为北京大学经济学院宋国青和中国科学院，排在后四位的均为中国人民银行、德意志银行、亚洲开发银行及联合国；经济相对繁荣时，预测者预测偏误较大，经济相对衰退时，预测偏误较小；不同背景的预测者预测的准确性存在差异，个人预测者在这 5 年中预测误差相对较小，而机构预测误差相对较大；在经济繁荣期，各预测者倾向于低估，而在经济衰退期，个人机构预测者倾向于高估，机构预测者则倾向于低估。张阿兰等[27]采用实证分析法来评价发展旅游业对西藏经济增长的影响，结果发现，西藏地区生产总值对旅游收入的依存度越来越高，旅游业对西藏经济的拉动作用增加，同时对就业的吸纳能力增强；此外，旅游业与第一、二产业的关联性高于第三产业，与一般发展规律存在差异。罗小锋和江松颖[28]分析了 2010 年 1 月至 2012 年 2 月中国棉籽壳的价格变动轨迹以及近 10 年来的棉籽壳供求特征，运用灰色关联法分析棉籽壳价格变动对食用菌市场价格的影响，结果表明，中国棉籽壳价格变动幅度较大，棉籽壳处于供不应求的状态且在不同地区供求关系表现出较大差异，食用菌生产对棉籽壳具有较强的依赖，棉籽壳价格波动对食用菌市场价格具有重要影响。并提出了促进中国食用菌产业发展的对策建议，包括：加大科研力度，寻找食用菌基料新配方，降低食用菌生产对棉籽壳依赖程度；建立棉籽壳交易中心，完善棉籽壳交易机制，平抑棉籽壳价格波动，保证棉籽壳供应，提高菇农收入；增加棉籽壳进口，从海外市场寻求棉籽壳供给。杜铁群等[29]从需求特征、供给特征和信息认知等微观影响因素出发，选取供需对接有效性的衡量指标，并采用主成分分析和灰色关联分析相结合的综合赋权法识别指标的重要度，结果表明：该方法同时考虑供给和需求的利益关切，能有效提高农业科技服务产出效率，更有利于供需有效对接的实现；指标重要度的识别能准确筛选出显著影响供需对接有效性的指标，为农业政策的制定提供指导，使其更易达到政策目标。唐琼[30]运用灰色关联分析研究了中国农村居民的消费状况，结果表明，未来五年，中国农村居民消费人均消费支出与人均纯收入之间的关联将有所变化，表现在消费结构逐步优化、消费内容逐步丰富、消费观念逐步更新；为推动农村居民消费、促进经济发展，应进一步优化农村居民消费结构，营造良好消费环境，创新农村消费信贷业务。朱青和罗志红[31]基于对能源生产结构和消费结构的定性分析，利用中国 2000 年以来的能源时间序列数据，建立能源生产结构、能源消费结构、能源消费行业结构和生活能源消费结构的灰色关联模型，从生产侧与消费侧全面、系统地分析能源结构。结果表明，中国能源结构整体来说具有高碳化的特点，中国能源生产与消费仍然以化石能源为主，第二产业能源消费占比不合理，生活能源消费以液化石油气、煤炭能源为主；虽然清洁能源在能源结构中的比重较低，但是其生产与消费增速较快。华萍[32]利用灰色关联性分析方法研究了河南金融业和旅游业融合的关联性，并指出河南金融业和旅游业融合度的提升应从创新旅游金融衍生产品、扩大金融服务、扩大旅游企业融资渠道、开拓金融业和旅游业融合的新模式等方面开展。

黄燕玲等[33]从贫困程度、发展潜力、环境条件三个维度构建评价指标体系，以桂西北石漠化地区 16 个国家特困县为案例地，以熵权法确定指标权重，用灰色关联分析法对案例地进行评价。评价结果为，将桂西北石漠化特困县旅游扶贫适宜性分成三个等级，即最适宜区、适宜区、一般适宜区，通过分析发现，交通、经济、旅游资源是决定旅游扶贫适宜性的关键因素。王明英[34]运用灰色关联模型分析中国服务业外商直接投资的经济绩效，结果表明，中国服务业外商直接投资对中国经济发展具有较强的积极推动作用；对优化产业结构、促进资本积累、扩大进出口、增加就业、引导技术溢出具有推动作用；但中国服务业内部各行业的经济绩效仍然存在差异，信息传输、计算机服务和软件业、住宿和餐饮业总体经济绩效较好；相关部门应根据政策侧重点的需要，选择服务业经济绩效比较突出的行业作为中国服务业利用外商直接投资的重点行业和领域，进而为中国服务业利用外资主导产业的选择和扶植提供依据。

在物流分析方面，灰色关联分析主要用于物流中心选址、物流企业评价、物流的影响因素分析，以及物流业与其他行业关系等方面的研究。

高洁和李锦飞[35]针对影响物流中心选址因素的特点，运用灰色关联分析对物流中心选址进行决策，结果表明，该方法用于物流中心选址决策可以针对大量的不确定因素及其相互间的关系，将定性方法与定量方法相结合，使原本复杂的决策问题变得更加清晰容易，而且计算简单，并能在一定程度上排除决策者的主管任意性，进而得出较客观的结果。向沙沙和席一凡[36]根据物流企业的评价指标体系，建立了基于灰色关联度理论的物流服务商选择的决策模型，同时为避免人为主观因素的影响，采用熵的概念确定指标体系的权重，将该方法应用于运输型物流企业，发现该方法对物流供应商的选择具有一定的实际意义，同时也可减小物流需求商的外包风险。陈远高[37]在分析城市物流节点的经营效益与社会效益的基础上，以物流园区为例构建了物流园区经营效益与社会效益的评价指标，并结合实例分别应用数据包络法和灰色关联分析对物流园区的经营效益与社会效益进行评价，结果表明，数据包络法具有黑箱类型方法的内在客观性特点，适用于城市物流节点的经营效益评价，而灰色关联分析更适合物流节点社会效益信息的不完全性和不确定性等特点，将两者结合进行城市物流节点评价是比较合理的。敬春菊[38]结合山西省 2002~2006 年的相关行业生产总值增加值，运用灰色系统理论方法，计算了山西省现代物流业与相关产业的灰色关联系数，得出山西省现代物流业与相关产业的关联度由大到小排序为批发零售及餐饮业、房地产业、金融业、其他服务业、工业和建筑业，并指出山西省应努力将物流业建成与经济社会发展相适应、影响带动相关产业发展的支持产业；以煤焦方面的物流业作为龙头，逐步整合各专业物流资源，实现物流行业整体的积极发展；同时政府应出台措施扶助物流业的健康发展。王珍珍和陈功玉[39]从计量经济学的灰色关联模型入手，分析了中国制造业不同行业与物流业的关联程度与协调度，认为物流业衡量指标与不同子行业的关联程度存在差异，货运量、国家运输总长度与制造业的关联度比较高，两者的联动关系存在随时间演化的趋势。李肖钢和黄旭锋[40]将灰色关联分析法应用于衢州市区域物流发展的影响因素分析中，结果表明，各影响因素的灰色关联度均较低且差距不大，外贸进出口总额和工业总产值是影响衢州市区域物流发展的两个主要因素。并提出建议，即衢州市在注重外向型工业发展的同时，应该加强物流资源要素的重视和投入，加大外延伸性交通网络的发展，以及加速现代物流企业的引进和培育。张鹏伟[41]基于灰色关联分析法，深入分析了影响河南省物流发展的因素，分析表明，社会消费品零售总额对河南省物流业的发展影响最大、邮电业务总量和铁路、公路通航里程对河南省物流业的发展影响较小；河南省要把现代物流业作为生产性服务业的支柱产业，应对重点行业物流进行分级规划、加强物流基础设施和物流信息化建设。朱长征[42]在阐述制造业与物流业联动基础理论的基础上，运用灰色关联分析法对陕西制造业与物流业的联动发展情况进行了定量分析，发现陕西制造业与物流业的发展不甚协调。并提出了促进陕西制造业与物流业协调发展的对策：改变制造企业观念，促进其物流服务外包；加强物流企业的扶持，提高物流企业服务能力；为制造业与物流业联动构建良好的市场机制。章文燕[43]采用灰色关联分析法分析了影响台州物流经济的七个关键性的因素，根据分析结果，台州物流需求影响最大的因素依次为台州生产总值、工业产值、第三产业产值，影响最小的因素依次是社会消费品总额、固定资产投资总额、进出口总额。

詹凤林和郭晓军[44]根据2005~2010年四川省的相关统计数据，运用灰色关联法对四川省物流业与经济发展之间的相关性进行分析，结果表明，四川省物流业与经济发展在总体上相互协调，但工业和对外贸易与物流业的联动发展偏低，为此，提出积极发挥政府的引导作用、完善交通基础设施、促进外贸发展、推动物流业与经济的协调发展等建议。李绩才和张俊岭[45]运用灰色关联分析方法定量研究了浙江省现代物流业发展的影响因素，研究发现，影响浙江省现代物流业的诸因素按其重要程度从大到小依次为第二产业产值、地区生产总值、货物总周转量、全省人均可支配收入、社会消费品零售总额、进出口贸易总额、第三产业产值、第一产业产值、货运总量、铁路–公路–水路总里程、物流业相关从业人员数、交通运输及仓储和邮政业固定资产投资。并提出进一步促进浙江省现代物流业发展的政策建议，包括：加大对物流业的投入力度；从多渠道出发培养发展现代物流业所急需的人力资源；促进第三产业对现代物流业的贡献度；努力培育或吸引大型物流龙头企业，带动物流业实现跨越式发展。黄晗[46]采用灰色关联分析模型对我国物流业及其影响因素的联动机制进行了实证研究，研究发现，制造业发展水平、城镇化程度、基础设施状况、网络零售市场交易规模对物流业发展均有较强的关联性，其中制造业发展水平为影响物流业发展的最优因素，基础设施状况次之，城镇化程度、网络零售市场交易规模分列其后。在此基础上，提出了加快我国物流业的发展与升级的政策建议，包括：继续加强物流基础设施的建设，建立完善的物流预警方案；加快完善电子商务服务、电子支付和电子认证等网络市场支撑体系；加快推进城镇化建设，改善物流业发展的社会结构；加快建立制造业与物流业联动发展机制，实现制造业与物流业的双赢。王春豪[47]运用灰色关联分析法定量研究了新疆物流业与制造业的关联性，指出新疆物流业与制造业的关联度较低，两者发展不相匹配，新疆物流业与制造业的发展还存在许多制约因素，物流企业应主动与制造企业合作，尽快提升自身服务质量和水平；制造企业应主动与物流企业合作，积极外包物流业务，提升自身核心竞争力；政府应积极统筹规划制造业聚集的物流网络体系，促进物流业与制造业走向协同发展道路。颜双波[48]利用因子分析方法对我国东部沿海 12 个省市 2012 年区域物流与经济发展情况进行比较分析，得出福建省处于中下发展水平，仍有较大提升空间的结论。并基于 2007~2012 年福建省统计数据，运用灰色关联分析方法计算福建省区域物流与区域经济发展的灰色关联度，结果表明，福建省区域物流与区域经济发展指标的关联程度由大到小依次为出口总额、第三产业产值、地区生产总值、进口总额、工业产值、社会消费品零售总额、全社会固定资产投资总额，进而提出推进区域物流与区域经济的协调发展、加大完善物流基础设施建设、加快建设现代化物流信息平台等建议。吴爱东和庞绪庆[49]从总供给和总需求两个层面，对京津冀物流业发展与经济的关联度和协同性进行了实证研究，研究发现，京津冀物流业与各区域经济的发展之间存在较高的关联性，总体上较为协调，但也表现出一定的差异。要促进京津冀物流业与区域经济之间的协同发展，应构建区内协同、区际开放的高效物流体系，率先实现物流一体化；整合物流节点资源，按京津冀一体化要求优化配置；按区域新型产业分工格局和发展阶段特点，优化物流产业；从政策上引导三地区人才流动，培养一批物流复合型人才。张长森[50]应用灰色关联模型计算了 2005~2012 年浙江省湖州市物流业与制造业的关联程度，实证结果表明，浙江省物流业与制造业关联度较强，但制造业不是推动浙江省物流业发展的首要因素，两者之间的发展存在着不平衡。同时，他指出浙江省应构建物流业与制造业协同发展机制；鼓励制造业物流外包，推动物流企业的发展；物流企业应努力开发增值型和创新型服务，提升产业整体发展水平，以实现物流需求与供给的协同发展。张梅芬和张玲[51]构建了反映区域物流需求和区域经济发展的指标体系，运用灰色关联度方法量化了区域物流需求与区域经济发展之间的关联系数，并对大连市区域物流需求与区域经济发展之间的关系进行了实证分析，结果表明，区域物流需求与区域经济发展之间具有较强的相关性。

3. 灰色关联分析步骤

灰色关联分析的目的在于寻找能够衡量系统内各因素之间的关联度大小的一种量化方法，以便找出影响系统发展态势的重要因素，从而掌握事物的主要特征。系统发展变化态势的定量描述和比较方法根据空间理论的数学基础，确定系统特征行为序列和若干相关因素之间的灰色关联系数和灰色关联度。

1）构建两类序列

灰色关联分析实质上是一种曲线间几何形状的分析比较，即几何形状越接近，关联程度就越大，反之则越小。对一个抽象的系统或现象进行分析，首先要构建系统特征行为序列和相关因素序列，才能对它们进行比较并做出判断。设系统特

征行为序列和相关因素序列分别为

$$X_0=\left(x_0(1),x_0(2),x_0(3),\cdots,x_0(n)\right) \tag{4-3}$$

$$X_i=\left(x_i(1),x_i(2),x_i(3),\cdots,x_i(n)\right) \tag{4-4}$$

其中，X_0为系统特征行为序列；$X_i(i=1,2,\cdots,p)$为p个相关因素序列；n为数据样本数目。

2）计算初值像

通过对系统特征行为序列和相关因素序列进行无量纲化处理，可以消除两类序列中数量级不同带来的影响，以便对两类序列进行计算和分析。常用的处理方法有初值化、均值化和区间相对值化。若采用初值化处理方法，则两类序列的初值像记为

$$X_0'=\frac{X_0}{x_0(1)}=\left(x_0(1),x_0'(2),x_0'(3),\cdots,x_0'(n)\right) \tag{4-5}$$

$$X_i'=\frac{X_i}{x_i(1)}=\left(x_i'(1),x_i'(2),x_i'(3),\cdots,x_i'(n)\right) \tag{4-6}$$

3）求解两极差

取序列差中最大差和最小差，得到两极差为

$$M=\max_i\max_k \Delta_i(k) \tag{4-7}$$

$$m=\min_i\min_k \Delta_i(k) \tag{4-8}$$

其中，$\Delta_i(k)=|x_0'(k)-x_i'(k)|\ (k=1,2,\cdots,n;i=1,2,\cdots)$；$p$为数据序列差；$M$和$m$分别为数据序列差的最大值和最小值。

4）计算灰色关联系数

系统特征行为序列与相关因素序列的灰色关联系数计算为

$$\gamma_{0i}(k)=\frac{m+\varepsilon M}{\Delta_i(k)+\varepsilon M} \tag{4-9}$$

其中，$k=1,2,\cdots,n$；$i=1,2,\cdots,p$；ε为分辨系数，一般取值为$\varepsilon\in(0,1)$。ε越小，灰色关联系数之间的差异越大，区分能力越强。

5）计算灰色关联度

为计算灰色关联度，需要利用系统特征行为序列中各时刻的观测值占总观测值的比重来确定观测值在系统中的重要性。这里通过求平均值的方法来求得灰色关联度，即

$$\gamma_{0i}=\frac{1}{n}\sum_{k=1}^{n}\gamma_{0i}(k) \tag{4-10}$$

6）计算灰色关联矩阵

若有s个系统特征行为序列，它们与p个相关因素序列的灰色关联度即构成

灰色关联矩阵，即

$$\boldsymbol{\Gamma}=\left(\gamma_{ji}\right)=\begin{bmatrix}\gamma_{11} & \gamma_{12} & \cdots & \gamma_{1p}\\ \gamma_{21} & \gamma_{22} & \cdots & \gamma_{2p}\\ \vdots & \vdots & & \vdots\\ \gamma_{s1} & \gamma_{s2} & \cdots & \gamma_{sp}\end{bmatrix} \tag{4-11}$$

其中，$\gamma_{ji}\left(j=1,2,\cdots,s;i=1,2,\cdots,p\right)$ 为第 j 个系统行为特征序列与第 i 个相关因素序列的灰色关联度。

7）导出灰色关联序

研究系统特征行为与相关因素的关系，主要关心的是系统特征行为序列与各相关因素行为序列关联度的大小次序，而不完全是灰色关联度在数值上的大小，因此需要导出灰色关联序，也就是将灰色关联度值按从大到小的顺序进行排列，即得到灰色关联序。

灰色关联分析应满足四公理[52]：一是规范性，表明系统中任何两个行为序列都不可能是严格无关联的。二是整体性，体现了环境对灰色关联比较的影响，环境不同，灰色关联度亦随之变化。三是偶对对称性，表明当灰色关联因子集中只有两个序列时，两两比较满足对称性。四是接近性，表示对关联度量化的约束。

4.2.2　京津冀区域物流的区域经济指标选择

1. 区域物流发展的经济影响因素

1）区域经济总量水平

在现代生活中，物流活动日益渗透到整个社会经济活动的生产、流通、消费过程之中，与社会经济的发展存在着密切的相关性，是社会经济活动的重要组成部分。区域经济总量水平越高、增长速度越快，对生产资料、半成品、成品的流通要求也越高。因此，区域经济发展的整体水平和规模是促进区域物流发展的决定性因素，也是区域物流需求的原动力。

2）区域居民收入及消费水平

区域内居民的收入及消费水平直接影响企业生产经营决策和生产销售行业，进而影响区域物流的规模、流动方向和作用对象。随着区域经济的发展，以及区域内居民收入水平、生活水平的提高，消费者的消费观念也在不断改变，消费者多样化、个性化需求的逐步显现，带动了商品配送量的增长，进而促进了区域物流的发展。

3）区域内贸易和对外贸易

区域经济的发展使得区域内部的交易活动频繁，区域经济的一体化步伐也在逐步加快。而区域内各经济主体之间的经济联系必须通过大量的物资流通加以实现，从而为区域内物流产业的发展提供了巨大的发展潜力和需求市场。区域内商品零售额的大小，直接反映当地的商品产销情况和零售商品的配送情况及其集贸市场的发展水平，是衡量区域内贸易物流需求水平的一个重要指标。

经济全球化使得任何区域都不是单独存在的，区域与区域之间，乃至区域与全球之间都存在着商品的交换，经济联系日益密切，竞争优势和互补性的经济结构调整步伐也越来越快。这些都对提供商品物资时空位移转换的物流产业产生了巨大的需求，导致了区域间经济的协作和贸易不断增长，从而直接推动了物流产业的跨区域发展。对外贸易吸引了大量外资投资于区域内的基础设施建设，外资对公路、铁路、港口等基础设施的投资大大促进了物流的发展。区域对外贸易总额可以有效体现商品的国际化进程和商品的对外贸易情况，是区域对外贸易化程度的直观表现。

4）区域产业结构

区域产业结构是影响区域物流需求的重要经济因素。随着经济的发展，社会化分工趋势更为显著，各行各业对物流的需求也不断加大。物流包括了物质资料再生产领域中各个生产阶段之间和独立于生产之外向消费领域专业的全部运动过程。因此，第一产业、第二产业、第三产业的增加值是影响物流市场需求的主要因素。例如，第一产业的农、林、牧业等对物流的需求相对来说是粗放型需求，尽管它们有向高附加值发展的趋势，但仍然摆脱不了需求量大而价值低的现状，它们对物流需求相对应的物流基础设施网络在面积和数量方面要求较高。工业、建筑业等第二产业对物流的需求则朝着精细化、高附加值方向发展，这种形式的物流需求相对应的物流基础设施网络在自动化方面要求较高。而邮电通信业、商业、饮食业、物资供销等第三产业直接推动了现代物流业的发展，影响和制约着物流基础设施网络的规模[53]。

5）固定资产投资

固定资产投资是一个区域宏观经济指标，反映了一个地区对其投资的大小。一个地区经济的稳定发展离不开固定资产的投入，固定资产投资总额对一个地区经济的发展具有后向效应，投资将转化为以后现实的生产能力，将牵动一大批物流的需求。如果对基础建设项目进行投资，那么基础设施建设规模将牵动经济发展速度，对运输量产生较大影响，特别是在经济增长的高峰期和低谷期影响十分明显。

2. 京津冀区域物流与区域经济指标选择

从物流服务内容看，目前京津冀区域物流处于初级发展阶段，其物流业务主要还是以运输、仓储、邮政为主，这里仍然选取交通运输、仓储和邮政业产值代表物流业产值作为京津冀区域物流的衡量指标。

根据对区域物流的经济影响因素分析可以看出，区域经济总量、区域经济结构及其分布、区域内外贸易以及区域内消费水平是影响区域物流发展的重要方面。因此，选择京津冀区域经济指标时，应尽可能地包含更多相关指标，以便更有效地用于分析京津冀区域物流的发展。这里选取地区生产总值、第一产业产值、第二产业产值、第三产业产值、固定资产投资总额、进出口贸易总额共六项因素作为京津冀区域经济的衡量指标。表 4-4 列出了京津冀区域物流指标与区域经济指标。

表 4-4　京津冀区域物流指标与区域经济指标

区域物流指标	区域经济指标
物流业产值	地区生产总值
	第一产业产值
	第二产业产值
	第三产业产值
	固定资产投资总额
	进出口贸易总额

4.2.3　京津冀区域物流与区域经济的关联性分析

运用灰色关联分析研究京津冀区域物流与区域经济指标之间的相关性，能够揭示区域物流对区域经济指标的依赖程度，为京津冀区域物流与区域经济的协同发展研究提供直接的理论依据。

1. 数据选取

利用京津冀区域相关统计数据进行灰色关联分析，表 4-5 列出了 2008~2014 年京津冀区域物流指标与区域经济指标数据。

表 4-5　2008~2014 年京津冀区域物流指标与区域经济指标数据（单位：亿元）

年份	物流业产值	地区生产总值	第一产业产值	第二产业产值	第三产业产值	固定资产投资总额	进出口贸易总额
2008	2 273	33 846	2 270	15 038	16 538	15 905	26 887
2009	2 520	36 910	2 454	15 803	18 653	21 871	21 219
2010	3 043	43 732	2 833	18 936	21 963	26 691	29 322
2011	3 487	52 075	3 202	22 808	26 066	28 763	37 629
2012	3 713	57 348	3 508	24 727	29 113	33 908	39 541
2013	3 892	62 686	3 729	26 350	32 607	39 190	42 164
2014	4 065	66 479	3 806	27 290	35 383	45 221	41 949

资料来源：表中数据由国家统计局网站、《北京统计年鉴 2015》、《天津统计年鉴 2015》、《河北经济年鉴 2015》相关统计数据整理、计算得出

2. 计算过程

对京津冀区域物流与区域经济进行灰色关联分析时，需要先选定系统特征行为序列和相关因素序列。这里将物流业产值设为系统特征行为序列、将六项区域经济指标设为相关因素序列。利用式（4-3）和式（4-4）分别对系统特征行为序列和相关因素序列进行初值化处理，得到京津冀区域物流指标与区域经济指标的初值像，表 4-6 列出了 2008~2014 年京津冀区域物流指标与区域经济指标的初值像。

表 4-6　2008~2014 年京津冀区域物流指标与区域经济指标的初值像（单位：亿元）

年份	物流业产值	地区生产总值	第一产业产值	第二产业产值	第三产业产值	固定资产投资总额	进出口贸易总额
2008	1.000 0	1.000 0	1.000 0	1.000 0	1.000 0	1.000 0	1.000 0
2009	1.108 7	1.090 5	1.081 1	1.050 9	1.127 9	1.375 1	0.789 2
2010	1.338 8	1.292 1	1.248 0	1.259 2	1.328 0	1.678 2	1.090 6
2011	1.534 1	1.538 6	1.410 6	1.516 7	1.576 1	1.808 4	1.399 5
2012	1.633 5	1.694 4	1.545 4	1.644 3	1.760 4	2.131 9	1.470 6
2013	1.712 3	1.852 1	1.642 7	1.752 2	1.971 6	2.464 0	1.568 2
2014	1.788 4	1.964 2	1.676 7	1.814 7	2.139 5	2.843 2	1.560 2

计算灰色关联系数时，需要先设定分辨系数 ε 的值。田建艳等[54]研究认为，分辨系数取值的变化仅改变灰色关联度数值的大小，对灰色关联序的影响不大。因此，这里将分辨系数取为 ε=0.5，根据式（4-9）计算京津冀区域物流指标与区域经济指标的灰色关联系数，计算结果如表 4-7 所示。

表 4-7　京津冀区域物流指标与区域经济指标的灰色关联系数

数据样本	1	2	3	4	5	6	7
地区生产总值	1.000 0	0.975 1	0.938 3	0.993 7	0.921 1	0.835 5	0.801 6
第一产业产值	1.000 0	0.962 6	0.886 7	0.851 8	0.889 6	0.910 8	0.864 1
第二产业产值	1.000 0	0.924 7	0.899 3	0.976 1	0.985 1	0.946 7	0.964 2
第三产业产值	1.000 0	0.973 7	0.985 1	0.944 1	0.848 5	0.732 5	0.669 2
固定资产投资总额	1.000 0	0.727 2	0.676 6	0.721 4	0.333 3	0.485 8	0.402 4
进出口贸易总额	1.000 0	0.689 7	0.741 0	0.840 7	0.813 4	0.831 3	0.756 8

根据式（4-10），计算出京津冀区域物流指标与区域经济指标的灰色关联度。表 4-8 列出了京津冀区域物流指标与区域经济指标的灰色关联度。京津冀区域物流指标与区域经济指标的灰色关联度在一定程度上表明了区域经济指标对京津冀区域物流发展态势的影响程度，灰色关联度越大，说明该区域经济指标对京津冀区域物流发展的影响程度越大，反之，则对京津冀区域物流发展的影响程度越小。

表 4-8　京津冀区域物流指标与区域经济指标的灰色关联度

京津冀区域经济指标	灰色关联度	京津冀区域经济指标	灰色关联度
地区生产总值	0.923 6	第三产业产值	0.879 0
第一产业产值	0.909 4	固定资产投资总额	0.621 0
第二产业产值	0.956 6	进出口贸易总额	0.810 4

由表 4-8 可知，京津冀区域物流指标与区域经济指标的灰色关联度的范围在 0.621 0~0.956 6，其中，地区生产总值、第一产业产值、第二产业产值与物流业产值的灰色关联度都在 0.9 以上，表明这三项区域经济指标对京津冀区域物流发展的影响程度很大；第三产业产值和进出口贸易总额对京津冀区域物流发展的影响程度比较大，它们与物流业产值的灰色关联度在 0.8 以上；固定资产投资总额与物流业产值的灰色关联度在 0.6 左右，表明固定资产投资总额对京津冀区域物流发展的影响程度相对较小。

由于灰色关联度是不唯一的，灰色关联度本身数值的大小不是关键，各灰色关联度大小的排列顺序更为重要，这就需要对灰色关联度进行排序。根据表 4-8 得到京津冀区域经济指标相对于区域物流的灰色关联序为第二产业产值>地区生产总值>第一产业产值>第三产业产值>进出口贸易总额>固定资产投资总额。从灰色关联序可以看出：①第二产业产值与物流业产值的灰色关联度最大（ε=0.956 6），即以工业为主导的第二产业产值对京津冀区域物流发展的影响程度最大。②地区生产总值与物流业产值的灰色关联度排在第二位（ε=0.923 6），即地区生产总值对京津冀区域物流发展的影响很大。③第一产业产值与物流业产值的灰色关联度很大（ε=0.909 4），即第一产业产值对京津冀区域物流发展也有很大影响。④第三产业产值与物流业产值的灰色关联度较大（ε=0.879 0），这是由于物流业中的第三方物流服务、运输和仓储等都属于第三产业的范围，第三产业产值对京津冀区域物流发展的影响较大。随着京津冀区域经济的发展，区域物流的需求也相应旺盛起来，故京津冀区域需要顺应区域经济发展的趋势，大力发展第三产业，适当加大第三产业在区域经济中的比重，以提高京津冀区域物流的综合运输效益和整体竞争能力。⑤进出口贸易总额与物流业产值的灰色关联度也较大（ε=0.810 4），即进出口贸易对京津冀区域物流发展也有较大的影响。京津冀区域的经济虽然发达，进出口贸易总额量大，但进出口贸易对区域物流的影响还有很大的提升空间，京津冀区域可以进一步加大对港口的建设，提升进出口贸易对区域物流发展的影响，从而进一步促进京津冀区域经济的良性发展。⑥固定资产投资总额与物流业产值的灰色关联度一般（ε=0.621 0），即固定资产投资对京津冀区域物流发展有一定的影响，但是其影响程度不如前几项区域经济指标大，相信随着产业投资、区域建设的进一步发展，其对京津冀区域物流的发展会越来越重要。

综上所述，第二产业产值是影响京津冀区域物流发展的首要因素，地区生产总值和第一产业产值是影响京津冀区域物流发展的次要因素。对京津冀区域物流发展进行分析时，应主要考虑这三项区域经济指标之间的关系及其相互影响，以便更全面地确定京津冀区域物流的发展速度与发展规模。

4.3 京津冀区域物流业投入产出分析

4.3.1 投入产出分析

1. 投入产出分析简介

投入产出分析是由美国经济学家 Leontief[55]于 20 世纪 30 年代提出的一种框架分析方法，该方法主要从数量方面考察国民经济或企业内部各部门之间生产与分配的数量依存关系，建立投入产出综合平衡模型，据此进行经济分析、预测和计划工作。投入产出分析的中心内容是在一定的技术经济条件下，把社会经济活动视为劳动者使用劳动手段将劳动对象变换为社会需要的最终产品，而且在一定（较短的）时期内，可以把各产业部门的科技水平、管理水平、工艺水平视为固定不变，因而这种变换可视为线性的。本质上，投入产出分析是一种进行产业部门（产品）间综合平衡的计划方法，同时也是一种对经济结构、经济效益、经济政策和产品价格等经济问题进行综合分析的经济分析方法[56]，可以用于分析研究国民经济结构、地区经济活动和企业的生产经营活动，是目前在世界各国进行产业结构分析时运用得最普遍的数学工具。

2. 我国学者对于投入产出分析的应用

投入产出分析从诞生到现在的 70 多年里，经过经济学家的不断研究和探索，无论是在理论方面，还是在实践方面都得到了很大的发展，取得了丰硕的研究成果，在规划经济发展、预测未来经济走势、论证各项经济政策和影响、研究产业结构和产品结构等方面具有重要效用[57]。早期的投入产出模型，只是静态的投入产出模型。后来，随着研究的不断深入，学者们开发了动态投入产出模型，使得投入产出模型由静态扩展到动态[58~62]。

近些年来，随着投入产出技术与数量经济方法等经济分析方法日益融合，投入产出分析在中国的应用领域不断扩大。张婷和戴旻乐[63]引用 1992~2001 年中国国内生产总值与就业量的实际值，利用投入产出法对相应年份的就业量进行预测，以检验投入产出法对中国就业量预测的准确性，结果表明，投入产出法预测的结果与中国实际发生的就业量差距较大，该方法在预测方面还存在一定的缺陷，须对其进行修正。何静和陈锡康[64]提出了一种动态投入产出优化模型来计算水资源的影子价格，给出了中国水资源影子价格计算模型的计算方法和求解过程，应用水资源投入占用产出表和中国九大流域水资源投入占用产出表的基础数据，推算了中国 1949~2050 年重要年份的水资源影子价格。范德成和刘刊[65]基于变结构控制动态投入产出模型，将边际消费倾向与产业产出动态发展过程相联系，研究了边际消费倾向与产业发展之间的数量关系，结果发现，过低的边际消费倾向限制了一些产业尤其是农业、食品制造业和服务业的发展，提高边际消费倾向对于促进这些产业的发展大有可为。邬雪芬和董永茂[66]利用投入产出核算方法及相关数据对浙江省各行业吸纳就业的能力进行定量分析，通过各行业的调整投入产出系数，考察各行业的劳动就业总产出弹性及就业效应，揭示了浙江省产业结构和就业之间的关系。刘建兴等[67]将投入产出法应用于中国产业生态占用的研究，结果表明：从占用土地方式看，第一产业直接占用最多，其次是第二产业间接占用；第一产业对生态占用的影响超过各产业平均影响水平，国民经济发展过程中对该产业生态占用需求较大，是控制生态占用总体水平的关键产业；考虑生态占用对环境造成的影响以及与经济发展的关系，产业结构调整优先顺序依次为第一、二、三产业。叶明霞等[68]以投入产出法为基础，建立了行业总产出乘数、直接就业系数、综合就业系数、向后关联系数、向前关联系数和成本利税率等评价第三产业就业潜力的相关指标，实证结果表明，批发贸易和餐饮以及交通运输邮电业是影响就业增加的关键行业。左冰等[69]采用投入产出分析法，对 2004 年湖南旅游业国民收入及其初次分配主体格局进行了研究，研究表明，与国内外经验水平相比，湖南旅游业国民收入初次分配格局出现了严重失衡，旅游对目的地较高工业化水平的客观依赖性所决定的投资驱动型增长方式是导致湖南收入分配失衡的根源，但是对于经济水平落后的发展中国家或地区，旅游发展也有助于加速其工业化进程。

李世佳[70]根据中国 1997 年、2000 年、2002 年和 2005 年的投入产出表，利用投入产出法分析了中国消费的就业效应。结果显示，中国消费就业效应的影响因素有劳动投入系数、消费结构、产品生产过程和产业关联三个方面，在此基础上，提出了加大新型产业的扶持力度、促进农村居民消费、促进现代服务业快速发展的政策建议。谭显东等[71]以 2005 年投入产出表为基准，根据不同的经济增长情况，从行业层面模拟了全国的电力需求，结果发现，投入产出法可以较好地剖析电力需求与经济增长之间的内在联系，模拟结果具有很强的解释性。张建文等[72]在人力资本法的基础上，运用投入产出法对未成年人生命价值进行量化，提出未成年人生命价值动态计算模型，研究表明，年龄、受教育程度、健康状况及监护人收入与未成年人生命价值正相关，其中受教育程度对未成年人生命价值的影响远大于健康状况，且 6 岁和 18 岁是未成年人生命价值的跳跃点。成定平[73]利用动态投入产出技术和我国 2007 年 42 部门投入产出表数据，以单位产出所能诱发出的消费和出口额度为依据，分析我国产业结构的调整方向，结果表明，要通过改善产业结构来扩大消费和出口，应加强农业基础地位，加快发展服务业，利用好国内国际两个市场保障资源类产品的供给。张晓娣[74]利用社会核算矩阵和动态投入产出模型预测了通过提高公共教育投资以延长人口红利的可行性，结果表明，若政府增加教育投入至地区生产总值的 4.5%，施行高中义务教育，虽然在短期内挤占经济建设投资，会导致经济增速下降，但其长期将使高中至研究生学历的人力资源迅速扩张，显著提升现代制造、科教、服务业的生产率，为产业结构升级打下基础；居民和企业相对收入提高，有利于经济增长模式转变；地区生产总值增长率将随着人力资本的积累而回升，增长在人口红利拐点后得以延续。许月云等[75]采用投入产出分析法，根据福建省 2008 年体育产业专项调查的数据，自编福建省体育产业投入产出流量表，对福建省体育产业与三大产业的关联性、波及效果等进行分析。研究表明，福建省体育产业与第二产业有着高度的关联关系，第二产业特征明显，体育本体产业发展滞后；体育产业对福建省区域经济的增长具有鲜明的推动作用，其发展主要是一种内生式的发展模式，属于带动能力强、附加值低的最终需求型产业，在经济发展中处于基础性地位；出口对福建省体育产业的生产诱发作用最大，为出口主导型产业；体育产业产品价格的改变对其他产业的影响相当有限。张男星和孙继红[76]采用投入产出法对高校绩效进行评价，指出投入产出法能够通过比值反映部门绩效的大小，蕴含着经济学中的生产力观点，而且它还是数据包络分析法推导的基础，满足了高校绩效评价的科学性。

王世进[77]利用投入产出模型对江苏隐含碳出口变化趋势、进口变化趋势、净出口变化趋势、总能量流动趋势进行了对比分析，研究发现，江苏的隐含碳进出口呈波动状态，在综合考虑隐含碳和进出口能源产品的情况下，隐含碳进口量无论用本身能耗系数计算还是用进口来源国单位国内生产总值能耗计算，都是能量净流入地区。郑礼等[78]利用 2012 年投入产出数据，通过影响力、感应度、重要性、自给率等指标的测算，探讨了京津冀三地产业对接的方向选择问题，并提出促进京津冀三地产业对接的有效路径。司增绰[79]基于产业投入产出法对我国研究与试验发展业的综合发展能力进行了评价。研究发现，研究与试验发展业是对上游产业带动能力较强的服务业，是推动国民经济发展的重要服务业，是扩张较快的服务业之一；研究与试验发展业经济效益在服务业中较低，劳动力结构系数在服务业中处于中等水平，产业发展能力在服务业中处于中等水平。张丽娜[80]在国际投入产出分析框架下，计算了各行业的就业创造指数和劳动增加值带动指数，研究国内消费的就业带动效率。结果表明，制造业行业的就业人数和劳动收入带动效率均高于服务业；制造业的就业带动效率总体上升，服务业的就业带动效率总体下降；服务业对高技能劳动力的就业带动效率高于制造业，制造业不同技能水平劳动力的收入出现分化。最后指出，中国各行业的劳动力技能水平偏低，促进制造业发展仍是稳定就业的重要措施；随着中国劳动力禀赋发生变化，服务业将发挥越来越重要的就业带动作用，应为其营造良好的发展环境。刘笑瑜等[81]基于 1997~2007 年的全国投入产出表，分别以经济总量指标和中间流量作为自变量和因变量，利用回归分析、变异系数分析和影响场方法等实证方法制作出 2010 年投入产出预测表，通过与 2010 年实际表进行比较，分析了中国基础经济结构。研究表明，中国经济中存在较为明显的基础经济结构，对于基础经济结构中三个性质的测量，需根据中国实际情况进行阈值重设；中国的基础经济结构在投入产出表中主要出现于第二产业和第二产业的交叉区域。苏立君[82]基于服务业商品使用价值和价值属性，将服务业分为为物质产品生产服务的中间服务、为劳动力再生产服务的最终服务和纯粹非生产性耗费服务，并利用投入产出分析研究了不同“去工业化”模式的产业关联特征并对国内生产总值增长进行因素分解，结果显示，无论从产业直接与间接分工模式、产业平均关联度变化模式，还是从国内生产总值增长模式看，都呈现“中国模式”。

在物流分析方面，投入产出分析主要用于物流业与其他行业之间关系方面的研究。李冠霖[83]利用投入产出法对我国的物流业进行了分析，结果发现，我国物流业将会极大地带动第二产业及第三产业的发展，并促进国民经济整体运行效益的提高，我国物流业正在向中间产品型产业转变。黄福华和谷汉文[84]应用投入产出法分析了我国现代物流产业在国民经济中的产业结构关系及其关联效应，指出物流产业应确定为国民经济的主导产业和瓶颈产业，并据此从政策制定、市场培育、设施建设、技术提高、人才培养等方面提出加快我国物流产业发展的策略。阮君和郑珍远[85]对福建省 2002 年的投入产出表进行重新整合，独立出物流业的四大部门投入产出表，全面分析了福建省物流业与其他产业的关联关系，指出福建省物流业对各产业有着较大的推动作用，并从政策扶持、加快设施体系建设、加强现代物流人力资源开发三方面提出加快发展福建省现代物流产业的途径。

楚岩枫和刘思峰[86]将 2002 年投入产出表的产业部门合并为 15 个产业部门，以此为基础对我国物流业进行投入产出分析，认为我国物流产业正处于中间产品型基础产业向完全中间产品型产业过渡阶段，一定的产业政策扶持对促进物流产业的发展是非常必要的。并且，根据国民收入系数，物流业单位产品所创造的国民收入远远低于农业、采掘业、批发和零售贸易业、文教卫生业、服务业，但高于制造业、建筑业等，表明物流产业的大力发展将成为新的经济增长点，同时我国物流企业运作成本较高，资产专用性强，净产值较低。宋则和常东亮[87]利用 2002 年的投入产出表，编制现代物流业、第一产业、第二产业和不包括现代物流业的第三产业组成的四部门的投入产出表，分析现代物流业各项投入产出指标和系数，揭示了现代物流业的产业特征及其在国民经济中的地位和作用。蹇令香和许贵斌[88]运用投入产出波及效果理论，研究了我国物流业在不同年份对国民经济的直接贡献和间接贡献，结果表明，我国物流业 1992~2000 年对国民经济的直接贡献没有显著变化，但对国民经济的间接贡献却发生了显著变化，物流业的产业关联度已明显加强，对其相关产业部门的带动和支持作用更加重要，并提出我国政府应更重视物流业的发展，为加快物流业发展提供有力的政策支持。邵扬等[89]基于 2002 年投入产出表，分析了物流业与国民经济各产业的关联度，结果发现，物流业对于国民经济的拉动作用比较明显，但是推动力明显不足，指出今后应该加大对物流产业的扶持力度，为物流业创造一个良好的发展环境。刘丹和王健[90]根据 2005 年福建省投入产出表对其物流业进行产业关联分析，研究结果表明，近年来福建省物流业发展迅速，对各产业发展起到了较大的推动作用，但与其他发达省份相比还存在一定差距。并提出为更好地促进物流业发展，福建省应抓住国家调整振兴物流业和加快海峡西岸经济区建设的历史性机遇，加强对物流业的组织领导与政策扶持力度，全面提升物流企业自身竞争力，积极推进制造业与物流业有机融合及联动，大力发展国际物流，进一步增强物流业对国民经济的基础和支撑作用，使之成为福建省国民经济新的增长点。张江华和李晓晨[91]基于 2007 年我国投入产出表，计算各种投入产出相关系数，研究结果显示，我国物流业的产业化已初见成效，能够对工业、服务业等多个产业具有明显的带动作用，依赖产业自身发展的潜力也较大，但仍存在诸如信息化程度不高、影响力与感应度水平偏低、为生活消费提供服务力度不够、附加价值率不高等问题。钱廷仙和戴德颐[92]引入投入产出分析对物流业与国民经济之间的互动关系进行研究，结果表明，无论是在宏观产业层面，还是在细分的行业层面，物流业对国民经济的前向牵引作用和后向推动作用都比较大，也是提高我国制造业水平和竞争力的关键环节之一。李晔和陶瑾[93]根据 2007 年河南省投入产出表，对河南省的产业部门进行重新整合，运用投入产出分析法分析了河南省物流产业与其他各产业之间的产业关联效应和产业波及效应，提出河南省物流产业属于最终需求型基础产业，应作为优先发展的产业重点扶持。

黄胜潮和张斐斐[94]对京津冀物流业进行了投入产出分析，分析结果表明，京津冀区域内物流业对其他产业部门的支持力度较小，对其他产业的带动作用不大；京津冀区域物流业的发展受限于其他产业的发展，也会制约其他产业的发展，易成为区域经济发展的瓶颈。侯祥鹏[95]基于 2002 年和 2007 年投入产出表，对河北、广东、山东、江苏、河南、浙江、上海、福建和辽宁九个物流大省（直辖市）进行了投入产出分析，从产业属性看，我国物流业正进入中间产品型产业：从产业关联效应看，物流业与工业、服务业的产业关联效应显著大于农业、建筑业；从产业波及效应看，物流业的感应度系数和影响力系数普遍小于社会平均水平；从产业驱动力来看，消费对物流业的诱发效应最为显著，物流业对流出最为敏感。尽管同为物流大省（直辖市），但各自之间也有诸多不同。当前转向以消费驱动为主的经济增长模式有利于物流业的发展。各地应因地制宜，以主动发展模式推动物流业发展。

3. 投入产出表

投入产出分析通过建立投入产出模型（投入产出表或投入产出数学模型），研究经济系统各要素之间投入与产出的相互依存关系。投入产出分析中的投入是指任何一个产业部门在产品生产过程中所消耗的各种投入要素，如原材料、辅助材料、燃料、动力、固定资产折旧和劳动力等，是任何产业从事某种经济活动都必须耗用的物质资料和劳动力。产出是指各产业部门生产的产品总量及其分配使用的方向和数量，也叫流量，分为中间产品和最终产品两大类，是任何产业从事某种经济活动所得到的成果。在经济系统中，各产业部门既是消耗（投入）产品的单位，又是生产（产出）产品的单位，各生产部门的总投入应等于总产出。每个产业部门同时具有生产者和消费者的双重身份，既产出产品供其他产业部门和领域消费，又是消费其他产品的部门[96]。国民经济中的生产和分配相互交织，形成了所有产业部门相互消耗和相互提供产品的内在联系。

投入产出表是投入产出分析的基本形式，是一种全面反映在一定时期（通常为一年）内，国民经济各产业部门的投入来源及其产品去向的表格形式。投入产出表分为实物型投入产出表和价值型投入产出表两种：实物型投入产出表按照各种产品的实物单位计量，能反映各产业部门间的生产技术联系；价值型投入产出表按照各种产品的价值总量计量，记录了全部用货币计量的中间产品价值、最终产品价值、增加值以及总产值，它不仅能反映各产业部门间的生产技术联系，而且能够揭示产业部门间的经济联系和依存关系，因此，具有更普遍的应用意义。

表 4-9 给出了价值型投入产出表。由表 4-9 可知，价值型投入产出表分为中间使用、最终使用和增加值三部分。

表 4-9　价值型投入产出表

<table>
<tr><th colspan="2" rowspan="2">产出
投入</th><th colspan="2">中间使用</th><th rowspan="2">最终使用</th><th rowspan="2">总产出</th></tr>
<tr><th>1，2，…，n</th><th>合计</th></tr>
<tr><td rowspan="4">中间投入</td><td>1</td><td>$x_{11}, x_{12}, \cdots, x_{1n}$</td><td>$W_1$</td><td>$Y_1$</td><td>$X_1$</td></tr>
<tr><td>2</td><td>$x_{21}, x_{22}, \cdots, x_{2n}$</td><td>$W_2$</td><td>$Y_2$</td><td>$X_2$</td></tr>
<tr><td>⋮</td><td>⋮</td><td>⋮</td><td>⋮</td><td>⋮</td></tr>
<tr><td>n</td><td>$x_{n1}, x_{n2}, \cdots, x_{nn}$</td><td>$W_n$</td><td>$Y_N$</td><td>$X_n$</td></tr>
<tr><td></td><td>合计</td><td>$C_1, C_2, \cdots, C_n$</td><td>W</td><td>Y</td><td>X</td></tr>
<tr><td colspan="2">增加值</td><td>$N_1, N_2, \cdots, N_n$</td><td>N</td><td colspan="2"></td></tr>
<tr><td colspan="2">总投入</td><td>$X_1, X_2, \cdots, X_n$</td><td>X</td><td></td><td></td></tr>
</table>

中间使用是投入产出表的核心部分，也称为内生部分，它揭示了在一定时期内，一个国家社会再生产过程中各产业部门之间相互提供中间产品的依存和交易关系。这一部分横向各产业部门和纵向各产业部门的排列是相互对应的，横向数据表示某一产业部门向包括本产业部门在内的所有产业部门提供其产出的中间产品的状况，也就是所有产业部门生产中所需该产业部门产品的情况，亦即中间需求情况。

最终使用也称外生部分，它揭示了各产业部门生产的产品或服务成为最终产品那部分的去向。最终使用大致分为三部分的流向：一是消费部分，可分为个人消费与社会消费两部分，个人消费是指家庭消费的总和，社会消费是指公共福利、社会保障、政府等行政性支出的各种社会性消费；二是投资部分，由固定资产更新与新增固定资产两部分构成，其中，新增固定资产又可分为生产性固定资产和非生产性固定资产；三是出口部分。

增加值也是一种外生部分，包括各产业部门提留的折旧以及各部门在一定时期内实现的净产值（净产值又可分为劳动者报酬和社会纯收入两部分）。增加值反映了各产业部门提取折旧基金的价值及其创造的国民收入的价值构成，以及国民收入额在各产业部门间的分布比例。

设 n 为国民经济中的产业部门数目，x_{ij} 表示第 j 产业部门生产过程中消耗第 i 产业部门产品的价值量，Y_i 表示第 i 产业部门最终产品的价值量，X_i 表示第 i 产业部门的总产值，D_i 表示第 i 产业部门的固定资产折旧额，V_i 表示第 i 产业部门的劳动报酬，M_i 表示第 i 产业部门向社会提供的纯收入（i，j=1，2，…，n）。

从表 4-9 的水平方向看，各产业部门的总产值=各产业部门提供的中间产品价值+各产业部门最终产品价值，记为

$$\sum_{j=1}^{n} X_{ij} + Y_i = X_i \tag{4-12}$$

从表 4-9 的垂直方向看，各产业部门的总产值=各产业部门消耗的中间产品价值+各产业部门的增加值，记为

$$\sum_{j=1}^{n} X_{ji} + D_i + V_i + M_i = X_i \tag{4-13}$$

由式（4-12）和式（4-13）可得

$$\sum_{j=1}^{n} X_{ij} + Y_i = \sum_{j=1}^{n} X_{ji} + D_i + V_i + M_i \tag{4-14}$$

从整个国民经济的角度看，总投入与总产出是相等的，得到

$$\sum_{i=1}^{n}\left(\sum_{j=1}^{n}(X_{ij} + Y)_i\right) = \sum_{i=1}^{n}\left(\sum_{j=1}^{n} X_{ji} + D_i + V_i + M_i\right) \tag{4-15}$$

$$\sum_{i=1}^{n} Y_i = \sum_{i=1}^{n} (D_i + V_i + M_i) \tag{4-16}$$

4. 投入产出分析的主要系数

投入产出分析是根据投入产出表的数据建立投入产出模型而展开的。在经济分析中合理运用投入产出表，既可以反映出国民经济各产业部门的生产情况，还可以反映出国民经济的各种比例和结构关系[97]。在分析区域物流与区域经济协同发展中使用投入产出分析，可以有效地显示经济运行中两者隐含的协同关系。用于投入产出分析的系数主要有直接消耗系数、中间投入率、完全消耗系数、影响力系数、感应度系数、生产诱发系数和需求依存度系数等。

1）直接消耗系数

直接消耗系数，也称为投入系数或技术系数，是指在生产经营过程中某一个产业部门单位总产出所直接消耗的另一产业部门的货物或服务的价值量。直接消耗系数可以直接反映生产某种产品对其他产品的消耗，计算公式如下：

$$a_{ij} = \frac{x_{ij}}{X_j}, \quad i, j = 1, 2, \cdots, n \tag{4-17}$$

其中，a_{ij} 称为第 j 产业部门对第 i 产业部门产品的直接消耗系数，表示第 j 产业部门产品生产中所消耗的第 i 产业部门的产品，也就是第 i 产业部门的产出中被 j 产业部门消耗的量。a_{ij} 的数值范围在[0,1][98]，a_{ij} 越大，说明第 j 产业部门对第 i 产业部门的直接依赖程度越高；a_{ij} 越小，说明第 j 产业部门对第 i 产业部门的直接依赖程度越低；a_{ij} 为 0，则说明第 j 产业部门对第 i 产业部门没有直接的依赖关系。通过分析较大的直接消耗系数，可以研究某个产业部门生产对哪些产业部门的依赖程度较高，同时可以考虑对某些物耗的研究。

所有的 $a_{ij}\left(i, j = 1, 2, \cdots, n\right)$ 构成直接消耗系数矩阵 $\boldsymbol{A}$，形式如下：

$$\boldsymbol{A} = \begin{bmatrix} a_{11} & a_{12} & \cdots & a_{1n} \\ a_{21} & a_{22} & \cdots & a_{2n} \\ \vdots & \vdots & & \vdots \\ a_{n1} & a_{n2} & \cdots & a_{nn} \end{bmatrix} \tag{4-18}$$

矩阵 $\boldsymbol{A}$ 反映了投入产出表中各产业部门间技术经济联系和产品之间的技术经济联系。

2）中间投入率

中间投入率，也称为物质消耗系数，是某产业部门在一定时期内的生产过程中中间投入与总投入之比。这一指标表示各产业部门在各自的生产活动中，为生产单位产值的产品而需从其他产业部门购进总产品所占的比重。计算公式如下：

$$a_{0j}=\sum_{i=1}^{n}a_{ij},\quad i,j=1,2,\cdots,n \tag{4-19}$$

其中，a_{0j} 为中间投入率。由于总投入=中间投入+初始投入（增加值），在总投入一定的条件下，某产业部门的中间投入和增加值呈现此消彼长的关系：中间投入率越高，增加值率越低；中间投入率越低，增加值率就越高[99]。从另外一个角度看，增加值就是该产业部门的附加值，某产业部门的增加值率越高，该产业部门的附加值越高。

3）完全消耗系数

完全消耗系数是指某产业部门每提供一个单位最终使用时，对另一产业部门货物或服务的直接消耗量和间接消耗量之和。完全消耗系数揭示了产业部门之间的直接和间接联系，即产业部门之间的全部联系，能更全面地反映产业部门之间相互依存的数量关系。完全消耗系数计算公式如下：

$$b_{ij}=a_{ij}+\sum_{k=1}^{n}b_{ik}a_{kj},\quad i,j=1,2,\cdots,n \tag{4-20}$$

其中，b_{ij} 为完全消耗系数，表示第 j 产业部门每提供一个单位最终产品时，对第 i 部门产品和服务的直接和全部间接消耗的价值总量；a_{ij} 为直接消耗系数；$\sum_{k=1}^{n}b_{ik}a_{kj}$ 为间接消耗系数。所有的完全消耗系数 b_{ij} 构成完全消耗系数矩阵 $\boldsymbol{B}$，$\boldsymbol{B}$ 的计算公式如下：

$$\boldsymbol{B}=\begin{bmatrix} b_{11} & b_{12} & \cdots & b_{1n} \\ b_{21} & b_{22} & \cdots & b_{2n} \\ \vdots & \vdots & & \vdots \\ b_{n1} & b_{n2} & \cdots & b_{nn} \end{bmatrix}=(\boldsymbol{I}-\boldsymbol{A})^{-1}-\boldsymbol{I} \tag{4-21}$$

其中，$\boldsymbol{A}$ 为直接消耗系数矩阵；$\boldsymbol{I}$ 为单位矩阵；$(\boldsymbol{I}-\boldsymbol{A})^{-1}$ 为列昂惕夫逆矩阵，也称为完全需求系数矩阵，记为 $\overline{\boldsymbol{B}}$，形式如下：

$$\overline{\boldsymbol{B}}=\begin{bmatrix} \overline{b}_{11} & \overline{b}_{12} & \cdots & \overline{b}_{1n} \\ \overline{b}_{21} & \overline{b}_{22} & \cdots & \overline{b}_{2n} \\ \vdots & \vdots & & \vdots \\ \overline{b}_{n1} & \overline{b}_{n2} & \cdots & \overline{b}_{nn} \end{bmatrix}=(\boldsymbol{I}-\boldsymbol{A})^{-1} \tag{4-22}$$

其中，$\overline{b}_{ij}$ 称为完全需求系数，表示第 j 产业部门增加一个单位最终产品，需要消耗的第 i 产业部门产品的价值量。完全需求系数矩阵 $\overline{\boldsymbol{B}}$ 可以很好地解释生产体系的相互依赖关系，可以根据最终使用确定各产业部门的总产出[100]。

4）影响力系数

影响力系数也称拉动力系数，是指国民经济某一个产业部门增加一个单位最终产品时，对国民经济各产业部门所产生的需求波及程度。影响力系数计算公式如下：

$$F_j = \frac{\sum_{i=1}^{n} \overline{b}_{ij}}{\frac{1}{n}\sum_{j=1}^{n}\sum_{i=1}^{n} \overline{b}_{ij}}, \quad j = 1,2,\cdots,n \tag{4-23}$$

其中，F_j 为影响力系数，表示第 j 产业部门增加一个单位最终产品时，对其他产业部门产品的需求波及影响程度；$\sum_{i=1}^{n} \overline{b}_{ij}$ 为列昂惕夫逆矩阵 $\overline{\boldsymbol{B}}$ 中第 j 列之和；$\frac{1}{n}\sum_{j=1}^{n}\sum_{i=1}^{n} \overline{b}_{ij}$ 为列昂惕夫逆矩阵 $\overline{\boldsymbol{B}}$ 所有列之和的平均值。当影响力系数 $F_j > 1$ 时，表示第 j 产业部门的生产对其他产业部门所产生的波及影响程度超过社会平均影响水平（即各产业部门所产生的波及影响的平均值）；当 $F_j = 1$ 时，表示第 j 产业部门的生产对其他产业部门所产生的波及影响程度等于社会平均影响水平；当 $F_j < 1$ 时，表示第 j 产业部门的生产对其他产业部门所产生的波及影响程度低于社会平均影响水平。

5）感应度系数

感应度系数是指国民经济各产业部门均增加一个单位最终产品时，某一个产业部门由此而受到的需求感应程度，也就是需要该产业部门为其他产业部门的生产而提供的产出量[101]。感应度系数计算公式如下：

$$E_i = \frac{\sum_{j=1}^{n} \overline{b}_{ij}}{\frac{1}{n}\sum_{i=1}^{n}\sum_{j=1}^{n} \overline{b}_{ij}}, \quad j = 1,2\cdots,n \tag{4-24}$$

其中，E_i 为感应度系数，表示其他产业部门均增加一个单位最终产品时，第 j 产业部门由此而受到的需求感应程度；$\sum_{j=1}^{n} \overline{b}_{ij}$ 为列昂惕夫逆矩阵 $\overline{\boldsymbol{B}}$ 中第 i 行之和；$\frac{1}{n}\sum_{i=1}^{n}\sum_{j=1}^{n} \overline{b}_{ij}$ 为列昂惕夫逆矩阵 $\overline{\boldsymbol{B}}$ 所有行之和的平均值。当感应度系数 $E_i > 1$ 时，表示第 i 产业部门所受到的感应程度高于社会平均感应度水平（即各产业部门所受到的感应程度的平均值）；当 $E_i = 1$ 时，表示第 i 产业部门所受到的感应程度等于社会平均感应度水平；当 $E_i < 1$ 时，表示第 i 产业部门所受到的感应程度低于社会平均感应度水平。

通过影响力系数和感应度系数可以综合地分析各产业部门在国民经济中的地位和影响，它们是判断产业部门关键性的主要指标。

6）生产诱发系数

生产诱发系数是指某一个需求项目（如消费）每增加一个单位的社会需求，将诱发各产业部门增加多少单位的生产额。生产诱发系数反映了各产业部门的生产受各需求项目的影响程度。某产业部门的生产诱发系数是该产业部门的各种最终需求项目的生产诱发额除以相应的最终需求项目的合计所得的商，计算公式如下：

$$W_{iL} = \frac{Z_{iL}}{Y_L}, \quad i, L = 1, 2, \cdots, n \tag{4-25}$$

其中，W_{iL} 为第 i 产业部门的最终需求 L 项目的生产诱发系数；Z_{iL} 为第 i 产业部门对最终需求 L 项目的生产诱发额；Y_L 为产业部门对最终需求 L 项目的合计数额。

7）需求依存度系数

需求依存度系数是指各产业部门生产的最终产品依赖于各种需求项目的相对程度，包括该产业部门生产对某最终需求项目的直接依存和间接依存。某产业部门的需求依存度系数是该产业部门各最终需求项目的生产诱发额除以该产业部门各最终需求项目的生产诱发额之和所得的商，计算公式如下：

$$Q_{iL} = \frac{Z_{iL}}{\sum_{i=1}^{n} Z_{iL}}, \quad i, L = 1, 2, \cdots, n \tag{4-26}$$

其中，Q_{iL} 为第 i 部门的最终需求 L 项目的依存度；Z_{iL} 为第 i 产业部门对最终需求 L 项目的生产诱发额。利用需求依存度系数可以判断各产业部门生产最终产品究竟依赖于哪一种需求而存在及其程度如何，从而分析出市场潜力最大的产业部门是哪些。

4.3.2 京津冀区域物流业的产业关联效应分析

产业关联是指国民经济各产业在社会再生产过程中所形成的直接和间接的相互依存、相互制约的经济联系[102]。产业关联效应则是指某产业部门的变化而引起其他产业部门发生变化的一种连锁反应现象。京津冀区域物流业的产业关联效应分析就是根据京津冀区域的投入产出表，计算、比较和分析直接消耗系数和完全消耗系数，从而在数量上揭示京津冀区域物流业的最终需求项或附加价值发生变化时，对其所在的产业或整个区域经济系统产生的影响。

1. 直接消耗系数分析

将京津冀区域2012年的投入产出表中各产业部门的相关数据整合为8个产业

部门，这 8 个产业部门分别是农林牧渔业、采掘业、制造业、燃气及水的供应业、建筑业、物流业、批发和零售业、其他第三产业。其中，其他第三产业包括住宿和餐饮业、金融业、房地产业、租赁和商务服务业等。根据式（4-算出京津冀区域 8 个产业部门的直接消耗系数，表 4-10 列出了京津冀部门的直接消耗系数。

表 4-10　京津冀区域 8 个产业部门的直接消耗系数

产业部门	1	2	3	4	5	6	7	
1	0.166 9	0.001 5	0.036 2	0.000 0	0.004 2	0.017 0	0.001	
2	0.012 5	0.155 0	0.081 7	0.245 0	0.028 3	0.001 0	0.000	
3	0.171 1	0.188 2	0.502 2	0.043 6	0.547 6	0.237 8	0.048	
4	0.030 0	0.053 3	0.032 8	0.304 0	0.020 9	0.040 5	0.009	
5	0.005 5	0.001 7	0.000 2	0.000 9	0.004 4	0.004 3	0.008 5	
6	0.023 4	0.042 9	0.051 2	0.028 1	0.043 8	0.120 7	0.067 9	0
7	0.013 2	0.015 1	0.037 0	0.015 6	0.035 3	0.017 3	0.004 2	0.02
8	0.015 3	0.050 0	0.031 4	0.064 1	0.059 7	0.152 9	0.235 4	0.206 8

注：1~8 的产业部门编号依次是指农林牧渔业、采掘业、制造业、燃气及水的供应业、建筑业、物流业、批发和零售业、其他第三产业

将表 4-10 中各产业部门的直接消耗系数由大到小排列，得到京津冀区域 8 个产业部门直接消耗系数排序，表 4-11 列出了京津冀区域 8 个产业部门的直接消耗系数排序，其中，百分数表示各产业部门直接消耗另一产业部门产品数量占直接消耗全部产业部门产品量的比重，即对另一产业部门的依赖程度。根据表 4-11 可以分析京津冀区域物流业对其他产业部门的直接消耗关系和京津冀其他产业部门对物流业的直接消耗关系。

表 4-11　京津冀区域 8 个产业部门的直接消耗系数排序

产业部门	农林牧渔业		产业部门	采掘业	
	直接消耗系数	占比/%		直接消耗系数	占比/%
制造业	0.171 1	39.07	制造业	0.188 2	37.07
农林牧渔业	0.166 9	38.11	采掘业	0.155 0	30.53
燃气及水的供应业	0.030 0	6.85	燃气及水的供应业	0.053 3	10.50
物流业	0.023 4	5.34	其他第三产业	0.050 0	9.85
批发和零售业	0.015 3	3.49	物流业	0.042 9	8.45
其他第三产业	0.013 2	3.01	批发和零售业	0.015 1	2.97
采掘业	0.012 5	2.85	建筑业	0.001 7	0.33
建筑业	0.005 5	1.26	农林牧渔业	0.001 5	0.30

续表

产业部门	制造业		产业部门	燃气及水的供应业	
	直接消耗系数	占比/%		直接消耗系数	占比/%
制造业	0.502 2	64.99	燃气及水的供应业	0.304 0	43.35
采掘业	0.081 7	10.57	采掘业	0.245 0	34.94
物流业	0.051 2	6.63	其他第三产业	0.064 1	9.14
批发和零售业	0.037 0	4.79	制造业	0.043 6	6.22
农林牧渔业	0.036 2	4.68	物流业	0.028 1	4.01
燃气及水的供应业	0.032 8	4.24	批发和零售业	0.015 6	2.22
其他第三产业	0.031 4	4.06	建筑业	0.000 9	0.13
建筑业	0.000 2	0.03	农林牧渔业	0.000 0	0.00
产业部门	建筑业		产业部门	物流业	
	直接消耗系数	占比/%		直接消耗系数	占比/%
制造业	0.547 6	73.58	制造业	0.237 8	40.20
其他第三产业	0.059 7	8.02	其他第三产业	0.152 9	25.85
物流业	0.043 8	5.89	物流业	0.120 7	20.41
批发和零售业	0.035 3	4.74	燃气及水的供应业	0.040 5	6.85
采掘业	0.028 3	3.80	批发和零售业	0.017 3	2.92
燃气及水的供应业	0.020 9	2.81	农林牧渔业	0.017 0	2.87
建筑业	0.004 4	0.59	建筑业	0.004 3	0.73
农林牧渔业	0.004 2	0.56	采掘业	0.001 0	0.17
产业部门	批发和零售业		产业部门	其他第三产业	
	直接消耗系数	占比/%		直接消耗系数	占比/%
其他第三产业	0.235 4	62.59	制造业	0.207 2	40.30
物流业	0.067 9	18.05	其他第三产业	0.206 8	40.23
制造业	0.048 6	12.92	燃气及水的供应业	0.030 8	5.99
燃气及水的供应业	0.009 9	2.63	物流业	0.025 5	4.96
建筑业	0.008 5	2.26	批发和零售业	0.022 3	4.34
批发和零售业	0.004 2	1.12	建筑业	0.012 2	2.37
农林牧渔业	0.001 4	0.37	农林牧渔业	0.008 9	1.73
采掘业	0.000 2	0.05	采掘业	0.000 4	0.08

直接消耗系数反映的是某产业部门与其他相关产业部门之间直接依赖程度的高低，直接消耗系数越大，表明该产业部门对其他产业部门的直接依赖程度越高、对其他产业部门的拉动作用越大。由表 4-11 可知，京津冀区域物流业要生产 1 个单位物流业的产品，需要直接消耗制造业 0.237 8 个单位的产品、其他第三产业 0.152 9 个单位的产品、物流业 0.120 7 个单位的产品、燃气及水的供应业 0.040 5 个单位的产品、批发和零售业 0.017 3 个单位产品、农林牧渔业 0.017 0 个单位的产品、建筑业 0.004 3 个单位的产品、采掘业 0.001 0 个单位的产品，分别占京津冀区域物流业直接消耗总量的 40.20%、25.85%、20.41%、6.85%、2.92%、2.87%、0.73%、0.17%。可以看出，京津冀区域物流业对制造业、其他第三产业和本部门

的依赖程度较高，而对建筑业和采掘业的依赖很不明显。究其原因炼焦煤气及石油加工业提供燃料和动力，需要机械设备制造业提供备等，因此，物流业对制造业的依赖程度最高；此外，物流业还需资金投入和物流业自身的支持，所以对其他第三产业和本部门的依赖

从表 4-11 还可以看出，农林牧渔业、采掘业、制造业、燃气及建筑业、物流业、批发和零售业、其他第三产业每生产 1 个单位产品直接消耗物流业 0.023 4 个单位的产品、0.042 9 个单位的产品、0.051产品、0.028 1 个单位的产品、0.043 8 个单位的产品、0.120 7 个单位的个单位的产品、0.025 5 个单位的产品，分别占本产业部门直接消耗5.34%、8.45%、6.63%、4.01%、5.89%、20.41%、18.05%、4.96%。物流业、批发和零售业生产 1 个单位产品需要直接消耗物流业产品所占这两个产业部门对物流业依赖程度较高；而燃气及水的供应业、其他物流业的依赖程度较低，它们生产 1 个单位产品需要直接消耗物流业产品例较少。因此，京津冀区域其他产业部门对物流业具有高低不同的依赖程度着京津冀区域物流与区域经济的协同发展，其他产业部门对物流业的依赖程度越来越高。

通过以上分析可知，京津冀区域物流业的发展对京津冀区域制造业、其他第三产业和物流业的拉动作用很明显，对其他产业部门的拉动作用还不高。京津冀区域物流业的发展仍然是一种内生式的发展模式，受其他产业部门发展的带动作用较小。

2. 中间投入率分析

中间投入率反映的是某产业部门生产单位产品而需要消耗其他产业部门的中间产品的比重，中间投入率越高，表明该产业部门的附加价值越低、对其他产业部门的带动力越高。根据式（4-19）可以计算出京津冀区域 8 个产业部门的中间投入率，表 4-12 列出了京津冀区域 8 个产业部门的中间投入率。由表 4-12 可知，制造业、建筑业、燃气及水的供应业、物流业的中间投入率均较大，显著高于 0.5，说明它们属于“低附加值、高带动力”的产业；而其他第三产业、采掘业、农林牧渔业、批发和零售业的中间投入率较小，处于 0.376 1~0.514 1，说明这四个部门属于“高附加值、低带动力”的产业。

表 4-12　京津冀区域 8 个产业部门的中间投入率

农林牧渔业	采掘业	制造业	燃气及水的供应业	建筑业	物流业	批发和零售业	其他第三产业
0.437 9	0.507 7	0.772 7	0.701 3	0.744 2	0.591 5	0.376 1	0.514 1

全消耗系数分析

全消耗系数反映的是某产业部门与其他相关产业部门之间完全依赖程度的完全消耗系数越大，表明该产业部门对其他产业部门的完全依赖程度越高、他产业部门的拉动作用越大。根据式（4-20）可以计算出京津冀区域 8 个产门的完全消耗系数，表 4-13 列出了京津冀区域 8 个产业部门的完全消耗系数。将表 4-13 中 8 个产业部门的完全消耗系数由大到小排列，得到京津冀区域各产部门完全消耗系数排序，表 4-14 列出了京津冀区域 8 个产业部门的完全消耗系数排序，其中，百分数表示各产业部门完全消耗另一产业部门产品数量占完全消耗全部产业部门产品量的比重，即对另一产业部门的完全依赖程度。

表 4-13　京津冀区域 8 个产业部门的完全消耗系数

产业部门	1	2	3	4	5	6	7	8
1	0.227 5	0.034 6	0.108 1	0.026 5	0.072 7	0.063 3	0.023 4	0.047 0
2	0.100 6	0.288 8	0.273 9	0.486 7	0.211 2	0.119 6	0.052 5	0.100 9
3	0.558 0	0.644 0	1.340 6	0.480 0	1.407 8	0.801 6	0.351 0	0.694 3
4	0.096 6	0.145 3	0.156 2	0.515 2	0.136 9	0.135 0	0.059 0	0.108 9
5	0.009 0	0.005 6	0.005 8	0.006 1	0.010 0	0.010 4	0.014 0	0.018 2
6	0.079 7	0.115 0	0.171 5	0.111 8	0.163 4	0.210 2	0.116 0	0.094 9
7	0.043 8	0.052 1	0.102 6	0.056 3	0.102 4	0.062 9	0.029 8	0.062 1
8	0.089 1	0.157 4	0.188 7	0.211 6	0.219 5	0.304 3	0.351 6	0.342 5

注：1~8 的产业部门编号依次是指农林牧渔业、采掘业、制造业、燃气及水的供应业、建筑业、物流业、批发和零售业、其他第三产业

表 4-14　京津冀区域 8 个产业部门的完全消耗系数排序

产业部门	农林牧渔业		产业部门	采掘业	
	直接消耗系数	占比/%		直接消耗系数	占比/%
制造业	0.558 0	46.33	制造业	0.644 0	44.64
农林牧渔业	0.227 5	18.89	采掘业	0.288 8	20.02
采掘业	0.100 6	8.35	其他第三产业	0.157 4	10.91
燃气及水的供应业	0.096 6	8.02	燃气及水的供应业	0.145 3	10.07
其他第三产业	0.089 1	7.40	物流业	0.115 0	7.97
物流业	0.079 7	6.62	批发和零售业	0.052 1	3.61
批发和零售业	0.043 8	3.64	农林牧渔业	0.034 6	2.40
建筑业	0.009 0	0.75	建筑业	0.005 6	0.39

[71]谭显东，单葆国，徐敏杰. 基于投入产出法的中长期电力需求模拟[J]. 中国电力，2010，43（1）：1-4.
[72]张建文，李翔，张鹤达. 经济视角下未成年人生命价值动态计算与研究[J]. 人口与经济，2011，（4）：90-94.
[73]成定平. 扩大消费和出口的产业结构调整方向——基于动态投入产出模型的分析[J]. 经济学家，2011，（5）：36-41.
[74]张晓娣. 公共教育投资与延长人口红利——基于人力资本动态投入产出模型和 SAM 的预测[J]. 南方经济，2013，（11）：17-26.
[75]许月云，吴玉珊，陈霞明，等. 基于投入产出法的福建省体育产业与区域经济关联性和波及性研究[J]. 中国体育科技，2012，48（3）：113-121.
[76]张男星，孙继红. 投入产出法在高校绩效评价中的运用[J]. 高教发展与评估，2012，28（2）：21-25.
[77]王世进. 基于投入产出模型的江苏外贸隐含碳测算分析[J]. 企业经济，2015，（5）：143-147.
[78]郑礼，戴颖，韩维. 基于投入产出表的京津冀产业对接研究[J]. 天津经济，2015，（10）：11-14.
[79]司增绰. 我国研究与试验发展业综合发展能力评价研究——基于产业投入产出法的实证分析[J]. 中国软科学，2015，（7）：158-169.
[80]张丽娜. 基于国际投入产出关系的国内消费行业就业带动效率[J]. 人口与经济，2016，（1）：78-88.
[81]刘笑瑜，刘亚清，欧阳红兵. 基于交叉熵方法的中国基础经济结构实证研究[J]. 经济经纬，2016，33（1）：25-29.
[82]苏立君. 服务业与工业产业关联的国际比较分析——基于劳动价值论和投入产出分析框架[J]. 经济学家，2016，（11）：97-104.
[83]李冠霖. 我国物流业的投入产出分析[J]. 中国流通经济，2001，（6）：15-18.
[84]黄福华，谷汉文. 我国物流产业发展的经济学分析[J]. 财贸经济，2005，（2）：79-81.
[85]阮君，郑珍远. 福建省现代物流产业发展的投入产出分析[J]. 统计与信息论坛，2006，21（3）：72-76.
[86]楚岩枫，刘思峰. 我国物流产业发展的投入产出研究[J]. 企业经济，2007，（12）：70-72.
[87]宋则，常东亮. 现代物流业的波及效应研究[J]. 商业经济与管理，2008，（1）：3-9.
[88]蹇令香，许贵斌. 我国物流业对国民经济贡献率衡量的比较研究[J]. 大连海事大学学报，2004，30（3）：48-51.
[89]邵扬，梁亮，张屹山. 基于投入产出的物流产业与其他产业的关联度分析[J]. 长春理工大学学报（社会科学版），2009，22（3）：395-402.
[90]刘丹，王健. 基于投入产出分析的福建省物流业发展对策研究[J]. 中国流通经济，2010，（11）：49-52.
[91]张江华，李晓晨. 我国物流业的投入产出分析研究[J]. 社会科学辑刊，2010，（5）：118-120.
[92]钱廷仙，戴德颐. 物流业与国民经济投入产出关系研究[J]. 物流技术，2012，31（9）：268-271.
[93]李晔，陶瑾. 区域物流产业投入产出分析[J]. 工业技术经济，2012，（4）：22-27.
[94]黄胜潮，张斐斐. 京津冀物流业的投入产出分析[J]. 中国集体经济，2013，（1）：108-110.
[95]侯祥鹏. 基于投入产出法的我国省际物流业发展比较——以物流大省为例[J]. 中国流通经济，2013，（1）：48-54.
[96]刘爽. 我国物流业与国民经济协调发展研究[D]. 中南大学博士学位论文，2010.
[97]李桄. 河北省三次产业之间的投入产出分析[J]. 企业导报，2011，（17）：166-167.

[98]陈倩，汪传旭. 基于产业关联模型的物流与金融协同发展实证分析[J]. 商业经济研究，2015，（24）：43-45.
[99]邵扬. 物流业对中国经济增长的影响研究[D]. 吉林大学博士学位论文，2009.
[100]朱宗尧. 上海现代信息服务业发展研究[D]. 东华大学博士学位论文，2012.
[101]李哲. 京津冀区域产业关联程度分析[J]. 统计与管理，2009，（2）：62-64.
[102]李善同，钟思斌. 我国产业关联和产业结构变化的特点分析[J]. 管理世界，1998，（3）：61-68.
[103]吴三忙. 产业关联与产业波及效应研究——以中国旅游业为例[J]. 产业经济研究，2012，（1）：78-86.
[104]冯云. 物流业与中国经济发展关系的实证分析[J]. 统计与决策，2008，（5）：146-149.
[105]孙寿亮. 物流业与金融业的协同发展机制研究[D]. 北京交通大学博士学位论文，2008.

第 5 章　京津冀区域物流与区域经济协同发展实证研究

本章首先阐述京津冀协同发展的历程、重要性与可行性以及空间发展格局。其次基于区域物流发展指标体系构建原则，建立京津冀区域物流发展指标体系，采用层次分析法选取衡量京津冀区域物流发展的主要指标。以此为基础，构建京津冀区域物流与区域经济的灰色控制模型，分析京津冀区域物流与区域经济之间的增长弹性。最后构建京津冀区域物流与区域经济的协同发展模型，对京津冀区域物流与区域经济的协同发展关系进行实证研究。

5.1　京津冀协同发展概况

5.1.1　京津冀协同发展历程

京津冀协同发展并不是一个全新的概念，早在 20 世纪 80 年代相关部门与地区就已经展开了相关的探索。1982 年，北京市出台的《北京城市建设总体规划方案》中首次提出“首都圈”的概念，并将“首都圈”划分为内圈和外圈，内圈包括北京、天津、唐山、廊坊和秦皇岛等五市，外圈包括承德、张家口、保定和沧州等四市[1]。1986 年，时任天津市市长李瑞环提出了环渤海区域合作问题，京津冀区域经济概念随之提出[2]。在他的倡导下，环渤海地区 15 个城市和地区共同设立了“环渤海地区经济联合市长联席会”，最初的地区包括天津、秦皇岛、唐山、沧州等津冀地区，以及辽宁省和山东省的一些城市。随着联席会的召开，河北省的一些城市，如承德、邢台、石家庄、廊坊、安阳、聊城、保定、邯郸、渡阳等相继加入其中。此外，联席会逐步向山西、内蒙古等内陆地区发展，消除了地区之间的行政壁垒，一定程度上降低了地方保护主义，促进了区域经济的共同进步。1992 年，党的十四大报告中提出了加速环渤海湾地区开放和开发的发展思路。1996 年，河北省全面实施了“两环开放带动战略”，合作的内容由原来的简单物质交换延伸到技术合作、资本联合、资源优化配置等方面，但是京津冀地区合作的进程缓慢[3]。

2004 年以后，京津冀区域合作转入政府实质性操作阶段[4]。2004 年 2 月，国家发展和改革委员会主持的京津冀区域经济发展战略研讨会在河北省廊坊市召开，北京市、天津市、河北省达成“廊坊共识”，正式确定“京津冀一体化”发展思路，强调产业布局的整体协调，统筹区域一体化的各项合作。2004 年 11 月，国家发展和改革委员会正式启动京津冀都市圈区域规划编制工作，京津冀都市圈地跨北京、天津两个直辖市及河北省的石家庄、保定、唐山、秦皇岛、廊坊、沧州、张家口、承德等 8 个地级市。2005 年 3 月，国家批复《环渤海京津冀地区城际轨道交通网规划（2005—2020 年）》，建设以北京市为中心，以北京、天津两市为主轴，以石家庄、秦皇岛两市为两翼的城际轨道交通网络，覆盖京津冀三地区的主要城市，基本形成了以北京市、天津市为中心的“两小时交通圈”。2006 年 11 月，河北省委六届十一次全会提出了用 15 年的时间将河北省建成沿海经济社会发展强省，并将推进沿海地区开发开放、培育沿海经济隆起带作为建设沿海经济社会发展强省的突破口。

2008 年以后，京津冀三地区领导互访频繁、合作加强。2008 年 11 月，时任河北省代省长的胡春华带领河北省党政领导代表团赴天津市考察，双方签署了《关于加快经济与社会发展合作备忘录》，拟在携手打造沿海经济隆起带、加快产业转移和对接、联合建设现代化综合交通运输体系以及加强水资源和生态环境保护、金融、科技和人才、农业、旅游、劳务、口岸通关、教育、卫生事业等 12 个方面加强合作。2008 年 12 月，胡春华带领河北省党政领导代表团赴北京，双方签署了《北京市人民政府河北省人民政府关于进一步深化经济社会发展合作的会谈纪要》，重点加强 10 个方面的合作，包括区域交通基础设施建设、水资源和生态环境保护合作、农业、旅游、教育、金融商贸、劳务市场、电力开发、建筑市场、共同推进张家口与承德地区发展。

2009 年 6 月，时任中共中央政治局委员、天津市委书记的张高丽带领天津市党政代表团到河北省考察。2010 年 7 月，时任中共中央政治局委员、北京市委书记的刘淇带领北京市党政代表团赴河北省考察，双方签署了《北京市—河北省合作框架协议》。2010 年 10 月，河北省政府正式出台《关于加快河北省环首都经济圈产业发展的实施意见》，从规划体系等 6 个方面启动了与北京市的“对接工程”。2011 年 1 月，国家发展和改革委员会启动首都经济圈的规划和编制工作。同年 3 月，京津冀一体化发展、首都经济圈、河北省沿海地区发展写入了国家“十二五”

发展规划，成为国家战略。

2013 年以来，习近平总书记高度关注并推动京津冀协同发展。2013 年 5 月，习近平总书记到天津考察工作时，指出要谱写新时期社会主义现代化的京津“双城记”，积极推进京津冀区域合作，促进优势互补、共赢发展。随后，天津市、北京市的党政主要领导人分别带队到河北省，分别签署了《天津市河北省深化经济与社会发展合作框架协议》和《北京市—河北省 2013 至 2015 年合作框架协议》。天津市和河北省在推进区域一体化进程、完善交通网络体系、深化港口物流合作、提高水资源保障能力、推动产业转型升级、加强科技研发合作、加强农副产品对接、加快旅游会展融合、拓宽金融合作领域、建立合作协调机制等 10 个方面进一步深化合作[5]。北京市和河北省在着力打造首都经济圈、共司推进北京新机场建设、共同促进首钢在唐山做大做强、全面开展科技创新和成果转化合作、共同创建区域优美环境、共同深化服务业合作、支持张家口承德地区产业发展等方面开展合作。2013 年 8 月，习近平总书记等中央领导对河北省的发展做出批示，要求将河北省的未来发展与环渤海地区崛起、京津冀协同发展有机结合起来，充分利用毗邻北京、天津两市的相对比较优势，充分挖掘河北省现有的潜力，形成新的经济增长极。此后，习近平多次就京津冀协同发展做出重要指示，强调要解决好北京市发展问题，必须将其纳入京津冀和环渤海经济区的战略空间加以考量，同时，天津市、河北省要实现更好发展，也需要结合北京市的发展一起来考虑[6]。

2014 年 2 月，习近平总书记专门听取了京津冀协同发展专题汇报，并深刻阐释了推动京津冀协同发展的重大意义，明确提出了京津冀协同发展的指导思想、基本原则、总体思路和重大任务，首次将京津冀协同发展问题上升到国家战略层面。中共中央政治局于 2015 年 4 月审议通过了《京津冀协同发展规划纲要》，标志着京津冀协同发展正式上升为国家重大战略。

5.1.2　京津冀协同发展的重要性与可行性

京津冀协同发展不仅是北京市、天津市、河北省三地区自身发展的需要，也是中国积极参与国际竞争、促进区域协同发展的战略需要，更是中国构建国际中心区域、体现党执政水平的内在需要。因此，京津冀协同发展是京津冀区域转型升级的最终目标[7]。

1. 京津冀协同发展的重要性

1）京津冀协同发展是打造中国面向国际发展新引擎的客观需要

从世界经济发展趋势来看，世界经济增长的重心已经转向亚太地区，中国将成为亚洲的引领者和全球价值链网络的中心。从中国经济发展趋势来看，经过改革开放三十多年的发展，经济发展的趋势已从南向北推移，渤海湾成了开放的重点，河北省沿海地区发展规划上升为国家战略，京津冀区域将成为中国经济的重要增长极。在中国的经济贡献力中，北京市、天津市和河北省三地之和的贡献很大。在功能上，京津冀区域可以发挥多种功能，如经济、政治、文化、科技、教育、经济、生态、文明等。北京、天津两市的一般经济功能就顺理成章应转移、布局到河北省及其他近距北京、天津两市的省份，转而承担一个国际性都市圈的应有功能。

2）京津冀协同发展是实现中华民族伟大复兴的中国梦的客观需要

以习近平同志为核心的党的新一代中央领导集体，号召继续把中国特色社会主义事业推向前进，为实现中华民族伟大复兴的中国梦而努力奋斗。中国梦具有引领中国发展和推动世界发展的双重价值，展示了当代中国的崭新形象，首都都市圈必将成为展示中国形象的第一窗口，京津冀协同发展是实现中国梦的应有之义与必然要求。综观古今，无论是中华文明的汉唐长安、北宋开封和明清北京，还是当前世界的英国伦敦、法国巴黎、日本东京，首都地区都是展现国家形象的核心区域。因此，中国必须不断提升以京津冀区域为核心的首都都市圈的凝聚力、辐射力、吸引力、影响力，在功能定位、城市布局、产业安排、生态环境、城乡统筹等方面走在全国的前列，塑造良好国家形象，增强综合国力和竞争力。

3）京津冀协同发展是我们党向世界证明执政能力与水平的客观需要

中国经济发展到今天，需要有一个比肩发达国家首都圈的更高层次的国际性中心地区，我们的党是先进的党、优秀的党，推动京津冀协同发展是我们党向世界证明执政能力与水平的重大机遇、历史任务和必然选择。

2. 京津冀协同发展的可行性

1）京津冀三地区协同发展的意愿日益强烈

随着京津冀协同发展日程的紧密编排以及国家和各领导人的高度重视，北京市、天津市、河北省三地区为了共同的利益已经联合起来。北京市意识到仅凭自己的力量做到面面俱到、面面第一是不现实的，北京市和天津市的协同发展必将是强强联合，两个直辖市的经济能够相互促进、相互补充。天津市将一改竞争的势头，利用北京市的便捷条件和自身的区位优势，提升自身和京津冀区域整体的竞争力，服务于全国。河北省协同北京、天津两市的想法由来已久，在最初提出首都经济圈时，北京、天津两市并没有表现出河北省积极的态度，河北省在全国的经济发展并没有突出的成绩，虽然毗邻首都，但一直没有相关政策的扶持。所以，京津冀协同发展的国家战略的提出，河北省的受益将不亚于北京、天津两市，河北省的经济发展将会实现质的飞跃。

2）京津冀协同发展有优秀经验可以借鉴

长江三角洲和珠江三角洲的发展是典型的城市群之间的联合，其中，长江三角洲与京津冀区域最为相近。长江三角洲以上海市为核心、江浙为两翼，是我国第一大经济区，更是国际上公认的六大世界级城市群之一。在长三角经济区中，上海市处于绝对的领导地位，有着明显的政治与经济的带动力，带领着江苏、浙江两省迅速发展。另外，明确的分工也是其飞速发展的原因，上海市因其卓越的经济优势重点发展技术密集型产业，浙江省由于其历史性主要发展劳动密集型产业，而江苏省相对于其他两省其发展较为平衡，劳动、资本、技术密集型企业均得到发展。这样，三地区难免会出现产业的重合，但是它们并没有出现相互竞争的局面，而是实现了资源的互补和规模的集聚。相比于长江三角洲的发展，京津冀区域协同发展的首要任务就是减少内部的不良竞争，提高北京市的龙头地位，规划实现各方的分工，降低天津市、河北省两地区不必要的重复功能[8]。

5.1.3　京津冀协同发展空间格局

2015 年，国家提出了京津冀协同发展的战略框架，将京津冀协同发展确定为国家重大发展战略，并颁布了一系列针对京津冀区域的规划与措施。中共中央政治局于 2015 年 4 月发布《京津冀协同发展规划纲要》，同年 12 月，又颁布了《京津冀协同发展交通一体化规划》和《京津冀协同发展生态环境保护规划》。这些规划与措施的颁布表明，京津冀区域的协同发展已进入提速发展期，京津冀区域将成为我国区域经济增长的第三极。

《京津冀协同发展规划纲要》提出，京津冀协同发展战略的核心是有序疏解首都非核心功能，要在京津冀交通一体化、生态环境保护、产业升级转移等重点领域率先取得突破，促进区域协调发展，形成新增长极。因此，京津冀协同发展的核心是京津冀三地区作为一个整体协同发展，是以疏解北京市的非首都核心功能、解决北京市的“大城市病”为基本出发点，优化京津冀地区城市布局和空间结构，建立京津冀协同发展的新格局。根据《京津冀协同发展规划纲要》，未来京津冀三省市定位分别为：北京市为“全国政治中心、文化中心、国际交往中心、科技创新中心”；天津市为“全国先进制造研发基地、北方国际航运核心区、金融创新运营示范区、改革开放先行区”；河北省为“全国现代商贸物流重要基地、产业转型升级试验区、新型城镇化与城乡统筹示范区、京津冀生态环境支撑区”。

空间布局是京津冀功能定位在空间上的具体体现，也是优化资源配置、实现协同发展的重要基础。京津冀区域的整体定位则是“以首都为核心的世界级城市群、区域整体协同发展改革引领区、全国创新驱动经济增长新引擎、生态修复环境改善示范区”。京津冀区域的整体定位确定了“功能互补、区域联动、轴向集聚、节点支撑”的布局思路，明确了以“一核、双城、三轴、四区、多节点”为骨架，推动有序疏解北京非首都功能，构建以重要城市为支点，以战略性功能区平台为载体，以交通干线、生态廊道为纽带的网络型空间格局。

“一核”即指北京市。把有序疏解北京市非首都功能、优化提升首都核心功能、解决北京“大城市病”问题作为京津冀协同发展的首要任务。“双城”是指北京、天津两直辖市，这是京津冀协同发展的主要引擎，要进一步强化京津联动，全方位拓展合作广度和深度，加快实现同城化发展，共同发挥高端引领和辐射带动作用。“三轴”是指京津、京保石、京唐秦三个产业发展带和城镇聚集轴，这是支撑京津冀协同发展的主体框架。“四区”分别是中部核心功能区、东部滨海发展区、南部功能拓展区和西北部生态涵养区，每个功能区都有明确的空间范围和发展重点。“多节点”包括石家庄、唐山、保定、邯郸等区域性中心城市和张家口、承德、廊坊、秦皇岛、沧州、邢台、衡水等节点城市，重点是提高其城市综合承载能力和服务能力，有序推动产业和人口聚集。同时，立足于三省市比较优势和现有基础，加快形成定位清晰、分工合理、功能完善、生态宜居的现代城镇体系，走出一条绿色、低碳、智能的新型城镇化道路。

5.2 京津冀区域物流发展指标体系构建

5.2.1 层次分析法

1. *层次分析法简介*

人们在对社会、经济以及管理领域的问题进行系统分析时，面临的往往是一个由相互关联、相互制约的众多因素构成的复杂系统。层次分析法则为研究这类复杂系统提供了一种简洁、实用的决策方法[9]。层次分析法是美国运筹学家 Saaty 于 20 世纪 70 年代初提出的，是一种解决多目标复杂问题的定性与定量相结合的决策分析工具[10~13]。它视一个复杂的多目标决策优化问题为一个系统，将目标分解为多个目标或准则，进而分解为多指标或因素组成的若干层次，通过定性指标的量化方法计算出各层次指标或因素的权重，作为多目标优化问题解决方案的决策依据。层次分析法作为多目标、多准则标准下复杂问题分析的有效工具，具有其独特的优点[14, 15]。

1）原理简单

利用层次分析法进行决策时，输入信息主要是决策者的选择与判断，决策过程充分反映决策者对问题的认识。此外，层次分析法以实验心理学和矩阵论为基础，原理清晰、简明，容易掌握，使得以往的决策者和决策分析者难以沟通的状况在一定程度上得到改善。在大多数情况下，决策者直接使用层次分析法进行决策，这很大程度上增加了决策的有效性。

2）实用性和灵活性

大部分复杂的决策问题都同时含有许多定性与定量因素，层次分析法满足了决策者对这类决策问题的决策的需要，不仅能进行定量分析，也可进行定性分析。层次分析法充分利用人的经验和判断，采用相对标度对有形与无形、可定量与不可定量的因素进行统一测度，能把决策过程中定性与定量因素有机结合。此外，层次分析法也是一种最优化技术，它改变了最优化技术只能处理定量问题的传统观念。

3）系统性

决策的方式之一是将问题看做一个系统，在研究系统各组成部分相互关系及系统所处环境的基础上进行决策，即系统方式。对于复杂问题，系统方式是一种有效的决策思维方式，相当广泛的一类系统具有递阶层次形式，而层次分析法恰好反映了这类系统的决策特点，可以将复杂的问题转化为诸多具有结构和层次关系的简单问题求解，并且可以进行扩展以研究更为复杂的系统。

2. 我国学者对于层次分析法的应用研究

由于具有上述优点，层次分析法在我国多个领域获得了广泛的关注与应用，成为社会、经济系统决策中的重要手段。目前，层次分析法已在工程计划、能源分析、行为科学、资源分配、城市规划、经济管理、科研评价等众多领域得到应用[16~18]。

杨忠振和邬珊华[19]认为人居生活质量的主要影响要素应包括产业及经济水平、交通可达性、居住条件、环境质量和生态质量五大类，据此构建了城市人居生活质量评价体系，通过问卷调查明确了各影响要素的相对重要性，并基于层次分析法计算了评价体系层次中各指标在本层次中的权重以及对总目标的权重，结果表明，城市内交通可达性已成为影响人居生活质量最重要的因素，因而若要改善居民生活质量，城市管理者应该首先改善居民出行的可达性，尤其要提高居民通勤和购物出行的可达性。韩建飞和宗刚[20]利用复杂网络理论对高速公路网络不同属性路段节点进行聚类，构建了高速公路运营效率的评价指标体系，以山西省高速公路网为例，采用层次分析法确定各指标层的权重，进行一致性检验得出评价指标的综合权重，并结合综合权重以及山西省高速公路 2008~2010 年运营数据，通过对不同属性路段进行灰色综合评价分析，发现连接较多节点路段较之于连接较少节点路段具有更高的运营效率，在复杂高速公路网络中，少数节点不仅具有较多连接，而且其实际运营过程的效率也高于具有较少连接的大多数节点路段。魏博通和王圣云[21]利用层次分析法对2010年中部六省的经济发展质量进行了综合评价和比较分析，结果发现：湖北省的经济发展质量居于第一位，山西省次之，湖南省第三，安徽省、江西省、河南省分列第四至六位；各省在经济发展、居民生活水平、教育、技术创新、环境保护等五个方面的表现是不均衡的，有些方面的发展相对领先，有些方面的发展则相对滞后；针对经济发展中存在的问题，中部六省应加大教育投入和技术创新力度，在推进工业化和城市化的同时注重环境保护和提高居民生活水平，这是提高中部六省经济发展质量的重要保障。

辛永容[22]基于国内外有关软实力的研究文献，考虑到软实力指标之间的交互影响、指标的数据获取和量化等因素，构建了包括三级指标的区域软实力评价指标体系，并利用网络层次分析法对江苏省的软实力进行评价，发现江苏省的综合软实力排名为全国第二；基于评价结果，提出了强化江苏省综合软实力的相应措施，包括进一步强化各类传媒的扩散作用、完善公共服务体制以及优化投资和居住环境等。周刚和李小巍[23]基于对相关专家进行咨询、参阅资料以及进行问卷调查，构建了一个比较全面的绩效评估指标体系，在此基础上利用粒子群算法优化的层次分析法进行数据处理，建立了一个科学的绩效评估模型，通过对某高校国家重点实验室教师进行实际工作和业绩成果调查，应用所建立的评估模型对其进行实际工作绩效评估，评估结果证实了所建评估模型的合理性和可行性。何燕子[24]以湖南产业集群为例研究产业集群发展中的政府行为，引入了层次分析法和模糊综合评价法，对地方政府作用于产业集群发展行为的评价指标进行排序和评价，并量化研究了政府在产业集群中的作用，认为政府应根据产业集群类型的不同而创造不同的环境。杨伊等[25]基于压力-状态-响应框架模型，结合当前江西省低碳城市化发展的现状，从压力、状态、响应三个子系统构建了江西省低碳城市化发展的评价指标体系，采用层次分析法确定各指标权重，运用线性加权法计算2003~2012 年江西省低碳城市化发展综合评价指数值，并利用协调度函数测度发展协调状况。结果表明，江西省低碳城市化发展水平有一定提高，但水平提升有限；提升过程中压力-状态-响应三大系统间的协调度总体上有了明显的改善，不过还存在不均衡、不和谐的情况。结合研究结果，他们提出了调整升级产业结构、优化能源利用结构、规划城市低碳空间布局、建立完善低碳化建设的三方合作治理模式等对策建议。曾志坚等[26]基于综合服务能力、可持续发展能力、基础服务条件和孵化效益四个方面，构建科技企业孵化器评价指标体系，运用模糊层次分析法确定各指标的权重，实证结果表明，科技项目申报资助额、经营服务管理水平、高素质员工比例和科技创新基金年平均投入量是衡量科技企业孵化器运营绩效的重要指标。

张忻和万鹏飞[27]以学者的论文及其引文作为学者学术影响力的评价依据，以科学引文索引数据库为数据来源，以论文数量、期刊分区和影响因子以及论文被引次数作为评价指标，建立了学者学术影响力评价的层次分析模型，将定性评价与定量评价相结合，综合评价学者的学术影响力，取得了较为满意的结果。常文娟和熊元斌[28]以效力、效率和公平性为评价标准，运用层次分析法对旅游公共服务复杂的内容进行逐层分析，尝试性地建立了一套旅游公共服务评价指标体系，以武汉市为例进行实证分析，发现武汉市旅游公共服务总水平在 2004 年之后平稳提升，旅游公共服务效力水平、公平性水平及可持续性水平呈上升趋势，而旅游公共服务效率水平波动较大；指出确定旅游公共服务在旅游发展中的基础地位是提升旅游公共服务效力水平的关键，深化公共财政体制改革是保障旅游公共服务公平性及可持续性的重要方面，建立和完善旅游公共服务多元供给机制、改革现有公共服务体制是提高旅游公共服务效率的有效途径。张茂聪和杜文静[29]运用层次分析法构建了县域基础教育政策评估指标体系，该指标体系有效评估了县域基础教育政策中的教育经费政策、教师政策、教育质量政策、教育公平和满意度五个核心维度。刘国城和王会金[30]以信息系统审计风险为切入点，以层次分析法与熵权为关键方法，结合信息系统审计的运行环境，构建了“既定风险估值下”信息系统审计风险的评估模型与“不同风险等级下”信息系统审计风险的评估模型，以兴业银行南京某支行的信息系统审计实践为案例进行实证分析，并指出信息系统审计风险的递阶层次结构设计必须保证科学与全面，提出了信息系统审计风险评估的启示与建议。杨艳琳和翟超颖[31]选取中国 1990~2012 年城镇化质量和就业质量的相关数据，运用层次分析法、扩展的迪基–富勒（augmented Dickey-Fuller，ADF）检验、向量自回归模型和脉冲响应，分析中国城镇化质量与就业质量之间的关系，结果表明：中国的城镇化质量不断提升，但是经济城镇化快于土地城镇化、人口城镇化、社会城镇化及生态城镇化；中国的就业质量也在提升，安全需求和社会尊重需求是提升就业质量的关键；就业质量与城镇化质量之间存在单向因果关系，城镇化质量的提升能够带动就业质量的提高，反之则这种关系不成立。为此，提出中国需要积极协调城镇化与就业质量之间的关系，在新型城镇化发展过程中实现更高质量的就业。高曼如等[32]从教学管理部门“面向对象的模块化动态学习环境”（modular object oriented dynamic learning environment，MOODLE）课程评价的实际需求出发，提出三维度视角的 MOODLE 课程评价模型并设计统一的指标评分算法，采用层次分析法确定各指标权重并将其应用于某学期的 MOODLE 课程评价，评价结果表明，提出的评价模型与课程的督导评分、班均成绩具有较高的吻合度。王淼等[33]提出了基于层次分析法的竞争性战略联盟稳定性评价体系，通过定性与定量分析相结合的研究方法，对影响竞争性战略联盟稳定性的因素进行分析，结合案例研究，验证测评了框架的可行性，确定了内外部影响因素对战略联盟稳定性的作用强度，并对竞争性战略联盟的稳定性进行评价，最终从战略思维培植、内外部环境分析、联盟伙伴的选择、核心竞争力构建、联盟信任及利益分配机制的完善等方面对提高战略联盟稳定性提出建议。程长林等[34]基于生态、教育、收入三个子系统，构建青藏高原社区牧民社会福利指数模型，并根据青藏高原社区畜牧业四个示范社区牧民基线调查结果，测算 2012~2014 年牧民参加社区畜牧业试点的社会福利变化。结果表明，四个示范社区牧民社会福利总体水平不断上升，但福利改进水平差异较大；各子系统福利指数中，夏河社区牧民生态福利最高，河南社区牧民教育和收入福利指数最高；墨竹工卡社区牧民生态福利相对较低，白玉社区教育福利和收入福利较低。以此为基础，提出了加强政策引导、科研技术支持、牧民培训以及扩宽青藏高原特色畜产品市场等促进青藏高原社区畜牧业发展的建议。

在物流分析方面，傅新平和邹珺[35]、李佑珍[36]、徐增堂和刘诚[37]、滕绍光[38]、张涛[39]、梁非坤[40]、李海洋等[41]分别将层次分析法应用于物流中心选址研究中，研究发现，层次分析法可以对物流中心进行合理的选址，但层次分析法过分依赖专家评估容易产生偏差，具有一定的局限性。刘欢欢等[42]针对蔬菜物流的现状，结合蔬菜的自然属性、经济价值、物流技术和配套设施、政策方针等蔬菜物流运作模式选择的影响因素，运用层次分析法对当前可供选择的蔬菜物流运作模式进行了评估，选出的最优模式为农业合作社—第三方物流企业—超市—消费者，认为农超对接是蔬菜物流发展的未来趋势。韩世莲等[43]运用模糊决策理论，将传统的层次分析法扩展为多人多准则的模糊层次分析法模型，并将其运用于物流中心的评价优选问题中，结果表明，与传统的评价方法和一般的模糊综合评判方法相比，多人多准则的模糊层次分析法模型考虑因素更为全面，可以更好地将专家知识集成到决策过程中，从而更加切合实际、更有灵活性。李旭宏等[44]提出了基于层次分析法和熵权法的区域物流发展竞争态势分析方法，在建立评价指标体系的基础上，综合利用层次分析法和熵权法给出指标权重，进而对区域物流综合竞争力进行评价，并从影响物流发展竞争力的优势、劣势、机遇、威胁四个侧面对竞争态势进行深入分析，最后提出区域物流发展的战略。王波等[45]综合分析了区域物流发展的关键成功因素，采用层次分析法制定了全面、合理的评价指标，并采用模糊等判断方法对天津地区的区域物流发展水平进行了研究评价，指出天津市物流发展总体上还处于起步后的发展期间，尚有较大发展空间。张敏等[46]提出了基于层次分析与数据包络分析的选址方法，将选址问题分成层次分析、数据包络分析评价及整数规划三部分，运用层次分析法充分考虑定性因素，并将候选点进行数据包络分析有效性排序，最后代入整数规划模型得到最终决策，算例结果证明，此方法能增强选址合理性，并降低决策的复杂度。范丽芳等[47]基于物流配送中心选址问题特点，将层次分析法和模糊综合评价法的优点有机融合，提出了模糊层次分析法，该方法将模糊评价法中的相对隶属度用于层次分析法中的多方案指标合成，提高了决策的效率，实例分析结果表明，该方法对于解决配送中心选址决策问题十分有效。

许国兵和张文杰[48]从顾客满意度的角度出发，构建了物流外包的满意度评价指标体系，提出了基于网络层次分析法的物流外包满意度评价方法，并通过实证案例证明了该方法的有效性和可行性。李奎刚等[49]在对物流企业问题定性诊断的基础上，运用层次分析法将其相关因素或指标转化为层次结构模型，构造判断矩阵，计算各个因素或指标相对于总目标的重要性权重，再将权重用鱼骨图的形式表示出来，该方法可以帮助物流企业更加清晰正确地掌握问题的关键因素、提出切实可行的方案并帮助企业实施。温惠英和沈毅贤[50]利用层次分析法对物流配送车辆导航进行路径规划求权，确定了道路权值需要综合考虑的各种道路与非道路的影响因素，在全面分析各影响因素的基础上，就各自特点对其进行量化和无量纲化处理，通过层次分析法计算出各影响因素组合权重，进而得到路径规划所需要的道路权值。应用结果表明，该方法简单实用，可用于实时的物流配送路径规划。于淼[51]基于规模经济理论的思想，利用德尔菲法和层次分析法，构建了符合规模经济要求的物流配送中心选址模型，并将该模型应用于物流配送中心选址中，结果表明，该模型既能确保物流中心满足本区域的物流需求量，又可通过对有物流服务需求的区域进行分块，减少物流服务中物流成本的重复计算，降低数据调查的难度与模型求解的难度。林敏和刘勇彪[52]针对林产品物流绩效评价指标体系，利用层次分析法来确定各评价指标的权重分配，以某地区为例计算出各指标的组合权重，由计算结果可以清晰地看出某地区林产品物流绩效评价的价值取向与工作的轻重缓急，该方法可以使林产品物流管理更加科学化、规范化。刘伟华等[53]在充分考虑物流服务供应链协调特性和物流服务供应链服务特性的基础上，设计了物流服务供应链综合绩效评价指标体系。通过应用实例证明，该方法能够克服评价因素之间的相关性，提高绩效评价的准确性。模糊层次分析法的应用，使物流园区的选址过程高效、合理，具有一定的实用性。周敏等[54]对物流行业客户满意度影响因素进行了分析，基于此建立了客户满意度评价指标体系，结合具体物流企业的问卷调查统计结果，利用可拓层次分析和模糊综合评价相结合的方法对客户满意度进行综合评价，并根据评价结果提出了相应的改进方案。胡永彪和程益宏[55]从系统工程的思想出发，分析了层次分析法和模糊评价法的特点，并针对企业物流配送中心选址问题，运用模糊层次分析法对物流配送中心的选址决策进行评价，实例分析结果表明，模糊层次分析法能够提高企业进行物流中心选址决策的效率。姚丹[56]在分析物流发展的主要影响因素基础上，结合三角模糊数和模糊层次分析法，提出了一个城市物流发展水平评价的赋权方法，并以实例加以验证，结果证明，利用三角模糊层次分析法确定城市物流发展评价的权重，可以克服单纯的主观或者客观赋权方法的局限性，能更加客观地评估城市物流发展现状。刘小兰和张悟移[57]基于已有研究成果和农产品物流特点，构建了农产品物流服务商评价指标体系，提出经济性、信息化水平和发展潜力等三个一级指标，在综合考虑服务商客观数据和农民主观偏好的基础上，采用数据包络分析–层次分析评价方法对物流服务商进行评价选择，并通过具体案例验证了该方法的适用性与可操作性。

3. *层次分析方法分析步骤*

层次分析方法用于解决复杂问题的基本思路是将决策问题按照总目标、子目标、评价标准、具体措施的顺序分解为不同的层次结构，然后通过求解判断矩阵特征向量的方法，求出每层次的各因素对上层次各因素的权重，最后以加权和的方法进行递阶排序，计算出各方案总目标的权重。因素越重要，其权重越大，权重值最大的方案即为最优方案。

运用层次分析法建模解决实际问题，大体上可按如下四个步骤进行。

步骤 1：递阶层次结构模型构建。

将决策问题中所包含的因素进行分类，每一类作为一个层次，按照从高到低的形式排列，构成一个各因素之间相互联结的递阶层次结构模型。在最简单的递阶层次结构模型中，层次结构分为目标层、准则层和方案层共三个层次，图 5-1 给出了递阶层次结构模型。

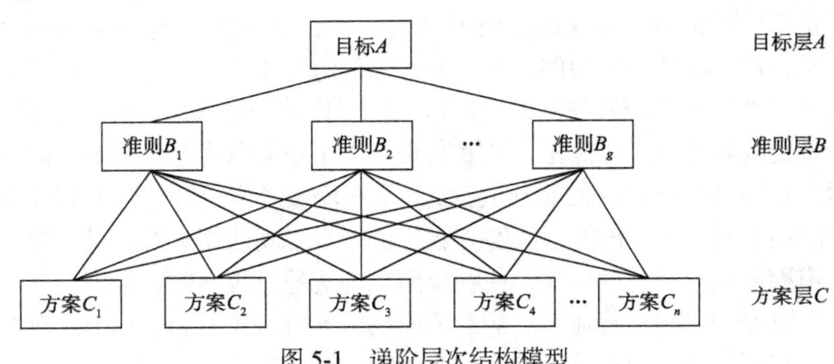

图 5-1 递阶层次结构模型

（1）目标层。

目标层次处于递阶层次结构的最高层，该层只有一个因素，一般是解决决策问题的总目标或预定结果。

（2）准则层。

准则层处于递阶层次结构的中间层，该层包含了与目标层相关性最大的因素，是实现决策问题总目标所涉及的中间环节。该层各因素的相对权重反映了该因素对决策目标的相对重要性。

（3）方案层。

方案层处于递阶层次结构模型的最底层，包含了实现决策目标的、可供选择的各种措施或决策方案等。类似的，该层的每个方案都是准则子层某一子因素的下一层子因素，方案层通过子准则层的各因素影响准则层，再通过准则层的各因素最终影响决策目标的实现。

实际应用中，在处理较为复杂的多目标决策问题时，影响决策目标的因素往往还可以细分为多个子因素，从而形成一个介于准则层和方案层之间的子准则层，子准则层中包含的各子因素通过影响上层因素间接影响决策目标[58]。另外，递阶层次结构模型中的层次数与问题的复杂程度及需要分析的详细程度有关，层次数一般不受限制。但是，每一层次中各因素所支配的因素过多会使两两比较判断的计算比较困难，故所支配的因素一般不要超过 9 个[59]。

步骤 2：两两比较判断矩阵构造。

递阶层次结构模型建立之后，层与层之间因素的隶属关系即被确定。层次分析法中得到的数据是根据各层因素之间的相对重要程度给出的判定数值，将它们用矩阵的形式表述出来即为判断矩阵。判断矩阵中各元素表示下一层因素对于上一层因素的相对重要程度。

设上一层因素 $B_l(l=1,2,\cdots,g)$ 为准则，所支配的下一层医素为 $C_i\left(i=1,2,\cdots,n\right)$，通过比较下一层因素 $C_i\left(i=1,2,\cdots,n\right)$ 对于准则 B_k 的相对重要性，得到一个两两比较判断矩阵：

$$\boldsymbol{D}=\left(d_{ij}\right)_{n\times n} \tag{5-1}$$

其中，d_{ij} 表示因素 C_i 和 C_j 相对于 B_l 的相对重要性，一般采用 1~9 比例标度法[60]为相对重要性赋值，如表 5-1 所示。

表 5-1　1~9 比例标度法

标度（d_{ij}）	含义
1	代表因素 i 与 j 同等重要
3	代表因素 i 比 j 略微重要
5	代表因素 i 比 j 比较重要
7	代表因素 i 比 j 十分重要
9	代表因素 i 比 j 绝对重要
2，4，6，8	代表各相邻判断的中间值

注：d_{ij} 表示因素 i 与 j 的相对重要性比值，则因素 j 与 i 的重要性比值为 $a_{ji}=1/d_{ij}$

判断矩阵 $\boldsymbol{D}$ 中所有元素均满足如下特征：

$$d_{ij}>0,d_{ij}=1/d_{ji},d_{ii}=1 \tag{5-2}$$

对于一个 n 阶判断矩阵来说，只需要给出其上（或下）三角的 $n\left(n-1\right)/2$ 个元素，即可进行判断。

步骤 3：层次单排序和一致性检验。

层次单排序是对每层中的因素进行排序，它是根据上一层因素的判断矩阵，计算出下一层因素对上一层因素的相对权重，再由权重值排列次序。计算相对权重的方法主要有几何平均法、算术平均法、特征向量法和最小二乘法[61]，本节采用特征向量法来计算每一层中各因素的相对权重，从而对每一层中的因素进行排序。

对于准则 $B_l(l=1,2,\cdots,m)$ 来说，它所支配的下一层因素 $C_i\left(i=1,2,\cdots,n\right)$ 的判断矩阵为 $\boldsymbol{D}$，下一层因素 $C_i\left(i=1,2,\cdots,n\right)$ 对于准则 B_l 的相对权重为 $\omega_i\ \left(i=1,2,\cdots,n\right)$，写成向量形式为 $\boldsymbol{W}=\left[\omega_1,\omega_2,\cdots,\omega_n\right]^{\mathrm{T}}$。

（1）权重向量的计算。

对判断矩阵 $\boldsymbol{D}$ 中的列向量作归一化处理，得到 $\boldsymbol{E}=\left(e_{ij}\right)_{n\times n}$，其中

$$e_{ij}=\frac{d_{ij}}{\sum_{l=1}^{n}d_{lj}},\quad i,j=1,2,3,\cdots,n \tag{5-3}$$

将归一化矩阵 $\boldsymbol{E}$ 的行向量元素相加，有

$$M_i=\sum_{j=1}^{n}e_{ij},\quad i,j=1,2,3,\cdots,n \tag{5-4}$$

对向量 $\boldsymbol{M}=\left[M_1,M_2,\cdots,M_n\right]^{\mathrm{T}}$ 进行归一化处理，得到相对权重为

$$\omega_i=\frac{M_i}{\sum_{j=1}^{n}M_j},\quad i,j=1,2,3,\cdots,n \tag{5-5}$$

（2）一致性检验。

按照式（5-6）计算判断矩阵 $\boldsymbol{D}$ 的特征根：

$$\boldsymbol{DW}=\lambda_{\max}\boldsymbol{W} \tag{5-6}$$

其中，$\lambda_{\max}$ 为 $\boldsymbol{D}$ 的最大特征根；$\boldsymbol{W}$ 为相应的特征向量。则一致性指标（consistency index，CI）的计算公式如下：

$$\mathrm{CI}=\frac{\lambda_{\max}-n}{n-1} \tag{5-7}$$

表 5-2 列出了 1~14 阶正互反矩阵计算 1 000 次得到的平均随机一致性指标（random index，RI）[62]。根据表 5-2 可查找相应的 RI 值。

表 5-2　平均随机一致性指标

矩阵阶数	1	2	3	4	5	6	7
RI	0.00	0.00	0.52	0.89	1.12	1.26	1.36
矩阵阶数	8	9	10	11	12	13	14
RI	1.41	1.46	1.49	1.52	1.54	1.56	1.58

计算一致性比例（consistency ratio，CR）。低阶判断矩阵（一阶矩阵和二阶矩阵）总是具有一致性，即 $\mathrm{CR}=0$，故无须进行检验。而三阶及其以上的判断矩阵需进行一致性检验。一致性比例公式如下：

$$\mathrm{CR}=\frac{\mathrm{CI}}{\mathrm{RI}} \tag{5-8}$$

若 $\mathrm{CR}<0.1$，则认为判断矩阵通过一致性检验，可以根据相对权重进行单排序；否则，应当对判断矩阵作进一步的修正，再进行检验。

步骤 4：层次总排序和一致性检验。

层次总排序是将所有因素对于系统最高目标层的相对权重进行排序。为获得层次总排序的权重向量，需要进行自上而下的权重合成，并逐层进行总的一致性检验。

设整个递阶层次结构模型共有 k 层，$\boldsymbol{W}^{(k-1)}=\left[\omega_1^{(k-1)},\omega_2^{(k-1)},\cdots,\omega_{k-1}^{(k-1)}\right]^{\mathrm{T}}$ 表示第 $k-1$ 层上 n_{k-1} 个因素对最高层的权重向量，$\boldsymbol{P}_j^{(k)}=\left[P_{1j}^{(k)},P_{2j}^{(k)},\cdots,P_{n_k j}^{(k)}\right]^{\mathrm{T}}$ 表示第 k 层上 n_k 个因素对第 $k-1$ 层上第 j 个因素的权重向量，其中与第 j 个因素不相关的因素权重值为零。矩阵 $\boldsymbol{P}^{(k)}=\left[P_1^{(k)},P_2^{(k)},\cdots,P_{n_{k-1}}^{(k)}\right]^{\mathrm{T}}$ 表示第 k 层因素对 $k-1$ 层中各因素排序，则可得第 k 层中各因素对最高层的权重向量 $\boldsymbol{W}^{(k)}$ 为

$$\boldsymbol{W}^{(k)}=\left[\omega_1^{(k)},\omega_2^{(k)},\cdots,\omega_{n_k}^{(k)}\right]^{\mathrm{T}}=\boldsymbol{P}^{(k)}\boldsymbol{W}^{(k-1)} \tag{5-9}$$

而且一般地有

$$\boldsymbol{W}^{(k)}=\boldsymbol{P}^{(k)}\boldsymbol{P}^{(k-1)}\cdots\boldsymbol{W}^{(2)} \tag{5-10}$$

其中，$\boldsymbol{W}^{(2)}$ 表示第 2 层中各因素对最高层的权重向量。

总排序和单排序都需要作一致性检验，设 $\mathrm{CI}_j^{(k)}$ 表示第 $k-1$ 层中因素 j 为准则的一致性指标，$\mathrm{RI}_j^{(k)}$ 表示其平均随机一致性指标，$\mathrm{CR}_j^{(k)}$ 表示其一致性比例，$j=1,2,\cdots,n_{k-1}$，则第 k 层的综合指标应为

$$\mathrm{CI}^{(k)}=(\mathrm{CI}_1^{(k)},\mathrm{CI}_2^{(k)},\cdots,\mathrm{CI}_{n_{k-1}}^{(k)})\boldsymbol{W}^{(k-1)} \tag{5-11}$$

$$\mathrm{RI}^{(k)}=(\mathrm{RI}_1^{(k)},\mathrm{RI}_2^{(k)},\cdots,\mathrm{RI}_{n_{k-1}}^{(k)})\boldsymbol{W}^{(k-1)} \tag{5-12}$$

$$\mathrm{CR}^{(k)}=\frac{\mathrm{CI}^{(k)}}{\mathrm{RI}^{(k)}} \tag{5-13}$$

当 $\mathrm{CR}^{(k)}<0.1$ 时，该系统的递阶层次结构模型在 k 层水平以上的所有判断具有整体一致性。

5.2.2 基于层次分析法的京津冀区域物流发展指标体系构建

1. 区域物流发展指标体系构建原则

区域物流发展指标体系的选择与量化是建立评价模型的基础，也是决定评价结果优劣的关键。要科学地分析区域物流发展，需要选择并构建合适的区域物流发展指标体系，指标体系的构建应遵循以下四项原则。

1）系统性原则

区域物流本身是一个动态的系统，其指标体系的选择应根据系统论的观点，全方位、各层次、各角度地反映区域物流系统的发展特性。同时，所构建的指标体系应简单易懂、便于获取、内容简洁明晰，抓住重要的方面、选取关键变量，以最简单的指标体系反映最真实的状况。

2）科学性原则

区域物流发展指标体系的构建要遵从科学性原则，真实反映出区域物流的发展状况与存在问题，这样确定的变量才具有真实性和客观性。区域物流发展指标体系构建是否科学，直接关系到研究结果的准确性与可靠性。

3）可操作性原则

区域物流发展指标体系构建的目的在于能够更准确地表现区域物流系统的本质特征，便于利用模型的构建推断整个区域物流系统所隐含的规律性。因此，区域物流发展指标的可操作性尤为重要。在区域物流发展的指标体系中，指标数量不宜过多，但是指标的选取需要最大限度地覆盖区域物流发展的相关信息，而且要考虑到数据的可得性和准确性，以达到研究目的。

4）相对独立性原则

区域物流发展指标体系中各项指标要相对独立，不能够具有包含和交叉的关系，相对独立的指标体系有利于更加全面地概括区域物流系统的本质特征。

2. 京津冀区域物流发展指标体系初步构建

京津冀区域物流系统是一个复杂的社会子系统，在整个社会系统中，有诸多因素对京津冀区域的物流发展产生影响。根据上述指标体系构建原则，结合京津冀区域物流发展的现状与特点，构建京津冀区域物流发展指标体系。

表 5-3 列出了京津冀区域物流发展初步指标体系。由表 5-3 可知，该指标体系包括了两个一级指标和七个二级指标，两个一级指标分别为基础设施指标和信

息保障指标。其中，基础设施指标包含四个二级指标，它们分别是物流业基础设施投资占全社会总投资的比重、路网密度、人均货运量、物流业从业人数占总从业人数的比重；信息保障指标包含三个二级指标，分别是人均邮电业务量、每万人拥有固定电话数、每万人拥有移动电话数。

表 5-3　京津冀区域物流发展初步指标体系

指标类别	指标
基础设施指标	物流业基础设施投资占全社会总投资的比重
	路网密度
	人均货运量
	物流业从业人数占总从业人数的比重
信息保障指标	人均邮电业务量
	每万人拥有固定电话数
	每万人拥有移动电话数

3. 京津冀区域物流发展指标体系选择

本节运用层次分析法，通过递阶层次结构模型构建、两两比较判断矩阵构造、层次单排序和一致性检验、层次总排序和一致性检验共四个步骤，根据最终权重的大小选择京津冀区域物流发展的主要指标，进而构建京津冀区域物流发展指标体系。

图 5-2 给出了京津冀区域物流发展指标递阶层次结构模型。从图 5-2 可以看出，该递阶层次结构模型包含三个层次，其中，目标层即为“京津冀区域物流发展指标 A”，准则层由“基础设施指标 B_1”和“信息保障指标 B_2”两类指标构成，方案层则由标准层下具体的指标来表示。

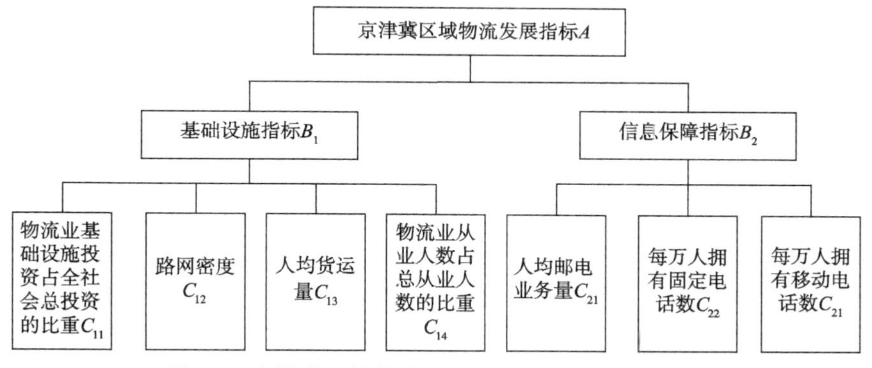

图 5-2　京津冀区域物流发展指标递阶层次结构模型

采用 1~9 比例标度法客观评价递阶层次结构模型中各层指标之间的相对重要

程度，得到各层的两两比较判断矩阵，表 5-4~表 5-6 分别列出了 A-B 判断矩阵、B_1-C 判断矩阵、B_2-C 判断矩阵。

表 5-4　A-B 判断矩阵

A	B_1	B_2
B_1	1	5
B_2	1/5	1

表 5-5　B_1-C 判断矩阵

B_1	C_{11}	C_{12}	C_{13}	C_{14}
C_{11}	1	5	1/3	2
C_{12}	1/5	1	1/7	1/5
C_{13}	3	7	1	3
C_{14}	1/2	5	1/3	1

表 5-6　B_2-C 判断矩阵

B_2	C_{21}	C_{22}	C_{23}
C_{21}	1	3	3
C_{22}	1/3	1	1
C_{23}	1/3	1	1

以表 5-5 的 B_1-C 判断矩阵为例，计算各指标的权重向量 $\boldsymbol{W}$，并进行一致性检验，具体过程如下。

（1）将判断矩阵 B_1-C 的列向量进行归一化处理，得到矩阵 $\boldsymbol{E}_{B_1\text{-}C}$：

$$\boldsymbol{E}_{B_1\text{-}C}=\begin{bmatrix}\frac{10}{47}&\frac{5}{18}&\frac{7}{38}&\frac{10}{31}\\\frac{2}{47}&\frac{1}{18}&\frac{3}{38}&\frac{1}{31}\\\frac{30}{47}&\frac{7}{18}&\frac{21}{38}&\frac{15}{31}\\\frac{5}{47}&\frac{5}{18}&\frac{7}{38}&\frac{5}{31}\end{bmatrix}$$

（2）对矩阵 $\boldsymbol{E}_{B_1\text{-}C}$ 的行向量元素进行加和运算，得到

$$M_{1,B_1\text{-}C}=\frac{10}{47}+\frac{5}{18}+\frac{7}{38}+\frac{10}{31}=0.997\,3$$

同理可得到，$M_{2,B_1\text{-}C}=0.209\,3, M_{3,B_1\text{-}C}=2.063\,7, M_{4,B_1\text{-}C}=0.891\,0$。将 $M_{1,B_1\text{-}C}$，$M_{2,B_1\text{-}C}, M_{3,B_1\text{-}C}, M_{4,B_1\text{-}C}$ 组合成矩阵为

$$\boldsymbol{M}_{B_1\text{-}C}=[0.997\,3, 0.209\,3, 2.063\,7, 0.891\,0]^{\mathrm{T}}$$

（3）根据式（5-5）计算出权重向量 $\boldsymbol{W}_{B_1\text{-}C}$ 为

$$\boldsymbol{W}_{B_1\text{-}C}=[0.250\,3,0.050\,9,0.521\,8,0.177\,0]^{\mathrm{T}}$$

（4）根据式（5-6）计算 B_1-C 判断矩阵的最大特征根为 $\lambda_{\max.B_1\text{-}C}=4.134\,1$，进而计算出一致性检验指标为

$$\mathrm{CI}_{B_1\text{-}C}=\frac{4.134\,1-4}{4-1}=0.044\,7$$

由表 5-2 查出，平均随机一致性指标 $\mathrm{RI}=0.89$。由式（5-8）计算出一致性比例指标为

$$\mathrm{CR}_{B_1\text{-}C}=\frac{0.044\,7}{0.89}=0.050\,2$$

由于一致性比例 $\mathrm{CR}_{B_1\text{-}C}<0.1$，$B_1\text{-}C$ 判断矩阵符合一致性要求，通过一致性检验。

按照相同的步骤，可以计算 $A\text{-}B$ 判断矩阵和 $B_2\text{-}C$ 判断矩阵的权重向量及一致性检验，结果如下。

$A\text{-}B$ 判断矩阵的权重向量为 $\boldsymbol{W}_{A\text{-}B}=[0.833\,3,0.166\,7]^{\mathrm{T}}$，最大特根为 $\lambda_{\max,A\text{-}B}=2.000\,0$，一致性比例为 $\mathrm{CR}_{A\text{-}B}=0.000\,0$。

$B_2\text{-}C$ 判断矩阵的权重向量为 $\boldsymbol{W}_{B_2\text{-}C}=[0.600\,0,0.200\,0,0.200\,0]^{\mathrm{T}}$，最大特征根为 $\lambda_{\max,B_2\text{-}C}=3.000\,0$，一致性比例为 $\mathrm{CR}_{B_2\text{-}C}=0.000\,0$。

根据上述结果，$A\text{-}B$ 判断矩阵和 $B_2\text{-}C$ 判断矩阵的一致性比例均小于 0.1，因此，两判断矩阵都通过了一致性检验。

（5）根据式（5-9）~式（5-10），计算出京津冀区域物流发展指标的总权重。表 5-7 列出了京津冀区域物流发展指标的层次总排序。

表 5-7　京津冀区域物流发展指标的层次总排序

$\omega_{A\text{-}B}$	$\omega_{B\text{-}C}$	$\omega_{A\text{-}C}$
0.833 3	0.250 3	0.208 6
	0.050 9	0.042 4
	0.521 8	0.434 9
	0.177 0	0.147 5
0.166 7	0.600 0	0.100 0
	0.200 0	0.033 3
	0.200 0	0.033 3

经计算，层次总排序的一致性比例为 $\mathrm{CR}_{A\text{-}C}=0.044\,5<0.1$，说明各判断矩阵通过检验，符合整体一致性。由表 5-7 可以看出，权重较大的指标为 C_{11}、C_{13} 和 C_{14}，对应的权重值依次为 0.208 6、0.434 9 和 0.147 5，说明京津冀区域的物流基

础设施建设是影响该区域物流发展的重要因素。因此，选取物流业基础设施投资占全社会总投资的比重、人均货运量和物流业从业人数占总从业人数的比重三个指标构建京津冀区域物流发展指标体系。为方便叙述，后面研究中，将物流业基础设施投资占全社会总投资的比重和物流业从业人数占总从业人数的比重分别简称为基础投资占比和从业人数占比。

5.3　京津冀区域物流与区域经济增长弹性分析

5.3.1　多变量灰色模型

1. 多变量灰色模型简介

建模实质上就是寻找变量之间的数学关系。一般建模方法仅能构建离散的、差分的模型，难以反映系统内部事物发展过程的本质。灰色系统建模通过微分方程构建模型，从而能够很好地揭示系统内部事物连续发展变化的长期过程[63]。灰色系统建模是灰色系统理论的一个重要组成部分，是连接灰色系统理论与实践应用的桥梁。灰色系统理论将任何随机过程看做在一定时空区域内变化的灰色过程，将随机变量看做灰色变量，认为无规则的离散时空数据序列是潜在的有规律数据序列的某种表现，因而可以通过某种生成变换来弱化原始数据序列的随机性，将无规律数据序列转变成有规律数据序列。灰色系统建模的主要任务是根据系统的行为特征数据，找出系统多个变量或因素之间的数学关系，从而掌握系统的行为特征和发展趋势。

与一般建模方法直接利用原始数据序列建模不同，灰色系统建模以生成数列为基础进行建模，首先利用累加生成变换对系统行为序列进行预处理，得到近似指数增长规律的生成数列，再构建基于生成数列的微分方程和差分方程，通过累减生成实现对原始数据序列的分析和模拟。灰色系统建模所需的信息较少，通常有四个以上的数据即可建模，而且不需要预先知道原始数据的分布特征。此外，灰色系统建模的精度较高，能较好地反映系统的实际发展状态。

根据模型中所含变量的多少，灰色模型可分为单变量灰色模型和多变量灰色模型两大类。单变量灰色模型是灰色系统建模中最核心的模型，因其建模过程简单、计算方便，已成为应用最为广泛的灰色模型。但是一般的抽象系统，如经济系统、社会系统、工业系统、农业系统、生态系统、教育系统等往往包含多个变量或因素，多种因素共同作用的结果决定了系统的发展状态。同时，系统中各变量的发展变化都不是孤立的，它们之间相互影响、相互制约、共同发展。单变量灰色模型仅能分析单一时间序列数据，无法描述多个变量之间的相互联系。多变量灰色模型可以用来研究多个相关联变量的复杂系统问题，它是单变量灰色模型在多变量情况下的扩展[64]。该模型从系统的角度对多个变量进行统一描述，利用多变量一阶常微分方程组来分析多个相互联系的变量的状态和发展趋势[65]。

2. 我国学者对于多变量灰色模型的应用研究

多变量灰色模型 MGM（1，N）的应用价值已在经济学、地质学、国防科学、气象监测等众多领域得到体现。

岳东杰等[66]从灰色关联理论出发，根据实际的观测资料，采用 MGM（1，N）模型，结合较多相关信息，研究了对异常值进行有效差别和分析的处理方法，研究结果表明，MGM（1，N）模型可用于安全监测，而且可以有效发现变形，对分析变形的原因具有一定实际参考价值。张龙庭和罗佑新[67]在分析试验数据处理的现状基础上，运用灰色系统理论，通过优化模型系数与背景取值，建立了包含多因素的 MGM（1，N）模型，该模型克服了现有 MGM（1，N）模型的不足，拓展了 MGM（1，N）模型的应用范围，计算实例表明，MGM（1，N）模型简单实用，具有较高的精度，值得在试验数据处理中推广应用。孙俊生[68]运用文献资料法与灰色关联度分析，统计和分析了齐海峰 1999~2002 年十项全能比赛成绩，基于 MGM（1，N）动态协调模型，对齐海峰在总成绩不断提高阶段的诸因素之间相互联系、相互影响的辩证发展关系进行多方位、多层次分析，结果表明，100 米跑、铅球和跳远是影响齐海峰专项成绩的关键因素，在专项成绩增长的过程中，系统处于不稳定和非协调发展，若要快速提高运动成绩，他今后训练的重点应放在发展绝对速度和速度力量性项目上。楼玉等[69]运用灰色系统理论构建了自适应 MGM（1，4）模型，该模型将前一步获得的预测值充实到原始数列中，进行下一步预测。通过对杭州市用水量的实证研究，证明了自适应 MGM（1，4）模型的有效性；同时指出，在 MGM（1，4）建模过程中，若所选变量不当，矩阵及其逆矩阵将出现病态，导致参数失真，应该避免采用线性相关系数过高的多个变量同时进入微分方程组。王穗辉和潘国荣[70]对单变量灰色模型进行扩展，导出了多变量灰色模型，通过 MATLAB 语言编程实现了空间多点变形预测模型的建模，并以实例验证了该模型整体预测的有效性。胡静和陈银蓉[71]根据柳州市十多年的城市规模统计以及相关社会经济资料，分析其城市规模变化趋势，运用灰色系统分析法得出城市规模变化的主要驱动力为社会系统压力、经济发展、投资和工业发展，并在此基础上建立了柳州市城市规模的 MGM（1，4）预测模型，实证检验结果表明，MGM（1，4）预测模型具有良好的预测效果，对于研究其他城市规模的发展具有积极的指导意义。

张春华和刘泽功[72]将钻场中互相影响的钻孔看做一个系统，建立了多变量灰色模型，运用 MATLAB 软件实现对钻场中多钻孔的瓦斯流量预测，以克服钻场中单钻孔瓦斯流量预测的结果与实际测量值吻合程度不理想的弊端；与此同时，结合工程实例，将多变量灰色模型模拟结果与单变量灰色模型模拟结果进行比较，发现多变量灰色模型预测精度较高，对瓦斯抽放设计和矿井安全生产具有较大的指导意义。段婕和林伟[73]应用灰色系统理论分析方法，建立了社会保障水平动态的 MGM（1，N）模型，并利用该模型预测我国社会保障水平与各经济变量之间的动态变化关系，结果显示，该模型，可以预测不同时间序列的社会保障水平，具有较好的解析能力和实用性。白福臣[74]选取六个影响海洋经济快速发展的生产和需求因素，应用灰色系统理论建立 MGM（1，6）模型预测广东海洋经济，基于相同数据，利用线性回归、三次指数平滑和单变量灰色模型三种不同模型对广东海洋经济进行预测，计算实例表明，MGM（1，6）模型具有较高的拟合精度。李建华和吴良才[75]基于对传统单变量灰色预测模型算法的分析比较，提出建设用地的 MGM（1，N）预测模型，利用灰色关联度分析确定建设用地需求变化的驱动因子，进而建立不同于单变量预测模型的多变量预测模型，结果表明，综合考虑多个因子的 MGM（1，N）预测模型具有更高的预测拟合精度，可以用于年土地利用规划的预测。黄继[76]针对少信息多变量且输入与输出具有滞后性的控制系统，提出了灰色多变量延迟灰色模型，给出了其参数估计形式和近似时间响应式，得到了它的两个派生模型；为了确定非线性次数的值以使预测精度最高，又建立了以均方误差为目标的优化问题，并采用粒子群算法寻优；最后，将新模型应用于武汉地区科技投入与产出的预测之中，实践表明，该模型具有较高的预测精度。樊爱宛等[77]以煤炭消费总量作为特征变量，以影响煤炭消费总量的主要因素作为选定变量，构建了煤炭消费总量的 MGM（1，6）预测模型，并对河南省煤炭消费总量进行拟合和预测，结果表明，MGM（1，6）预测模型获得了较好的精度，预测结果是可信的。赵鹏和雷涛[78]基于灰色系统理论，选取汽车全生命周期中的重要的白色信息指标，运用多变量灰色模型对汽车报废量进行预测，通过将其预测结果与单变量灰色模型和多元线性回归模型的预测结果进行比较，证明了该方法预测汽车报废量精度高，不仅如此，相对于线性回归和神经网络等模型，多变量灰色模型在预测过程中不需要事先得知影响因素在待预测年份的数据，且适合于小样本的情形。

何满喜和王勤[79]根据时间序列的结构与特征，对 MGM（1，N）模型的灰微分方程进行了建模机理分析，并用数值积分算法提出了基于 Simpson 公式建立 MGM（1，N）预测模型的新算法，选用平均相对误差对一些时间序列进行了模型的实证分析，发现新算法的拟合精度比原有算法有明显的改进。王正新[80]针对多变量少数据的系统建模问题，提出了灰色多变量 MGM（1，N）幂模型及其派生模型 MGM（1，N，x（1））幂模型，给出了其参数估计算式和近似时间响应式，在此基础上，分两种情况讨论了模型的参数优化方法，并通过数值模拟和应用实例验证了新模型的有效性，结果表明，传统 MGM（1，N）模型是 MGM（1，N）幂模型的特殊形式，MGM（1，N）幂模型能够更好地描述系统特征行为序列与其影响因素序列的非线性关系，从而有效地提高传统灰色多变量系统建模的精度。鲁亚运等[81]在已有的时滞 MGM（1，N）模型和时间序列模型基础之上，构建时滞 MGM（1，N）模型，给出疏系数模型形式；利用灰色关联度和平均相对误差绝对值来确定时滞模型的阶数，基于最小二乘法进行参数辨识，研究了该模型的预测等问题；并运用疏系数时滞 MGM（1，N）模型分析海洋科研课题数对海洋经济增长的影响，实证分析结果证明了该方法的有效性。邓海云等[82]研究了我国农村居民总消费价格指数与各类消费价格指数的相关性，先利用相关统计软件对总消费与各分类价格指数进行多元线性回归分析，应用逐步回归方法建立多元线性回归模型，再建立总消费价格指数与相关消费价格指数的灰色系统模型，通过实例分析证明了 MGM（1，4）模型的拟合效果好于多元线性回归模型，与实际值非常吻合。毛树华等[83]建立了时滞 MGM（1，N，τ）模型，在引入分数阶累加生成算子后，将原模型扩展为分数阶累加 MGM（1，N，τ）模型，当时滞值为非整数情况时，采用相邻整数点加权构造法完善模型，通过粒子群算法确定模型最优的分数阶累加生成阶数，结合武汉市 1995~2008 年科技投入及经济增长的实际背景，分别建立了经典时滞 MGM（1，N，τ）和分数阶累加时滞 MGM（1，N，τ）模型，并对地区生产总值数据做了预测，比较了两个模型预测结果，发现分数阶累加时滞 MGM（1，N，τ）模型具有更高的建模精度。陆丹丹等[84]通过相关统计软件对桂林市旅游总收入与各旅游产业要素进行多元线性回归分析建立多元线性回归模型，并建立旅游总收入与旅游产业要素的 MGM（1，N）模型，以对比分析两模型的实效性，研究结果表明，典型旅游目的地旅游经济发展的驱动因素主要包括市场结构、管理体制以及游览方式，其合理组合可以有效提高旅游经济的发展。

3. 多变量灰色模型构建

MGM（1，N）模型的形式是包含 N 个变量的一阶常微分方程组，将优化目标函数设定为相对误差最小，通过方程组的联立优化求解，使模型中的参数能够揭示变量之间的相互关系，从而实现状态模拟和预测。当 N=1 时，MGM（1，N）模型退化为 GM（1，1）模型。MGM（1，N）模型构建过程如下[85]。

设非负时间序列 $X_1^{(0)}=(x_1^{(0)}(1),x_1^{(0)}(2),\cdots,x_1^{(0)}(n))$ 为系统特征行为序列、非负时间序列 $X_i^{(0)}(i=2,3,\cdots,N)$ 为系统的相关因素序列，$X_i^{(0)}(i=2,3,\cdots,N)$ 具有以下

形式：

$$\begin{gathered} X_2^{(0)}=\left(x_2^{(0)}(1),x_2^{(0)}(2),\cdots,x_2^{(0)}(n)\right) \\ X_3^{(0)}=\left(x_3^{(0)}(1),x_3^{(0)}(2),\cdots,x_3^{(0)}(n)\right) \\ \vdots \\ X_N^{(0)}=\left(x_N^{(0)}(1),x_N^{(0)}(2),\cdots,x_N^{(0)}(n)\right) \end{gathered} \tag{5-14}$$

对系统特征行为序列 $X_1^{(0)}$ 和相关因素序列 $|h_{i1}|<|h_{i2}|<|h_{i3}|\ (i=2,3,\cdots,N)$ 分别进行一阶累加生成处理（first-order accumulated generating operation），得到它们的一阶累加生成序列 $X_1^{(1)}$ 和 $X_i^{(1)}\ (i=2,3,\cdots,N)$，其中

$$x_1^{(1)}(k)=\sum_{t=1}^{k}x_1^{(0)}(t),\quad k=1,2,\cdots,n \tag{5-15}$$

$$x_i^{(1)}(k)=\sum_{t=1}^{k}x_i^{(0)}(t),\quad k=1,2,\cdots,n;i=2,3,\cdots,N \tag{5-16}$$

设 $Z_1^{(1)}=\left(z_1^{(1)}(2),z_1^{(1)}(3),\cdots,z_1^{(1)}(n)\right)$ 是 $|h_{31}|<|h_{32}|<|h_{33}|$ 的紧邻均值生成序列，形式如下：

$$z_1^{(1)}(k)=0.5x_1^{(1)}(k)+x_1^{(1)}(k-1),\quad k=2,3,\cdots,n \tag{5-17}$$

则 MGM（1，N） 模型的基本形式为

$$x_1^{(0)}(k)+az_1^{(1)}(k)=\sum_{i=2}^{N}b_ix_i^{(1)}(k) \tag{5-18}$$

其中，$h_{32}<0$ 为系统发展系数；b_i 为驱动系数；$b_ix_i^{(1)}(k)$ 为驱动项。

记参数序列为 $\hat{\boldsymbol{a}}=[a,b_1,b_2,\cdots,b_N]^{\mathrm{T}}$，矩阵 $\boldsymbol{B}$ 和 $\boldsymbol{Y}$ 为

$$\boldsymbol{B}=\begin{bmatrix} -z_1^{(1)}(2) & x_2^{(1)}(2) & \cdots & x_N^{(1)}(2) \\ -z_1^{(1)}(3) & x_2^{(1)}(3) & \cdots & x_N^{(1)}(3) \\ \vdots & \vdots & & \vdots \\ -z_1^{(1)}(n) & x_2^{(1)}(n) & \cdots & x_N^{(1)}(n) \end{bmatrix},\boldsymbol{Y}=\begin{bmatrix} x_1^{(0)}(2) \\ x_1^{(0)}(3) \\ \vdots \\ x_1^{(0)}(n) \end{bmatrix} \tag{5-19}$$

则 $\hat{\boldsymbol{a}}=[a,b_1,b_2,\cdots,b_N]^{\mathrm{T}}$ 的最小二乘估计满足式（5-20）：

$$\hat{\boldsymbol{a}}=\left(\boldsymbol{B}^{\mathrm{T}}\boldsymbol{B}\right)^{-1}\boldsymbol{B}^{\mathrm{T}}\boldsymbol{Y} \tag{5-20}$$

将参数序列 $\hat{\boldsymbol{a}}=[a,b_1,b_2,\cdots,b_N]^{\mathrm{T}}$ 代入式（5-19），得到 MGM（1，N）模型的白化方程（也称影子方程）为

$$\frac{\mathrm{d}x^{(1)}}{\mathrm{d}t}+ax_1^{(1)}=b_2x_2^{(1)}+b_3x_3^{(1)}+\cdots+b_Nx_N^{(1)} \tag{5-21}$$

进而获得 MGM（1，N）模型白化方程的解为

$$
\begin{aligned}
x^{(1)}(k) &= \mathrm{e}^{-at}\left[\sum_{i=2}^{N}\int b_i x_i^{(1)}(k)\mathrm{e}^{at}\mathrm{d}t + x^{(1)}(0) - \sum_{i=2}^{N}\int b_i x_i^{(1)}(0)\mathrm{d}t\right] \\
&= \mathrm{e}^{-at}\left[x_1^{(1)}(0) - t\sum_{i=2}^{N} b_i x_i^{(1)}(0) + \sum_{i=2}^{N}\int b_i x_i^{(1)}(k)\mathrm{e}^{at}\mathrm{d}t\right]
\end{aligned} \tag{5-22}
$$

若 $|h_{i1}|<|h_{i2}|<|h_{i3}|(i=2,3,\cdots,N)$ 变化范围很小，可将 $\sum_{i=2}^{N} b_i x_i^{(1)}(k)$ 看做灰常量，则 GM（1，N）模型的近似时间响应函数为

$$
\hat{x}_1^{(1)}(k+1) = \left(x_1^{(1)}(0) - \frac{1}{a}\sum_{i=2}^{N} b_i x_i^{(1)}(k+1)\right)\mathrm{e}^{-ak} + \frac{1}{a}\sum_{i=2}^{N} b_i x_i^{(1)}(k+1) \tag{5-23}
$$

其中，$x_1^{(1)}(0)$ 取为 $x_1^{(0)}(1)$。对式（5-23）进行一阶逆累加还原处理（first-order inverse accumulated generating operation），得到其还原式为

$$
\hat{x}_1^{(0)}(k+1) = \alpha^{(1)}\hat{x}_1^{(1)}(k+1) = \hat{x}_1^{(1)}(k+1) - \hat{x}_1^{(1)}(k) \tag{5-24}
$$

最终获得 MGM（1，N）模型的差分模拟形式为

$$
\hat{x}_1^{(0)}(k) = -az_1^{(1)}(k) + \sum_{i=2}^{N} b_i \hat{x}_i^{(1)}(k) \tag{5-25}
$$

5.3.2　京津冀区域物流与区域经济的灰色控制模型

由于区域内三次产业一起构成了区域经济，产业结构的调整和产业经济的增长都能体现出区域经济的发展状态，因此，京津冀区域物流与区域经济间的发展关系可由 5.2 节选取的京津冀区域物流发展指标与区域三次产业产值间的关系代表。本节将京津冀区域物流发展的三项指标与三次产业产值分别看做灰色控制系统的控制变量与状态变量，其时间序列看做系统特征行为序列和相关因素序列，构建京津冀区域物流与区域经济的灰色控制模型，并对计算结果进行分析。

1. 线性定常状态方程的构建

设控制变量为基础投资占比、人均货运量、从业人数占比，分别以 $C_{11}(t)$、$C_{12}(t)$、$C_{13}(t)$ 表示，设状态变量为三次产业产值，以 $E_i(t)$ 表示，其中，$i=1,2,3$ 分别代表第一、二、三产业。根据 MGM（1，N）建模原理，构建京津冀区域物流与区域经济的 MGM（1，3）模型[86]如下：

$$\begin{cases}\dfrac{\mathrm{d}E_1^{(1)}(t)}{\mathrm{d}t}=a_{11}^{(1)}E_1^{(1)}(t)+b_{11}^{(1)}C_{11}^{(1)}(t)+b_{12}{}^{(1)}C_{12}^{(1)}(t)+b_{13}{}^{(1)}C_{13}^{(1)}(t)\\ \dfrac{\mathrm{d}E_2^{(1)}(t)}{\mathrm{d}t}=a_{22}^{(1)}E_2^{(1)}(t)+b_{21}^{(1)}C_{11}^{(1)}(t)+b_{22}^{(1)}C_{12}^{(1)}(t)+b_{23}^{(1)}C_{13}^{(1)}(t)\\ \dfrac{\mathrm{d}E_3^{(1)}(t)}{\mathrm{d}t}=a_{33}^{(1)}E_3^{(1)}(t)+b_{31}^{(1)}C_{11}^{(1)}(t)+b_{32}^{(1)}C_{12}^{(1)}(t)+b_{33}^{(1)}C_{13}^{(1)}(t)\end{cases} \tag{5-26}$$

其中，上标代表系统变量的一次累加生成量，其矩阵形式为

$$\mathrm{d}\boldsymbol{E}^{(1)}(t)=\boldsymbol{A}^{(1)}\boldsymbol{E}^{(1)}(t)+\boldsymbol{B}^{(1)}\boldsymbol{C}^{(1)}(t) \tag{5-27}$$

其中，

$$\boldsymbol{E}^{(1)}(t)=\left[E_1^{(1)}(t),E_2^{(1)}(t),E_3^{(1)}(t)\right]^{\mathrm{T}} \tag{5-28}$$

$$\boldsymbol{A}^{(1)}=\begin{bmatrix}a_{11}&0&0\\0&a_{22}&0\\0&0&a_{33}\end{bmatrix} \tag{5-29}$$

$$\boldsymbol{B}^{(1)}=\begin{bmatrix}b_{11}&b_{12}&b_{13}\\b_{21}&b_{22}&b_{23}\\b_{31}&b_{32}&b_{33}\end{bmatrix} \tag{5-30}$$

$$\boldsymbol{C}^{(1)}(t)=\left[C_{11}^{(1)}(t),C_{12}^{(1)}(t),C_{13}^{(1)}(t)\right]^{\mathrm{T}} \tag{5-31}$$

2. 线性定常状态方程的离散化

上述 MGM（1，3）模型是按照连续系统得到的，由于系统的时间序列数据是离散的，需要将连续系统作离散化处理。设U为采样周期，$U=t/k$，$k=1,2,3\cdots$，则式（5-27）的离散时间状态方程为

$$\boldsymbol{E}^{(1)}(k+1)=\boldsymbol{G}^{(1)}\boldsymbol{E}^{(1)}(k)+\boldsymbol{H}^{(1)}\boldsymbol{C}^{(1)}(k) \tag{5-32}$$

其中，

$$\boldsymbol{G}^{(1)}=\mathrm{e}^{\boldsymbol{A}^{(1)}T} \tag{5-33}$$

$$\boldsymbol{H}^{(1)}=\left(\int_0^T \mathrm{e}^{\boldsymbol{A}^{(1)}t}\mathrm{d}t\right)\boldsymbol{B}^{(1)} \tag{5-34}$$

采样周期U的取值应符合香农采样定理，本节中时间序列数据的周期均为 1 年，故而$U=1$，由于$U<\pi/1=\pi$，所以离散模型的精度能够保证，有

$$\boldsymbol{G}^{(1)}=\mathrm{e}^{\boldsymbol{A}^{(1)}T}=\mathrm{e}^{\boldsymbol{A}^{(1)}}=\begin{bmatrix}\mathrm{e}^{a_{11}}&0&0\\0&\mathrm{e}^{a_{22}}&0\\0&0&\mathrm{e}^{a_{33}}\end{bmatrix} \tag{5-35}$$

$$\boldsymbol{H}^{(1)}=\left(\int_0^T \mathrm{e}^{\boldsymbol{A}^{(1)}t}\mathrm{d}t\right)\boldsymbol{B}^{(1)}=\left(\int_0^1 \mathrm{e}^{\boldsymbol{A}^{(1)}t}\mathrm{d}t\right)\boldsymbol{B}^{(1)}=\left(\boldsymbol{A}^{(1)}\right)^{-1}\left(\mathrm{e}^{\boldsymbol{A}^{(1)}}-\boldsymbol{I}\right)\boldsymbol{B}^{(1)}$$

$$=\begin{bmatrix}\dfrac{\mathrm{e}^{a_{11}}-1}{a_{11}}b_{11} & \dfrac{\mathrm{e}^{a_{11}}-1}{a_{11}}b_{12} & \dfrac{\mathrm{e}^{a_{11}}-1}{a_{11}}b_{13}\\ \dfrac{\mathrm{e}^{a_{22}}-1}{a_{22}}b_{21} & \dfrac{\mathrm{e}^{a_{22}}-1}{a_{22}}b_{22} & \dfrac{\mathrm{e}^{a_{22}}-1}{a_{22}}b_{23}\\ \dfrac{\mathrm{e}^{a_{33}}-1}{a_{33}}b_{31} & \dfrac{\mathrm{e}^{a_{33}}-1}{a_{33}}b_{32} & \dfrac{\mathrm{e}^{a_{33}}-1}{a_{33}}b_{33}\end{bmatrix} \tag{5-36}$$

由式（5-32）可得

$$\boldsymbol{E}^{(1)}(k)=\boldsymbol{G}^{(1)}\boldsymbol{E}^{(1)}(k-1)+\boldsymbol{H}^{(1)}\boldsymbol{C}^{(1)}(k-1) \tag{5-37}$$

对式（5-32）~式（5-37）作一阶累减还原处理，得到

$$\boldsymbol{E}(k+1)=\boldsymbol{GE}(k)+\boldsymbol{HC}(k) \tag{5-38}$$

其中，

$$\boldsymbol{G}=\boldsymbol{G}^{(1)} \tag{5-39}$$

$$\boldsymbol{H}=\boldsymbol{H}^{(1)}=\begin{bmatrix}h_{11} & h_{12} & h_{13}\\ h_{21} & h_{22} & h_{23}\\ h_{31} & h_{32} & h_{33}\end{bmatrix} \tag{5-40}$$

$$\boldsymbol{C}^{(1)}(t)=\left[C_{11}^{(1)}(t),C_{12}^{(1)}(t),C_{13}^{(1)}(t)\right]^{\mathrm{T}} \tag{5-41}$$

式（5-38）~式（5-41）即为京津冀区域物流与区域经济的灰色控制模型，$h_{i1}(i=1,2,3)$ 表示基础投资占比对三次产业经济的增长弹性；$h_{i2}(i=1,2,3)$ 表示人均货运量对三次产业经济的增长弹性；$h_{i3}(i=1,2,3)$ 表示从业人数占比对三次产业经济的增长弹性。

5.3.3　实证研究

运用 5.3.2 小节构建的京津冀区域物流与区域经济的灰色控制模型，分析京津冀区域物流对区域产业经济的增长弹性。

1. 北京市地区物流与经济增长弹性分析

表 5-8 列出了 2008~2014 年北京市地区物流发展指标与产业经济发展指标数据。根据式（5-26）~式（5-41）计算北京市地区物流对三次产业经济的增长弹性。

表 5-8　2008~2014 年北京市地区物流发展指标与产业经济发展指标数据

年份	基础投资占比/%	人均货运量/%	从业人数占比/%	第一产业产值/亿元	第二产业产值/亿元	第三产业产值/亿元
2008	16.13	11.59	5.00	113	2 626	8 376
2009	14.35	11.01	4.98	118	2 856	9 179
2010	12.85	11.09	4.85	124	3 388	10 601
2011	9.07	12.22	5.02	136	3 752	12 363
2012	11.39	12.64	4.80	150	4 059	13 670
2013	9.59	12.17	4.54	160	4 293	15 349
2014	11.09	12.34	4.55	159	4 545	16 627

资料来源：表中数据由国家统计局网站、《北京统计年鉴 2015》相关统计数据整理、计算得出

$$\boldsymbol{A}^{(1)}=\begin{bmatrix}1.1983 & 0 & 0\\ 0 & 0.5283 & 0\\ 0 & 0 & 0.4543\end{bmatrix} \tag{5-42}$$

$$\boldsymbol{B}^{(1)}=\begin{bmatrix}3.3368 & 94.4251 & 380.7848\\ 27.8906 & 266.2809 & 1368.3045\\ -40.9920 & -394.2465 & -2784.9761\end{bmatrix} \tag{5-43}$$

$$\boldsymbol{G}=\boldsymbol{G}^{(1)}=\begin{bmatrix}3.3145 & 0 & 0\\ 0 & 1.6960 & 0\\ 0 & 0 & 1.5751\end{bmatrix} \tag{5-44}$$

$$\boldsymbol{H}=\begin{bmatrix}6.4449 & 182.3790 & 735.4735\\ 36.7465 & 350.8308 & 1802.7705\\ -51.8893 & -499.0524 & -3525.3301\end{bmatrix} \tag{5-45}$$

由式（5-45）可知，整体上，北京市地区从业人数占比对三次产业经济的增长弹性最大，人均货运量对三次产业经济的增长弹性居中，基础投资占比对三次产业经济的增长弹性最小。可见，北京市在地区物流业发展过程中，物流人才的储备相当重要，不仅能够促进物流业本身的发展，也会带动北京市地区经济的增长。但是，由于北京市地区的从业人数占比有降低的趋势，所以，$h_{3i}<0$，阻碍了地区经济的发展。$h_{11}<h_{12}<h_{13}$，$h_{21}<h_{22}<h_{23}$，$|h_{31}|<|h_{32}|<|h_{33}|$，表明基础投资占比、人均货运量、从业人数占比对第三产业增长的作用均大于另外两个产业，这说明北京市完善物流业基础设施建设，在保证物流业交通、运输、配送等功能得以便利实现的同时，也拉动了北京市地区第三产业的发展；同时，政府机构大力支持货运的发展，也促进了第三产业经济的增长。另外，物流业在发展过程中会提供许多岗位，可以减缓北京市地区的就业压力。

综上所述，大力发展地区物流业对北京市地区第三产业经济的发展具有重要影响，而且物流业属于第三产业，虽其配套设施、合作企业并不仅限于第三产业，但是北京市第三产业中新兴的电子信息、医药等支柱型产业对物流有明显的需求。因此，第三产业增长与物流业的增长弹性最高。

2. 天津市地区物流与经济增长弹性分析

表 5-9 列出了 2008~2014 年天津市地区物流发展指标与产业经济发展指标数据。根据式（5-26）~式（5-41）计算天津市地区物流对三次产业经济的增长弹性。

表 5-9　2008~2014 年天津市地区物流发展指标与产业经济发展指标数据

年份	基础投资占比/%	人均货运量/%	从业人数占比/%	第一产业产值/亿元	第二产业产值/亿元	第三产业产值/亿元
2008	9.56	29.01	5.12	123	3 710	2 887
2009	10.21	34.47	5.10	129	3 988	3 405
2010	8.59	30.80	5.12	146	4 840	4 239
2011	7.17	32.18	4.13	160	5 928	5 219
2012	9.20	32.57	4.40	172	6 664	6 058
2013	6.61	30.73	3.34	187	7 275	6 980
2014	7.14	32.80	3.43	200	7 732	7 795

资料来源：表中数据由国家统计局网站、《天津统计年鉴 2015》相关统计数据整理、计算得出

$$\boldsymbol{A}^{(1)}=\begin{bmatrix}0.9451 & 0 & 0\\ 0 & 0.5054 & 0\\ 0 & 0 & 0.3790\end{bmatrix} \tag{5-46}$$

$$\boldsymbol{B}^{(1)}=\begin{bmatrix}6.9762 & 125.7049 & 209.7170\\ 7.5100 & 174.6638 & 150.9304\\ -30.1253 & -656.7486 & -839.6251\end{bmatrix} \tag{5-47}$$

$$\boldsymbol{G}=\boldsymbol{G}^{(1)}=\begin{bmatrix}2.5731 & 0 & 0\\ 0 & 1.6576 & 0\\ 0 & 0 & 1.4608\end{bmatrix} \tag{5-48}$$

$$\boldsymbol{H}=\begin{bmatrix}11.6115 & 209.2294 & 349.0632\\ 9.7723 & 227.2801 & 196.3972\\ -36.6291 & -798.5353 & -1020.8934\end{bmatrix} \tag{5-49}$$

由式（5-49）可知，$h_{3i}<0$，表明天津市地区与北京市地区情况相同，从业人数占比的下降趋势对三次产业经济的发展具有抑制作用；h_{1i}，$h_{2i}>0$，说明基

础投资占比以及人均货运量对三次产业经济的发展存在促进作用；$h_{11} < h_{12} < h_{13}$，$h_{13}/h_{11} = 30.06$，说明基础投资占比对第三产业增长的促进作用是对第一产业增长的 30.06 倍。可见，增加物流业基础设施建设的资金投入，可使物流业交通运输更加便利、物流业的服务质量更加完善，从而促进天津市地区第三产业经济的增长；$h_{21} < h_{23} < h_{22}$，$h_{22}/h_{21} = 23.26$，表明人均货运量对第二产业增长的影响程度是第一产业增长的 23.26 倍，因此，基础设施的完善以及经营管理能力的提高有利于实现铁路、公路、水路货运量的增加，进而促使第二产业快速发展；$|h_{31}| < |h_{32}| < |h_{33}|$，$|h_{33}|/|h_{31}| = 27.87$，即从业人数占比对第三产业增长的影响是对第一产业增长的 27.87 倍，物流业从属于第三产业，需要大量的从业人员来保证仓储、运输、流通加工等物流功能的实现，这就为进城务工人员以及失业人群提供了许多工作机会，有效地减轻了人们的生活压力和就业压力，也推动了物流业以及地区经济的增长。

综上所述，天津市物流业的发展对第三产业经济的增长具有积极影响，天津市正处于工业化后期的发展阶段，物流业具有广阔的前景。但天津市地区物流业的主营业务仍然是仓储和运输，对于现代第三方物流所涉及的物流加工、配送以及物流管理等高盈利业务的发展还不足，而且聚集功能比较弱的空港，阻碍了航空运输的发展，因此，物流业应该实现从低端运输到高端运营的质的转变，达到推动产业经济不断前进，进而推动区域经济增长的目的。

3. 河北省地区物流与经济增长弹性分析

表 5-10 列出了 2008~2014 年河北省地区物流发展指标与产业经济发展指标数据。根据式（5-26）~式（5-41）计算河北省地区物流对三次产业经济的增长弹性。

表 5-10 2008~2014 年河北省地区物流发展指标与产业经济发展指标数据

年份	基础投资占比/%	人均货运量/%	从业人数占比/%	第一产业产值/亿元	第二产业产值/亿元	第三产业产值/亿元
2008	7.04	15.30	4.41	2 035	8 701	5 276
2009	8.36	17.50	3.24	2 207	8 960	6 068
2010	10.09	21.77	3.92	2 563	10 708	7 124
2011	8.74	26.21	3.50	2 906	13 127	8 483
2012	7.85	30.07	9.29	3 187	14 004	9 385
2013	9.16	27.00	3.74	3 382	14 782	10 279
2014	7.67	28.43	3.77	3 447	15 013	10 961

资料来源：表中数据由国家统计局网站、《河北经济年鉴 2015》相关统计数据整理、计算得出

$$A^{(1)}=\begin{bmatrix}0.2074 & 0 & 0\\ 0 & 0.6321 & 0\\ 0 & 0 & 0.0244\end{bmatrix} \tag{5-50}$$

$$B^{(1)}=\begin{bmatrix}232.8889 & 785.0684 & 618.8008\\ -57.9034 & 87.4282 & -192.6662\\ 92.1192 & 92.7760 & 232.6740\end{bmatrix} \tag{5-51}$$

$$G=G^{(1)}=\begin{bmatrix}1.2305 & 0 & 0\\ 0 & 1.8816 & 0\\ 0 & 0 & 1.0247\end{bmatrix} \tag{5-52}$$

$$H=\begin{bmatrix}258.7994 & 872.4126 & 687.6466\\ -80.7549 & 121.9317 & -268.7017\\ 93.2523 & 93.9171 & 235.5359\end{bmatrix} \tag{5-53}$$

由式（5-53）可知，$|h_{1i}|>|h_{2i}|$，$h_{1i}>h_{3i}$，说明河北省的基础投资占比对三次产业经济的增长弹性最大，这是由于河北省地区的支柱产业为第二产业，其对物流的需求，尤其是物流基础设施的需求比较大，所以，基础投资占比对三次产业经济的增长都能够发挥较大作用。$h_{11}<h_{13}<h_{12}$，说明基础投资占比对三次产业经济的增长均有促进作用，而且对第二产业增长的促进作用最为明显。物流业的相关基础设施建设是保证其他功能实现的关键要素，增加物流业基础设施建设的投资，有利于促进第二产业的发展；h_{21}，$h_{23}<0$，$h_{22}>0$，表明人均货运量对第一产业、第三产业的增长具有消极影响，但对第二产业的增长具有积极影响，其中，对第三产业增长的消极影响最大，是第一产业的 3.33 倍（$|h_{23}|/|h_{21}|=3.33$），可以通过适当地调节产业结构，协调人均货运量与三次产业之间的关系，从而不断推动地区产业经济的繁荣；$h_{31}<h_{32}<h_{33}$，从业人数占比对三次产业经济的影响不同于北京市、天津市两地区的情况，它对三次产业经济具有促进作用。可见，积极扶持物流业，在增加从业人员数量的同时，提高从业人员的素质，同样有助于第三产业的增长。

综上所述，河北省的两个物流发展指标基础投资占比和从业人数占比有利于三次产业经济的增长，但人均货运量指标则不同。河北省经济发展处于重化工业加速发展的阶段，物流业也还处于发展时期，在各个方面都还不是十分完善，应该加大力度扶持物流业，实现地区物流与地区经济的协同发展。

4. 京津冀区域物流与经济增长弹性分析

表 5-11 列出了 2008~2014 年京津冀区域物流发展指标与产业经济发展指标数据。根据式（5-26）~式（5-41）计算京津冀区域物流对三次产业经济的增长弹性。

表 5-11 2008~2014 年京津冀区域物流发展指标与产业经济发展指标数据

年份	基础投资占比/%	人均货运量/%	从业人数占比/%	第一产业产值/亿元	第二产业产值/亿元	第三产业产值/亿元
2008	9.73	16.26	4.77	2 270	15 038	16 538
2009	10.05	18.36	4.15	2 454	15 803	18 653
2010	10.29	20.89	4.51	2 833	18 936	21 963
2011	8.42	24.31	4.25	3 202	22 808	26 066
2012	8.81	27.05	6.62	3 508	24 727	29 113
2013	8.64	24.63	4.04	3 729	26 350	32 607
2014	8.08	25.90	4.10	3 806	27 290	35 383

资料来源：表中数据由国家统计局网站、《北京统计年鉴 2015》、《天津统计年鉴 2015》、《河北经济年鉴 2015》相关统计数据整理、计算得出

$$\boldsymbol{A}^{(1)}=\begin{bmatrix}0.3312 & 0 & 0\\ 0 & 0.4310 & 0\\ 0 & 0 & -0.1360\end{bmatrix} \tag{5-54}$$

$$\boldsymbol{B}^{(1)}=\begin{bmatrix}172.6016 & 981.9521 & 1494.0792\\ -10.9821 & 199.5271 & -688.9092\\ 30.7151 & -250.9445 & 788.5895\end{bmatrix} \tag{5-55}$$

$$\boldsymbol{G}=\boldsymbol{G}^{(1)}=\begin{bmatrix}1.3926 & 0 & 0\\ 0 & 1.5388 & 0\\ 0 & 0 & 0.8728\end{bmatrix} \tag{5-56}$$

$$\boldsymbol{H}=\begin{bmatrix}204.6192 & 1164.1042 & 1771.2309\\ -13.7287 & 249.4288 & -861.2054\\ 28.7186 & -234.6331 & 737.3312\end{bmatrix} \tag{5-57}$$

根据式（5-57）可以看出，整体来说$|h_{i1}|<|h_{i2}|<|h_{i3}|$，即基础投资占比、人均货运量、从业人数占比均对第三产业产值的增长弹性最高，对第一产业产值的增长弹性最低，因此，京津冀在区域物流发展过程中，若努力调节基础投资占比、人均货运量、从业人数占比的发展，不仅能够促进物流业本身的发展，也会带动京津冀地区三次产业经济的增长。

具体来说，$h_{11}<h_{12}<h_{13}$，表明基础投资占比对第三产业增长的作用大于另外两个产业增长，可见，京津冀地区完善的物流业基础设施有效拉动了该区域第三产业的发展；h_{21}，$h_{23}<0$，表明人均货运量对第一产业、第三产业增长具有消极作用，尤其对第三产业增长的消极影响更为明显，但对第二产业的增长有促进作用，政府应该适当调控与人均货运量相关的行业及法规，以达到与三次产业经济协同发展的目的；$|h_{31}|<|h_{32}|<|h_{33}|$，$h_{32}<0$，表明从业人数占比对第二产业增长

有抑制作用，但对第三产业增长的积极影响程度比较大，物流业在发展过程中会提供许多岗位，可以减缓京津冀地区的就业压力。

综上所述，京津冀区域大力发展物流业对该区域三次产业经济的发展具有重大影响，物流业所属的第三产业，应在发展京津冀区域经济的同时，关注物流业与区域产业经济的协同作用，以期使京津冀区域能够更好地实现协同发展，从而为全国经济的发展做出贡献。

5.4　京津冀区域物流与区域经济协同发展研究

5.4.1　主成分分析

1. 主成分分析简介

在实际问题分析中，人们面临的往往是涉及众多指标的复杂问题，指标众多不但会增加计算的复杂程度，而且指标之间有一定的信息重叠，使人们难以掌握主要信息，为问题的合理分析和解释带来困难。主成分分析作为一种简单的非参数方法，能够在一定程度上解决这些问题。主成分分析最早是由 Pearson[87]于1901 年的生物学理论研究中引入的，该方法从多指标分析出发，运用统计分析原理与方法，提取少数几个彼此不相关的综合性指标而保持原始指标所提供的大量信息[88]。1933 年，Hotelling[89]对主成分分析进行了扩展，将其推广应用到心理学研究领域。1947 年，Karhunen[90]以概率论的形式对主成分分析进行了研究，进一步扩充和完善了主成分分析理论。从数学角度看，主成分分析是一种数据降维的方法，其目的是从数据中找到一组向量以尽可能地解释数据的方差，将数据从原始输入空间降维投影到特征空间（输入空间的维数大于特征空间的维数），降维后保存数据的主要信息，用较少的特征量对数据样本进行描述，从而使数据易于处理[91]。主成分分析的基本思路是针对复杂的系统问题，在不改变数据样本结构的前提下对多指标矩阵进行处理，通过线性组合原始指标，得到相互独立的主成分，同时能够最大限度地反映原始指标所包含的信息，以一定标准选取少数几个较重要主成分之后，使得复杂的系统问题得以简化。

主成分分析是一种有效的线性特征抽取方法，计算简单、便于实现。此外，主成分分析还具有如下特点[92]：一是主成分分析将原始指标变换成彼此相互独立的主成分，可以消除原始指标之间的相关性。二是当原始指标较多时，主成分分析在保留绝大部分信息的前提下可以用少数几个综合指标代替原始指标进行。三是各主成分按方差贡献率大小依次排序，分析问题时，可以舍弃一部分主成分，只取前后方差较大的几个主成分来代表原始指标，从而减少计算工作量。四是在综合评价函数中，各主成分的权重为其贡献率，它反映了该主成分包含原始指标信息量占全部信息量的比重。这种确定权重的方法客观、合理，克服了人为确定权重的主观随意性。

2. 我国学者对于主成分分析的应用研究

主成分分析作为重要的多元统计方法之一，在经济、管理、生化、地质等社会各领域得到应用，如在模式识别、过程监控、综合评价、地震属性优化、图像处理、人脸识别、数据压缩等方向都获得了成功的应用[93]。

张晓东等[94]采用主成分分析法对影响抽油机井泵效的众多因素进行分析，应用统计分析软件从 16 个原始指标中提取 7 个主成分，通过分析指出，地层能量、油藏条件、原油性质、生产参数、井身轨迹、管杆泵匹配及抽油机平衡度是影响抽油机井泵效的主要因素。孙锐等[95]以湖南水口山铅锌矿区及其周围地区为研究对象，分析了水稻土样品中不同重金属的污染特征，用富集因子和潜在生态危害指数法分区域评价了土壤中重金属的污染程度及生态危害，用主成分分析的方法探讨了土壤性质与重金属污染的关系，结果表明，受铅锌选矿和冶炼活动的影响，矿区范围内中心区域水稻土中重金属含量明显高于周围区域；土壤重金属污染明显抑制脱氢酶活性，且污染严重的采样点土壤酸碱值也较低。胡玉霞[96]采用主成分分析法研究了影响保险代理人行为的主要因素，结果表明，影响保险代理人行为的主要因素包括保险代理人工作的外部环境、保险代理人激励制度、保险代理人监管制度等。为此，保险公司在日常经营和管理方面应适度提高保险代理人的佣金率；根据市场的情况规定合适的基本业务量，对超过基本业务量的部分应给予奖励；提高保险代理人的违规行为处罚罚金，使我国保险市场能持续健康地发展。王英和鲍新中[97]在构建企业成长性综合评价指标体系和利益相关者满足评价指标体系的基础上，利用结构方程模型结合主成分分析研究了企业成长性整体及各个因素与利益相关者满足的关系，结果发现，企业成长性在总体上对利益相关者满足呈正向影响，即企业成长性的增强，有助于提升利益相关者满足，反过来又吸引各方利益相关者投入更多的资源促进企业的持续发展；企业偿债能力和盈利能力的提升对利益相关者满足有着积极的影响，而企业规模和营运能力对利益相关者满足的影响程度则不显著。马飒[98]根据 85 个国家的跨国数据，利用主成分分析法对生产要素国际流动与国内收入差距的关系进行了实证研究，结果表明：所有国家的要素流动与基尼系数存在显著正相关关系，经济发展水平和技术创新也是缩小收入差距的重要因素；发达国家的要素流动水平提高则显著扩大了收入差距，高技术劳动力供给状况和技术创新水平是影响收入分配的主要因素；对于发展中国家，包括要素流动在内的所有因素都不是引起发展中国家收入差距扩大的主要原因。

陈宝兰和王园[99]在分析安徽省新型城镇化和农业现代化发展现状的基础上，构建反映两者内涵的指标体系，通过主成分分析法分别计算两者的综合发展水平，并运用空间描述方法对安徽省新型城镇化和农业现代化的协调发展程度进行测度，结果表明，城乡一体化对促进新型城镇化和农业现代化发展有重要作用，安徽省新型城镇化和农业现代化整体水平都有待提高，但各市实际情况不尽相同，需采取不同的对策促进其新型城镇化与农业现代化的协调发展。刘可新等[100]提出一种基于主成分分析的分类洪水预报方法，以主成分分析提取的历史洪水有效信息为基础，运用均值聚类方法将历史洪水分类，再对各类型洪水分别率定参数，通过计算洪水指标到各聚类中心的距离来判别即将发生洪水的归属类别，采用对应的模型参数进行预报，实证分析结果表明，基于主成分分析的分类洪水预报整体上提高了预报精度，并且洪峰预报效果较洪量更佳。李变花[101]运用主成分分析法对福建省农村新型城镇化的质量状况进行了分析，基于少量已有的新型城镇化评价指标和农村城镇化评价指标，通过主成分分析方法最大限度地提取现有指标蕴含的信息，分析结果表明，由于不同因素的影响，不同区域的发展质量是有所差异的，在此基础上，提出了提升福建省农村新型城镇化发展质量的思路。王晓鹏和丁生喜[102]选择青海省果洛藏族自治州 6 个县为实证研究对象，利用全局主成分分析方法结合分层构权模型，从人口经济活动支撑力、资源供给支持力和生态环境承载力及综合人口资源环境承载力等四个方面对这 6 个县 1999~2013 年人口资源环境承载力状况进行了定量、动态评价和分析，结果表明，青海省果洛藏族自治州人口资源环境承载力逐年提高，综合承载力指数均值从 1999 年的 0.196 8 上升到 2013 年的 0.390 5。王雪婷和韩霞[103]以北京航空航天大学为例，采用主成分分析法对理工科高校文科研究生创新能力影响因素进行实证分析，结果表明，科研参与度、国际化等因素是影响文科研究生创新能力培养的主要因素，因而培养理工科高校文科研究生创新能力需要高度重视实施激励政策、设置更具吸引力的跨专业课程、加大国际化投入力度以及提供良好的学术与学习环境。王慧和李欣章[104]运用主成分分析法对我国城乡居民收入的影响因素进行了实证研究，研究发现：经济发展因子与城乡居民收入呈正相关关系；经济环境因子与城乡居民收入呈负相关关系；制度因子与城乡居民收入呈正相关关系。以此为基础，提出了提高城乡居民收入的对策建议，包括：鼓励和引导创业，以创业带动地区经济发展，带动城乡居民扩大就业、增收；突出收入倍增重点，努力加快农村居民增收步伐，缩小城乡收入差距；缩小收入差距，扩大中等收入群体，逐步构建橄榄型社会；加快经济增长方式转变，调整优化产业结构和产业布局，发展循环经济、绿色经济；完善社会保障体系建设，提高城乡居民转移性收入。崔卫华和胡玉坤[105]基于竞争优势理论，构建了农产品流通体系竞争力指数，采用两步全局主成分分析法对 2005~2014 年中国不同层面的农产品流通体系竞争力进行测度，结果表明：流通效率是提升中国农产品流通体系竞争力的最主要因素，流通现代化和流通环境是提升农产品流通体系竞争力的重要因素，而流通规模对中国农产品流通体系竞争力产生较小的负面影响；2005~2014 年中国农产品流通体系竞争力指数整体上呈现显著上升态势，东部、中部、东北、西部地区四大区域指数均呈现平稳上升态势，各省份指数均呈现波动中上升态势；2005~2014 年中国省际农产品流通体系竞争力水平差异较大，但呈现显著收敛态势，较大的省际差异主要来自东部地区内部省际差异和四大地区间的差异。

在物流分析方面，主成分分析主要用于物流企业绩效评价、影响因素分析与选择方面的研究。李红启等[106]在现代统计分析方法基础上，提出了改进的主成分分析法，遵循了统计数据的固有规律，同时抓住经济指标间的主要关系，实验证明，改进的主成分分析法有效划分了物流网络节点城市的等级，在合理进行物流网络节点城市的等级划分与功能分配方面具有可行性。嵇鸿谷等[107]提出了一种以主成分分析为基本技术的物流网络节点重要性评价方法，并试图解决理论方法应用于实践的缺陷之处，实验结果证明，基于主成分分析的物流网络节点重要性评价方法是可行的，评价结论符合实际情况。刘辉[108]利用主成分分析法选择物流评价企业绩效的因子，进而对物流企业的经营绩效进行评价，结果表明，主成分分析法不仅可以寻找到合理的、综合的绩效评价指标，而且能够对物流企业的经营绩效进行科学的评价和排序，同时可以根据第一主成分指标综合评价物流企业的绩效。范劲[109]在探讨城市物流配送系统内部结构和内部运作构建原理的基础上，运用主成分分析法研究了城市物流配送问题，认为城市物流配送系统的优化应达到的目标有服务性、速递性、规模性、有效利用空间、健全运行机制、发展战略性，并提出城市物流配送体系的约束条件，涉及社会经济发展、城市发展、市场需求、技术环境、行业发展、当前物流服务水平和经营管理水平等方面。高健[110]运用主成分分析法综合衡量各企业物流客户服务水平的程度高低，分析客户服务水平差异产生的原因，结果表明，主成分分析法能比较各企业不同服务水平的排序高低，而且通过对企业服务要素进行数学分析，落后的企业可以根据分析结果化繁为简，更有针对性地提高自身的物流服务水平。贺琼和万华丽[111]运用主成分分析法对深市和沪市物流业 40 家上市样本公司的经营业绩进行了评价，结果表明，2009 年我国物流业上市公司中，港口码头类和海上运输类上市公司效益下滑最为明显，而物流基建类企业发展平稳、效益较好，这一结果与实际情况相符；将主成分分析方法与统计软件相结合，可使分析过程简单可靠，避免评价的主观性和指标的相关性，但是当上市公司财务信息存在失真状况时，主成分分析结果会存在客观缺陷，因而不能仅根据数据得出结论。刘秋红[112]选取了 24 家在沪、深两市上市的物流类公司作为研究对象，运用主成分分析法对这 24 家上市公司的 12 项财务指标进行综合分析评价，结果发现：所得的综合评价排序较客观地反映了物流类上市公司的整体情况；即便是综合指标得分较高的公司，其财务状况也不太合理；从运输方式来看，以海上运输为主的上市公司要好于铁路运输和航空运输为主的上市公司。段向云和张英华[113]在分析影响低碳物流发展因素的基础上，采用主成分分析法提炼出了发展低碳物流的主成分影响因素，包括能源结构和产业效率、产业自身发展状况和碳汇能力，认为我国发展低碳物流的路径在于提高物流能源效率、实现低能耗，改善物流能源结构、做到低排放，提升物流业发展水平、力求低污染，发挥碳汇潜力、增加碳汇。在此基础上，提出了我国物流低碳化发展的对策，包括：建立综合运输体系发挥多式联运优势，降低能耗；提高物流业信息化程度，促进节能减排；推进物流业标准化建设，提高物流运营效率，减少碳污染；提升科技实力；发挥政府在增加碳汇工作中的引导、调节和监管职能，实现物流业碳循环的良性发展。

耿婧和玄永生[114]基于河北省环首都经济圈的战略背景，通过选取 2005~2010 年河北省物流业发展水平的相关数据，利用 5 个一级指标和 17 个二级指标来建立物流业发展水平的指标体系，运用主成分分析法从定量的角度研究了河北省物流发展水平，指出河北省物流业发展呈上升趋势，其物流总水平的发展差异是由各分项水平差异共同构成的；并提出河北省应利用环首都经济圈战略，协调物流业各方面发展水平，进而促进经济发展。徐智慧和杜彦萍[115]在分析区域物流定位影响因素的基础上，提出主成分分析方法的区域物流定位数学模型，利用该模型进行城市物流战略定位，根据主成分分析的降维思想将较多的评价指标转化为几个综合指标，进而确定出了最有利于物流发展的城市。方永美等[116]从财务、客户、流程及学习和成长等视角构建了一套符合生产企业内部的物流绩效评价体系，并运用主成分分析法对生产企业内部的物流进行绩效评价，实证分析表明，主成分分析法运用于生产企业的内部物流绩效评价是可行的，其最终的评价结果能够较好地反映生产企业内部物流的绩效情况，并且评价结果也符合实际，具有较好的科学性。张圣忠和张春娜[117]为识别物流企业的发展状况和投资价值，选取 40 家中国物流上市公司作为样本，运用主成分分析方法评估其 2010 年度的绩效表现，研究结果表明，在国际金融危机、欧债危机持续发酵的背景下，中国不同类别物流上市公司的绩效表现差别较大，其中具有先天优势的铁路货运物流公司、具有明显效率与成本优势的港口经营企业、专注于高端产业物流专门化服务或具有专门化物流设施的综合物流企业绩效表现较好，投资价值大。江成城[118]在分析物流企业现有关键绩效指标构建方法的基础上，构建了基于主成分分析法的物流企业关键绩效指标体系，先将物流企业战略目标进行分析，构建出初始绩效指标，再运用调查数据进行主成分分析和信度、效度分析，构建出高信度和效度的绩效指标，以其作为物流企业的关键绩效考核指标。荀烨等[119]针对军事物流中心仓库遴选指标众多、计算复杂等问题，将主成分分析法应用于军事物流基地中心仓库的遴选中，通过对原始指标进行综合处理，在保留原有指标主要信息的基础上，消除了指标之间的线性相关性和样本间的信息重叠，降低了指标维数，使军事物流中心仓库选址问题得到简化。梁雯和张伟[120]基于2004~2013年全国统计数据，运用主成分分析法提取指标权重并综合计算全国城乡一体化水平，实证分析了城乡一体化、农村物流和农村金融对农民收入的影响，结果表明，全国城乡一体化水平整体呈上升趋势，城乡一体化、农村物流和农村金融均显著影响农民收入，而且城乡一体化通过农村物流与农村金融的中介效应发挥作用，三者协同作用共同促进农民增收。

3. 主成分分析计算步骤

主成分分析将原始较多的指标重新组合成较少几个综合主成分来代替原始指标，保留原始指标的主要信息且彼此不相关。

（1）数据预处理。设数据样本矩阵为 $\boldsymbol{X}=[X_1,X_2,\cdots,X_p]=(x_{ij})_{N\times p}$，其中，$x_{ij}\in\mathbf{R}$，$i=1,2,\cdots,N$，$j=1,2,\cdots,p$，$N$ 为数据样本个数，p 为指标个数。对原始样本数据进行标准化处理，得到标准化矩阵为 $\boldsymbol{Z}=(z_{ij})_{N\times p}$，其中

$$z_{ij}=\frac{x_{ij}-\overline{x}_j}{S_j} \tag{5-58}$$

$$\overline{x}_j=\frac{1}{N}\sum_{i=1}^{N}x_{ij} \tag{5-59}$$

$$S_j^2=\frac{1}{N}\sum_{i=1}^{N}(x_{ij}-\overline{x}_j)^2 \tag{5-60}$$

（2）计算相关系数矩阵、特征值与特征向量。计算标准化矩阵 $\boldsymbol{Z}$ 的相关系数矩阵为 $\boldsymbol{R}=(r_{jk})_{p\times p}$，其中

$$r_{jk}=\frac{1}{N-1}\sum_{i=1}^{N}z_{ij}z_{ik} \tag{5-61}$$

求解相关系数矩阵 $\boldsymbol{R}$ 的特征方程：

$$|\boldsymbol{R}-\lambda\boldsymbol{I}|=0 \tag{5-62}$$

其中，λ 为特征值向量，包含 p 个非负特征值。将 p 个非负特征值按从大到小排列为 $\lambda_1\geqslant\lambda_2\geqslant\cdots\geqslant\lambda_p\geqslant0$，每一个特征值对应一个特征向量，根据式（5-63）计算对应的单位特征向量：

$$\boldsymbol{R}\boldsymbol{a}=\lambda_j\boldsymbol{a} \tag{5-63}$$

其中，$j=1,2,\cdots,p$；$\boldsymbol{a}=[\boldsymbol{a}_{1j},\boldsymbol{a}_{2j},\cdots,\boldsymbol{a}_{pj}]^{\mathrm{T}}$ 为单位特征向量矩阵，元素 $\boldsymbol{a}_{1j},\boldsymbol{a}_{2j},\cdots,\boldsymbol{a}_{pj}$

为单位特征向量，彼此正交。

（3）计算主成分。主成分是单位特征向量与标准化矩阵 $\boldsymbol{Z}$ 的乘积，设 N 个样本的主成分为 $\boldsymbol{F}=[F_1,F_2,\cdots,F_p]=(f_{ij})_{N\times p}$，其中

$$f_{ij}=\sum_{k=1}^{p} z_{ik}a_{kj} \tag{5-64}$$

则 F_1 为第一主成分，F_2 为第二主成分……以此类推，F_p 为第 p 个主成分。

（4）提取主成分。方差贡献率反映了主成分对整体的方差贡献大小，较重要的主成分对应较大的贡献率，可以根据主成分的方差贡献率提取主成分。第 k 个主成分的方差贡献率为

$$\varGamma_k=\frac{\lambda_k}{\sum_{k=1}^{p}\lambda_k}\times 100\% \tag{5-65}$$

其中，第一主成分 F_1 的方差贡献率 $\varGamma_k$ 最大，即 F_1 综合原始 p 个指标的能力最强，而 $F_2,F_3,\cdots,F_p$ 的综合能力依此递减。前 k 个主成分的方差累积贡献率为

$$\varGamma(k)=\sum_{j=1}^{k}\varGamma_j \tag{5-66}$$

其中，$\varGamma(k)$ 反映了 $F_1,F_2,\cdots,F_k$ 综合原始 p 个指标的能力。主成分分析的目的是希望用尽可能少的主成分代替原始较多的指标，选取主成分时，通常需要设定一个标准值，$\varGamma(k)$ 值大于标准值时，应该选取前 k（$k<p$）个主成分代替原始 p 个指标。

（5）综合评价 k 个主成分。以各主成分的方差贡献率为权重，通过计算 k 个主成分的线性加权和，对 k 个主成分进行综合评价：

$$F=\sum_{i=1}^{k}\varGamma_i F_i \tag{5-67}$$

其中，F 为综合发展指标；$\varGamma_i$ 为第 i 个主成分的方差贡献率；F_i 为第 i 个主成分。

5.4.2　协同学理论

1. 协同学理论简介

协同学是一种复杂系统理论，由联邦德国理论物理学家哈肯教授于 1971 年创立[121~124]。协同是指系统的各部分之间相互协作，使得整个系统形成微个体层次所不存在的新质的结构和特征。协同学研究的是一个由大量子系统以复杂的方式相互作用所构成的复合系统，在一定条件下，子系统间通过非线性作用产生协同现象和相干效应，使系统形成有一定功能的空间、时间或者时空的自组

织结构[125, 126]。协同学以系统论、突变论、信息论和控制论等系统控制科学为基础，在吸取耗散结构理论精华的同时，采用系统动力学的综合思维模式，通过对不同领域的分析，提出了多相空间理论，构建了一整套数学模型和处理方案，在微观到宏观的过渡上，描述了各种系统和现象中从无序到有序转变的共同规律[127, 128]。

1）协同学重要概念

（1）有序度。

不同的系统中均存在有序与无序的矛盾。有序与无序在一定条件下的对立、统一形成系统一定的秩序，即有序度。序参量可用来代表一个系统的有序度，利用序参量的变化来描述系统内有序与无序矛盾的转化。

（2）慢变量和快变量。

由无序到有序转化的临界过程中，按照衰减的快慢可将参数分为快变量和慢变量两大类。有些参数受到阻尼较大，弛豫时间很短就衰减下去了，称为快弛豫参数或快变量；有些参数在变化时出现临界无阻尼现象，几乎不衰减，称为慢弛豫参数或慢变量。慢变量是主导系统最终结构和功能有序度的序参量。

（3）涨落。

即使系统处于有序状态，也并不意味着子系统无规则的独立运动会完全停止。系统的“地下世界”是极其丰富的，子系统的独立运动以及它们各种可能产生的局部耦合，加上环境条件的随机波动等，都反映在系统的宏观量瞬时值经常会偏离其平均值而出现的起伏上，这种偏离平均值的起伏现象称作涨落。只有得到了大多数子系统很快响应的涨落，才能由局部波及系统得到放大，成为推动系统进入新的有序状态的巨涨落。

（4）有组织和自组织。

从无序状态转变为具有一定结构的有序状态，或者从有序转变为新的有序状态，首先需要环境提供能量流和物质流作保证，也就是说，控制参量达到阈值时，这种转变才成为可能，这是必需的外部条件。一个系统在外界强迫下形成的有序行为称为有组织；反之，一个系统在无外界强迫时，系统内部自发形成的有序行为称为自组织。

2）协同学基本原理

（1）不稳定原理。

不稳定原理是指一种模式的形成意味着原来的状态不能够再维持，系统由此变得不稳定。对于系统控制而言，失去稳定性意味着功能态被破坏。因此，不稳定性总是需要力图避免的纯消极因素。而协同学正是以探寻结构有序演化规律为出发点考察问题，从相变（平衡的或非平衡的）机构中找到界定不稳定概念的新角度。由于一种模式的形成意味着原先的状态不再能够维持，即变成不稳定的状态，因此这种模式形成现象常被称为不稳定性。任何系统，包括物理学、化学、工程学、生物学、经济学和社会科学中的种种系统的有序演化可以说都与不稳定性联系在一起，在某种意义上，协同学就是研究不稳定性的理论。

（2）序参量原理。

序参量是指不论什么系统，如果某个参量在系统演化中从无到有地变化，并能揭示出新结构的形成，它就是序参量。序参量是微观子系统或诸要素集体运动的产物，是描述系统整体行为的宏观参量。序参量的形成，不是外部作用强加于系统的，而是来源于系统内部。当外部控制参量驱使系统远离平衡时，系统内各子系统的独立行动开始关联、相互作用，由于涨落的存在，子系统关联与相互作用以及环境的能量输入共同构成非线性的耦合关系，于是，协同开始在竞争与协同的矛盾中占据主导地位，子系统形成合作关系，协同行动，导致序参量的出现。序参量一旦形成就成为主宰系统演化过程的力量。

（3）支配原理。

支配原理又称伺服原理，是指序参量支配着系统整体的自组织演化过程。在系统演化过程中的不同历史阶段，系统内不同子系统和不同的运动模式、参量或性质，对系统的影响是有差异的、不平衡的。当系统逼近临界点时，各种运动模式对系统演化影响的差异和不平衡就表现出来，它们相互竞争，慢变量适应变化，伴随系统的不稳定增长而增长和发展，随之成为主导系统自组织演化进程的主要力量，支配着快变量的行为，快变量跟随慢变量的变化而变化。总之，支配原理认为，有序结构是由少数几个缓慢增加的变量决定的，所有子系统都受这少数几个变量的支配。

2. 我国学者对于协同学理论的应用研究

刘丙军和陈晓宏[129]利用协同学理论中的有序度概念和支配原理，对水资源配置系统中社会、经济和生态环境子系统分别设置序参量，结合信息熵原理，构建了基于协同学原理的流域水资源配置模型，一定程度上有效解决了水资源合理配置系统中多目标、多维数求解问题，并将该模型应用于我国南方丰水地区的东江流域水资源合理配置，获得了满意的结果。

曲建忠[130]基于协同学的序参量原理，运用复合系统协调度评价模型，测算了我国高等教育与经济发展的协调度，发现我国高等教育与经济发展总体上呈现极弱协调状态，其原因在于高等教育可持续性教育能力不足，规模扩张的粗放型发展模式制约了其服务于经济发展的能力，同时经济可持续性竞争力不高，投资驱动型经济发展模式对高等教育的拉动与传递效应不足。林涛[131]在探究协同学基本理论的基础上，从序参量、控制参量和自组织演化等方面分析了高校协同创新的内在机理，结果表明，高校协同创新系统是不同创新子系统与系统内部各要素相互作用，形成以高校、科研机构、企业等为序参量的有序集合，其中，非线性作用是高校协同创新系统要素耦合的根本动力，而随机涨落是高校协同创新系统的基本效应。谢明敦等[132]首次将协同学原理运用于信息和通信技术产业协同竞争研究中，分析了知识产权与技术标准在信息和通信技术产业中的协同机理，结果显示，两者协同对信息和通信技术产业竞争具有积极影响。

刘超和陈彦[133]从协同学角度出发，运用所构建的协同度模型实证分析我国的金融监管系统，结果表明，我国金融监管系统的整体协同度不高，三个监管子系统中，银行监管子系统的发展较好，证券监管子系统和保险监管子系统均呈现出无序波动的发展状态。李丽[134]利用协同学理论验证我国流通产业与国民经济的协同关系，根据流通产业的成长历程，设计协同度评价模型，揭示我国流通产业与国民经济协同演进的一般规律。研究表明，我国流通产业与国民经济的发展不够协调，流通产业对国民经济平稳运行的推进效应大于抑制效应，流通产业与国民经济整体协调程度还有较大的提升空间。徐秀维等[135]以高职建筑工程专业岗位群为研究对象，通过协同学理论构建了包含“底层共享+中层分立+高层互选”三个层次的教学组织系统，根据相关实践进行了实证研究，并提出了构建专业群课程体系的五个步骤为工作胜任度与人才培养目标的协同、课程与工作过程的匹配、理论与实践教学相结合、教学团队建设及实训资源开发。丁月华[136]运用协同学原理分析了影响企业竞争情报系统有效运行的慢变量和快变量，结果表明，慢变量包括组织能力、情报文化和价值实现能力，组成了企业竞争情报系统的序参量亚系统，在企业竞争情报系统的协同运作中，这三个慢变量交替成为序参量，影响了企业竞争情报系统协同机制的形成、运行及优化，从而推动了系统的协同演化。郑建明[137]以协同学的不稳定性原理、序参量原理和役使原理为依据，分析了数字图书馆的演化过程，提出资源、技术与信息服务是数字图书馆演化的三个序参量，三者之间通过协同与竞争主宰数字图书馆演化；并提出根据数字图书馆演化的内在机制与规律性可以分析数字图书馆的演化趋势。王得新[138]基于协同学理论，探讨了我国区域协同发展及京津冀协同发展问题，认为：区域协同发展受到系统控制参量的重要影响和序参量的支配作用，产业一体化、要素市场一体化、制度一体化是区域协同的序参量，也构成区域协同的重要约束因素；全面深化改革、加快制度创新，是推进区域协同发展的根本动力；京津冀协同发展还需从系统控制参量入手，创造协同发展的基础条件。

在物流分析方面，协同学理论主要用于物流企业绩效评价、影响因素分析与选择方面的研究。

陈军和陈寒凝[139]运用协同学理论对虚拟物流企业联盟产生、发展的动力来源问题进行了系统分析，结果显示，协同不仅能够保证虚拟物流企业联盟系统组成最优，各部分协同运转，从而提高效率，减少损失，增加生产率，而且可以降低摩擦，避免冲突，提高系统的应变能力。彭本红[140]基于协同学序参量演化方程，探讨了现代物流业与先进制造业的演化机理，结果表明，只有现代物流业与先进制造业协同时，系统才能实现整体稳定，对整个社会经济的贡献也达到最大；两者的演化路径为制度协同—产业集群—产业生态系统，它们的共生与协同是产业演化的必然结果，这种结果反过来又促进了现代物流业与先进制造业发展，同时也增强了产业的竞争力。秦继伟[141]将协同学理论应用于铁路多经物流企业中，提出协同物流管理应以“竞争–合作–协调”协同物流自组织运行机制为手段，把铁路多经物流中各个物流实体构造成一个具有自组织能力的协同物流系统，中心辐射式铁路物流管理是现在铁路多经物流运用的管理系统，也是协同物流管理的体现。孙鹏和罗新星[142]基于协同学自组织思想，将现代物流服务业系统与制造业系统视为两大复合经济系统，构建了两者协同发展的评价模型，以湖南省物流服务业与制造业发展进行实证研究，结果发现，湖南省物流服务业子系统与制造业子系统有序度获得快速提升，它们的协同发展是一个螺旋式上升过程，政府部门应建立一套长效机制来促进区域现代物流服务业与制造业协同发展。鞠红[143]以复杂科学的研究方法为基础，利用协同学理论研究了生鲜农产品冷链物流系统，认为构建完善的生鲜农产品冷链是目前的首要任务，建设产地生鲜农产品配送中心和鼓励第三方冷链物流企业向农村市场发展是有效的完善策略。

张广胜[144]运用协同学理论构建了铁路物流和经济发展关系的协同度测度模型，并通过该模型分析了铁路物流和经济发展的综合发展水平、协调度及协同度变化，结果发现，该模型能客观全面地评价铁路物流和经济发展耦合因素的协同发展水平与状态，铁路物流水平的提高与经济增长两者密切相连，在互动中循环上升。温卫娟等[145]基于协同学理论，建立了涵盖组织协同、资源协同、业务协同、信息协同等的共同配送协同机制模型及要素结构模型，并借助文献研究、专家会议、问卷调查、主成分分析等方法构建了衡量共同配送协同效应的评价体系。刘广海等[146]根据协同学基本方法，建立铁路物流–区域经济的复合系统模型，对珠江三角洲铁路物流和区域经济“剪刀差”问题进行了研究，认为铁路物流与区域经济发展不甚协调，政府宏观政策和区域经济结构是影响两者协调性的主要影响因素；同时提出随着珠江三角洲经济的不断增长，铁路部门应加强自身建设，通过提升自身竞争优势来适应经济发展的需要。

乐小兵[147]基于协同学理论，构建了区域物流与区域经济协同成长模型，并利用我国 2003~2012 年的物流与经济发展数据进行实证分析，结果表明，我国物流与经济在该时期均呈现稳定上升的发展趋势，但经济发展上升趋势明显高于物流发展上升趋势，且二者协同成长步伐并不完全一致。张夏恒[148]借用协同理论研究了县乡电商物流系统的协同发展，指出县乡电商物流系统协同发展存在基础设施滞后、物流网络覆盖薄弱、观念落后、政策缺失、人才匮乏等问题；

并指出为推动县乡电商物流系统的协同发展，可以从县乡交通运输网络、物流基础设施、物流网络、物流环境、物流政策等系统、序参量、环境等方面实现有序状态。武淑萍和于宝琴[149]基于协同学序参量原理，构建电子商务系统与快递物流系统的协同发展模型，对两者的协同发展水平进行测度，结果表明，电子商务发展的有序度高于快递物流服务业发展的有序度，两者的整体协同度逐年上升，但协同度增长缓慢，其发展呈现出螺旋式上升的过程。邓念和彭其渊[150]结合协同学理论提出了高速铁路调度指挥系统结构协同有序度的概念，并以实现调度指挥系统组织结构纵向协同为目标，采用信息熵理论构建各模式下的通用有序度模型，提出了调度指挥模式定量选择方法，并通过案例分析验证其有效性，结果显示，调度指挥系统的调度台数量为 60 时，增设二级管理控制中心能够提高高速铁路调度指挥系统组织结构有序度 0.05~0.10，合理的二级管理控制中心配置方案能有效提高系统组织结构有序度 0.1。

5.4.3 京津冀区域物流与区域经济协同发展模型

设 $F(\boldsymbol{X})$ 为京津冀区域物流系统综合发展指标，其中，$\boldsymbol{X}=(X_1,X_2,\cdots,X_n)$ 为京津冀区域物流发展指标体系集合，n 为京津冀区域物流发展指标数量；$F(\boldsymbol{Y})$ 为京津冀区域经济系统综合发展指标，其中，$\boldsymbol{Y}=(Y_1,Y_2,\cdots,Y_m)$ 为京津冀区域经济发展指标体系集合，m 为京津冀区域经济发展指标数量。

协同度反映的是系统之间的协调程度，将 $F(\boldsymbol{X})$ 和 $F(\boldsymbol{Y})$ 看做两个系统，它们之间的离差计算公式为

$$\begin{aligned}C_v&=\frac{\left|F(\boldsymbol{X})-F(\boldsymbol{Y})\right|}{\frac{1}{2}\left[F(\boldsymbol{X})-F(\boldsymbol{Y})\right]}=\sqrt{\frac{\left[F(\boldsymbol{X})-F(\boldsymbol{Y})\right]^2}{\left[\frac{F(\boldsymbol{X})-F(\boldsymbol{Y})}{2}\right]^2}}\\&=\sqrt{1-\frac{F(\boldsymbol{X})\times F(\boldsymbol{Y})}{\left[\frac{F(\boldsymbol{X})+F(\boldsymbol{Y})}{2}\right]^2}}\end{aligned}\tag{5-68}$$

其中，C_v 为 $F(\boldsymbol{X})$ 和 $F(\boldsymbol{Y})$ 之间的离差。C_v 值越小，表明 $F(\boldsymbol{X})$ 和 $F(\boldsymbol{Y})$ 之间的协调程度就越高。由式（5-68）可以看出，若 C_v 值越小，则 $\frac{F(\boldsymbol{X})\times F(\boldsymbol{Y})}{\left[\frac{F(\boldsymbol{X})+F(\boldsymbol{Y})}{2}\right]^2}$ 越大。将 $F(\boldsymbol{X})$ 和 $F(\boldsymbol{Y})$ 之间协同度定义为

$$C=\left\{\frac{F(\boldsymbol{X})\times F(\boldsymbol{Y})}{\left[\frac{F(\boldsymbol{X})+F(\boldsymbol{Y})}{2}\right]^2}\right\}^K \tag{5-69}$$

其中，C 为 $F(\boldsymbol{X})$ 和 $F(\boldsymbol{Y})$ 之间的协同度，其取值范围为 $[0,1]$；K 为调节系数，通常可取 $K=2$。C 值越大，表明 $F(\boldsymbol{X})$ 和 $F(\boldsymbol{Y})$ 之间的发展关系越协调。从数学的角度出发，在 $F(\boldsymbol{X})$ 和 $F(\boldsymbol{Y})$ 发展水平一定的前提下，若要使两系统之间的发展关系相互协调，就需要使 $F(\boldsymbol{X})\times F(\boldsymbol{Y})$ 的值尽可能大。当 $F(\boldsymbol{X})=F(\boldsymbol{Y})$ 时，$F(\boldsymbol{X})\times F(\boldsymbol{Y})$ 的值最大，此时两系统之间的发展是最协调的，即 $C=1$。但在实际中，系统之间的发展不可能达到完全的协调，故只需 C 值越大越好。

协同度分为静态协同度和动态协同度两种[151]。静态协同度反映的是某一特定时刻系统之间的协同发展状况，其计算公式为

$$D_c=\sqrt{C\times t},\quad t=\alpha F(\boldsymbol{X})+\beta F(\boldsymbol{Y}) \tag{5-70}$$

其中，D_c 为静态协同度，其取值范围为 $[0,1]$；α，β 为综合发展指标的权重，可以取 $\alpha=0.4$，$\beta=0.6$。D_c 的值越大，$F(\boldsymbol{X})$ 和 $F(\boldsymbol{Y})$ 的发展协同性越好，反之，则协同性越差，即

$$\begin{cases}0<D_c\leqslant 0.4, & \text{协同发展初级阶段}\\ 0.4<D_c\leqslant 0.7, & \text{协同发展中级阶段}\\ 0.7<D_c\leqslant 1, & \text{协同发展高级阶段}\end{cases} \tag{5-71}$$

静态协同度的局限性在于它只能揭示某一时刻的系统协同发展状况，为了消除时间的影响，可以用动态协同度描述系统之间随着时间推移的协调发展趋势[141]。动态协同度的计算公式为

$$D_d=\frac{D_c(\tau)}{D_c(\tau-1)} \tag{5-72}$$

其中，D_d 为动态协同度，$D_c(\tau)$，$D_c(\tau-1)$ 分别为 τ 和 $\tau-1$ 时刻的协同度。

$$D_d=\begin{cases}>1, & \text{系统处于系统发展增长阶段}\\ =1, & \text{系统的协同发展性维持现状}\\ <1, & \text{系统处于协同发展降低状态}\end{cases} \tag{5-73}$$

5.4.4　京津冀区域物流与区域经济协同度的关键影响因素分析

当系统之间的发展状况呈现不协调状态时，为了实现系统之间的协同发

展，需要对系统进行调整[152, 153]。一般的抽象系统，往往受到很多因素的影响，需要通过分析影响因素与协同度之间的协同弹性，区分关键影响因素与非关键影响因素。关键影响因素对系统协同发展的影响较大，应该积极发展该类因素；非关键影响因素对系统协同发展的影响较小，需要抑制该类因素的发展。

协同弹性表示的是协同发展与其影响因素之间的依存关系，即协同度对各个指标变化的敏感程度。协同弹性可用协同弹性系数来度量，计算公式如下：

$$e_c = \frac{\Delta C / C}{\Delta \theta_i / \theta_i} \tag{5-74}$$

其中，e_c为协同弹性系数，表示当指标值变化 1%时，协同度的变化量；C为协同度，ΔC为协同度的变化量；i表示指标数，θ_i为第i个指标值，$\Delta\theta_i$为第i个指标值的变化量。当e_c大于 1 时，表明协同度变化幅度大于指标变化幅度，协同富于弹性，该类指标对于系统之间的协同发展影响较大；当e_c小于 1，表明协同度变化幅度小于指标变化幅度，协同缺乏弹性，该类指标对于系统之间协同发展影响较小。

5.4.5　京津冀区域物流与区域经济协同发展实证分析

1. 量化指标的选取

京津冀区域物流系统和区域经济系统是两个复杂的大系统，它们各自的衡量指标也比较多。要想准确分析京津冀区域物流系统和区域经济系统的协同发展关系，需全面选择这两个系统的量化指标。根据 5.2 节的研究结果，并考虑到指标数据的可得性，以物流业产值（X_1）、货物周转量（X_2）、基础投资占比（X_3）、人均货运量（X_4）、从业人数占比（X_5）共五项指标作为京津冀区域物流系统量化指标；以地区生产总值（Y_1）、第一产业产值（Y_2）、第二产业产值（Y_3）、物流业固定资产投资（Y_4）共四项指标作为京津冀区域经济系统量化指标。

2. 基于主成分分析的京津冀区域物流系统综合发展指标计算

表 5-12 列出了 2008~2014 年京津冀区域物流系统量化指标数据。由表 5-12 可知，京津冀区域物流系统量化指标数据存在明显的数量级差异。

表 5-12　2008~2014 年京津冀区域物流系统量化指标数据

年份	物流业产值/亿元	货物周转量/（亿吨·千米）	基础投资占比/%	人均货运量/%	从业人数占比/%
2008	2 273	9 388	16.13	11.59	5.00
2009	2 520	16 743	14.35	11.01	4.98
2010	3 043	19 013	12.85	11.09	4.85
2011	3 487	20 967	9.07	12.22	5.02
2012	3 713	19 450	11.39	12.64	4.80
2013	3 892	15 823	9.59	12.17	4.54
2014	4 065	17 324	11.09	12.34	4.55

资料来源：表中数据由国家统计局网站、《北京统计年鉴 2015》、《天津统计年鉴 2015》、《河北经济年鉴 2015》相关统计数据整理、计算得出

根据式（5-58）~式（5-60），标准化处理京津冀区域经济系统量化指标数据，以消除数量级带来的不利影响。表 5-13 列出了 2008~2014 年京津冀区域物流系统量化指标标准化结果。

表 5-13　2008~2014 年京津冀区域物流系统量化指标标准化结果

年份	物流业产值	货物周转量	基础投资占比	人均货运量	从业人数占比
2008	0.073 4	0.000 6	0.000 2	0.496 1	0.000 6
2009	0.303 3	0.000 5	0.123 7	0.000 3	0.000 2
2010	0.000 5	0.000 2	0.743 6	0.000 3	0.189 7
2011	0.000 4	0.137 6	0.000 3	0.000 1	0.808 3
2012	0.000 2	0.859 9	0.000 4	0.099 3	0.000 5
2013	0.081 4	0.000 6	0.000 2	0.403 6	0.000 6
2014	0.540 9	0.000 5	0.131 7	0.000 2	0.000 2

根据式（5-61）计算京津冀区域物流系统量化指标的相关系数矩阵，表 5-14 列出了京津冀区域物流系统量化指标相关系数矩阵。由表 5-14 可知，物流业产值与货物周转量、基础投资占比人均货运量、从业人数占比均存在一定的负相关性，相关系数分别为–0.359 7、–0.100 6、–0.277 1 和–0.381 9。货物周转量与基础投资占比也呈现出一定的负相关性，相关系数为–0.272 3。基础投资占比与人均货运量存在较高的负相关性，相关系数为–0.407 2。人均货运量与从业人数占比之间同样存在一定的负相关性，相关系数为–0.366 0。以上结集表明，京津冀区域物流系统量化指标的信息有一定重叠，量化指标之间存在共线性，可以进行主成分分析。

表 5-14 京津冀区域物流系统量化指标相关系数矩阵

量化指标	物流业产值	货物周转量	基础投资占比	人均货运量	从业人数占比
物流业产值	1.000 0	−0.359 7	−0.100 6	−0.277 1	−0.381 9
货物周转量	−0.359 7	1.000 0	−0.272 3	−0.138 1	−0.053 7
基础投资占比	−0.100 6	−0.272 3	1.000 0	−0.407 2	−0.003 1
人均货运量	−0.277 1	−0.138 1	−0.407 2	1.000 0	−0.366 0
从业人数占比	−0.381 9	−0.053 7	−0.003 1	−0.366 0	1.000 0

根据式（5-62）计算京津冀区域物流系统量化指标相关系数矩阵的特征值，将特征值由大到小排列后，利用式（5-63）计算相应的单位特征向量，再由式（5-65）和式（5-66）分别计算主成分的方差贡献率和方差累积贡献率。表 5-15 列出了京津冀区域物流系统量化指标的特征值、贡献率和累积贡献率。根据主成分提取原则，提取方差累积贡献率大于 80%的主成分代替原始全部指标。由表 5-15 可知，第一、二、三主成分的特征值分别为 $\lambda_1=1.5582$，$\lambda_2=1.5064$，$\lambda_3=1.0241$，相应的方差累积贡献率为 81.77%，说明前三个主成分包含了京津冀区域物流系统全部量化指标 81.77%的信息，故选取这三个主成分代替原始五个指标来衡量京津冀区域物流系统。

表 5-15 京津冀区域物流系统量化指标的特征值、贡献率和累积贡献率

主成分	特征值	贡献率/%	累积贡献率/%
1	1.558 2	31.16	31.16
2	1.506 4	30.13	61.29
3	1.024 1	20.48	81.77
4	0.876 9	17.54	99.31
5	0.034 4	0.69	100.00

根据式（5-64），将单位特征向量与标准化后的数据相乘，得到京津冀区域物流系统的第一、二、三主成分，表达式如下：

$$\begin{aligned}F_{11}&=-0.1155X_1'+0.2271X_2'-0.5794X_3'+0.6738X_4'-0.3813X_5'\\F_{12}&=0.6903X_1'-0.4973X_2'+0.0815X_3'+0.0645X_4'-0.5151X_5'\\F_{13}&=-0.4198X_1'-0.6508X_2'+0.3136X_3'+0.5190X_4'+0.1803X_5'\end{aligned}\tag{5-75}$$

其中，X_1',X_2',X_3',X_4',X_5' 为标准化后的京津冀区域物流系统量化指标数据。

以京津冀区域物流系统各主成分的方差贡献率作为权重，基于式（5-67），构建京津冀区域物流系统综合评价函数，表达式如下：

$$F(\boldsymbol{X})=0.3116F_{11}+0.3013F_{12}+0.2048F_{13}\tag{5-76}$$

将第一、二、三主成分代入式（5-76），得到京津冀区域物流系统综合发展指标。

表 5-16 列出了京津冀区域物流系统的主成分及综合发展指标。由表 5-16 可知，京津冀区域物流系统的主成分及综合发展指标均呈波动性发展趋势。

表 5-16　京津冀区域物流系统的主成分及综合发展指标

年份	F_{11}	F_{12}	F_{13}	$F(\boldsymbol{X})$
2008	0.325 6	0.082 1	0.226 4	0.172 6
2009	−0.106 5	0.219 1	−0.088 7	0.014 7
2010	−0.503 0	−0.036 8	0.267 2	−0.113 1
2011	−0.277 1	−0.484 5	0.056 2	−0.220 8
2012	0.261 7	−0.421 3	−0.508 0	−0.149 4
2013	0.262 3	0.081 6	0.175 1	0.142 2
2014	−0.138 6	0.383 8	−0.186 0	0.034 4

3. 基于主成分分析的京津冀区域经济系统综合发展指标计算

表 5-17 列出了 2008~2014 年京津冀区域经济系统量化指标数据。由表 5-17 可知，京津冀区域经济系统量化指标数据同样存在显著的数量级差异。

表 5-17　2008~2014 年京津冀区域经济系统量化指标数据（单位：亿元）

年份	地区生产总值	第一产业产值	第二产业产值	物流业固定资产投资
2008	33 846	2 270	15 038	1 563
2009	36 910	2 454	15 803	2 172
2010	43 732	2 833	18 936	2 755
2011	52 075	3 202	22 808	2 446
2012	57 348	3 508	24 727	2 970
2013	62 686	3 729	26 350	3 384
2014	66 479	3 806	27 290	3 565

资料来源：表中数据由国家统计局网站、《北京统计年鉴 2015》、《天津统计年鉴 2015》、《河北经济年鉴 2015》相关统计数据整理、计算得出

为消除数量级带来的不利影响，根据式（5-58）~式（5-60），标准化处理京津冀区域经济系统量化指标数据。表 5-18 列出了 2008~2014 年京津冀区域经济系统量化指标标准化结果。

表 5-18 2008~2014 年京津冀区域经济系统量化指标标准化结果

年份	地区生产总值	第一产业产值	第二产业产值	物流业固定资产投资
2008	0.313 7	0.017 3	0.129 2	0.027 7
2009	0.021 0	0.347 9	0.013 9	0.195 8
2010	0.139 4	0.022 5	0.324 9	0.025 1
2011	0.014 5	0.150 6	0.019 9	0.493 9
2012	0.342 1	0.021 9	0.140 1	0.028 3
2013	0.022 7	0.414 3	0.016 8	0.202 7
2014	0.146 5	0.025 5	0.355 2	0.026 5

根据式（5-61）计算京津冀区域经济系统量化指标的相关系数矩阵，表 5-19 列出了京津冀区域经济系统量化指标相关系数矩阵。由表 5-19 可知，地区生产总值与第一产业产值、物流业固定资产投资具有较强的负相关性，相关系数分别为 –0.736 4 和–0.698 0；地区生产总值与第二产业产值具有一定的正相关性，相关系数为 0.365 1。第一产业产值与第二产业产值呈现较强的负相关性，相关系数为 –0.717 5；第一产业产值与物流业固定资产投资具有一定的正相关性，相关系数为 0.480 7。第二产业产值与物流业固定资产投资存在较强的负相关性，相关系数为 –0.669 5。以上结果表明，京津冀区域经济系统量化指标的信息有较多的重叠，量化指标之间存在共线性，可以进行主成分分析。

表 5-19 京津冀区域经济系统量化指标相关系数矩阵

量化指标	地区生产总值	第一产业产值	第二产业产值	物流业固定资产投资
地区生产总值	1.000 0	–0.736 4	0.365 1	–0.698 0
第一产业产值	–0.736 4	1.000 0	–0.717 5	0.480 7
第二产业产值	0.365 1	–0.717 5	1.000 0	–0.669 5
物流业固定资产投资	–0.698 0	0.480 7	–0.669 5	1.000 0

根据式（5-62）计算京津冀区域经济系统量化指标相关系数矩阵的特征值，将特征值由大到小排列后，利用式（5-63）计算相应的单位特征向量，再由式（5-65）和式（5-66）分别计算主成分的方差贡献率和方差累积贡献率。表 5-20 列出了京津冀区域经济系统量化指标的特征值、贡献率和累积贡献率。由表 5-20 可知，第一、二主成分的特征值为 λ_1=2.835 3， λ_2=0.635 5，相应的方差累积贡献率达到了 86.77%，说明前两个主成分包含了京津冀区域经济系统全部量化指标 86.77%的信息，故选取前两个主成分代替原始四个量化指标来衡量京津冀区域经济系统。

表 5-20　京津冀区域经济系统量化指标特征值、贡献率和累积贡献率

主成分	特征值	贡献率/%	累积贡献率/%
1	2.835 3	70.88	70.88
2	0.635 5	15.89	86.77
3	0.520 5	13.01	99.78
4	0.008 7	0.22	100.00

根据式（5-64），将单位特征向量与标准化后的数据相乘，得到京津冀区域经济系统的第一、二主成分，表达式如下：

$$\begin{aligned} F_{21} &= -0.4951Y_1' + 0.5192Y_2' - 0.4842Y_3' + 0.5009Y_4' \\ F_{22} &= 0.6877Y_1' + 0.0256Y_2' - 0.7240Y_3' - 0.0465Y_4' \end{aligned} \quad (5\text{-}77)$$

其中，Y_1', Y_2', Y_3', Y_4' 为标准化后的京津冀区域经济系统量化指标数据。

以京津冀区域经济系统各主成分的方差贡献率作为权重，基于式（5-67），构建京津冀区域经济系统综合评价函数，表达式如下：

$$F(\boldsymbol{Y}) = 2.8353F_{21} + 0.6355F_{22} \quad (5\text{-}78)$$

将第一、二主成分代入式（5-78），得到京津冀区域经济系统综合发展指标。

表 5-21 列出了京津冀区域经济系统的主成分及综合发展指标。由表 5-21 可知，京津冀区域经济系统的主成分及综合发展指标均呈波动性发展趋势。

表 5-21　京津冀区域经济系统的主成分及综合发展指标

年份	F_{21}	F_{22}	$F(\boldsymbol{Y})$
2008	−0.195 0	0.121 3	−0.475 8
2009	0.261 6	0.004 2	0.744 3
2010	−0.202 1	−0.140 0	−0.661 9
2011	0.308 8	−0.023 5	0.860 5
2012	−0.211 7	0.133 1	−0.515 6
2013	0.297 3	0.004 6	0.845 8
2014	−0.218 0	−0.157 0	−0.717 9

4. 京津冀区域物流系统与区域经济系统协同度计算

由表 5-16 和表 5-21 可知，京津冀区域物流系统综合发展指标和京津冀区域经济系统综合发展指标的数量级差异比较明显。为此，将两类系统的综合发展指标归一化到[0.1, 1]区间，归一化公式如下：

$$\delta' = \frac{\delta - \delta_{\min}}{\delta_{\max} - \delta_{\min}} \quad (5\text{-}79)$$

$$\delta''=\left(1-\frac{1}{10}\right)\delta'+\frac{1}{10} \tag{5-80}$$

其中，δ，δ'' 分别为两系统综合发展原始指标数据与归一化后指标数据；δ_{max}，δ_{min} 分别为两系统综合发展原始指标数据的最大值与最小值；δ' 为归一化到[0,1]区间的指标。表 5-22 列出了 2008~2014 年京津冀区域物流系统综合发展指标归一化结果，表 5-23 列出了 2008~2014 年京津冀区域经济系统综合发展指标归一化结果。

表 5-22　2008~2014 年京津冀区域物流系统综合发展指标归一化结果

年份	2008	2009	2010	2011	2012	2013	2014
$F(\boldsymbol{X})$	1.000 0	0.638 8	0.346 4	0.100 0	0.263 4	0.930 5	0.683 8

表 5-23　2008~2014 年京津冀区域经济系统综合发展指标归一化结果

年份	2008	2009	2010	2011	2012	2013	2014
$F(\boldsymbol{Y})$	0.238 0	0.933 8	0.131 9	1.000 0	0.215 4	0.991 6	0.100 0

根据式（5-69）、式（5-70）和式（5-72），分别计算两系统的静态协同度和动态协同度。表 5-24 给出了京津冀区域物流系统与区域经济系统静态协同度和动态协同度，图 5-3 给出了京津冀区域物流系统与区域经济系统静态协同度曲线，图 5-4 给出了京津冀区域物流系统与区域经济系统动态协同度曲线。

表 5-24　京津冀区域物流系统与区域经济系统静态协同度和动态协同度

年份	2008	2009	2010	2011	2012	2013	2014
D_c	0.457 7	0.871 4	0.372 8	0.264 5	0.479 5	0.982 5	0.257 1
D_d	—	1.904 0	0.427 8	0.709 4	1.812 9	2.049 1	0.261 7

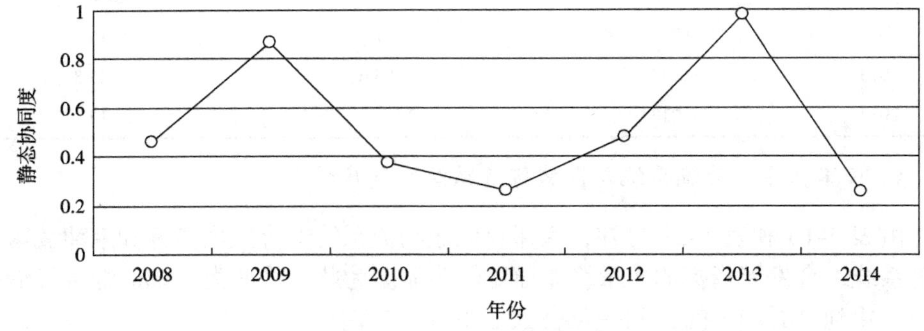

图 5-3　京津冀区域物流系统与区域经济系统静态协同度曲线

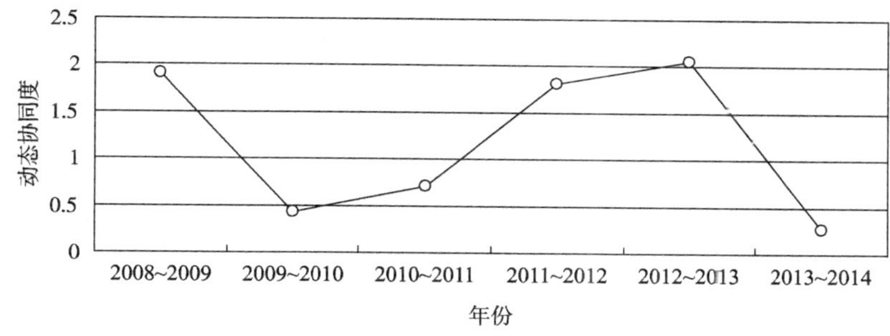

图 5-4　京津冀区域物流系统与区域经济系统动态协同度曲线

由表 5-24 并结合图 5-3、图 5-4 可以看出，首先，京津冀区域物流系统与区域经济系统的协同发展处于不稳定状态，由静态协同度可知，2008~2014 年京津冀区域物流系统与区域经济系统的协同发展呈现出明显的波动状态，两系统从 2008 年和 2009 年的协同发展中高级阶段转入 2010 年和 2012 年的协同发展初级阶段，在 2012 年和 2013 年重新跃入协同发展的中高级阶段之后，2014 年又转入了协同发展的初级阶段。据此可以推测出，2016 年和 2017 年京津冀区域物流系统与区域经济系将再次处于协同发展的中高级阶段。其次，由动态协同度可知，2008~2014 年京津冀区域物流系统与区域经济系统的协同发展趋势变动显著，两系统 2008~2009 年的动态协同度大于 1，说明此阶段两系统处于协同发展的增长状态；2009~2010 年、2010~2011 年两系统的动态协同度小于 1，说明两系统进入了协同发展降低状态；2011~2012 年和 2012~2013 年，两系统的动态协同度大于 1，说明两系统进入协同发展增长状态，且增长的幅度有所增加；2015~2014 年两系统又转为协同发展降低状态，它们的动态协同度小于 1。据此可以推测出，2016~2017 年京津冀区域物流系统与区域经济系将再次进入协同发展增长状态。

5. 京津冀区域物流与区域经济协同发展关键影响因素分析

根据式（5-74）计算京津冀区域经济系统量化指标与协同度之间的协同弹性系数，并对协同弹性系数进行排序。表 5-25 列出了京津冀区域经济系统量化指标的协同弹性系数及排序。由表 5-25 可知，四个京津冀区域经济系统量化指标的协同弹性系数绝对值均大于 1，表明这四个指标对于京津冀区域物流与区域经济协同发展的影响较大，均为关键影响因素，应积极发展这四个区域经济系统量化指标，以促进京津冀区域物流与区域经济的进一步协同发展。

表 5-25　京津冀区域经济系统量化指标的协同弹性系数及排序

京津冀区域经济系统量化指标	协同弹性系数	排序
第二产业产值	15.772 6	1
地区生产总值	12.532 4	2

续表

京津冀区域经济系统量化指标	协同弹性系数	排序
第一产业产值	8.979 9	3
物流业固定资产投资	5.364 0	4

同样，根据式（5-74）计算京津冀区域物流系统量化指标与协同度之间的协同弹性系数，并对协同弹性系数进行排序。表 5-26 列出了京津冀区域物流系统量化指标的协同弹性系数及排序。

表 5-26　京津冀区域物流系统量化指标的协同弹性系数及排序

京津冀区域物流系统量化指标	协同弹性系数	排序
物流业产值	18.514 4	1
人均货运量	15.722 9	2
基础投资占比	3.156 0	3
货物周转量	−21.208 0	4
从业人数占比	−21.774 6	5

由表 5-26 可知，五个京津冀区域物流系统量化指标的协同弹性系数绝对值均大于 1，表明这五个指标对于京津冀区域物流与区域经济协同发展的影响较大，均为关键影响因素。应积极发展这四个区域物流系统量化指标，以促进京津冀区域物流与区域经济的进一步协同发展。

5.5　本章小结

本章对京津冀区域物流与区域经济的协同发展进行了实证研究。首先，论述了京津冀协同发展的历程、重要性与可行性以及空间发展格局。京津冀协同发展并不是一个全新的概念，其战略的提出经历了一个漫长的过程；京津冀协同发展不仅是京津冀三地区自身发展的需要，也是我国积极参与国际竞争、促进区域协同发展的战略需要，更是我国构建国际中心区域、体现党执政水平的内在需要。京津冀协同发展上升为国家发展战略之后，京津冀区域形成了以“一核、双城、三轴、四区、多节点”为骨架，以重要城市为支点，以战略性功能区平台为载体，以交通干线、生态廊道为纽带的网络型空间格局。其次，在总结区域物流发展指标体系构建原则的基础上，初步建立了包括两个一级指标和七个二级指标的京津冀区域物流发展指标体系，利用层次分析法选取京津冀区域物流发展的三个主要衡量指标为基础投资占比、人均货运量和从业人数占比。再次，以这三个指标为控制变量，以第一产业、第二产业、第三产业产值为状态变量，构建京津冀区域物流与区域经济的灰色控制模型，并分别对京津冀区域“两市一省”物流业与产业经济之间的增长弹性以及京津冀区域整体物流业与区域产业经济之间的增长弹性进行了分析。结果表明，第一，整体上，北京市地区的从业人数占比对三次产业经济的增长弹性最大，人均货运量的增长弹性居中，基础投资占比的增长弹性最小。第二，天津市地区从业人数占比的下降趋势对三次产业经济的发展具有抑制作用，基础投资占比和人均货运量对三次产业经济的发展存在促进作用。第三，河北省地区的基础投资占比对三次产业经济的增长均有促进作用，而且对第二产业促进作用最为明显；人均货运量对第二产业的发展具有积极影响，但对第一产业、第三产业的增长具有消极影响，且对第三产业的消极影响大于对第一产业的消极影响；从业人数占比对三次产业经济具有促进作用。第四，京津冀区域的基础投资占比、人均货运量、从业人数占比均对第三产业增长的增长弹性最高，对第一产业增长的增长弹性最低。最后，基于主成分分析和协同学理论，构建了京津冀区域物流与区域经济的协同发展模型，利用该模型分析了京津冀区域物流与区域经济的协同发展关系及其协同发展的关键影响因素。根据静态协同度，2008~2014 年京津冀区域物流系统与区域经济系统的协同发展具有明显的波动状态，两系统在协同发展的初级阶段与中高级阶段之间转变，预计 2016 年和 2017 年两系统将处于协同发展的中高级阶段。根据动态协同度，2008~2014 年京津冀区域物流系统与区域经济系统的协同发展趋势变动显著，两系统在协同发展的增长与降低状态之间转换，预计 2016~2017 年两系统将进入协同发展增长状态。所选取的五项区域物流系统量化指标以及四项区域经济系统量化指标均为京津冀区域物流与区域经济协同发展的关键影响因素，应积极发展这些指标，以促进京津冀区域物流与区域经济的进一步协同发展。

参 考 文 献

[1]魏进平，刘鑫洋，魏娜. 京津冀协同发展的历程回顾、现实困境与突破路径[J]. 河北工业大学学报（社会科学版），2014，6（2）：1-6，12.

[2]张可云，蔡之兵. 京津冀协同发展历程、制约因素及未来方向[J]. 河北学刊，2014，34（6）：101-105.

[3]魏进平，李子彪，胡宝民. 京津冀区域科技合作的现状及对策研究[J]. 天津科技，2005，32（5）：67-69.

[4]田勇. “廊坊共识”揭开燕赵整合序幕——访河北省省长季允石[J]. 中国改革，2004，（7）：

18-22.

[5]马波. 十举措促进津冀共同发展——天津市与河北省签署深化经济与社会发展合作框架协议[N]. 天津日报，2013-05-22.

[6]黄锐. 打破“一亩三分地”习近平就京津冀协同发展提七点要求[EB/OL]. 新华网，http://news.xinhuanet.com/2014-02/27/c_119538131.htm，2014-04-09.

[7]王书利. 京津冀协同发展研究[D]. 天津大学博士学位论文，2014.

[8]梁亚晨. 基于协同发展的京津冀物流中心选址研究[D]. 大连海事大学硕士学位论文，2015.

[9]彭国甫. 应用层次分析法确定政府绩效评估指标权重研究[J]. 中国软科学，2004，(6)：136-139.

[10]Saaty T L. A scaling method for priorities in hierarchical structures[J]. Journal of Mathematical Psychology，1977，15 (3)：234-281.

[11]Saaty T L. Axiomatic foundation of the analytic hierarchy process[J]. Management Science，1986，32 (7)：841-855.

[12]Saaty T L. How to make a decision：the analytic hierarchy process[J]. European Journal of Operational Research，1990，48 (1)：9-26.

[13]Saaty T L. Decision-making with the AHP：why is the principal eigenvector necessary[J]. European Journal of Operational Research，2003，145 (1)：85-91.

[14]许树柏. 层次分析法原理[M]. 天津：天津大学出版社，1988.

[15]王肖宇. 基于层次分析法的京沈清文化遗产廊道构建[D]. 西安建筑科技大学博士学位论文，2009.

[16]Kablan M M. Decision support for energy conservation promotion：an analytic hierarchy process approach[J]. Energy Policy，2004，32 (10)：1151-1158.

[17]张华林，刘刚. 层次分析法在石油安全评价中的应用[J]. 天然气工业，2006，26(4)：135-137.

[18]申志东. 运用层次分析法构建国有企业绩效评价体系[J]. 审计研究，2013，2：106-112.

[19]杨忠振，邬珊华. 城市居民人居生活质量评价研究[J]. 北京交通大学学报（社会科学版），2012，11 (4)：71-74.

[20]韩建飞，宗刚. 基于复杂网络的高速公路运营效率评价[J]. 武汉理工大学学报（社会科学版），2012，(6)：882-887.

[21]魏博通，王圣云. 中部六省经济发展质量的综合评价与比较分析[J]. 湖北社会科学，2012，(12)：52-55.

[22]辛永容. 基于网络层次分析法的区域软实力评价——以江苏省为例[J]. 技术经济，2013，32 (12)：46-52，62.

[23]周刚，李小巍. 高校教师绩效评估模型的构建及应用[J]. 统计与决策，2013，(24)：83-86.

[24]何燕子. 基于 AHP 的地方政府在产业集群中的作用研究——以湖南产业集群为例[J]. 湖南社会科学，2013，(6)：148-151.

[25]杨伊，张蓉，尹海钊. 基于 PSR 框架模型的江西省低碳城市化发展评价[J]. 企业经济，2014，(12)：21-25.

[26]曾志坚，张倩倩，左楠. 基于模糊层次分析法的科技企业孵化器评价体系研究[J]. 财经理论与实践，2014，35 (6)：119-122.

[27]张忻，万鹏飞. 基于 SCI-E 数据库的学者学术影响力研究[J]. 科技进步与对策，2015，32(16)：115-119.

[28]常文娟，熊元斌. 旅游公共服务水平评价及实证分析[J]. 统计与决策，2015，(17)：106-109.

[29]张茂聪，杜文静. 基于层次分析的县域基础教育政策评估指标体系构建[J]. 湖南师范大学教育科学学报，2015，14（4）：68-74.
[30]刘国城，王会金. 基于 AHP 和熵权的信息系统审计风险评估研究与实证分析[J]. 审计研究，2016，（1）：53-59.
[31]杨艳琳，翟超颖. 中国城镇化质量与就业质量的度量及其相关性分析[J]. 东北大学学报（社会科学版），2016，18（1）：42-48.
[32]高曼如，陈伟，宿月荣，等. 基于三维度视角的 Moodle 课程评价模型构建及应用研究[J]. 内蒙古师范大学学报（教育科学版），2016，29（8）：80-84.
[33]王淼，刘通，王梦曦. 企业竞争性战略联盟稳定性研究——基于层次分析法[J]. 企业经济，2016，（10）：41-49.
[34]程长林，任爱胜，陈林. 青藏高原社区牧民社会福利比较分析——以夏河等社区为例[J]. 软科学，2016，30（10）：58-61.
[35]傅新平，邹珺. 层次分析法在物流中心选址中的应用[J]. 世界海运，2002，25（4）：23-24.
[36]李佑珍. 层次分析法在物流中心选址中的应用[J]. 青海师范大学学报（自然科学版），2003，25（2）：17-20.
[37]徐增堂，刘诚. 应用层次分析法对物流中心进行合理选址[J]. 铁道经济研究，2004，（5）：43-45.
[38]滕绍光. 层次分析法在物流中心选址中的应用[J]. 中国储运，2005，25（6）：60-61.
[39]张涛. 基于层次分析法的物流中心选址研究[D]. 武汉科技大学硕士学位论文，2008.
[40]梁非坤. 基于层次分析法的物流中心选址问题研究[J]. 财会通讯，2011，（14）：62-63.
[41]李海洋，刘冬敏，张晓磊. 基于 AHP 层次分析法的物流中心选址研究[J]. 中州大学学报，2012，29（2）：115-118.
[42]刘欢欢，李彤，赵慧峰，等. 基于 AHP 的蔬菜物流运作模式选择[J]. 江西农业大学学报（社会科学版），2012，11（1）：40-45.
[43]韩世莲，李旭宏，刘新旺，等. 多人多准则模糊层次分析法的物流中心综合评价优选模型[J]. 系统工程理论与实践，2004，24（7）：128-134.
[44]李旭宏，李玉民，顾政华，等. 基于层次分析法和熵权法的区域物流发展竞争态势分析[J]. 东南大学学报（自然科学版），2004，34（3）：398-401.
[45]汪波，杨天剑，赵艳彬. 区域物流发展水平的综合评价[J]. 工业工程，2005，8（1）：83-86，93.
[46]张敏，杨超，杨珺. 基于 AHP/DEA 的物流中心选址问题研究[J]. 管理学报，2005，2（6）：641-644，653.
[47]范丽芳，江浩斌，陈昆山. 基于模糊层次分析法的配送中心选址研究[J]. 交通运输系统工程与信息，2006，6（1）：107-110.
[48]许国兵，张文杰. 基于网络层次分析法的物流外包满意度评价方法研究[J]. 南开经济研究，2007，（5）：120-132.
[49]李奎刚，张毕西，刘笑. 层次分析法和鱼骨图在物流企业问题诊断中的应用[J]. 物流技术，2007，26（11）：212-214.
[50]温惠英，沈毅贤. 基于层次分析法的物流配送车辆导航路径规划求权方法[J]. 公路交通科技，2008，25（8）：114-118.
[51]于淼. 基于规模经济理论的物流配送中心选址方法研究[J]. 中国流通经济，2009，23（11）：14-17.
[52]林敏，刘勇彪. 基于层次分析法的林产品物流绩效评价[J]. 物流工程与管理，2010，32（2）：

42-43.
[53]刘伟华，周丽珍，刘春玲，等. 基于网络层次分析方法的物流服务供应链综合绩效评价[J]. 工业工程，2011，14（4）：52-57.
[54]周敏，王琼，邢洁冰，等. 基于模糊可拓层次分析法的物流客户满意度研究[J]. 物流技术，2011，30（4）：78-81.
[55]胡永彪，程益宏. 模糊层次分析法对物流配送中心选址决策评价[J]. 合作经济与科技，2015，（14）：88-89.
[56]姚丹. 基于三角模糊层次分析法的物流节点城市发展水平评价[J]. 哈尔滨商业大学学报（社会科学版），2013，（4）：67-71.
[57]刘小兰，张悟移. 基于DEA-AHP的农产品物流服务商评价与选择[J]. 昆明理工大学学报（社会科学版），2013，13（3）：68-72.
[58]张小琳. 基于修正层次分析法的我国石油贸易风险问题研究[D]. 对外经济贸易大学博士学位论文，2014.
[59]朱建军. 层次分析法的若干问题研究及应用[D]. 东北大学博士学位论文，2005.
[60]汪应洛. 系统工程[M]. 第四版. 北京：机械工业出版社，2011.
[61]李荣钧，邝英强. 运筹学[M]. 广州：华南理工大学出版社，2002.
[62]邓雪，李家铭，曾浩健，等. 层次分析法权重计算方法分析及其应用研究[J]. 数学的实践与认知，2012，42（7）：93-100.
[63]王淑娟. 基于灰色多因素预测模型MGM（1，n）的舰船非线性运动预报[D]. 哈尔滨工程大学硕士学位论文，2007.
[64]熊和金，徐华中. 灰色控制[M]. 北京：国防工业出版社，2005.
[65]蒋辉. 经济预测的灰色支持向量回归方法[D]. 中南大学博士学位论文，2010.
[66]岳东杰，雷伟刚，华锡生. 灰关联模型GM（1，N）及其在安全监测中的应用[J]. 河海大学学报（自然科学版），2000，28（3）：34-38.
[67]张龙庭，罗佑新. 试验数据处理的多因素灰色模型GM（1，N）及其应用[J]. 机械设计，2003，20（3）：23-25.
[68]孙俊生. 齐海峰竞技成绩的灰色关联分析及GM（1，N）动态协调模型的研究[J]. 首都体育学院学报，2004，16（1）：120-122.
[69]楼玉，张清，刘国华，等. 城市用水量预测中的多变量灰色预测模型[J]. 水资源保护，2005，21（1）：11-13.
[70]王穗辉，潘国荣. 基于MATLAB多变量灰色模型及其在变形预测中的应用[J]. 土木工程学报，2005，38（5）：24-27.
[71]胡静，陈银蓉. 城市扩张驱动力分析及GM（1，N）预测[J]. 国土资源科技管理，2005，22（5）：69-72.
[72]张春华，刘泽功. 多变量灰色模型及其在钻孔瓦斯流量预测中的应用[J]. 中国安全科学学报，2006，16（6）：50-54.
[73]段婕，林伟. 基于灰色系统预测的GM（1，N）保障水平动态模型[J]. 统计与决策，2007，（12）：13-15.
[74]白福臣. 灰色GM（1，N）模型在广东海洋经济预测中的应用[J]. 技术经济与管理研究，2009，（2）：9-11.
[75]李建华，吴良才. 多变量灰色模型的建设用地预测[J]. 国土资源科技管理，2009，26（6）：99-103.

[76]黄继. 灰色多变量 GM（1，N|τ，r）模型及其粒子群优化算法[J]. 系统工程理论与实践，2009，29（10）：145-151.
[77]樊爱宛，潘中强，王巍. 灰色 GM（1，N）模型在河南省煤炭需求预测中的应用[J]. 煤炭技术，2011，30（10）：7-9.
[78]赵鹏，雷涛. 基于灰色系统理论的汽车报废量预测[J]. 工业技术经济，2011，（4）：31-35.
[79]何满喜，王勤. 基于 Simpson 公式的 GM（1，N）建模的新算法[J]. 系统工程理论与实践，2013，33（1）：199-202.
[80]王正新. 灰色多变量 GM（1，N）幂模型及其应用[J]. 系统工程理论与实践，2014，34（9）：2357-2363.
[81]鲁亚运，原峰，谭枝登. 时滞 GM（1，N）模型及其应用[J]. 统计与决策，2014，（14）：73-75.
[82]邓海云，周莹，刘辉，等. 基于 GM（1，N）模型的农村居民消费价格指数研究[J]. 统计与决策，2013，（17）：4-7.
[83]毛树华，高明运，肖新平. 分数阶累加时滞 GM（1，N，τ）模型及其应用[J]. 系统工程理论与实践，2015，35（2）：430-436.
[84]陆丹丹，钟永德，杨永德，等. 典型旅游区旅游产业经济 MLR 与 GM（1，N）预测研究[J]. 广西社会科学，2015，（2）：62-65.
[85]刘思峰，杨英杰，吴利丰. 灰色系统理论及其应用[M]. 第七版. 北京：科学出版社，2014.
[86]周泰. 区域物流能力与产业经济的灰色控制系统[J]. 武汉理工大学学报，2009，31（19）：168-172.
[87]Pearson K. On lines and planes of closest fit to systems of points in space[J]. Philosophical Magazine，1901，2（11）：559-572.
[88]王思远，张增祥，赵晓丽，等. 遥感与 GIS 技术支持下的湖北省生态环境综合分析[J]. 地球科学进展，2002，17（3）：426-431.
[89]Hotelling H. Analysis of a complex of statistical variables into principal components[J]. Journal of Educational Psychology，1933，24（6）：417-441.
[90]Karhunen K. Über Lineare Methoden in der Wahrscheinlichkeitsrechnung[M]. Helsinki：Universitat Helsinki，1947.
[91]王婧瑶，许勇，曹本希，等. 基于主成分分析的超声人脸识别算法研究[J]. 计算机工程与设计，2013，34（8）：2867-2871.
[92]王洁，杨平，郁嵩，等. 主成分分析和小波神经网络在气缸疲劳失效预测中的应用[J]. 机床与液压，2015，43（13）：167-171.
[93]罗德江. 基于核方法的井—震多属性碎屑岩储层预测技术研究[D]. 成都理工大学博士学位论文，2012.
[94]张晓东，谢先华，李正耀，等. 抽油机井泵效影响因素之主成分分析法[J]. 西南石油大学学报（自然科学版），2011，33（5）：176-180.
[95]孙锐，舒帆，孙卫玲，等. 典型铅锌矿区水稻土重金属污染特征及其与土壤性质的关系[J]. 北京大学学报（自然科学版），2012，48（1）：139-146.
[96]胡玉霞. 基于主成分分析的保险代理人行为主要影响因素研究[J]. 石河子大学学报（哲学社会科学版），2012，26（1）：78-81.
[97]王英，鲍新中. 企业成长性与利益相关者满足关系的实证研究[J]. 工业技术经济，2013，（12）：11-18.
[98]马飒. 生产要素国际流动与国内收入差距——基于 85 个国家的实证研究[J]. 国际经贸探索，

2013，29（12）：34-44.
[99]陈宝兰，王园. 安徽省新型城镇化与农业现代化协调发展研究[J]. 合肥工业大学学报（社会科学版），2013，27（6）：21-28.
[100]刘可新，包为民，阙家骏，等. 基于主成分分析的 K 均值聚类法在洪水预报中的应用[J]. 武汉大学学报（工学版），2015，48（4）：447-450.
[101]李变花. 福建省农村新型城镇化发展的质量研究[J]. 福建论坛（人文社会科学版），2015，（11）：184-190.
[102]王晓鹏，丁生喜. 三江源地区人口资源环境承载力动态评价研究——以青海省果洛州为例[J]. 生态经济，2015，31（11）：149-152.
[103]王雪婷，韩霞. 理工科高校文科研究生创新能力影响因素研究——基于北京航空航天大学的调研分析[J]. 北京航空航天大学学报（社会科学版），2016，29（4）：103-108.
[104]王慧，李欣章. 我国城乡居民收入影响因素分析研究[J]. 山东社会科学，2016，（8）：174-178.
[105]崔卫华，胡玉坤. 中国农产品流通体系竞争力的时序变化与地区差异[J]. 财经问题研究，2016，（11）：106-112.
[106]李红启，刘凯，贺国先. 主成分分析法在物流网络节点城市等级划分中的应用[J]. 数学的实践与认识，2004，34（8）：65-69.
[107]嵇鸿谷，杜志平，李红启. 基于主成分分析的物流网络结点重要性评价[J]. 物流技术，2004，（6）：23-24.
[108]刘辉. 利用主成分分析对物流企业绩效的评价[J]. 统计与决策，2005，（21）：142-143.
[109]范劲. 基于主成分分析法研究城市物流配送系统优化问题[J]. 铁道运输与经济，2008，30（8）：70-72.
[110]高健. 主成分分析模型在衡量物流客户服务水平中的应用[J]. 统计与决策，2009，（15）：156-157.
[111]贺琼，万华丽. 基于主成分分析法的物流业上市公司综合评价[J]. 武汉理工大学学报，2010，32（12）：162-166.
[112]刘秋红. 用主成分分析法对物流类上市公司进行财务分析[J]. 天津职业院校联合学报，2010，12（6）：128-131.
[113]段向云，张英华. 基于主成分分析的我国物流业低碳化发展路径[J]. 科技进步与对策，2010，27（22）：96-99.
[114]耿婧，玄永生. 基于主成分分析的河北省物流发展水平研究[J]. 中国集体经济，2011，（21）：91-92.
[115]徐智慧，杜彦萍. 基于主成分分析法的城市物流战略定位研究[J]. 铁道运输与经济，2011，33（8）：72-75.
[116]方永美，刘伟章，杨振刚，等. 基于 PCA 的生产企业物流绩效评价[J]. 工业工程，2011，14（1）：87-90.
[117]张圣忠，张春娜. 基于主成分分析的中国物流上市公司绩效评估[J]. 长安大学学报（社会科学版），2013，15（1）：33-37.
[118]江成城. 基于主成分分析法的物流企业关键绩效指标体系构建[J]. 物流技术，2014，33（10）：174-176.
[119]荀烨，龙绵伟，陈民. 基于主成分分析法的军事物流基地中心仓库遴选[J]. 军事交通学院学报，2015，17（1）：61-65.
[120]梁雯，张伟. 城乡一体化、农村物流与金融对农民收入的影响研究[J]. 北京交通大学学报

（社会科学版），2016，15（1）：98-105.
[121]哈肯 H. 协同学——自然成功的奥妙[M]. 凌复华译. 上海：上海科学普及出版社，1998.
[122]郭治安. 协同学入门[M]. 成都：四川人民出版社，1988.
[123]哈肯 H. 高等协同学[M]. 郭治安译. 北京：科学出版社，1989.
[124]郭治安，沈小峰. 协同论[M]. 太原：山西经济出版社，1991.
[125]骆军. 协同学理论视角下的当代中国大学生公民意识教育[J]. 江汉论坛，2010，（9）：128-132.
[126]李士勇，田新华. 非线性科学与复杂性科学[M]. 哈尔滨：哈尔滨工业大学出版社，2006.
[127]王雪莲，汪波. 基于协同学理论的城市土地利用协调发展研究[J]. 中国地质大学学报（社会科学版），2007，7（1）：63-67.
[128]廖红，蔡心红. 协同学理论建立过程对人们研究自然事物的启示[J]. 贵州教育学院学报（社会科学版），2000，16（3）：67-70.
[129]刘丙军，陈晓宏. 基于协同学原理的流域水资源合理配置模型和方法[J]. 水利学报，2009，40（1）：60-66.
[130]曲建忠. 我国高等教育与经济发展协调性的定量评价[J]. 湖南社会科学，2013，（1）：275-278.
[131]林涛. 基于协同学理论的高校协同创新机理研究[J]. 研究生教育研究，2013，（2）：9-12.
[132]谢明敦，孔虹，马捷. ICT 产业中的知识产权与技术标准协同机理研究——基于协同学的理论视角[J]. 北京邮电大学学报（社会科学版），2013，15（3）：40-45.
[133]刘超，陈彦. 协同理论视角下的金融监管[J]. 财经科学，2013，（11）：12-23.
[134]李丽. 我国流通产业与国民经济的协同演进分析[J]. 财贸经济，2014，（1）：105-114.
[135]徐秀维，蒋春霞，顾艳阳. 基于协同学视角的高职建筑工程专业群构建实证研究[J]. 教育与职业，2014，（29）：103-104.
[136]丁月华. 基于协同学序参量的企业竞争情报系统的协同机制构建[J]. 图书馆理论与实践，2015，（4）：94-98.
[137]郑建明. 基于协同学理论的数字图书馆演化趋势探讨[J]. 大学图书馆学报，2015，（4）：63-67.
[138]王得新. 我国区域协同发展的协同学分析——兼论京津冀协同发展[J]. 河北经贸大学学报，2016，37（3）：96-101.
[139]陈军，陈寒凝. 协同学理论与虚拟物流企业联盟的形成[J]. 中国市场，2007，（49）：30-31.
[140]彭本红. 现代物流业与先进制造业的协同演化研究[J]. 中国软科学，2009，（S1）：149-153.
[141]秦继伟. 铁路多经物流协同发展研究[J]. 物流工程与管理，2009，31（11）：27-28.
[142]孙鹏，罗新星. 区域现代物流服务业与制造业发展的协同度评价——基于湖南省数据的实证分析[J]. 系统工程，2012，30（7）：116-120.
[143]鞠红. 基于协同学的生鲜农产品冷链物流系统研究[J]. 物流技术，2013，32（11）：25-27.
[144]张广胜. 我国铁路物流与经济发展的协同机制研究[J]. 北京交通大学学报（社会科学版），2013，12（3）：21-25.
[145]温卫娟，邬跃，唐秀丽. 共同配送协同效应评价体系构建[J]. 中国流通经济，2015，（10）：21-27.
[146]刘广海，游力，邹毅峰，等. 珠江三角洲铁路物流与区域经济协调发展研究[J]. 铁道运输与经济，2015，37（2）：11-15.
[147]乐小兵. 区域物流与区域经济协同成长模型及其应用研究[J]. 科技广场，2015，（11）：216-221.

[148]张夏恒. 我国县乡电商物流网络协同策略[J]. 技术经济与管理研究，2015，（8）：21-25.
[149]武淑萍，于宝琴. 电子商务与快递物流协同发展路径研究[J]. 管理评论，2016，28（7）：93-101.
[150]邓念，彭其渊. 高速铁路调度指挥系统纵向结构协同有序度模型[J]. 西南交通大学学报，2016，51（1）：152-160.
[151]杨胜远，乔工. 浅谈企业战略规划[J]. 中州煤炭，2002，（2）：53-54.
[152]王伟，陈伟成，黄莉，等. 基于协同学理论的区域物流与区域经济协调度度量研究[J]. 中国市场，2010，（15）：6-8.
[153]杨咏中，张汉舟，钱勇生. 交通运输业与现代物流业协同发展研究[M]. 北京：科学出版社，2013.

第 6 章　京津冀区域物流对区域产业结构优化作用研究

本章在归纳总结产业结构、产业结构优化、产业结构合理化、产业结构高级化的概念、研究内容、度量方法，以及中国学者对产业结构优化研究的基础上，选取产业结构合理化与产业结构高级化的度量指标，并构建不同的回归模型，从定量角度研究京津冀区域物流对区域产业结构合理化、区域产业结构高级化的作用程度。

6.1　产业结构优化

6.1.1　产业结构优化理论

1. 产业结构与产业结构优化

产业结构是经济结构的重要组成部分。产业结构是一个历史的范畴，是伴随着生产力和社会分工的深化而产生和发展的，用于描述第一、二、三产业之间的关系结构与比例关系[1]。产业结构有动态与静态两层含义，产业结构的动态含义是指衡量产业之间联系的关系结构与比例关系的发展演变过程和趋势；产业结构的静态含义是指一定时期内，产业之间联系的关系结构与数量比例关系。产业结构是由一个国家或地区的资源环境条件、经济制度、科技发展水平、人口规模和贸易结构等多种因素共同决定的，是经济技术长期发展的结果[2]。产业结构基本包含三个侧面[3]：一是产业构成，即一个国家或地区拥有哪些产业，这实际上是社会资源在区域的配置状态，是产业结构研究首先面临的问题；二是产业发展水平，即各产业在国民经济中所占份额，它反映了社会再生产进行的状态和各产业在产业系统中的地位，是分析产业结构演进的基础和条件；三是产业之间的经济技术联系，即社会再生产过程中，产业之间存在的相互依存、相互制约关系，是研究产业结构变动规律和探索其合理化进程的重要依据。

产业结构优化是产业结构研究的进一步深入和发展，关于产业结构优化的概念，不同的研究者提出了不同的见解，其中，杨建文[4]认为，产业结构优化是指通过产业结构调整，使各产业协调发展，并满足社会不断增长的需求的过程。产业结构优化是一个相对的概念，它不是指产业结构水平的绝对高低，而是在国民经济效益最优的目标下，根据本国的地理条件、资源条件、经济发展阶段、科学技术水平、人口规模和国际经济关系等特点，通过调整产业结构，使之达到与上述条件相适应的各产业协调的状态。产业结构优化不是一个静态的过程，而是一个动态的发展过程，是产业结构逐步趋于合理与不断升级的过程，其方向也必须与各国的经济发展阶段相适应。一般来讲，产业结构优化至少应包括产业结构合理化和产业结构高级化两方面内容。产业结构合理化，从静态角度就是产业结构的有序协调状态；从动态角度则是对失衡的产业结构进行调整，使之恢复协调、和谐状态的过程。产业结构高级化是指在一定发展总量条件下产业结构的高素质化过程。苏东水[5]指出，产业结构优化是推动产业结构合理化与高级化发展的过程，产业结构合理化主要依据产业关联技术经济的客观比例关系来调整不协调的产业结构，进而促进国民经济各产业之间的协调发展；产业结构高级化主要遵循产业结构演化规律，通过不断创新，加速产业结构的高级化演进。产业结构优化的过程，就是通过政府的有关产业政策调整影响产业结构变化的供给结构和需求结构，实现资源优化配置与再配置，来推进产业结构的合理化与高级化发展。

由此可见，产业结构优化是产业之间的经济技术联系由不协调不断走向协调的合理化过程，同时也是产业结构由低层次向高层次不断演进的高级化过程。换句话说，产业结构合理化与产业结构高级化是产业结构优化的两个不同层次[6]。在一个国家或地区经济发展的不同阶段，产业结构优化有着不同的内容，但这并不代表产业结构优化是一个无法把握的概念。实际上，产业结构优化有明确的研究目标、研究对象、研究措施和研究手段，其主要目标就是实现产业结构的合理化与高级化，并最终实现经济持续快速增长[7]。

2. 产业结构合理化

1）产业结构合理化的概念

目前我国学术界对产业结构合理化的概念理解存在差异，不同的研究者从不同的角度对产业结构合理化进行了定义。归纳起来，产业结构合理化的定义主要有结构协调论、结构功能论、结构动态均衡论和资源配置论四类[8]。

（1）结构协调论。

结构协调论以协调化作为产业结构合理化的中心内容，这里的协调并不是指产业之间的绝对均衡，而是指产业之间具有较强的互补和转换能力，涉及产业之间各种关系的协调，包括四类协调：产业素质协调，即产业之间技术水平与劳动生产率的协调情况；产业地位协调，即各产业是否形成了有序的排列组合；产业之间联系方式的协调，即产业之间能否做到相互服务、相互促进；供给和需求在结构与数量上的协调情况。结构协调论认为，通过产业结构调整，可以使各产业实现协调发展，从而满足社会不断增长的需求。

（2）结构功能论。

结构功能论重视产业结构的功能作用，并以功能的强弱来评判产业结构合理化程度，认为产业之间存在着较高的聚合质量，使得产业之间内在相互作用而产生的效益高于各产业的效益之和，产业之间的聚合质量越高，产业结构的整体能力就越高，从而产业结构就越合理。

（3）结构动态均衡论。

结构动态均衡论重视产业素质与结构的均衡性，并从动态的角度研究产业结构合理化，认为产业结构合理化是一个动态的过程，并能够促进产业结构的动态均衡和产业素质的提高。

（4）资源配置论。

资源配置论从各种资源在产业之间的配置结构与利用的角度对产业结构合理化进行研究。产业结构作为经济系统的资源转换器，其功能就是对输入的各种生产要素转换成不同的产出。产业结构合理化体现为对已有资源的充分利用，即不存在闲置与结构性浪费，并且各种资源的多种用途均得到极大的开发与利用。资源配置论认为，产业结构合理化是在一定的经济发展阶段上，根据消费需求和资源条件理顺结构，使资源在产业之间合理配置、有效利用。

综合以上观点可以看出，产业结构合理化的定义应从经济主体所处的经济环境、国家的发展目标、生产效率标准、资源利用标准、国民福利标准、需求标准等方面考察[9]，它是指一个国家或地区的产业产值数量、产业所占资源比例、产业地位等方面的配置状况以及各产业构成的整个产业系统，应该符合该国家或地区在一定期间内的发展目标，并保持提高生产效率、促进经济增长、提高资源使用效率和增加国民福利等。

2）产业结构合理化的内容

产业结构合理化要求各经济要素在各个产业之间进行合理配置，使各产业之间具有相互转换能力并达到互补关系，能够促进经济和社会的发展[10]。产业结构合理化集中体现为各产业部门供需结构均衡的程度，供需偏差越小，则产业结构的合理性越强。具体来讲，产业结构合理化包括以下七方面内容[11]：

（1）产业之间明显的层次性。

从横向来看，同一级的产业中有重点产业与一般产业的区分，并在数量上符合一定的比例关系。重点产业具有较大规模、较先进技术和较强的市场扩张能力，少数重点产业和大量一般产业通过各种专业化协作，加强技术联系，保持整个产业系统在发展速度上的协调。从纵向来看，产业具有基础产业、主导产业、新兴产业的等级性。产业之间相对地位的协调，从纵向层次上要求优先发展基础产业、重点支持主导产业、大力发展新兴产业，从而带动整个产业的升级。

（2）产业之间关联关系协调化。

产业之间、产业内部具体行业之间的数量比例合理，投入产出均衡，产业之间在投入产出联系的基础上相互服务、相互促进。相互关联的产业或行业只有在数量比例上相对均衡、在质量和技术上符合相关产业的要求，才能通过相互提供产品与服务，从而有效促进产业升级。

（3）产业部门增长速度协调化。

产业部门增长速度协调化是指产业系统内高增长部门、减速增长部门和潜在增长部门的增长速率差距应较为合理、数量相对合理。高增长部门主要是国家重点支持的支柱产业，产值结构比重大。高技术产业既是高增长产业，也是潜在增长产业，具有高附加值和巨大发展潜力。减速增长部门是一些衰退产业，要使之有序收缩和转移、减速发展，才能保证产业结构协调化。

（4）主导产业合理更替。

主导产业的变换具有阶段性，主导产业的更替顺序依次为农业、轻纺工业、重化工业、现代服务业等高技术产业的产业阶段更替。这种演替顺序是随着社会发展和产业技术进步而产生的。一般情况下，当产业技术和产业组织方式没有产生突破性进展时，产业阶段的演替是严格按照这一顺序演进的。在特殊条件下，也可以超越某一阶段，但主导产业在超越过程中不应出现结构性扭转。

（5）产业素质协调化。

产业素质协调化要求产业之间及产业部门之间不存在技术断层，技术层次大致处于相同的水平，保证产业部门之间产品质量和技术性能的匹配；而且本产业部门技术进步，要求与之相关联的产业部门技术有相应的提高，还要求相关产业之间不存在劳动生产率的强烈反差。因此，产业素质协调化要求产业的比较劳动生产率相对接近，且有一定的层次性。

（6）产出与需求的协调化。

产出与需求的协调化是指作为一种资源转换系统，产业结构中各产业部门产业活动的产出，能够满足社会生产和生活的需求，适应和促进国民经济与社会的发展。

（7）产业结构与资源结构可持续发展。

产业结构与资源结构可持续发展是指应充分利用本国资源条件，同时尽可能利用全球资源和国际要素，参与国际分工，发挥比较优势，实现生产要素全球化配置，使产业结构建立在更雄厚的资源基础上，国民经济能在更大规模上得到有效的协调和可持续发展。

3）产业结构合理化的度量

由产业结构合理化的含义可知，产业结构合理化是一个相对的概念，需要通过纵向比较与横向比较才能进行衡量。选取产业结构合理化度量方法时，首先应选取参照系，并且要求参照系具有可比性；其次，基于产业结构合理化的核心思想，度量方法需要遵循四个原则，它们是各种资源得到充分利用、各产业部门协调发展、最大限度满足最终需求、能充分吸收和转化先进的科技成果。产业结构合理化的度量方法主要有以下几种。

（1）“标准结构”法。

“标准结构”法是在大量历史数据的基础上通过实证分析寻找一般规律，比较经典的参照系主要包括标准模式、标准结构、钱纳里-塞尔昆模型等，其使用方法就是将某一国家或地区的产业结构与参照系中的产业结构进行比较，以确定本国或本地区产业结构的合理化程度。由于各个国家或地区的具体情况不尽相同，它们对产业结构的要求也不同。“标准结构”法在条件大致相同、时间较为相近的情况下才具有一定的借鉴意义，它仅能为产业结构合理化研究提供一定的粗略线索，不能成为判断产业结构合理化的唯一依据。

（2）产业间关联与协调程度法。

产业间关联与协调程度法的指标设计主要围绕产业素质、产业地位、产业关联方式等方面的协调展开，涉及三方面的指标：一是比较劳动生产率，用某一产业产值占总产值的份额与该产业劳动力占社会总劳动力份额的比重来衡量；二是基础结构完善系数，用基础结构固定资产净值与固定资产净值的比值来表示；三是影响力系数和感应度系数，均用投入产出分析方法来比较各产业生产活动变化对其他产业生产活动产生的影响，或受其他产业生产活动影响的程度等。

（3）收入弹性法。

在收入弹性法中，应用比较多的两个指标是需求收入弹性和生产收入弹性，其中，需求收入弹性用某一商品需求增加率与人均国民收入增加率的比值来表示；生产收入弹性用某一商品生产率增加率与人均国民收入增加率的比值来表示。当需求收入弹性与供给收入弹性相等时，则表示此时的产业结构能够满足此时的社会最终需求，但是这种情况一般很难出现，因此可以通过判断两者的差值大小、调节速度等来判断产业结构对最终需求的满足程度。

在实际应用中，产业结构合理化的度量指标有很多，由于研究者对产业结构合理化内涵理解的差异或对数据资源获得局限等原因，产业结构合理化衡量并没有形成统一的指标体系，也没有实现对所设计的所有指标体系的定量应用。不同的指标选择有可能造成不一致的评价结果，因此确定一个客观合理的评价指标体系，对准确评价产业结构合理化水平具有重要的意义。有时为了研究的方便，甚至可将指标精减为一个。

3. 产业结构高级化

1）产业结构高级化的概念

产业结构高级化，也称产业结构高度化、产业结构升级，是指产业结构从低级形式向高级形式发展的过程，是一个国家或地区的经济取得实质性进展的重要标志。产业结构高级化是一个动态的过程，是不断淘汰衰退产业、扶持和引导新兴产业，加强传统产业的高新技术改造，提高产业结构作为资源转化器效能和效益的过程。产业结构高级化在微观上表现为产品形态高级化和工艺形态高级化，在宏观上表现为主导产业的新旧更替。根据产业结构演进的规律，产业结构高级化包含三方面的基本含义[12]：一是产业的资源密集型，是指产业发展向着劳动密集型、资本密集型、技术密集型、知识密集型产业分别占优势地位顺向演进；二是产业的高附加值和高技术化，是指在各产业中普遍应用高新技术，增加产品的附加值；三是产业加工高级化，是指产业发展沿着加工低深度向加工高深度占优势地位演进；四是产业规模水平的高级化，是指产业集中度较高，产业组织合理化，能有较高的规模效益和经济效益。从发生过程和阶段来看，产业结构高级化有“四化”[13]：一是产业结构的重化工业化，这是产业结构高级化在经济发展工业化阶段的表现，是指在经济发展和工业化过程中，重化工业比重在轻重工业结构中不断增高的过程。这实际上也是“生产资料优先发展”的表现。二是产业结构的高加工度化，是指加工组装业的发展大大快于原材料工业发展的速度，加工业产品加工深度的不断深化。这是工业化发展到一定阶段，伴随重化工业化而出现的一种客观趋势。高加工度化不仅可以使有限的资源获得更有效的利用，也可以降低工业发展对能源、原材料的依赖程度，促进产业结构向资源节约化方向发展。三是产业结构的“软化”，是指在产业结构的发展过程中，第二产业的比重不断增高，出现“经济结构服务化”的趋势，也就是说，在所有产业中，伴随着高加工度化趋势，知识、技术密集程度增高，经济发展对高技术人才的依赖大大增强。四是产业结构的高信息化，其内涵一方面是指利用信息技术改造国民经济各个领域，加快农业的工业化和工业的信息化，信息技术和信息产业不仅是国民经济的一个产业支柱，而且是一个“发动机”，可以推动其他部门的更新换代与现代化；另一方面是指利用信息技术提高国民经济活动中信息采集传输和利用的能力，提高国民经济的国际竞争力。

2）产业结构高级化的内容

根据产业结构高级化的发生过程和阶段，可将产业结构高级化的内容归纳为以下六个方面。

（1）产业之间结构高级化。

产业之间结构高级化主要体现在产业结构由劳动密集型产业占优势比重向资本密集型、技术密集型和知识密集型产业逐渐演进；由第一产业占优势比重向第二、三产业占优势比重的方向顺次演进。

（2）产业链结构高级化。

产业链结构高级化是指由低附加值产业占优势比重向高附加值产业占优势比重的方向逐渐演进；由低加工度产业占优势比重向高加工度产业占优势比重的方向逐渐演进；由制造初级产品的产业占优势比重向制造中间产品、最终产品的产业占优势比重的方向逐渐演进。

（3）产业结构升级转换能力。

产业结构升级转换能力是指产业结构由低效化向功利化进而向知识化演进。农业社会劳动生产率极其低下，其产业结构表现出明显的低效化特征；进入工业社会以后，为了实现利润最大化，过度开采有限的自然资源，导致环境和生态系统被破坏，产业结构表现出功利化特征；日益加剧的资源与环境危机，使人们更多地运用知识资源推动产业的发展，这一阶段的产业结构表现出知识化的特征[14]。

（4）产品的高级化。

产品的高级化涉及三方面内容：一是产品科技集约化，是指由科技含量集约而成的全新技术产品不断问世，产品功能得到优化；二是产值结构高端化，是指产值比重不断沿着初级产品、中间产品、最终产品依次攀升，由劳动密集产品、资本密集产品、技术密集产品梯度转化；三是产品形态现代化，是指产品不断由实物形态向虚拟形态（如服务、信息产品）转化，产品功能不断由实用向时尚转化，产品规格由标准化向个性化转化等。

（5）工艺形态高标准。

工艺形态高标准主要是指技术基础新型化和劳动手段的智能化。其中，技术基础新型化是指整个社会产业基础技术体系更新换代；劳动手段的智能化则表现为生产工具向机械化、自动化、智能化演变，生产过程更多地依赖智力、知识与技术要素。

（6）产业结构的宽度与深度拓展。

产业宽度是指某个产业包含的产业数量或产业群，如第一产业包括种植业、畜牧业、林业等；产业深度是指某产业内部结构发展经历的阶段，如第二产业一般要经历轻工业化、重工业化、高加工度化和技术集约化等四个阶段。产业结构高级化是产业横向拓展、纵向深化和产业融合共同作用的结果，表现为产业结构规模逐步扩大、结构水平逐渐提高、结构联系更加有序的过程。

3）产业结构高级化的度量

产业结构高级化过程就是经济发展的历史和逻辑序列顺向演变的过程，而衡量一个产业结构系统在这一过程中的转变和演进程度，就是产业结构高级化的度量。产业结构高级化的度量方法有很多，可以归纳为以下四类[15, 16]。

（1）静态直观比较方法。

静态直观比较方法将所考察经济的产业比例关系与发达国家或地区的产业结构或“标准结构”的产业比例关系进行比较，以度量所考察经济的产业结构高级化程度。“标准结构”是对产业结构高级化演进的综合描述，主要是通过统计分析、归纳分析等方法，对样本国家或地区的影响和反映产业结构的主要因素进行回归分析得到的。目前学术界比较常用的“标准结构”包括产业结构标准模式、钱纳里-塞尔昆模型等。在研究地区产业结构高级化程度时，静态直观比较方法是一种非常便捷、直观而广泛使用的方法。

（2）动态比较判别方法。

动态比较判别方法通过构建某些特定的量化指标，以另一个经济的产业结构系统作为参照系，与所考察经济的产业结构高级化程度进行综合评判，主要包括结构相似系数法、距离判别法等。结构相似性系数法以某一参照国或参照地区的产业结构为标准，通过相似性系数的计算，将本国或本地区的产业结构与参照国或参照地区的产业结构进行比较，以确定本国产业结构高级化程度；距离判别法是度量两个产业结构之间的差距，以两者的“离差程度”对被比较产业结构的高级化进行判别。

（3）指标法。

指标法通过构建一种或多种指标来衡量一个经济的产业结构高级化程度，衡量指标可以归纳为四类：一是技术化指标，一般通过计算和比较高新技术产业产值、销售收入等在制造业或全部工业中所占的比重来衡量，还可以用全要素生产率来衡量技术进步对国民经济总产值的总贡献率。二是服务化指标，也称为产业结构“软化”。随着经济的发展，第三产业（劳动力）占国民经济总产值（劳动力）比重的不断增加是一个重要趋势，体现了经济服务化水平，可以直接用该指标进行区域和国际的比较，以体现各地区的产业结构先进水平。三是加工度指标，加工度的不断深化体现了技术、知识密集程度，也降低了工业发展对资源、能源的依赖度，促进产业结构向减物质化的方向发展，通常用加工工业产值占全部工业总产值的比重或加工工业产值与原材料工业产值比重来衡量。四是开放度指标，通常用工业制成品进出口总额占总产值的比重、主要制成品进出口单价比值等指标来衡量。除上述指标外，产业结构高级化的度量指标还包括高信息化、高附加值化等方面。与产业结构合理化一样，对于产业结构高级化的理解或研究的侧重点不同，所选择的衡量指标也有所不同。

（4）阶段判别法。

阶段判别法是按照经济发展阶段对产业结构高级化进行评判的。首先基于理论的分析，将一般经济的发展过程划分为若干个阶段，然后根据被判别国家或地区的经济特征，评判该国或地区经济处于哪一个阶段，度量其产业结构的高级化程度。常用的理论有工业化阶段学说、经济成长阶段学说以及经济发展阶段学说等。

4. 产业结构合理化与产业结构高级化关系

图 6-1 给出了产业结构合理化与产业结构高级化关系。从图 6-1 可以看出，产业结构合理化与产业结构高级化是产业结构优化中的两个基本点，它们相互促进、密不可分，通过协同演进共同实现产业结构优化的最终目标。产业结构合理化有助于资源达到最优配置，使在当前水平下的生产力得到充分的发挥；而产业结构高级化可以将劳动生产力提升到一个新的层次，在更高的水平上配置资源。

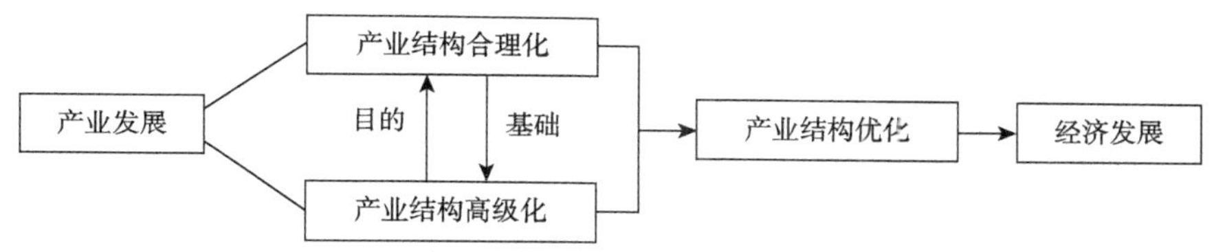

图 6-1　产业结构合理化与产业结构高级化关系

产业结构合理化是产业结构高级化的基础，没有产业结构合理化，产业结构高级化就失去了基本的条件，不仅达不到产业结构升级的目的，反而有可能发生产业结构的逆转；产业结构高级化是产业结构合理化进一步发展的目的，产业结构合理化本身就是为了产业结构向更高层次进行转化，失去这一目的，合理化就没有其存在的意义了，任何脱离了产业结构合理化的产业结构高级化均是一种“伪高级化”现象[17]。产业结构合理化要求一个国家或地区的产业结构能与该国家或地区的经济发展水平相匹配，并在产业结构内部实现产业之间数量、质量、地位多方面的协调，更关注当地经济发展的短期利益；而产业结构高级化则反映的是产业结构升级的要求，要求产业结构能够符合经济发展趋势，实现产业结构在技术化、服务化、加工度化方面的升级，因此，产业结构高级化更关注产业结构未来的竞争力。

如果一个国家的产业结构具有较好的合理化与高级化程度，并且两者能够相辅相成，既相互制约，又相互促进[18]，这样的产业结构将最具国际竞争力，资源配置达到最优，部门投入、产出达到最佳效率，社会增加值的财富创造能力强大，国民经济能够保持健康、持续的发展。因此，随着经济的快速发展，需要不断地对产业结构进行调整优化。产业结构调整的目标是使产业结构趋于合理，在合理的基础上通过制度创新与技术创新推动产业结构升级，这就是产业结构调整的两个基本目标——实现产业结构的合理化与高级化。

6.1.2　中国学者对于产业结构优化的研究

中国研究者于 20 世纪 80 年代开始进行产业结构及其相关问题的研究，归纳起来，主要体现在三个方面[19]：一是将国外产业结构理论与方法引入中国；二是将国外的研究方法、研究成果在中国加以应用；三是部分地在理论、产业发展机理等研究方面实现创新。其中，利用国外研究方法来分析中国产业结构优化与经济增长、其他各行业的关系以及构建产业结构优化模型成为国内学者研究的主流方向。

1. *产业结构优化与经济发展的研究*

中国学者对于产业结构与经济发展的研究，主要是将西方产业结构理论与中国的实际情况紧密联系，在西方发达国家经济发展的一般规律以及产业结构理论基础上，提出相应的产业结构优化升级政策。

杨治[20]研究了产业结构与产业政策的关系，提出应通过产业政策的制定与运作来实现产业结构、企业结构、区位结构的三位一体的协调发展，以及国民经济的迅速发展；并指出产业结构的变化不仅要考虑振兴何种产业，而且必须反过来讨论应该淘汰什么产业，从而更加合理地研究区域产业结构变动的问题。刘伟[21]比较了发达国家经济的初期发展与发展中国家的经济发展，结果发现，工业化未完成的发展中国家，其经济增长的主要动力在于工业制造业的结构性扩张，在此时期，第三产业结构性扩张的主要作用在于完善市场化。郭克莎[22]运用结构主义的理论与方法，研究了结构变动与区域经济发展的一系列问题，认为中国产业结构问题对经济增长的影响主要有两个方面：一是瓶颈制约或结构偏差制约；二是结构转变或结构升级缓慢的制约。吕铁和周叔莲[23]指出，产业结构变动实质上是资源在各部门之间的再配置，其对生产率的影响应主要从高级化效应和合理化效应两个方面来进行分析；高级化效应是指资源从生产率较低的部门流向生产率较高的部门时导致的不同生产率部门比重变化对总生产率的影响，合理化效应是指由于资源在部门之间的流动降低了经济的非均衡程度，从而改善了部门之间的联系状况而对总生产率的影响，可以通过产业结构的调整和升级来实现产业之间生产率的均衡化，进而促进经济增长方式从粗放型转向集约型。刘伟和李绍荣[24]从产业结构角度实证研究了中国经济增长的贡献以及产业结构对经济规模和要素效率的影响，结果表明，中国经济的增长主要是由第三产业拉动的，而第三产业的结构扩张会降低第一、二产业对经济规模的正效应，单纯地依靠第三产业的结构扩张，最终将把经济带入衰退的境地。毛键[25]以发达国家为例，实证分析了经济增长中的产业结构优化，指出：经济增长和产业结构优化是联系在一起的，产业结构优化既是经济增长的客观要求，又是经济增长的必要条件；在经济增长发生阶段性跃升的时期，产业结构的变动尤其明显，这种变动是经济增长到一定阶段的必然结果，同时也为经济增长提供了持续动力。因此，经济增长与产业结构优化是一个过程的两个方面，经济增长方式转变的关键在于产业结构优化。刘伟和张辉[26]分析了产业结构变迁对中国经济增长的贡献，并将其与技术进步的贡献相比较，证明随着市场化程度的提高，产业结构变迁对经济增长的贡献呈现不断降低的趋势，并逐渐让位于技术进步；此外，产业结构变迁效应的减弱并不表明市场化改革的收益会消失，某些发展因素和体制因素仍然阻碍着资源配置效率的进一步提高。薛白[27]基于要素配置结构变革，从产业结构合理化与高级化角度分别研究了经济增长方式转变的机理，并对大道定理进行了拓展，认为产业结构优化与经济增长方式转变之间的相互推动，使经济增长过程表现出阶段性的动态演变路径；基于此，从产业结构的微观要素配置与宏观动态演进两个层面构建了判别经济增长方式转变的衡量体系，同时指出，经济增长方式转变取决于政府诱导性结构变迁和市场内生性结构变迁动力之间的兼容程度。郑若谷等[28]将产业结构和制度引入随机前沿生产函数的分析框架中，研究了产业结构和产业制度对经济增长的影响，结果表明：产业结构和产业制度不仅对经济规模产生直接影响，而且还通过对生产要素的资源配置功能发生作用，影响其产出效率，从而对经济增长产生间接影响；改革开放三十多年来，产业结构和产业制度对中国经济增长的作用具有明显的阶段性演进特征，总体上，产业结构调整对中国经济增长的直接影响在短期与长期内均有显著作用，而产业制度对中国经济增长的直接影响是短暂的。

干春晖等[29]在测度产业结构合理化与产业结构高级化的基础上，构建了产业结构变迁与经济增长的计量经济模型，用于分析中国产业结构变迁对经济增长及波动的影响。结果表明，产业结构合理化与高级化进程对经济增长的影响均有明显的阶段性特征，现阶段中国产业结构合理化对经济发展的贡献远大于产业结构高级化的贡献。王晓琴和潘海岚[30]采用偏离–份额模型对西部大开发前后十年西部地区各省区市经济总体情况及云南省三次产业进行两阶段偏离–份额分析，发现随着西部大开发战略的实施，西部地区大部分省区市进入了产业结构调整时期，经济竞争力明显增强，而云南省产业结构却未得到有效调整，其第二、三产业的整体竞争力呈下降趋势，严重制约了云南省的经济发展。为优化调整产业结构，云南省应从实际情况出发，加快提高自主创新能力，增强产业竞争力；加快推进新型工业化；大力发展现代农业、服务业等产业。何勋和全华[31]在分析旅游产业结构合理化与高级化的基础上，构建了旅游产业结构变动对旅游经济增长及波动作用机理的实证模型，实证分析表明：在增长效应上，旅游产业结构合理化会直接促进旅游经济增长，高级化对旅游经济增长的促进作用不显著；旅游产业结构合理化与高级化的偏效应均会对旅游经济增长产生促进作用，合理化对旅游经济增长的偏效应要远大于高级化，是推动旅游经济增长的主要动力；从发展趋势上看，旅游产业结构合理化对旅游经济增长的贡献在减弱，而高级化的贡献却在增强；在波动效应上，旅游产业结构合理化与高级化都会造成旅游经济的波动，但旅游产业结构合理化的偏效应对旅游经济波动具有抑制作用，并且作用机制稳健，是稳定旅游经济波动的主要力量，而高级化的偏效应对旅游经济波动的作用效果具有不确定性。孙鹏和陈钰芬[32]将产业结构变迁分为产业结构合理化与产业结构高级化，分别测算了产业结构合理化指数和产业结构高级化指数，并通过1978~2012 年省际面板数据实证研究了中国产业结构变迁对经济增长的影响以及区域之间的差异。结果显示，中国中西部地区存在一定程度“虚高度化”现象，产业结构合理化与高级化对经济增长的影响随着经济发展阶段的变化而变化；当前中国产业结构高级化对经济增长的影响要大于产业结构合理化，但产业结构合理化的相对重要性却在不断提升；从区域层面看，东部地区产业结构合理化与高级化对经济增长的作用最大，中部地区次之，西部地区最低。

周肖肖等[33]从能源效率与产业结构对经济增长的交叉作用的角度，构建包含环境、能源、劳动力、资本四要素的三部门模型，实证分析了能源效率与产业结构对经济增长的影响。结果发现，中国经济增长显著存在能源效率-产业结构协同效应，能源效率可以通过倒逼产业结构优化促进经济增长，能源效率与经济增长之间存在产业结构的双门限效应；中央及各级政府在政策制定及实施时，应考虑各地区能源利用效率与产业结构等方面的差异性，因地制宜，从产业结构调整梯度出发，寻找产业结构与能源效率的最优匹配路径。李献波等[34]利用面板回归模型定量测算了中国省域、城市群、城市等不同空间尺度三大产业结构变动对经济增长的影响，结果显示：在全国层面上，1978~2012 年中国第一产业对经济增长的影响呈现下降态势，第二产业对经济增长的影响小于第三产业，其中，东部省份经济总量变化受第三产业影响最大，中西部省份以第二产业变动为主，西部省份对第一产业的依赖度更高；2000~2012 年，无论是城市群尺度还是城市尺度，产业结构动态变化对经济增长呈现相似的空间差异，经济总量变化总体上主要是第二产业和第三产业引起的，且第二产业稍高于第三产业；在地区差异上，第一产业引起的经济总量变化中，中部地区大于东部、西部地区，而第二产业、第三产业的区域差异并不明显。孙叶飞等[35]基于全局主成分分析法和改进的摩尔指数，测算了新型城镇化水平和产业结构变迁指数，在此基础上，构建空间自回归模型、空间效应分解模型和面板门槛模型，实证检验了新型城镇化发展与产业结构变迁的经济增长效应，结果表明：新型城镇化通过发挥其“选择效应”优化产业结构、提升企业生产率，有效促进了经济增长；中国经济发展的“结构红利”因产业结构变迁而减弱，导致中国经济发展出现“结构性减速”现象，但产业结构变迁的经济增长效应仍存在；实现产城联动、发挥新型城镇化与产业结构变迁的“协同效应”，对于缓解经济发展过程中的“结构性减速”问题，促进中国经济增长具有积极作用；新型城镇化发展与产业结构变迁的经济增长效应因产城关系的阶段性不匹配而存在“门槛效应”。

2. 物流与产业结构优化关系的研究

我国学者关于物流与产业结构之间关系的研究主要强调了现代物流可以从三个方面促进产业结构的合理化与高级化[36]：一是现代物流业本身是产业结构优化升级的产物；二是现代物流业能够从提高第三产业比重、促进第二产业发展等方面优化产业结构；三是产业结构的优化能够为现代物流业的发展带来机遇，促进其发展。

王微[37]指出，现代物流业的产生基于流通效率的提高，而现代物流业的发展则源于产业内的专业化分工；现代物流业能够促使产业内的各类企业更加合理地利用现有资源、更加高效地组织各类物流服务，以此不断调整产业结构，优化区域经济结构，加快区域经济的协调发展。卢胜[38]研究认为，我国城市物流业的发展有一定的交通运输、信息通信、仓储设施等传统物流基础，但现代物流的发展还存在缺乏正确认识、物流市场不健全、物流企业基础设施普遍陈旧、物流企业人员素质不高、物流综合效益不高等问题。为加快发展城市物流产业，相关部门应更新观念、制定规划，确立物流产业的支柱地位；以大中城市物流中心为核心，建立现代化的物流配送中心；大力发展第三方物流企业，培育物流产业的市场主体地位；制定规范的物流产业发展政策措施，创造良好的物流业发展环境；加快物流人才培养，提高企业核心竞争力。刘玉国等[39]分析了现代物流业与产业结构的相互影响关系，认为产业结构优化引起了服务、流通、运输需求等方面的改变，这些改变为物流业的发展带来了新机遇；同时，现代物流业的发展对第三产业的发展有促进作用，不仅能够带动第三产业产值的增加、提高第三产业产值的比重，而且能够优化产业结构，促进社会经济的全面发展。蔡定萍[40]利用我国 1993~2005 年国内生产总值、物流业增加值、社会物流总额数据计算了现代物流业对国内生产总值增长的贡献率及对国内生产总值增长的拉动力两个指标，结果显示，现代物流业与国民经济发展高度正相关，对国民经济的作用进一步增强，是我国国民经济发展的加速器。何小洲等[41]分析了重庆市物流产业发展对区域经济结构的影响效应，结果显示，重庆市区域物流与区域经济发展存在相互依赖、相互作用的关系，重庆市物流产业发展对第二产业的间接提升力度低于对第三产业的直接推动作用，但它对第二产业的贡献不可忽视，此外，重庆市物流产业的发展对区域综合经济实力的提升有着重要影响；并提出重庆市应大力发展物流产业、提高物流水平，将其作为一个新兴行业，辅助国民经济三大产业发展，加快产业结构优化升级。宋则和常东亮[42]以 2002 年中国投入产出表为基础，编制了由现代物流业、第一产业、第二产业、不包括现代物流业的第三产业构成的四部门投入产出表，通过对现代物流业的各项投入产出指标和系数的分析，认为：物流业对第二产业的依赖程度最强，其次是第三产业，对第一产业的依赖程度最弱；物流业对国民经济的拉动程度与辐射作用很大，仅次于第二产业，远高于第三产业的其他行业门类，而物流业受国民经济的影响并不明显，在一定时期内呈现出供大于求的局面。吕敏[43]研究了物流业与其他产业的产业联系和物流业发展对产业结构优化的理论及其效应，利用计量经济模型对物流产业发展与产业结构之间的关系进行了实证分析，证明了发展物流产业对于优化产业结构的作用，并建议政府从产业振兴政策、产业调整政策、产业技术政策等方面入手，加快法律类及行政类政策体系的完善，从协调部门机制、支持物流企业发展、吸收先进技术等方面进一步发展物流产业。

王红阳和林丹[44]基于我国 2001~2010 年省级面板数据，利用分位数回归方法对我国物流产业的产业结构效应进行了实证检验，结果显示，物流产业在整体上推动了我国产业结构优化与升级，但不同地区有着不尽相同的表现，物流产业的产业结构优化作用在产业结构较高的地区体现得最为显著，其次是产业结构较低的地区，而对于产业结构适中的地区，物流产业结构的发展将可能会阻碍产业结构的优化与升级。齐斌[45]对物流组织创新与产业结构优化进行了分析，认为在产业融合条件下，传统产业结构优化的内涵发生了转变，产业结构合理化的主要问题由传统的物质瓶颈转变为日益突出的信息瓶颈，产业结构高级化表现为产业结构信息化的基本特征，在此变化下，产业融合对一国产业结构的优化是通过物流组织的创新与重构活动进行的，主要表现为社会集成物流服务组织。罗永华[46]以茂名市为例，分析了港口物流对区域产业结构优化升级的促进效应，指出港口物流促进产业结构优化升级的效应主要体现在港口物流发展对第一产业结构的带动效应、对第二产业结构的优化效应、对第三产业结构的提升效应及产业集聚扩散效应四个方面。为促进茂名市的产业结构优化升级，可以围绕港口物流发展，引导产业集聚；大力发展集装箱运输，提升港口运输能力；大力发展金融业，为港口物流发展和产业结构优化升级提供资金保障；积极申请“区港联动”试点工作，推动港城产业一体化发展等。杨帆和王柏谊[47]基于我国 30 个省、自治区、直辖市 1992~2010 年物流发展水平以及产业结构的省级数据，构建了面板协整模型，对我国现代物流发展与产业结构变化的相互关系展开了实证研究，结果发现，我国现代物流业发展与产业结构优化之间存在长期稳定的协整关系，现代物流业发展对产业结构优化的影响表现出正向的作用关系，不同地区物流业发展对产业结构优化的影响存在显著差异。为此，应该加强西部地区基础性政策的引导和扶持；加强物流基础设施网络薄弱环节建设，强化物流资源合理整合；推进第三方物流提供商的发展，提升服务品质。高秀丽和孟飞荣[48]在检验省域产业结构合理化与产业结构高级化空间依赖性的基础上，根据我国 1997~2010 年 30 个省级面板数据，构建空间面板杜宾模型，分析了物流业发展对产业结构优化的影响作用，认为我国产业结构合理化与产业结构高级化呈现出显著为正的空间溢出效应，东部、中部和西部地区具有明显的空间差异，物流业的发展对我国产业结构优化有着积极的推动作用，不仅可以显著促进当地产业结构优化，而且同时促进了其他地区产业结构优化，对邻近地区产业结构优化具有正向的空间溢出效应。因此，各地区应认识到现代物流业发展对产业结构优化升级的重要作用，积极引导和扶持现代物流业发展，促进产业结构合理化与产业结构高级化进程，同时在制定产业结构政策时，各地区应根据本地区的资源禀赋条件优化资源配置，既要重视产业结构的合理化调整，也要重视产业结构的高级化发展，进一步发挥产业结构对经济发展的促进作用。

万欢[49]在探讨我国物流基础设施投资历史的基础上，选取 2003~2010 年我国省级面板数据，对我国物流基础设施投资的产业结构优化效应进行了实证研究，结果显示：我国物流基础设施投资存在着显著的产业结构优化效应；在控制变量指标中，国内生产总值显著地促进了产业结构优化，而国际贸易进出口额和实际外资利用额对于产业结构优化促进效果并不显著。卢珂等[50]基于产业结构演进规律，分析了港口物流发展与产业结构之间的互动关系，并构建了青岛港的港口物流发展指数模型，通过灰色关联分析法对青岛港的港口物流发展与产业结构进行了分析，结果表明，青岛港的港口物流发展能促进港口城市第三产业的发展，最终实现产业结构的优化升级。谢睿[51]基于系统动力学软件构建了重庆市物流业与产业结构关系的系统动力学结构模型，通过模拟分析认为，重庆市物流业的发展能够有效推动产业结构的优化，提高整个区域的经济发展水平；并提出为进一步推进产业结构升级，促进经济发展，重庆市应加快物流基础设施建设，推进货物贸易保税区的建设，同时推进物流企业与制造企业的合作。谢泗薪和侯蒙[52]以城镇化为研究背景，建立了物流业发展与城镇化率、产业结构的向量自回归模型，实证分析了我国物流业发展与产业结构高级化的关系，结果发现，我国物流业本身并未达到理想状态，物流业发展对我国产业结构高级化与城镇化进程具有明显的促进作用，而产业结构调整与城镇化率的提高短期内对物流业发展的促进作用并不明显。因此，政府部门还需要加大对物流业的投资与政策支持。刘禹宏和赵红云[53]利用灰色关联分析法对京津冀物流业与区域经济的关系进行分析，根据灰色关联度系数确定京津冀物流业与区域三次产业之间的相互影响，结果表明，京津冀区域的物流业在优化区域产业结构方面具有很大的贡献。郭彩环[54]实证分析了河北省物流产业对产业结构的影响作用，结果证明：河北省物流产业的发展降低了第一产业结构比重，提高了第二、三产业结构比重，从整体上提升了河北省三次产业结构水平；尽管河北省物流产业发展一定程度上带动了省内经济增长、提升了产业结构水平，但第一产业结构比重的显著下降说明河北省忽视了农村物流建设，从而影响了农村经济的发展，拉大了河北省城乡经济水平差距，河北省物流产业发展不均衡是城乡二元结构的主要原因。罗永华[55]根据2004~2014年的数据，运用灰色关联分析法和线性回归模型对湛江市港口物流与区域产业结构优化效应进行实证分析，结果发现，港口物流两大指标与湛江市社会生产总值、三大产业的平均关联度均超过0.7，回归分析也得到同样的结果，说明发展港口物流对区域经济增长和产业结构优化有重要作用。优化湛江市产业结构，应采取的对策包括：做好临港产业发展规划，引导钢铁和石化产业集聚；完善港口物流基础设施，大力发展集装箱运输；积极推进内陆无水港建设，拓宽内陆经济腹地；大力推进“保税物流中心”建设，推动区港联动发展。

3. 其他行业与产业结构优化关系的研究

我国学者主要从理论和实证方面开展了对外贸易结构与产业结构优化关系的研究[56]。

陈元[57]研究认为，一个国家的产业结构优化与其贸易结构优化相互促进的程度与对外贸易和国内产业政策的扭曲程度呈正方向关系，扭曲程度越小，国内产业结构与对外贸易结构越接近，反之，扭曲程度越大，则国内产业结构与对外贸易结构的偏离程度就会越大。袁欣[58]提出，产业结构与对外贸易结构是一种高度相关的“原像”与“镜像”耦合关系，而中国的对外贸易结构与其他国家相比，不能有效带动产业结构优化升级，主要原因在于超前发展的加工贸易使中国产业结构与对外贸易结构出现了“原像”与“镜像”的背离。孙金秀和杨文兵[59]指出，一个国家或地区的经济增长源于内在力量与外在力量的相互作用，其中贸易结构优化是经济增长的外在力量，而产业结构优化则是经济增长的内在力量，产业结构与贸易结构优化之间具有互动升级转化的关系，产业结构通过比较优势来决定贸易结构，而贸易结构通过要素积累效应和技术进步效应又反作用于产业结构优化。杨敏和赵丹妮[60]以博弈论为基础，从企业的视角分析了对外贸易结构与产业结构之间的非合作性静态博弈与合作性动态博弈的帕累托改进，认为行业协会及政府等相关的利益主体需通过制定促进企业之间合作的策略，鼓励企业加大研发投入与设备改进等创新投资，通过贸易结构优化实现进口替代，进而推动行业发展。裴瑱和毕玉江[61]以长三角地区生产性服务行业为例，构造了专业化分工指数，考虑到影响生产性服务业发展的技术进步、城市化水平、收入水平等因素，采用面板数据模型分析了加工贸易对生产性服务业的影响，结果表明，加工贸易对生产性服务业及其结构升级起到抑制作用。陈宏等[62]通过向量自回归模型实证分析了中国贸易结构与服务业的产业结构之间的关系，根据相关检验和协整检验结果，中国贸易结构与服务业的产业结构之间存在正相关关系和长期均衡关系；另外，在长期内，服务进口贸易对产业结构优化产生正效应，其产生的贡献次于服务生产和就业。刘秉镰和刘勇[63]提出，国际贸易主要通过两种方式实现对产业结构产生影响，一是通过国际利益比较机制实现，二是通过产品循环实现；发达国家与发展中国家之间可以通过产品循环，由产业结构推动贸易结构，再由贸易结构带动产业结构不断升级。王菲[64]以柯布–道格拉斯生产函数为基础，构造了贸易内生技术进步经济增长模型，利用该模型实证研究了1994~2010年中国出口贸易结构影响产业结构的途径，结果显示，出口贸易部门主要通过对非贸易部门的技术外溢效应影响中国产业发展，但这些出口贸易部门的全要素生产率水平不高，需要升级产业结构。

此外，我国学者还研究了碳排放、旅游、科技创新、能源消费、金融业与产业结构优化之间的关系。

陈兆荣[65]采用摩尔结构变动指数度量我国产业结构的高级化程度，并运用格兰杰因果关系检验、脉冲响应函数等方法，实证分析了产业结构高级化变动与碳排放波动的关系，结果表明，产业结构高级化对碳排放量波动的影响稳定，并有较强的滞后效应。生延超[66]构建了多部门经济模型，利用1992~2008年数据计算出旅游产业结构变动对旅游经济增长的贡献，结果发现，1992~2008年我国旅游产业结构变动对旅游经济增长的贡献比较大；在不同时期，旅游产业结构变动对旅游经济增长的贡献不一样，可以分为两个中周期、六个短周期；虽然各省份旅游产业结构变动对旅游经济增长贡献有差异，但各区域旅游产业结构变动对区域旅游经济增长的贡献在逐渐下降，旅游经济增长的稳定性越来越强。周叔莲和王伟光[67]研究了科技创新与产业结构优化调整之间的互动关系，指出作为产业结构调整的动力，科技创新影响了产业结构变迁的内在机理，也是促进产业结构调整的具体途径，反之，产业结构调整对科技创新有推动作用，同时我国也具备了以科技创新推动产业结构优化升级的有利条件。我国若要依靠科技创新来促进产业结构优化升级，应从战略高度认识科技创新对产业结构的重要影响，在此基础上，正确确定相应时期科技创新重点，深化企业改革，发挥政府职能，加大科技创新投入力度，进行研发组织形式创新，促进产业组织合理化，并积极发展教育事业，大力开发人力资源。罗丽英和尹娟娟[68]利用松弛模型测度了我国28个省份1994~2012年的环境技术效率水平，并对产业结构合理化与环境技术效率的关系进行了实证研究，结果显示：我国的环境效率水平整体偏低，中西部地区比东部地区表现得更为明显；产业结构合理化通过直接作用和间接作用能显著促进环境技术效率的提高，且这种促进作用在东部地区表现得更明显；经济规模和对外开放程度都对环境技术效率产生正向影响，而政府管制对环境技术效率的影响不显著。刘冰和孙华臣[69]采用动态面板门限模型分析了能源消费对产业结构调整的门限效应，并以京津冀鲁为例，模拟控制煤炭消费总量对产业结构的动态影响，结果表明，在经济发展的不同阶段，能源消费对产业结构调整的影响存在单门限效应，且这种效应会发生由负向到正向的趋向性变化；若不考虑技术进步与能源消费结构变化的影响，实施能源消费总量控制政策，在短期内不利于产业结构高级化；若考虑技术冲击和能源消费结构变化，将有利于促进产业结构高级化，但能源消费结构调整将会弱化技术进步带来的正向冲击。胡秋灵和刘唯[70]从产业结构高级化角度出发，实证分析了京津冀地区金融发展对产业结构高级化的影响，结果表明：自改革开放以来，京津冀地区产业结构高级化进程提速，金融发展对京津冀地区产业结构高级化具有显著的促进作用，而金融效率对京津冀地区产业结构高级化存在抑制作用；在京津冀地区的产业结构高级化过程中，市场作用大于政府干预，因此，在以市场为核心的资源配置过程中，京津冀地区应以金融发展促进地区产业结构的优化与升级，避免过分强调政府的干预。李媛媛和金浩[71]基于我国省际面板数据，构建空间面板数据模型，检验了金融创新对产业结构优化的直接效应和间接效应，结果显示，金融工具创新、金融市场创新对产业结构优化的直接效应显著为正，金融机构创新对产业结构优化的直接效应不显著；金融工具创新、金融机构创新与资本供应不匹配，金融市场创新与资金供应匹配程度较弱，对产业结构优化的间接效应较弱；金融市场创新、金融机构创新对技术进步作用较为显著，对产业结构优化的间接效应最为明显；金融工具创新、金融市场创新、金融机构创新均未有效刺激与改善居民消费需求，这在一定程度上阻碍了产业结构优化。

4. 产业结构优化模型的研究

我国学者对于产业结构优化模型的研究主要包括四大类[72, 73]：一是基于投入产出法的计量模型，二是基于博弈论的产业结构优化模型，三是多目标规划计量模型，四是基于系统动力学的产业结构优化模型。

薛声家[74]基于投入产出理论，建立了产业结构多目标优化模型，该模型以极大化国内生产总值、保证三次产业的合适比例等为目标，并通过实证分析检验了模型的有效性。陈树良等[75]以经济增长与充分就业两个目标为基本依据，建立了基于投入产出法的带约束条件线性规划模型，认为产业结构的优化目标不同，所建立的优化模型也应该有所不同。王光净等[76]以合作博弈为分析工具，提出了基于合作博弈的产业结构优化模型，该模型将不同的产业映射为博弈模型的局中人，将产业的不同组合方案映射为策略集，将三次产业增加值的比重、劳动生产率和生态环境污染程度所形成的符合函数映射为效用函数，以产业结构优化问题转化为对合作博弈模型的核心求解问题，并通过温州产业的实例分析，验证了所建模型的可行性和有效性。康凯[77]分析了线性规划中系数的时变特性与灰色约束的关系，在此基础上构建了灰色区域产业结构优化模型，并将该模型应用于某地区的产业结构优化设计中，结果证明，灰色区域产业结构优化模型在解决区域产业结构优化设计问题方面具有一定的优越性。宋锦剑[78]从统计分析视角出发，探讨了产业结构演进与调整过程，并基于产业结构高级化程度、产业地区结构状况、产业组织结构监测、产业寿命周期状态等指标建立了产业结构优化升级的测度指标群，同时给出了指标体系中各指标的度量方法。潘文卿[79]构建了一个经济增长与产业结构调整的优化模型，以此为基础，对中国的经济增长、就业变化、污染控制以及产业结构的转换与调整的互动关系进行了模拟，结果显示，2020 年前，中国经济仍将可能保持较高增长速度，但其就业压力及污染控制的压力却非常大，中国将处于从农业社会向工业社会的快速转型中，工业化仍将是中国经济社会发展的主题，第三产业的发展是将来中国产业扩张的主要方向，重工制造业仍将是中国主要发展的产业。马树才[80]从经济增长角度出发，基于产业结构理论，以逐步提高产业结构技术进步、产业结构合理化与高度化水平为条件，将实现经济增长作为目标，建立了一个产业结构调整优化模型，并给出了求解的算法。代伟等[81]分析了水资源对秦皇岛市产业发展的影响，采用多目标规划法，构建了基于水资源约束条件的秦皇岛市产业结构优化模型，并利用该模型对秦皇岛市的产业结构进行优化，进而提出了秦皇岛市产业结构的优化方案。郁钟铭等[82]建立矿区煤炭产业结构的系统动力学模型，对矿区煤炭产业结构进行了实例的模拟研究，结果表明，系统动力学方法在矿区煤炭产业结构的分析评价与决策方面是可行的，利用该模型可得到矿区优化的煤炭产业结构，包括各产业优化的各年的投资比重、矿区煤炭产业的协调度（即各产业的产值比重）、矿区煤炭产业结构方案取得的经济效益和社会效益等，且模型具有较好的通用性与可移植性。王留锁等[83]基于清河流域近年的“经济-社会”现状特点与发展趋势，以 2010 年为水平基准年，建立了清河流域产业结构优化系统动力学模型，将整个系统分为人口及生活子系统、经济子系统、用水子系统和污染物子系统，设置四种情景方案进行模拟，通过比较和分析模拟结果，选出最优方案，并根据最优方案提出了保持第一产业发展速度、提高第三产业发展速度、控制第二产业发展速度的调整建议。

6.2　现代物流业对产业结构优化的作用

6.2.1　现代物流业对产业结构合理化的作用

产业结构合理化主要强调各产业之间的协调比例和关联水平。随着现代物流业的发展，产业之间的经济联系和数量关系逐渐由不协调转向协调，产业之间按比例发展的规律得到满足，产业之间的关联水平得到加强[84, 85]。

1. 现代物流业提高产业之间的协调能力与关联水平

1）促进三次产业之间比例相合理

现代物流业的发展使得三次产业之间保持一定的比例关系，资源在产业层次上得到优化配置，避免了过剩与短缺现象，各部门的生产能力得到充分利用。同时，现代物流业采用新型管理理念和高效运作方式，带动了产业的健康发展，有利于推动产业结构的合理化进程。

2）加强各产业之间的关联度

在社会经济活动中，产业之间既相互依赖又相互影响，通过这种错综复杂的需求关系，现代物流业与三次产业之间的关系更加紧密。首先，现代物流业通过整合有限的资源，发挥供应链整合优势，为其他产业提供一系列的物流服务，提高各产业的运行效率。其次，现代物流业的发展对其他产业也会形成需求，需要各种资源的投入。现代物流业通过加快各类要素在产业之间的梯度转移，实现投入产出的均衡，从而促使产业之间相互依赖和相互影响关系的协调，不断带动产业结构的合理化。

2. 现代物流业促进产业结构与资源供给结构相协调

1）促使资源结构的区域性平衡

资源状况是产业结构合理化的物质基础，与产业结构的形成和发展密切相关。资源的种类、蕴含量、分布情况等在很大程度上决定着产业结构的变化。现代物流业的发展一方面促进了区域之间要素的合理配置，加速推动经济资源的合理流动，另一方面又加强了区域之间的经济联系，根据各地区的资源优势进行相应的产业规划，促使各地区因地制宜，建立符合自身资源禀赋条件和经济发展需要的产业发展模式，从而形成产业在不同地区的合理布局。这样有利于缓解某些地区经济资源出现过度积压，而另一些地区经济资源却过分贫缺的局面，使得经济资源的供需分布较为均衡。

2）促使劳动力结构的产业间平衡

根据产业演变的发展规律，产业结构是由第一产业向第二、三产业演进的。劳动力也随着这种演进方向，由第一产业逐渐向第二、三产业转移，劳动力数量实现三次产业的梯度分布。现代物流业作为现代服务业重要的组成部分，是一种包含运输、储存、装卸、搬运、包装、流通加工、配送、信息处理等各种行业在内的新兴产业形态。同产业内其他任何新兴产业一样，现代物流业在优化调整三次产业结构的同时，也带动了优质从业人数的增加。通过吸收大量高素质劳动力，劳动人口从第一产业向第三产业转移，现代物流业使得劳动力分布更趋合理，促进产业结构合理化目标的实现。

3. 现代物流业促使产业结构和市场需求结构相协调

1）通过消费需求带动产业结构合理化

消费需求是产业结构合理化的市场导向。随着国内外消费领域的迅速增长，人们要求社会提供相应数量的各种产品和劳务，消费需求逐渐趋向多层次和多样化，直接影响最终产品，间接影响中间产品和服务的需求，进而影响生产中间产品、最终产品和提供服务的产业内部结构。现代物流业作为商品流通的媒介，能够促使商品在不同产业之间的流通，进而带动多层次产业结构的形成。

2）通过投资需求带动产业结构合理化

投资作为企业扩张的重要条件之一，是影响产业结构的重要因素，不同的投资比例会使产业结构发生不一样的变化。现代物流业作为缩小商品交换市场地域范围的服务性产业，对交通、通信等基础设施条件有较高的要求，需要大量的专属性投资。加大对现代物流业固定资产的投资将推进其自身并带动第三产业更快地发展。

3）通过贸易需求带动产业结构合理化

出口增加可以推动出口产业的发展，进口增加可以弥补生产某类产品产业的不足。全球性的物流伴随着国际贸易应运而生，通过国内产品的出口刺激国内需求的增长和外国产品的进口，增加了国内市场的产品供给；通过国外产品的进口，有利于开拓国内市场，为同类产业的发展创造有利条件，以此推动国内产业结构的合理化。

6.2.2　现代物流业对产业结构高级化作用机理

产业结构高级化主要强调主导产业的有序更替和产业结构效率的不断提高。现代物流业通过科技进步改变了产业的技术基础，使产业的技术水平不断提高，资源在各产业之间得到了更有效的配置和利用，促使产业经济效益大幅度提高，产业集约化程度更高[86]。

1. 现代物流业通过技术升级提高产业结构高级化

1）通过先进技术的应用加速产业的更新换代

科技发展是产业结构升级的直接动力。技术的进步推动着传统物流业的技术改造，使得现代物流服务由劳动密集型向知识密集型方向转变。现代物流业借助于现代信息技术和标准化体系，有效衔接各种物流功能和要素，促使具有较高生产效率的新兴产业的形成与发展，同时也加速了没有重大技术突破的传统产业的衰落、消亡。随着产业的更新换代，产业结构得以高级化[87]。

2）通过技术进步促进三次产业劳动生产率的提高

作为生产要素的重要组成部分，劳动力供给的质量对产业结构的高级化具有深远的影响。劳动者知识、智力水平的提高，有利于其思想、文化、技术等各方面综合素质的提高。高素质、高质量的劳动力供给，能带动产业结构由劳动密集型向技术密集型产业发展。劳动生产率作为评价产业结构整体素质的重要指标，对产业结构高级化具有积极作用。劳动生产率随着技术的不断进步和知识的不断积累而逐渐提高，劳动生产率越高，集结在劳动密集型产业的劳动力越少，将有越多的劳动力转移到技术密集型、知识密集型产业中去。

2. 现代物流业通过高产业效益促进产业结构高级化

1）通过降低单位产出能耗提高产业效益

“高投入、高消耗、高排放、低产出、低效益、低科技含量”一直以来是传统物流业的缺陷，现代物流业在政府节能减排的大力倡导下，通过绿色物流这种追求经济、社会、环境相协调的经济可持续发展方式，减少了污染物的排放，有效地降低了单位产值的能耗，很好地化解了传统物流业长年居高不下的能耗比重，促进了低碳经济的大力发展，较大程度地提高了产业的产出效益。

2）通过降低物流成本提高产业集约化程度

现代物流业的发展使得简单的仓储、运输等业务向产、供、销一体化不断延伸，有效地通过供应链的整合与一体化管理来消除价值链上不增值的活动，降低仓储、运输等有形费用和各种无形支出，促进资源的利用效率和优化配置。随着现代物流业的不断发展，以最少的消耗、实现最优的服务、达到最佳的经济效益，是当今社会经济发展追求的目标。通过利用物流的专业化优势和规模优势，整合各大产业的物流服务需求，帮助各产业利用有限资源集中力量开展自身的核心业务，提高物流流通速度和整个供应链的运作效率，节约交易费用和物流成本，从流通环节中挖掘竞争优势，形成提高劳动生产率、降低物质消耗之后的“第三利润源”，促使产业不断向集约化方向发展。

3）通过增加产品附加值来提高产业效益

现代物流业以流通环节的智力劳动促使产业结构朝着附加值较大的产业占主导地位的方向发展。各产业开始借助含有高科技投入的现代物流资源和服务，生产出更多种类、更全功能、更好性能、更高质量的产品，来满足人们日益增长的高层次需求，使得各产业具有较高的价值增长与经济效益。

6.3　京津冀区域物流对区域产业结构合理化作用研究

6.3.1　京津冀区域物流对区域产业结构合理化分析

1. 产业结构合理化相关指标

1）产业结构质变度量指标

产业结构质变综合反映了产业结构变化的程度，可以用产业结构熵数指标进行度量，这一指标借鉴了信息论中干扰度的概念。在信息论中，熵通常用于度量事件的不确定性，熵值越小，事件的信息量越大，体系结构越规则，功能越完善。基于熵的概念，从理论上可以研究信息的计量、传递、变换、存储。产业结构熵数指标将产业结构比重的变化视为产业结构的干扰因素，能够较好地反映产业结构的质变关系[88]，其计算公式如下：

$$\varepsilon=\sum_{i=1}^{n}\left(\frac{Y_i}{Y}\right)\ln\left(\frac{Y}{Y_i}\right) \tag{6-1}$$

其中，ε 为产业结构熵数指标；i 表示产业，i=1,2,3；Y 表示产业总产值，Y_i 为第 i 种产业的产值；n 表示产业部门数目。由式（6-1）可知，若产业结构共有 n 个部门，ε 的最大值为 $\ln(n)$；若产业结构只有 1 个部门，ε 的值为 0。ε 值越大，表明产业结构的发展形态越趋向于多元化，各产业的结构比越趋向于均等；反之，ε 值越小，表明产业结构的发展形态越趋向于专业化，各产业的结构比越趋向于不均等。

2）产业结构合理化度量指标

产业结构合理化反映了产业之间的协调程度，同时也反映了资源、生产要素在不同产业之间的有效利用程度，通常用要素投入结构与产出结构的耦合程度予以度量。由于学术界对产业结构合理化内涵的理解各异，选取的度量指标也有所不同。在以往的研究中，国内研究者采用了不同的方法度量产业结构合理化。大多数研究者依托古典经济学中经济将最终处于均衡状态且各产业生产率水平区域相同的假设为前提，以不同产业产值与就业的比例应相同为原则，将结构偏离度作为产业结构合理化的度量指标。但现实经济中，经济往往处于不均衡发展状态且不同产业的重要性各不相同，因而结构偏离度指标与现实有所脱离[89]。也有学者运用经济增量法度量产业结构优化程度，但此方法涉及各产业在经济发展中的权重，没有统一的标准。干春晖和郑若谷[90]利用改造的泰尔指数分析了中国改革开放以来的地区经济差距问题，并指出泰尔指数是很好的产业结构合理性度量指标。戴魁早[91]在分析中国工业结构的优化与升级时，也采用泰尔指数对产业结构合理性进行衡量。综合分析，这里同样选用泰尔指数对产业结构合理化进行度量，泰尔指数计算公式如下：

$$\mathrm{TL}=\sum_{i=1}^{n}\left(\frac{Y_i}{Y}\right)\ln\left(\frac{Y_i / L_i}{Y / L}\right) \qquad (6\text{-}2)$$

其中，TL 为产业结构泰尔指数；i 表示产业，i=1,2,3；Y 表示产业总产值，Y_i 为第 i 种产业的产值；L 表示就业人数，L_i 为第 i 种产业的就业人数；n 表示产业部门数目。Y_i / L_i 表示各产业部门的劳动生产率。由古典经济学的相关假说可知，当经济均衡时，各产业部门的劳动生产率相等。因此，当经济处于均衡状态时，有 $Y_i / L_i = Y / L$，此时，TL=0，表示产业结构趋于合理。TL 值越接近于 0，表示产业结构越接近均衡状态，产业结构越合理。TL 值不为 0，表示经济偏离了均衡状态，产业结构不合理，而且 TL 值越大，表示经济越偏离均衡状态，产业结构越不合理[92]。泰尔指数在揭示产值比重与就业人数比重关系的基础上，不仅考虑了各产业部门的相对重要性，还保留了产业结构偏离度的理论基础与经济含义，因而可以更好地反映出产业结构的合理化程度。

2. 质变结果与分析

从理论上讲，随着经济的发展，三次产业产值会形成一种梯度增长的模式，第一产业的比重将逐渐下降，而第二产业、第三产业的比重则逐渐上升。因此，本节通过京津冀区域三次产业产值及其比重进行产业结构变质分析。京津冀区域三次产业产值及其比重无法直接获得，这里基于北京市、天津市、河北省的三次产业产值数据进行计算。表 6-1 列出了 2004~2014 年京津冀区域三次产业产值及其比重。

表 6-1　2004~2014 年京津冀区域三次产业产值及其比重

年份	第一产业产值/亿元	比重/%	第二产业产值/亿元	比重/%	第三产业产值/亿元	比重/%
2004	1 563	8.87	7 841	44.50	8 218	46.63
2005	1 601	7.67	9 433	45.16	9 853	47.17
2006	1 654	6.88	10 759	44.74	11 635	48.38
2007	2 016	7.02	12 604	43.91	14 087	49.07
2008	2 270	6.71	15 038	44.43	16 538	48.86
2009	2 454	6.65	15 803	42.82	18 653	50.54
2010	2 833	6.48	18 936	43.30	21 963	50.22
2011	3 202	6.15	22 808	43.80	26 066	50.05

续表

年份	第一产业产值/亿元	比重/%	第二产业产值/亿元	比重/%	第三产业产值/亿元	比重/%
2012	3 508	6.12	24 727	43.12	29 113	50.77
2013	3 729	5.95	26 350	42.03	32 607	52.02
2014	3 806	5.73	27 290	41.05	35 383	53.22

注：由于舍入修约，三次产业比重之和可能不为 100%

资料来源：表中数据由国家统计局网站、《北京统计年鉴 2015》、《天津统计年鉴 2015》、《河北经济年鉴 2015》相关统计数据整理、计算得出

根据式（6-1）计算京津冀区域产业结构熵数指标。表 6-2 列出了 2004~2014 年京津冀区域产业结构熵数指标，图 6-2 给出了 2004~2014 年京津冀区域产业结构熵数指标曲线。

表 6-2　2004~2014 年京津冀区域产业结构熵数指标

年份	2004	2005	2006	2007	2008	2009	2010	2011	2012	2013	2014
ε	0.930 9	0.910 3	0.895 2	0.897 3	0.891 6	0.888 3	0.885 6	0.879 5	0.877 8	0.872 1	0.864 9

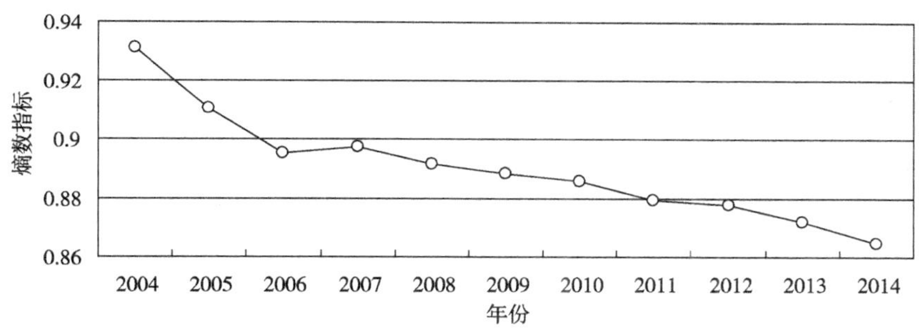

图 6-2　2004~2014 年京津冀区域产业结构熵数指标曲线

由表 6-2 结合图 6-2 可以看出，京津冀区域产业结构熵数指标虽在 2007 年稍有上升，但整体上是逐年下降的，说明京津冀区域产业结构呈现出专业化趋势，三次产业的结构比越来越不均等。

以京津冀区域产业结构熵数指标为因变量、京津冀区域物流业产值为自变量，构建回归模型，分析京津冀区域物流业发展对产业结构质变化的影响，回归模型形式如下：

$$\varepsilon_r = \alpha_0 + \alpha_1 \ln(R_{\text{logistics}}) + \mu \tag{6-3}$$

其中，ε_r 为京津冀区域产业结构熵数指标；$R_{\text{logistics}}$ 为京津冀区域物流业产值；α_0，α_1 为回归系数。表 6-3 列出了京津冀区域物流业产值与区域产业结构熵数指标回归结果。

表 6-3 京津冀区域物流业产值与区域产业结构熵数指标回归结果

回归系数	系数值	标准误差	t 统计量	P 值	F 统计量	R^2
α_0	1.214 0	0.032 7	37.086 6	0.000 0	98.021 3 （0.000 0）	0.915 9
α_1	−0.041 4	0.004 2	−9.900 6	0.000 0		

注：P 值为系数 α_0，α_1 的概率，括号中数字为 F 统计量的概率，R^2 为回归方程的拟合优度

由表 6-3 可知，回归系数与回归方程的 t 统计量和 F 统计量均在 1.00%水平下通过了显著性检验，回归方程的拟合优度 R^2 值为 0.915 9，说明回归方程的拟合效果很好，京津冀区域产业结构熵数指标有 91.59%的变化可由京津冀区域物流业产值进行解释。由回归系数可以看出，回归系数 α_1 值为−0.041 4，说明在其他条件不变的情况下，京津冀区域物流业每增加 1 个单位产值，京津冀区域产业结构熵数指标将减少 0.041 4 个单位，这意味着随着京津冀区域物流业的发展，京津冀区域产业结构逐渐向专业化高质量水平发展。因此，京津冀区域物流业发展对于京津冀区域产业结构专业化具有显著的促进作用。

3. 合理化结果与分析

表 6-4 列出了 2004~2014 年京津冀区域三次产业就业人数。根据式（6-2）计算京津冀区域产业结构泰尔指数，表 6-5 列出了京津冀区域产业结构泰尔指数，图 6-3 给出了京津冀区域产业结构泰尔指数曲线。

表 6-4 2004~2014 年京津冀区域三次产业就业人数（单位：万人）

年份	第一产业就业人数	第二产业就业人数	第三产业就业人数
2004	1 757	1 449	1 692
2005	1 709	1 502	1 779
2006	1 666	1 543	1 883
2007	1 619	1 624	1 978
2008	1 621	1 649	2 084
2009	1 617	1 684	2 167
2010	1 599	1 756	2 270
2011	1 572	1 855	2 368
2012	1 555	1 944	2 497
2013	1 529	2 003	2 641
2014	1 519	1 989	2 728

资料来源：表中数据由国家统计局网站、《北京统计年鉴 2015》、《天津统计年鉴 2015》、《河北经济年鉴 2015》相关统计数据整理、计算得出

表 6-5 2004~2014 年京津冀区域产业结构泰尔指数

年份	2004	2005	2006	2007	2008	2009	2010	2011	2012	2013	2014
TL	0.197 6	0.200 6	0.197 1	0.174 0	0.172 8	0.164 7	0.155 8	0.147 6	0.135 0	0.125 6	0.125 1

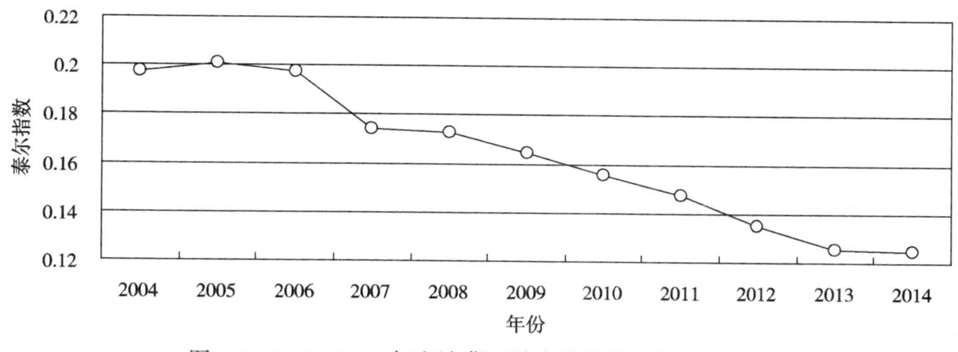

图 6-3　2004~2014 年京津冀区域产业结构泰尔指数曲线

由表 6-5 结合图 6-3 可以看出，2004~2014 年京津冀区域产业结构泰尔指数值均不为零，表明该时期京津冀区域经济偏离了均衡状态，产业结构不尽合理；但从长期来看，京津冀区域产业结构泰尔指数值是逐年下降的，说明京津冀区域产业结构合理化水平在逐年提高，其中，2013~2014 年京津冀区域产业结构合理化进程较为缓慢，表现在相应的泰尔指数值下降较缓慢。

以京津冀区域产业结构泰尔指数为因变量、京津冀区域物流业产值为自变量，构建回归模型，分析京津冀区域物流业发展对区域产业结构合理化变化的影响，回归模型形式如下：

$$\mathrm{TL}_r = \kappa_0 + \kappa_1 \ln(R_{\mathrm{logistics}}) + \mu \quad (6\text{-}4)$$

其中，TL_r 为京津冀区域产业结构泰尔指数；$R_{\mathrm{logistics}}$ 为京津冀区域物流业产值；κ_0，κ_1 为回归系数。表 6-6 列出了京津冀区域物流业产值与区域产业结构泰尔指数回归结果。

表 6-6　京津冀区域物流业产值与区域产业结构泰尔指数回归结果

回归系数	系数值	标准误差	t 统计量	P 值	F 统计量	R^2
κ_0	0.661 2	0.044 5	14.851 3	0.000 0	125.430 0（0.000 0）	0.933 1
κ_1	−0.063 8	0.005 7	−11.199 6	0.000 0		

注：P 值为系数 κ_0，κ_1 的概率，括号中数字为 F 统计量的概率，R^2 为回归方程的拟合优度

由表 6-6 可知，回归系数与回归方程的 t 统计量和 F 统计量均在 1.00%水平下通过了显著性检验，回归方程的拟合优度 R^2 值为 0.933 1，说明回归方程的拟合效果很好，京津冀区域产业结构泰尔指数有 93.31%的变化可由京津冀区域物流业产值进行解释。由回归系数可以看出，回归系数 κ_1 为−0.063 8，说明在其他条件不变的情况下，京津冀区域物流业每增加 1 个单位产值，京津冀区域产业结构泰尔指数将减少 0.063 8 个单位。这意味着，随着京津冀区域物流业的发展，京津冀区域产业结构将逐渐向合理化水平发展。因此，京津冀区域物流业发展对于京津冀区域产业结构合理化程度具有一定的促进作用。

6.3.2 京津冀区域物流对区域产业产值的贡献度分析

利用数理统计方法就京津冀区域物流发展对三次产业比重的作用程度和方向进行精确度量。基于 Chenery[93]提出的计量经济模型，以京津冀区域三次产业占区域生产总值比重（简称三次产业比重）为因变量、京津冀区域物流业产值为自变量，构建回归模型，分析京津冀区域物流业发展对京津冀区域产业增长的贡献程度，回归模型形式如下：

$$\mathrm{YR}_i = \beta_{i,0} + \beta_{i,1}\ln(R_{\text{logistics}}) + \mu \tag{6-5}$$

其中，i 表示产业，i=1,2,3；YR_i 为京津冀区域第 i 种产业的比重；$R_{\text{logistics}}$ 为京津冀区域物流业产值；$\beta_{i,0},\beta_{i,1}$ 为回归系数。表 6-7 列出了京津冀区域物流业产值与区域三次产业比重回归结果。

表 6-7 京津冀区域物流业产值与区域三次产业比重回归结果

产业比重	$\beta_{i,0}$	$\beta_{i,1}$	F 统计量	P 值	R^2
YR_1	0.221 3*（11.843 2）	−0.019 7*（−8.243 8）	67.960 1	0.000 0	0.883 1
YR_2	0.617 9*（13.864 1）	−0.023 4*（−4.102 1）	16.827 6	0.002 7	0.651 5
YR_3	0.160 8*（ 3.710 4）	0.043 1*（7.772 5）	60.411 2	0.000 0	0.870 3

*表示在 1.00%水平下显著

注：括号中数字为 t 统计量，P 值为 F 统计量的概率，R^2 为回归方程的拟合优度

由表 6-7 可以看出，回归系数与回归方程的 t 统计量和 F 统计量均在 1.00%水平下通过了显著性检验，回归方程的拟合优度 R^2 较高，说明回归方程的拟合效果较好，可以较好地解释京津冀区域物流业发展与区域三次产业增长之间的关系。根据回归结果，京津冀区域物流业产值与区域第一、二产业比重之间的相关关系为负，与区域第三产业比重之间的相关关系为正，说明京津冀区域物流业的发展会导致区域第一产业、第二产业比重逐年减弱，区域第三产业比重逐年增强，京津冀区域产业结构合理化水平逐年提高。由回归系数可以看出，京津冀区域物流业发展对三次产业比重的贡献程度所用不同。其中，京津冀区域物流的发展对区域第三产业的贡献度最大，在其他条件不变的情况下，京津冀区域物流业每增加 1 个单位产值，将使区域第三产业比重上升 0.043 1 个单位；而京津冀区域物流的发展对区域第一、二产业的增长将产生一定的阻碍作用，京津冀区域物流业每增加 1 个单位产值，使区域第一、二产业比重分别下降 0.019 7 个和 0.023 4 个单位。因此，京津冀区域物流的发展将显著促进区域第三产业较快、较好发展，进而在一定程度上提高区域产业结构的合理化水平。

6.3.3 京津冀区域物流对区域产业劳动力结构作用分析

三次产业就业人数比例的合理性是衡量产业结构合理化的一个重要方面。一般来说，随着产业结构的不断优化，第一产业的就业人数将不断减少，第二产业、第三产业的人数将不断增加，而且第三产业的就业人数增长率要高于第二产业。也就是说，随着产业结构的日趋合理化，劳动力人口将逐渐从第一产业转向第二产业和第三产业，形成梯度就业效应。

以京津冀区域三次产业就业人数为因变量、京津冀区域物流业产值为自变量，构建回归模型，分析京津冀区域物流业发展对区域三次产业劳动力结构变化的作用程度，回归模型形式如下：

$$\ln(L_i) = \delta_{i,0} + \delta_{i,1}\ln(R_{\text{logistics}}) + \mu \tag{6-6}$$

其中，i 表示产业，i=1,2,3；L_i 为京津冀区域第 i 种产业的就业人数；$R_{\text{logistics}}$ 为京津冀区域物流业产值；$\delta_{i,0}, \delta_{i,1}$ 为回归系数。表 6-8 列出了京津冀区域物流业产值与区域三次产业就业人数回归结果。

表 6-8　京津冀区域物流业产值与区域三次产业就业人数回归结果

就业人数	$\delta_{i,0}$	$\delta_{i,1}$	F 统计量	P 值	R^2
ln（L_1）	8.193 8*（140.338 3）	−0.103 4*（−13.851 9）	191.874 9	0.000 0	0.955 2
ln（L_2）	5.392 2*（40.262 5）	0.263 2*（15.372 9）	236.325 4	0.000 0	0.963 3
ln（L_3）	4.807 3*（30.321 8）	0.367 8*（18.145 3）	329.250 7	0.000 0	0.973 4

*表示在 1.00%水平下显著

注：括号中数字为 t 统计量，P 值为 F 统计量的概率，R^2 为回归方程的拟合优度

由表 6-8 可以看出，回归系数与回归方程的 t 统计量和 F 统计量均在 1.00%水平下通过了显著性检验，回归方程的拟合优度 R^2 均在 0.95 以上，说明三回归方程的拟合效果很好，可以很好地解释京津冀区域物流业发展与区域三次产业就业人数之间的关系。由回归系数可以看出，京津冀区域物流业发展对区域三次产业就业人数增长的作用程度不尽相同，京津冀区域物流业产值与区域第一产业就业人数之间的系数为负，且回归方程的整体拟合优度 R^2 也最低，这意味着京津冀区域物流发展将会抑制区域第一产业就业人数的增长；京津冀区域物流业产值与区域第二产业、第三产业就业人数之间的系数为正，说明京津冀区域物流的发展有助于区域第二、三产业就业的增长，其中，京津冀区域物流业的发展对区域第三产业的就业促进作用最为显著，京津冀区域物流业每增加 1 个单位产值，将为区域第三产业的就业带来 0.367 8 个单位的增长。也就是说，随着京津冀区域物流

业的增长，区域劳动力将逐渐由区域第一产业转移到区域第二、三产业，区域三次产业就业人数的增长率呈阶梯式上升，且京津冀区域物流业的增长对区域第三产业的就业拉动力最大。

总之，京津冀区域物流业的发展不仅有助于提高区域内总体就业人数，尤其是提高第三产业的劳动力吸收能力，而且也能促进区域三次产业劳动力结构的合理发展，使得区域整体就业日趋合理。

6.4 京津冀区域物流对区域产业结构高级化作用研究

6.4.1 京津冀区域物流对区域产业结构高级化分析

1. 产业结构高级化度量指标

产业结构高级化是对产业结构升级的一种衡量，它不仅能够反映产业附加值、技术化、集约化和加工深度化的高低，还能反映地区经济发展水平高低和发展方向[94]。关于产业结构高级化的度量，目前学术界还没有统一标准，主要的度量指标有非农产业产值之和与总产值的比重[95]、摩尔结构变动指数[96]、第三产业产值与第二产业产值的比重[97]等。产业结构高级化实质是技术比例和技术效率在产业部门间的转化[98]，产业结构高级化发展程度主要体现在经济结构服务化程度上，而经济结构服务化的重要特征表现为第三产业的发展速度要快于第二产业，因此，利用第三产业产值与第二产业产值的比重来度量产业结构高级化比较符合经济发展的现状和趋势。而非农产业产值与总产值的比重、摩尔结构变动指数都无法体现出经济结构服务化的特征，另外，摩尔结构变动指数在指数设置、计量模型方面容易出现错误[99]。综合分析，这里选取第三产业产值与第二产业产值的比重（即产业结构高级化指数）度量产业结构高级化，即

$$\mathrm{TS}=\frac{Y_3}{Y_2} \tag{6-7}$$

其中，TS 为产业结构高级化指数；Y_2, Y_3 分别为京津冀区域第二产业、第三产业产值。TS 值越大，表明产业结构高级化水平越高。TS 可以清晰地反映产业结构是否具有向经济结构服务化发展的趋势，若 TS 处于上升趋势，表示经济结构在向着服务化方向发展，产业结构也在不断向着高级化发展[100]。因此，相对于其他指标，产业结构高级化指数能更好地度量产业结构高级化。

2. 高级化结果与分析

根据式（6-7）计算京津冀区域产业结构高级化指数，表 6-9 列出了 2004~2014 年京津冀区域产业结构高级化指数，图 6-4 给出了 2004~2014 年京津冀区域产业结构高级化指数曲线。

表 6-9　2004~2014 年京津冀区域产业结构高级化指数

年份	2004	2005	2006	2007	2008	2009	2010	2011	2012	2013	2014
TS	1.054 9	1.046 8	1.084 4	1.120 5	1.104 6	1.187 5	1.167 1	1.150 0	1.186 0	1.234 6	1.293 6

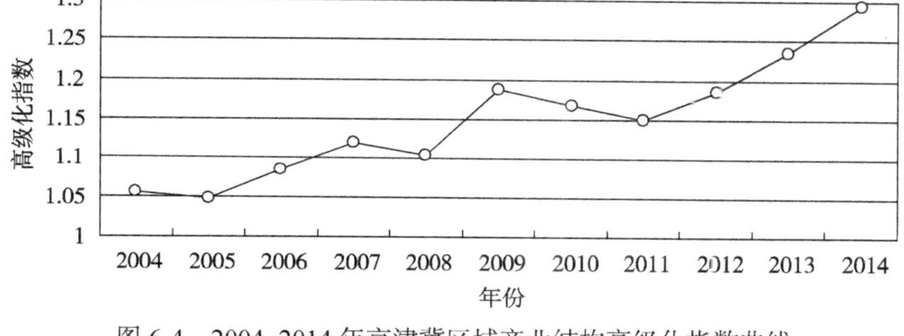

图 6-4　2004~2014 年京津冀区域产业结构高级化指数曲线

由表 6-9 结合图 6-4 可以看出，2004~2014 年，京津冀区域产业结构高级化指数值呈现出明显的波动性变化特征，但整体上呈现增长趋势，且 2011~2014 年增长的速度明显加快，这表明该时期京津冀区域产业结构整体上是向着高级化水平发展的，特别是 2011~2014 年，京津冀区域产业结构高级化水平的发展进程显著升高。

以京津冀区域产业结构高级化指数为因变量、京津冀区域物流业产值为自变量，构建回归模型，分析京津冀区域物流业发展对产业结构高级化水平变化的影响，回归模型形式如下：

$$\mathrm{TS}_r = \eta_0 + \eta_1 \ln(R_{\text{logistics}}) + \mu \tag{6-8}$$

其中，TS_r 为京津冀区域产业结构高级化指数；$R_{\text{logistics}}$ 为京津冀区域物流业产值；η_0, η_1 为回归系数。表 6-10 列出了京津冀区域物流业产值与区域产业结构高级化指数回归结果。

表 6-10　京津冀区域物流业产值与区域产业结构高级化指数回归结果

回归系数	系数值	标准误差	t 统计量	P 值	F 统计量	R^2
η_0	−0.096 0	0.209 1	−0.459 3	0.656 9	35.505 3 （0.000 2）	0.797 8
η_1	0.159 3	0.026 7	5.958 6	0.000 2		

注：P 值为系数 η_0，η_1 的概率，括号中数字为 F 统计量的概率，R^2 为回归方程的拟合优度

由表 6-10 可知，回归系数与回归方程的 t 统计量和 F 统计量均在 1.00%水平

下通过了显著性检验，回归方程的拟合优度 R^2 值为 0.797 8，说明回归方程的回归结果有效、拟合效果比较好，京津冀区域产业结构高级化指数有 79.78%的变化可由京津冀区域物流业产值进行解释。由回归系数可以看出，回归系数 η_1 的值为 0.159 3，说明在其他条件不变的情况下，京津冀区域物流业每增加 1 个单位产值，京津冀区域产业结构高级化指数将增加 0.159 3 个单位，这意味着，随着京津冀区域物流业的不断发展，京津冀区域经济结构将不断向服务化方向发展，区域产业结构也不断向高级化水平演进。因此，京津冀区域物流业发展对于京津冀区域产业结构高级化水平具有一定的促进作用。

6.4.2　京津冀区域物流对区域产业劳动生产率的作用分析

以京津冀区域三次产业劳动生产率为因变量、京津冀区域物流业产值为自变量构建回归模型，分析京津冀区域物流发展对区域三次产业劳动生产率变化的影响，回归模型形式如下：

$$\ln(\mathrm{LR}_i) = \rho_{i,0} + \rho_{i,1}\ln(R_{\text{logistics}}) + \mu \tag{6-9}$$

其中，i 表示产业，i=1,2,3；LR_i 为京津冀区域第 i 种产业的劳动生产率；$R_{\text{logistics}}$ 为京津冀区域物流业产值；$\rho_{i,0}, \rho_{i,1}$ 为回归系数。

由于京津冀区域三次产业劳动生产率数据无法直接获得，这里选用京津冀区域三次产业产值与区域三次产业就业人数的比值代表京津冀区域三次产业劳动生产率。表 6-11 列出了 2004~2014 年京津冀区域三次产业劳动生产率。

表 6-11　2004~2014 年京津冀区域三次产业劳动生产率

年份	第一产业劳动生产率	第二产业劳动生产率	第三产业劳动生产率
2004	0.889 5	5.404 6	4.884 3
2005	0.937 0	6.273 9	5.545 9
2006	0.992 6	6.964 4	6.187 0
2007	1.245 0	7.751 7	7.130 0
2008	1.400 7	9.096 9	7.953 4
2009	1.517 8	9.353 9	8.632 6
2010	1.771 1	10.749 0	9.703 3
2011	2.036 8	12.255 0	11.038 2
2012	2.256 5	12.668 1	11.698 5
2013	2.438 8	13.172 9	12.335 2
2014	2.505 4	13.736 1	12.956 6

资料来源：表中数据由国家统计局网站、《北京统计年鉴 2015》、《天津统计年鉴 2015》、《河北经济年鉴 2015》相关统计数据整理、计算得出

表 6-12 列出了京津冀区域物流业产值与区域三次产业劳动生产率回归结果。由表 6-12 可知，回归系数与回归方程的 t 统计量和 F 统计量均在 1.00%水平下通过了显著性检验，回归方程的拟合优度 R^2 均在 0.95 以上，说明三回归方程的拟合效果很好，可以很好地解释京津冀区域物流业发展与区域三次产业就业人数变化之间的关系。根据回归结果，京津冀区域物流业产值与区域三次产业劳动生产率之间具有正相关关系，说明京津冀区域物流的发展将会促进区域三次产业劳动率的增长，从而带动区域产业结构高级化进程。

表 6-12 京津冀区域物流业产值与区域三次产业劳动生产率回归结果

劳动生产力	$\rho_{i,0}$	$\rho_{i,1}$	F 统计量	P 值	R^2
ln（LR_1）	−6.560 4*（−17.778 8）	0.894 5*（18.960 0）	359.479 6	0.000 0	0.975 6
ln（LR_2）	−3.651 9*（−34.028 6）	0.753 6*（54.919 2）	3016.116 0	0.000 0	0.997 0
ln（LR_3）	−4.015 6*（−31.117 8）	0.787 9*（47.753 0）	2280.350 0	0.000 0	0.996 1

*表示在 1.00%水平下显著

注：括号中数字为 t 统计量，P 值为 F 统计量的概率，R^2 为回归方程的拟合优度

由回归系数可以看出，京津冀区域物流业发展对区域三次产业劳动生产率增长的影响程度是不一样的，京津冀区域物流业产值每增加 1 个单位，将带动区域第一产业劳动生产率增长 0.894 5 个单位、带动区域第二产业劳动生产率增长 0.753 6 个单位、带动区域第三产业劳动生产率增长 0.787 9 个单位，这表明京津冀区域物流的发展对区域第一产业劳动生产率的提升作用最为显著，对区域第三产业劳动生产率和区域第二产业劳动生产率的提升作用差距不大，这是因为京津冀区域物流业作为区域第三产业的子产业，主要以资本密集化带动劳动生产率的提升。

总之，京津冀区域物流业的发展对区域三次产业劳动生产率具有一定的促进作用，尤其体现在第一产业上。由于京津冀区域物流业目前尚处于发展阶段，规模效应并未得到充分发挥，对于区域三次产业劳动生产率还有很大的提升空间。

6.5 本章小结

本章研究了京津冀区域物流对区域产业结构优化的作用。首先，在界定产业结构与产业结构优化概念基础上，归纳总结了产业结构合理化和产业结构高级化的概念、研究内容以及度量方法。产业结构用于描述三次产业之间的关系结构与比例关系，产业结构优化是产业之间的经济技术联系由不协调不断走向协调的合理化过程，同时也是产业结构由低层次向高层次不断演进的高级化过程，因此，

产业结构合理化与产业结构高级化是产业结构优化中的两个方面，它们相互促进、密不可分，通过协同演进共同实现产业结构优化的最终目标。产业结构合理化目前尚无统一的理解，对其定义可归纳为结构协调论、结构功能论、结构动态均衡论和资源配置论四类。产业结构合理化包括产业之间明显的层次性、产业之间关联关系协调化、产业部门增长速度协调化、主导产业合理更替、产业素质协调化、产出与需求的协调化、产业结构与资源结构可持续发展等七个方面。其度量方法主要有“标准结构”法、产业间关联和协调程度法、收入弹性法等。产业结构高级化是一个动态的过程，是不断淘汰衰退产业、扶持和引导新兴产业，加强传统产业的高新技术改造，提高产业结构作为资源转化器效能和效益的过程。产业结构高级化的内容涉及产业之间结构高级化、产业链结构高级化、产业结构升级转换能力、产品的高级化、工艺形态高标准、产业结构的宽度与深度拓展等方面，其度量方法主要有静态直观比较方法、动态比较判别方法、指标法、阶段判别法。

其次，将产业结构熵数指标和产业结构泰尔指数分别作为产业结构质变和产业结构合理化的度量指标，构建不同的回归模型，分析了京津冀区域物流对区域产业结构合理化的作用程度。结果表明，京津冀区域物流业发展对于京津冀区域产业结构专业化具有显著影响，而对于京津冀区域产业结构合理化程度具有一定促进作用。其中，对区域第三产业的促进作用最为显著；京津冀区域物流业的发展较为显著地带动了京津冀区域劳动从第一产业逐渐向第二、三产业转移，梯度变化趋势已经显现，可以认为京津冀区域物流业的发展有效提升了产业结构的合理化程度。

最后，将产业结构高级化指数作为产业结构高级化的度量指标，构建不同的回归模型，分析了京津冀区域物流对区域产业结构高级化的作用程度，结果表明，京津冀区域物流业发展对于京津冀区域产业结构高级化水平具有一定的促进作用，作为京津冀区域第三产业的子产业，区域物流业的发展对于三次产业劳动生产率的提高有较显著的作用，尤其是对第一产业在统计上的显著性较高。京津冀区域物流业目前尚处于发展阶段，规模效应并未得到充分发挥，对于区域三次产业劳动生产率还有很大的提升空间。

参考文献

[1]段丽娜. 中国生产性服务贸易发展与产业结构优化的耦合研究[D]. 辽宁大学博士学位论文，2012.

[2]贺丹. 基于生态经济的产业结构优化研究[D]. 武汉理工大学博士学位论文，2012.
[3]姜睿清. 基于产业融合的江西农业产业结构优化研究[D]. 南昌大学博士学位论文，2013.
[4]杨建文. 产业经济学[M]. 上海：上海社会科学院出版社，2008.
[5]苏东水. 产业经济学[M]. 第四版. 北京：高等教育出版社，2014.
[6]王英. 中国对外直接投资的产业结构调整效应研究[D]. 南京航空航天大学博士学位论文，2007.
[7]李斌，陈超凡，万大艳. 湖南省承接产业转移与产业结构优化的理论及实证研究[J]. 中南大学学报（社会科学版），2011，17（2）：118-123.
[8]彭冲，李春风，李玉双. 产业结构变迁对经济波动的动态影响研究[J]. 产业经济研究，2013，（3）：91-100.
[9]王涛，曹永旭. 论产业结构合理化[J]. 生产力研究，2009，（14）：19-21.
[10]李悦，孔令丞. 我国产业结构升级方向研究——正确处理高级化和协调化的关系[J]. 当代财经，2002，（1）：46-51.
[11]司桂霞. 长三角地区高技术产业结构优化研究[D]. 华东师范大学博士学位论文，2014.
[12]陈鹏，郑翼村. “微笑曲线”理论对我国产业结构高度化的启示[J]. 市场论坛，2006，（11）：94-96.
[13]宋泓明. 中国产业结构高级化分析[M]. 北京：中国社会科学出版社，2004.
[14]伦蕊. 工业产业结构高度化水平的基本测评[J]. 江苏社会科学，2005，（2）：69-74.
[15]穆岩. 基于区域经济发展的京津唐产业结构调整研究[D]. 北京交通大学博士学位论文，2007.
[16]刘伟，张辉，黄泽华. 中国产业结构高度与工业化进程和地区差异的考察[J]. 经济学动态，2008，（11）：4-8.
[17]李健，付军明，卫平. 产业结构变迁和区域创新能力——基于中国省际面板数据的实证研究[J]. 湖北社会科学，2015，（12）：72-78.
[18]周顺奎. 基于产业链延伸的产业结构优化路径研究——以唐山为例[J]. 中国商贸，2010，（4）：197-198.
[19]周琴. 产业结构优化的路径选择——一般理论及其对长三角的应用分析[D]. 上海社会科学院博士学位论文，2010.
[20]杨治. 产业经济学导论[M]. 北京：中国人民大学出版社，1985.
[21]刘伟. 经济发展目标的结构解释[J]. 经济研究，1995，（11）：20-23.
[22]郭克莎. 结构优化与经济发展[M]. 广州：广东经济出版社，2001.
[23]吕铁，周叔莲. 中国的产业结构升级与经济增长方式转变[J]. 管理世界，1999，（1）：113-125.
[24]刘伟，李绍荣. 产业结构与经济增长[J]. 中国工业经济，2002，（5）：14-21.
[25]毛键. 经济增长中的产业结构优化[J]. 产业经济研究，2003，（2）：26-36.
[26]刘伟，张辉. 中国经济增长中的产业结构变迁和技术进步[J]. 经济研究，2008，（11）：4-15.
[27]薛白. 基于产业结构优化的经济增长方式转变——作用机理及其测度[J]. 管理科学，2009，22（5）：112-120.
[28]郑若谷，干春晖，余典范. 转型期中国经济增长的产业结构和制度效应——基于一个随机前沿模型的研究[J]. 中国工业经济，2010，（2）：58-67.
[29]干春晖，郑若谷，余典范. 中国产业结构变迁对经济增长和波动的影响[J]. 经济研究，2011，（5）：4-16.
[30]王晓琴，潘海岚. 云南产业结构变迁对经济增长的效应研究——基于偏离—份额的分析方法[J]. 云南民族大学学报（哲学社会科学版），2012，29（2）：90-94.

[31]何勋，全华. 旅游产业结构变动对旅游经济增长和波动的作用机理[J]. 经济管理，2013，(8)：104-115.

[32]孙鹏，陈钰芬. 中国产业结构变迁与经济增长关系[J]. 首都经济贸易大学学报，2014，(5)：68-76.

[33]周肖肖，丰超，魏晓平. 能源效率、产业结构与经济增长——基于匹配视角的实证研究[J]. 经济与管理研究，2015，36（5）：13-21.

[34]李献波，林雄斌，孙东琪. 中国区域产业结构变动对经济增长的影响[J]. 经济地理，2016，36（5）：100-106.

[35]孙叶飞，夏青，周敏. 新型城镇化发展与产业结构变迁的经济增长效应[J]. 数量经济技术经济研究，2016，(11)：23-40.

[36]芮艳华. 现代物流业的发展与产业结构的优化——以上海为例的研究[D]. 同济大学硕士学位论文，2007.

[37]王微. 中国物流产业发展前景和政策取向[J]. 天津行政学院学报，2001，3（2）：56-57.

[38]卢胜. 现代物流业对城市经济的影响及对策[J]. 经济体制革，2003，(2)：131-134.

[39]刘玉国，贾洪飞，张枭雄. 现代物流业的发展与产业结构的优化[J]. 工业技术经济，2003，(5)：99-100.

[40]蔡定萍. 现代物流业与国民经济发展关系的统计分析[J]. 中国物流与采购，2006，(22)：74-75.

[41]何小洲，张伶俐，邓正华. 物流产业对区域经济结构的影响效应分析——以重庆市物流产业发展为例[J]. 科技管理研究，2007，27（6）：118-119，129.

[42]宋则，常东亮. 现代物流业的波及效应研究[J]. 商业经济与管理，2008，(1)：3-9.

[43]吕敏. 物流业发展对产业结构优化影响研究[D]. 湖南大学硕士学位论文，2008.

[44]王红阳，林丹. 物流产业发展与地区产业结构演变：基于中国省级面板数据的分位数回归[J]. 物流技术，2012，31（12）：271-273.

[45]齐斌. 物流组织创新与产业结构优化[J]. 合作经济与科技，2012，(2)：8-9.

[46]罗永华. 港口物流促进区域产业结构优化升级效应分析[J]. 山东工商学院学报，2012，26（4）：13-16，20.

[47]杨帆，王柏谊. 中国物流业发展对产业结构优化的影响[J]. 社会科学战线，2012，(8)：258-259.

[48]高秀丽，孟飞荣. 物流业发展对产业结构优化的实证分析——基于空间面板杜宾模型[J]. 热带地理，2013，33（6）：703-710.

[49]万欢. 中国省级物流基础设施投资与产业结构升级研究[J]. 物流技术，2013，32（7）：201-203.

[50]卢珂，吴价宝，潘培培，等. 青岛港口物流发展与产业结构关联研究[J]. 山东交通学院学报，2014，22（1）：28-32.

[51]谢睿. 基于系统动力学的物流业发展对重庆市产业结构优化的影响分析[J]. 特区经济，2015，(7)：103-107.

[52]谢泗薪，侯蒙. 城镇化背景下基于产业结构高级化的物流发展模式与战略路径研究[J]. 价格月刊，2015，(7)：45-50.

[53]刘禹宏，赵红云. 京津冀物流业优化产业结构的实证分析[J]. 全国商情，2016，(9)：64-66.

[54]郭彩环. 物流产业对产业结构优化的实证分析——以河北省为例[J]. 商业经济，2016，(7)：60-61，108.

[55]罗永华. 港口物流与区域产业结构优化——基于湛江市的实证[J]. 北京交通大学学报（社会

科学版），2016，15（2）：97-102.
[56]陈晋玲. 中国外贸结构推动产业结构优化效应的统计测度[D]. 山西财经大学博士学位论文，2015.
[57]陈元. 我国外贸发展对国内外经济的影响与对策研究[M]. 北京：中国财政经济出版社，2007.
[58]袁欣. 中国对外贸易结构与产业结构："镜像"与"原像"的背离[J]. 经济学家，2010，6（6）：67-73.
[59]孙金秀，杨文兵. 经济增长：产业结构和贸易结构互动升级之结果[J]. 现代财经，2011，（9）：118-123.
[60]杨敏，赵丹妮. 双寡头垄断下的产业结构与对外贸易商品结构调整[J]. 产业与科技论坛，2013，12（8）：24-25.
[61]裴瑱，毕玉江. 加工贸易、生产性服务业与中国服务业结构升级——基于长三角地区的实证研究[J]. 经济经纬，2012，（6）：11-16.
[62]陈宏，郑琳凡，王春艳. 服务进口贸易的产业结构优化研究[J]. 经济问题探索，2014，（12）：123-128.
[63]刘秉镰，刘勇. 我国区域产业结构升级能力研究[J]. 开放导报，2006，（6）：82-85.
[64]王菲. 中国出口贸易结构影响产业结构的机制——基于贸易内生技术进步经济增长模型的实证研究[[J]. 华东经济管理，2012，26（3）：83-87.
[65]陈兆荣. 我国产业结构高级化与碳排放量关系的实证研究[J]. 湖北经济学院学报，2010，8（5）：77-81.
[66]生延超. 旅游产业结构优化对区域旅游经济增长贡献的演变[J]. 旅游学刊，2012，27（10）：11-19.
[67]周叔莲，王伟光. 科技创新与产业结构优化升级[J]. 管理世界，2001，（5）：70-80.
[68]罗丽英，尹娟娟. 产业结构合理化对我国环境技术效率的影响[J]. 工业技术经济，2015，（9）：131-138.
[69]刘冰，孙华臣. 能源消费总量控制政策对产业结构调整的门限效应及现实影响[J]. 中国人口资源与环境，2015，25（11）：75-81.
[70]胡秋灵，刘唯. 金融发展对产业结构影响的区域比较研究——产业结构合理化与高级化二维度的实证检验[J]. 金融理论探索，2016，（1）：64-70.
[71]李媛媛，金浩. 金融创新对产业结构优化的效应研究[J]. 财经问题研究，2016，（9）：31-37.
[72]李秋峰. 宜兴市3E系统协调发展与产业结构优化研究[D]. 南京航空航天大学博士学位论文，2013.
[73]林春艳，李富强. 区域产业结构优化的模型构建与评价方法研究综述[J]. 经济学动态，2011，（8）：92-95.
[74]薛声家. 一类产业结构多目标优化的决策模型[J]. 暨南大学学报（自然科学版），2006，27（1）：38-42.
[75]陈树良，杨金霞，袁国敏. 区域产业结构优化模型的设计[J]. 辽宁工业大学学报（社会科学版），2008，10（4）：20-23.
[76]王光净，杨继君，刘仲英. 基于合作博弈的区域产业结构优化模型[J]. 工业工程与管理，2012，15（1）：53-58.
[77]康凯. 灰色区域产业结构优化设计模型的建立与应用[J]. 河北工业大学学报，1997，26（2）：78-81.

[78]宋锦剑. 论产业结构优化升级的测度问题[J]. 当代经济科学，2000，22（3）：92-97.
[79]潘文卿. 一个基于可持续发展的产业结构优化模型[J]. 系统工程理论与实践，2002，22（7）：23-29，58.
[80]马树才. 以经济增长为目标的产业结构调整优化模型[J]. 辽宁大学学报（自然科学版），2005，32（3）：193-198.
[81]代伟，张超，张雪花. 多目标规划在产业结构优化中的应用——以秦皇岛市为例[J]. 中国环境管理干部学院学报，2007，17（3）：16-19.
[82]郁钟铭，刘俊，况礼澄. 煤炭产业结构的系统动力学模型研究及其应用[J]. 煤炭学报，1997，22（3）：326-331.
[83]王留锁，吕晓佼，侯丽敏. 基于系统动力学模型的清河流域产业结构优化研究[J]. 环境科学与管理，2014，39（6）：40-44.
[84]徐曙虹. 现代物流业发展对上海产业结构优化的影响研究[D]. 上海师范大学硕士学位论文，2012.
[85]陈小红. 我国钢铁产业结构优化的策略研究[D]. 上海师范大学硕士学位论文，2011.
[86]杨德勇，张宏艳. 产业结构研究导论[M]. 北京：知识产权出版社，2010.
[87]Roy C B. Logistics networking[J]. Logistics Information Management，1995，8（4）：8-11.
[88]曾春晖. 我国服务贸易发展对产业结构优化的影响研究[D]. 江南大学硕士学位论文，2009.
[89]王志强，张红霞，王丹阳. 要素投入、产业结构合理化与产业结构高级化——基于山东省面板数据的动态 GMM 检验[J]. 华东经济管理，2016，30（3）：57-62.
[90]干春晖，郑若谷. 中国地区经济差距演变及其产业分解[J]. 中国工业经济，2010，（6）：25-34.
[91]戴魁早. 中国工业结构的优化与升级：1985~2010[J]. 数理统计与管理，2014，33（2）：296-304.
[92]陶桂芬，方晶. 区域产业结构变迁对经济增长的影响——基于 1978~2013 年 15 个省份的实证研究[J]. 经济理论与经济管理，2016，（11）：88-100.
[93]Chenery H B. Patterns of industrial growth[J]. The American Economic Review，1960，50（4）：624-654.
[94]陈少晖，张锡书. 产业结构高级化、贸易开放度与福建经济增长[J]. 福建师范大学学报（哲学社会科学版），2016，（2）：29-36.
[95]张豪，张建华，窦雯璐. 产品内国际分工与中国产业结构优化升级的相互影响分析[J]. 工业技术经济，2015，（1）：12-19.
[96]Moore J H. A measure of structural change in output[J]. Review of Income and Wealth，1978，24（1）：105-118.
[97]李士梅，潘宇瑶. 自主创新对产业结构高级化的影响——基于 VEC 模型的实证检验[J]. 江汉论坛，2016，（7）：56-61.
[98]林春艳，孔凡超. 技术创新、模仿创新及技术引进与产业结构转型升级——基于动态空间 Durbin 模型的研究[J]. 宏观经济研究，2016，（5）：106-118.
[99]苏方林，黎文勇. 产业结构合理化、高级化对碳排放影响的实证研究——基于西南地区面板数据[J]. 西南民族大学学报（人文社科版），2015，（11）：114-119.
[100]徐辉，李宏伟. 丝绸之路经济带市域经济增长与产业结构变化[J]. 经济地理，2016，（11）：31-37.

第 7 章　京津冀区域物流与区域经济预测研究

本章在归纳总结区域物流预测方法的基础上，将自适应惯性权重粒子群优化算法与最小二乘支持向量机相结合，构建最小二乘支持向量机–自适应惯性权重粒子群优化算法模型，以自适应惯性权重粒子群优化算法选择最小二乘支持向量机的最优参数，再利用该模型预测京津冀区域物流与区域经济的未来发展变化趋势。

7.1　区域物流预测方法

预测是根据某一事物的运动和变化规律，用科学的方法与手段对该事物的发展趋势和未来状态进行估量，做出定性或定量的评价。具体来说，预测是从过去和现在已知的信息出发，研究某一事物当前已知因素与未来某些可确定因素之间的关系、寻求事物的发展规律，利用一定的方法或技术去探索或模拟不可知的、未出现的或复杂的中间过程，推知其未来发展的趋势（包括发展水平、方向、途径、时限、速度及其可能性等），为当前制定规划、进行决策提供依据[1]。简单来说，预测就是根据某一事物过去的发展规律研究其未来的发展趋势，以调节当前行动的一种理论与方法[2，3]。

目前，用于区域物流的预测方法多种多样，按照预测方法的性质不同，可分为定性预测方法与定量预测方法两大类[4]。

7.1.1　定性预测方法

区域物流的定性预测方法是依靠熟悉区域物流相关知识、具有丰富经验与综合分析能力预测人员，根据所掌握的区域物流系统历史资料及直观资料，运用个人的经验与分析判断能力，对区域物流的未来发展变化做出性质及程度上的判断，再通过一定的形式综合各方面的意见，作为未来预测的主要依据。换句话说，定性预测是对区域物流的某种特性或某种倾向性可能出现、也可能不出现的一种事前推测。区域物流的定性预测方法简单易行、适应性强，而且对资料的要求低，能考虑各种难以测定的因素，它的准确程度主要依赖于预测人员的经验、理论、业务水平以及资料的掌握情况和分析判断能力，缺少一定的科学性，预测精度难以估计与控制，常用的区域物流定性预测方法主要有专家会议法、德尔菲法、主观概率法等。

1. 专家会议法

专家会议法是根据规定的原则选择一定数量的专家，按照一定的方式组织专家开会，向专家获取有关区域物流的信息，经归纳、分析、判断及推算，预测区域物流未来发展变化趋势及状况。

专家会议法易于操作、节省时间，能够充分利用专家个人的丰富知识和经验，考虑的因素比较全面，有助于专家之间交换意见，通过互相启发，可以弥补个人意见的不足，从而得到可靠的区域物流预测结果。专家会议法的不足之处在于参与会议的专家人数有限，不能更广泛地收集各方面的意见，而且由于是面对面的讨论，专家意见有时受心理因素影响较大，易屈服于权威或大多数人意见，不能畅所欲言等。

2. 德尔菲法

德尔菲法是由美国兰德公司提出的一种预测方法，也称专家调查法。该方法依据系统的程序，采取匿名发表意见的方式来代替面对面的会议，使不同专家的意见都能够表达出来，再经过客观分析，达到符合客观规律的一致意见。

德尔菲法的基本过程是选定与区域物流预测问题有关的一组专家，由专家分别对事先设计的问卷做出回答，将专家的意见进行整理、综合、归纳，再匿名反馈给各位专家进行问卷调查，重复多轮之后，直至专家们的意见趋于一致为止，得出最终预测结果。

德尔菲法具有反馈性、匿名性和统计性等特点，选择合适的专家是进行德尔菲预测的关键，能避免专家会议的不足，但德尔菲法所需时间较长，工作量较大，仅适合于区域物流的中长期预测。

3. 主观概率法

主观概率法是一种利用专家的主观概率对各种预测意见进行集中整理，得出综合性预测结果的方法。若要预测区域物流市场趋势分析中某事件发生的可能性，

在调查一组专家的主观概率基础上，加权平均可求得事件发生的概率。即

$$P=\frac{\sum_{j} P_j B_j}{\sum_{j} B_j} \tag{7-1}$$

其中，P 为事件发生概率的预测值；P_j 为第 j 种概率分级（事件 j 发生的概率）；B_j 为选择第 j 种概率分级为主观概率的专家数。

由式（7-1）可知，主观概率法虽然是凭主观经验估测的结果，但在区域物流预测中仍有一定的实用价值，它能够提出明确的区域物流市场分析目标，以帮助区域物流市场分析人员判断和表达概率。主观概率法简便易行，一般和其他经验判断法结合运用，但必须防止任意、轻率的个人估测，需加强严肃性与科学性，提倡集体的思维判断。

7.1.2　定量预测方法

区域物流的定量预测方法是通过区域物流历史数据或相关因素变量来预测区域物流，也就是根据已掌握的比较完备的区域物流历史统计数据，运用一定的数学方法进行科学的加工整理，借以描述区域物流有关变量的规律性联系，进而预测和推测区域物流未来发展变化情况。区域物流的定量预测方法要求有完整的区域物流历史数据和先进的计算手段，推理过程严谨、科学性强，预测结果较为准确且具有说服力。但是，定量预测方法的成本较高、耗时较长、应用起来较为复杂。常见的区域物流定量预测方法主要有回归预测法、时间序列预测法、灰色预测法、神经网络预测法等。

1. 回归预测法

回归预测是根据历史数据的变化规律，寻找预测对象的相关因素，并用数学方法确定这些相关因素与预测对象之间函数关系的近似表达，再利用表达式进行预测。回归预测法的一般形式如下：

$$y=f(x) \tag{7-2}$$

其中，y 为预测对象（因变量）；x 为相关因素（自变量）；$f(x)$ 表示预测对象与其相关因素之间的关系。通常回归预测需要满足三个假设条件[5]：一是方差齐性，即与不同自变量相对应的因变量取值需有相同的方差。二是独立性，因变量取值的分布相互独立，也就是预测误差相互独立。三是正态分布，与任意自变量对应的因变量取值是正态分布，即对应于任意自变量的预测误差是正态分布。

根据相关关系中自变量个数的不同，回归预测法可分为线性回归预测和非线

性回归预测两类[6]，其中，线性回归预测是经常使用的回归预测法，又可分为一元线性回归模型和多元线性回归模型。

一元线性回归模型是最简单的回归预测法，它描述了一个自变量和一个因变量之间的线性关系，其一般形式可表示为

$$y = a + bx \tag{7-3}$$

其中，y 为因变量；x 为自变量；a 和 b 为回归参数，通常由最小二乘法确定 a 与 b 的值。

若因变量与多个自变量相关，需要建立多元线性回归模型进行分析与预测。多元线性回归模型一般形式如下：

$$y = k_0 + k_1x_1 + k_2x_2 + \cdots + k_nx_n \tag{7-4}$$

其中，y 为自变量；$x_1, x_2, \cdots, x_n$ 为因变量；$k_0, k_1, k_2, \cdots, k_n$ 为回归参数，同样可由最小二乘法确定回归参数的值。在实际问题中，有时因变量和自变量之间的相互关系并非都是线性形式，而是非线性形式，这时需要引入非线性回归模型，这里不再详述。

回归预测法由于技术比较成熟、预测过程简单，在区域物流预测中应用较为普遍。回归预测法的主要优点在于能够揭示影响区域物流的主要因素，可靠性高，实用价值大。但它对历史数据质量要求高，且要求系统的结构要稳定，当影响因素错综复杂时，回归预测法的误差较大、外推特性较差[7]，一般适合于区域物流的中期预测。

2. 时间序列预测法

时间序列预测法是一种利用预测对象发展的历史数据变化趋势来估计其未来发展趋势的方法。具体来说，在时间序列变量分析的基础上，运用一定的数学方法建立预测模型，使时间趋势向外延伸，从而预测未来市场的发展变化趋势，确定变量的预测值。根据分析方法的不同，时间序列预测法可以分为移动平均法、指数平滑法、趋势外推法等。这里主要阐述移动平均法和指数平滑法的计算过程。

1）移动平均法

移动平均法根据历史统计数据的变化规律，利用上一期或上几期的数据预测下一期的预测值。移动平均法认为，时间序列上移动平均的每一个点都是一系列连续点的算术平均数或加权平均数。进行预测时，需要选择若干数据点以消除季节性、不规律性或它们的共同影响。移动平均法可分为一次移动平均法、二次移动平均法、加权移动平均法。

（1）一次移动平均法。

设有一时间序列为 $\{y_1, y_2, \cdots, y_t\}$，则一次移动平均法计算公式为

$$\hat{y}_{t+1}=\frac{y_t+y_{t-1}+\cdots+y_{t-(N-1)}}{N} \tag{7-5}$$

其中，$\hat{y}_{t+1}$ 为 t+1 时期的预测值；N 为移动平均的期数。由式（7-5）可知，移动平均法的下一期预测值是前 N 期数值的算术平均值。

（2）二次移动平均法。

二次移动平均法是在一次平均法的基础上，作二次移动平均，并在两次移动平均的基础上建立预测模型。二次移动平均值的计算公式如下：

$$M_t^{(2)}=\frac{\left(M_{t-1}^{(1)}+M_{t-2}^{(1)}+\cdots+M_{t-N}^{(1)}\right)}{N} \tag{7-6}$$

其中，$M_t^{(2)}$ 表示 t 时期的二次移动平均值；$M_{t-1}^{(1)},M_{t-2}^{(1)},\cdots,M_{t-N}^{(1)}$ 分别表示 $t-1,t-2,\cdots,t-N$ 时期的一次移动平均值，它们是由一次移动平均法得到的预测值。由式（7-6）可知，二次移动平均值是前 N 期的一次移动平均值的算术平均值。

实际应用中，二次移动平均值不能直接用于预测，需要建立趋势直线预测模型来进行预测。二次移动平均法的预测模型如下：

$$y_{t+T}=a_t+b_t\times T \tag{7-7}$$

其中，t 表示当前时期；T 表示从当前时期 t 到所预测时期的时间间隔；y_{t+T} 表示 $t+T$ 时期的预测值；a_t 表示截距，b_t 表示参数，它们的值由 $M_t^{(1)}$ 和 $M_t^{(2)}$ 决定，$a_t=2M_t^{(1)}-M_t^{(2)}$，$b_t=2(M_t^{(1)}-M_t^{(2)})/(N-1)$。

（3）加权移动平均法。

一次移动平均法和二次移动平均法均假设历史数据对预测值的影响是相同的，进行平均时，这两种方法并未考虑各历史数据的权重。实际上，历史数据对预测值的影响不尽相同，距离预测值越近的数据，对预测值的影响越大或对预测值的贡献越大。若要提高预测的准确性，应根据各历史数据的重要性，为每个历史数据加以不同的权重，这就是加权移动平均法的思想。加权移动平均法的计算公式如下：

$$\begin{aligned}\hat{y}_{t+1}&=\frac{a_0y_t+a_1y_{t-1}+\cdots+a_{N-1}y_{t-(N-1)}}{N}\\&=w_0y_t+w_1y_{t-1}+\cdots+w_{N-1}y_{t-(N-1)}\end{aligned} \tag{7-8}$$

其中，$w_0,w_1,\cdots,w_{N-1}$ 为权重，满足 $w_0+w_1+\cdots+w_{N-1}=1$。由式（7-8）可知，加权移动平均法给参加平均的每个数据增加了一个权重。一般来说，离预测期近的数据对预测值的影响较大，赋予的权重值应较大，离预测期远的数据对预测值的影响较小，赋予的权重值应较小。

移动平均法能够通过历史数据反映区域物流自身的发展趋势，在难以收集区域物流相关数据以及难以选择恰当自变量时比较有效，短期预测精度比较高，但移动平均法无法考虑区域物流影响因素的作用，难以揭示区域物流发展与影响因素之间的复杂关系。

2）指数平滑法

指数平滑法是一种特殊的移动平均法，它是在加权移动平均法的基础上发展而来的。指数平滑法假设数据的重要程度按时间的远近具有非线性递减变化特征，因此，它赋予历史数据的权重按照非线性递减变化。指数平滑法可以消除时间序列的偶然性变动，以便寻找预测对象的变化特征和趋势。常用的指数平滑法有三种，即一次指数平滑法、二次指数平滑法和三次指数平滑法。

（1）一次指数平滑法。

设 y_t 为时间序列 $\{y_1, y_2, \cdots, y_t\}$ 中 t 时期的实际值，一次指数平滑法的计算公式如下：

$$S_t^{(1)} = \alpha y_t + (1-\alpha) S_{t-1}^{(1)} \tag{7-9}$$

其中，$S_t^{(1)}$ 表示 t 时期的一次指数平滑值；α 表示平滑系数。一次指数平滑法适用于实际数据序列以随机变动为主。

（2）二次指数平滑法。

二次指数平滑法适用于实际数据序列具有较明显的线性增长趋势，计算公式如下：

$$S_t^{(1)} = \alpha y_t + (1-\alpha) S_{t-1}^{(1)} \tag{7-10}$$

$$S_t^{(2)} = \alpha S_t^{(1)} + (1-\alpha) S_{t-1}^{(2)} \tag{7-11}$$

其中，$S_t^{(2)}$ 和 $S_{t-1}^{(2)}$ 分别表示 t 时期和 $t-1$ 时期的二次指数平滑值。

（3）三次指数平滑法。

三次指数平滑法适用于实际数据序列有非线性增长趋势，计算公式如下：

$$S_t^{(1)} = \alpha y_t + (1-\alpha) S_{t-1}^{(1)} \tag{7-12}$$

$$S_t^{(2)} = \alpha S_t^{(1)} + (1-\alpha) S_{t-1}^{(2)} \tag{7-13}$$

$$S_t^{(3)} = \alpha S_t^{(2)} + (1-\alpha) S_{t-1}^{(3)} \tag{7-14}$$

其中，$S_t^{(3)}$ 和 $S_{t-1}^{(3)}$ 分别表示 t 时期和 $t-1$ 时期的三次指数平滑值。

应用指数平滑法时，首先应确定一个初始的指数平滑值 $S_0^{(1)}$。当实际数据很多时，$S_0^{(1)}$ 的影响将逐步被平滑而降低到最小，可以取最早的数据作为初始的指数平滑值，即 $y_1 = S_0^{(1)}$。当实际数据较少时，$S_0^{(1)}$ 的影响较大，可以取最初的几个实际值的平均值作为初始指数平滑值。平滑系数 α 的选取直接影响到预测结果的准确性，一般应根据实际时间序列的特点和经验进行选取。如果实际时间序列的长期趋势比较稳定，应选取较小的 α 值；如果实际时间序列具有明显的变动趋势，则应选取较大的 α 值，以使实际时间序列中最近数据的作用更多地反映在预测值中。

指数平滑法本质上是一种递推型预测方法，对区域物流历史数据的转折点缺乏鉴别能力，而且长期预测的结果较差，适合于区域物流的中短期预测。

3. 灰色预测法

灰色预测法是一种基于灰色模型做出定量预测的方法。灰色预测法通过对原始数据序列的处理以及灰色模型的构建，发现和掌握系统发展的规律性，并对系统的未来发展状态做出科学的定量预测。灰色预测法所建立的灰色模型是一个指数函数，若预测目标是按照某一指数规律变化的，则其可以获得较高精度的预测结果[8~10]。

在众多灰色模型中，GM（1，1）模型是最简单、最普遍使用的灰色模型，它是在对原始数据累加生成的基础上，利用微分拟合法建立单变量一阶常系数微分方程。GM（1，1）模型构建过程如下。

设 $X^{(0)}=\left\{X^{(0)}(1),X^{(0)}(2),\cdots,X^{(0)}(k)\right\}$ 为原始非负时间序列，对其进行一次累加生成运算，得到新序列 $X^{(1)}=\left\{X^{(1)}(1),X^{(1)}(2),\cdots,X^{(1)}(n)\right\}$，其中

$$X^{(1)}(k)=\sum_{i=1}^{k}X^{(0)}(i),\quad k=1,2,\cdots,n \tag{7-15}$$

由此，得到 GM（1，1）模型的微分方程为

$$\frac{\mathrm{d}X^{(1)}}{\mathrm{d}k}+aX^{(1)}=u \tag{7-16}$$

其中，a，u 为待定参数，a 称作发展系数，u 称作灰色作用量。

设 $\boldsymbol{a}$ 为参数向量，$\boldsymbol{a}=(a,u)^{\mathrm{T}}$，通过最小二乘法求解方程 $\boldsymbol{Ba}=\boldsymbol{Y}$，解得参数估计值为

$$\hat{a}=\begin{bmatrix}a\\u\end{bmatrix}^{\mathrm{T}}(\boldsymbol{B}^{\mathrm{T}}\boldsymbol{B})^{-1}\boldsymbol{B}^{\mathrm{T}}\boldsymbol{Y} \tag{7-17}$$

其中，$\boldsymbol{B}=\begin{bmatrix}-0.5\left[X^{(1)}(1)+X^{(1)}(2)\right] & 1\\ -0.5\left[X^{(1)}(2)+X^{(1)}(3)\right] & 1\\ \vdots & \vdots\\ -0.5\left[X^{(1)}(n-1)+X^{(1)}(n)\right] & 1\end{bmatrix}$；$\boldsymbol{Y}=\begin{bmatrix}X^{(0)}(2)\\X^{(0)}(3)\\ \vdots\\X^{(0)}(4)\end{bmatrix}$。

将参数估计值 $\hat{a}$ 代入 GM（1，1）模型的微分方程（7-16）求解，即可得到 GM（1，1）模型的时间响应函数：

$$\hat{X}^{(1)}(k+1)=\left(X^{(0)}(1)-\frac{\hat{u}}{\hat{a}}\right)\mathrm{e}^{-\hat{a}k}+\frac{\hat{u}}{\hat{a}},\quad k=0,1,\cdots,n \tag{7-18}$$

由式（7-18）对 $X^{(1)}$ 进行预测，并对 $X^{(1)}$ 进行一次累减生成运算，得到原始数据序列的预测值，即

$$\hat{X}^{(0)}(k+1)=\left(1-\mathrm{e}^{\hat{a}}\right)\left(X^{(0)}(1)-\frac{\hat{u}}{\hat{a}}\right)\mathrm{e}^{-\hat{a}k},\quad k=0,1,\cdots,n \tag{7-19}$$

GM（1，1）模型具有所需信息较少、计算简便、精度较高等特点，适合于区域物流数据序列的短期预测。但 GM（1，1）模型对于波动性较大的非平稳数据序列的预测精度较低，而且 GM（1，1）模型为单变量模型，无法表达出区域物流与其影响因素之间的复杂关系。

4. 神经网络预测法

神经网络是模仿人类大脑的学习过程而构造的智能化数据处理及映射模型，由大量的神经元构成。神经元是对研究对象的抽象与简化，进而转化成计算机语言。神经网络根据神经元相互作用的特征，以一定的学习方法对已有知识进行存储与识别，并能够实现学习输出的效果。神经网络的智能化及无须建立具体函数模型等特点，给很多具有复杂不确定性和时变性的实际问题提供了新的思路与方法。作为一种并行计算模型，神经网络具有传统预测方法所不具备的很多优点[11, 12]，如具有出色的自学习能力、自适应能力、非线性映射能力，对预测对象的先验信息要求不多，一般不必事先知道有关预测对象的结构、参数、动态特性等方面的知识，只需给出输入、输出数据，通过网络本身的学习功能就可以达到输入与输出的完全符合。在区域物流预测中，应用比较广泛的神经网络有两种，即 BP 神经网络和径向基神经网络。

1）BP 神经网络

BP 神经网络是一种单向传播的多层前向型神经网络。BP 神经网络采用误差逆传播算法，利用实际输出与期望输出之间的差来对网络的各层连接权由后向前逐层进行修正[13]。BP 神经网络由输入层、若干隐含层和输出层构成，每层由若干个节点组成，每一个节点代表一个神经元，上一层节点与下一层节点之间通过权值进行连接，同层内的节点之间没有联系。图 7-1 给出了 BP 神经网络结构。

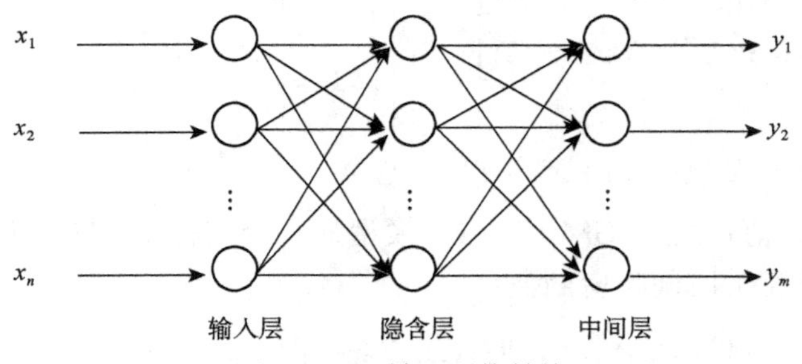

图 7-1 BP 神经网络结构

BP 神经网络的隐含层神经元通常采用 S 形激活函数。S 形激活函数能实现 BP 神经网络输入与输出的非线性关系，具体形式如下：

$$\varphi(\mathrm{net}_j)=\frac{1}{1+\mathrm{e}^{-\mathrm{net}_j}} \tag{7-20}$$

其中，net_j 为第 j 个隐含层神经元的输入，$j=1,2,\cdots,m$。输入层或输出层的神经元通常采用线性激活函数，线性激活函数可以使 BP 神经网络的输入与输出成正比，具体形式如下：

$$\varphi(\mathrm{net}_j)=c\times\mathrm{net}_j \tag{7-21}$$

其中，c 为常值系数。

BP 神经网络的传播过程由正向传播和反向传播组成，在正向传播过程中，当大量样本输入神经网络后，输入信号通过输入层向前传播，经过隐含层，并由隐含层的函数作用后，将隐含层的输出信号传向输出层，并得到最终输出结果。在整个前向传播过程中，每一层的神经元仅能接收来自上一层神经元的输入，而每一层的神经元的输出只会影响下一层的神经元的输出。如果最终的输出结果与期望结果之间存在比较大的误差，则转入反向传播过程，将误差值沿着原来的连接通道从输出层经过隐含层，最终回到输入层。BP 神经网络通过修改各层神经元的连接权值，使得实际结果与期望结果之间的误差值最小，即所谓的“误差逆传播算法”。

BP 神经网络在区域物流预测中得到了应用，但其本身也存在一些缺陷和不足[14，15]。第一，BP 神经网络需要比较长的训练时间。由于 BP 神经网络的学习速率是固定的，其收敛速度较慢，需要较长的训练时间。对于一些复杂的问题，BP 神经网络需要的训练时间可能会非常长。第二，BP 神经网络不一定能实现全局最优解。BP 神经网络可以使权值收敛到某个值，但并不能保证其为误差平面的全局最小值，这是因为采用梯度下降原则时，BP 神经网络的训练通过最初的输入值依照误差函数逐渐靠近误差的最小值，不同的最初输入值可能会产生不同的最小值，就可能存在局部最小值。第三，BP 神经网络的结构难以确定。BP 神经网络隐含层的层数和节点数的选择尚无理论上的指导，一般是根据经验或者通过反复实验确定。因此，BP 神经网络往往存在很大的冗余性，在一定程度上也增加了网络学习的负担。第四，BP 神经网络的学习和记忆具有不稳定性。当新的记忆网络开始时，会改变原有已经训练好的连接权值，所以，即使利用原有的训练网络和新的记忆网络同时训练，也不能避免神经网络遗忘原有的结构，存在一定的不稳定性。

2）径向基神经网络

径向基神经网络是由 Moody 和 Darken[16]提出的一种神经网络结构，具有单隐含层的三层前馈型网络，网络的学习等价于在多维空间中寻找训练数据的最佳拟合平面。每个隐含层神经元的函数都构成了拟合平面的一个基函数。图 7-2 给出了径向基神经网络结构。

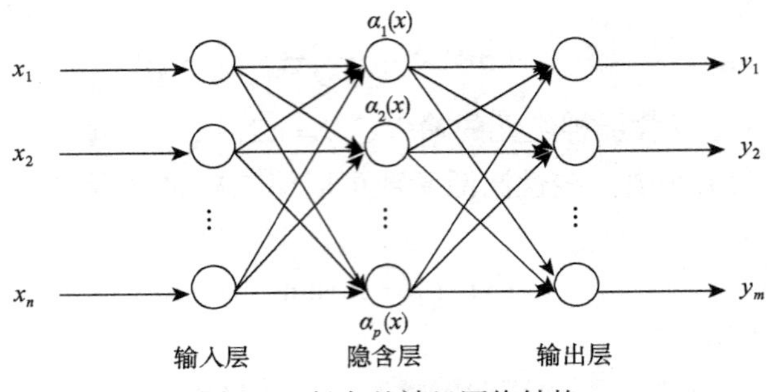

图 7-2 径向基神经网络结构

径向基神经网络的输入层神经元传递输入信号到隐含层，隐含层神经元由基函数描述，而输出层神经元通常由简单的线性函数刻画。隐含层神经元的作用函数对输入信号将在局部产生响应，即当输入信号靠近核函数的中央范围时，隐含层神经元将产生较大的输出。因此，径向基神经网络属于局部逼近网络，具有学习速度快的优点。径向基神经网络的隐含层基函数一般采用径向基函数，具体形式如下：

$$\alpha_i(x) = \exp\left[-\frac{\|\boldsymbol{X}-\boldsymbol{c}_i\|^2}{2\sigma_i^2}\right] \tag{7-22}$$

其中，$\alpha_i(x)$为第 i 个隐含层神经元的输出，$i=1,2,\cdots,p$；$\boldsymbol{X}=(x_1,x_2,\cdots,x_n)^{\mathrm{T}}$为输入样本；$\boldsymbol{c}_i$为第 i 个隐含层神经元的径向基函数中心；σ_i为第 i 个隐含层神经元的基宽。n，p，m 分别为输入层、隐含层、输出层的神经元个数。确定隐含层的基函数后，径向基神经网络输入层与输出层之间的关系可表示为

$$y_j = \sum_{i=1}^{p} w_{ij}\exp\left(-\frac{\|\boldsymbol{X}-\boldsymbol{c}_i\|^2}{2\sigma_i^2}\right) \tag{7-23}$$

其中，y_j为输出层第 j 个神经元的输出值；w_{ij}为隐含层第 i 个神经元与输出层第 j 个神经元间的权值。

径向基神经网络是一个局部逼近网络，学习收敛速度较快，且只有少数权值在训练过程中影响输出层的输出，因而其输出层的最终结果并不依赖于初始权值，不存在学习的局部最优问题。相比于 BP 神经网络，径向基神经网络具有结构简单、所需设置参数少的特点，且由于网络的参数调整是线性的，需要的训练时间相对较短，学习过程中收敛速度较快[17, 18]，适合于系统的实时辨识与控制。但在实际应用中，径向基神经网络仍然存在一些问题，如网络基函数的中心值确定问题、网络的在线校正问题，以及网络综合性能提高等问题。

7.2　LSSVM-AIWPSO 模型

7.2.1　最小二乘支持向量机

1. 最小二乘支持向量机简介

最小二乘支持向量机最早是由 Suykens 和 Vandewalle[19]于 1999 年提出的，是一种改进型支持向量机。支持向量机是由 Vapnik[20]于 1995 年提出的，它是以统计学习理论的 VC 维（Vapnik-Chervonenkis dimension）理论和结构风险最小化原则等理论为基础的新型机器学习方法。支持向量机能将优化问题转化成一个二次寻优求解问题，得到全局最优解，从而解决了神经网络中无法避免的全局最小值问题[21]。通过数据分析与学习，支持向量机在处理数据量小的样本集、数据之间呈非线性关系以及低维度向高维度映射等问题中具有优异的性能表现，同时在缓解维数难题和过度学习上起到了推动作用，已成功应用于分类、回归和时间序列预测等领域[22]。支持向量机中的“支持向量”是指支持平面上将两类数据划分开来的超平面的训练样本点，“机”是指机器学习领域中的算法。支持向量机的计算基础是保证结构风险最小化，在解决高维度非线性分类与回归等问题时，利用非线性映射的方法，将原样本空间的数据转化到高维或者无穷维的特征空间中，并且在映射回来的特征平面中以最优划分或者回归线性超平面作为分类决策面。由于支持向量机具有稀疏性——其决策函数所需的支持向量较少，它可以很好地解决以往学习方法中存在非线性、局部极小、过学习、维数过高等问题，且计算过程相对简单[23]。

支持向量机的训练过程本质上为对偶优化的二次型寻优问题，此类问题的传统解法主要有对偶方法和内点算法等。但是当训练样本集规模扩大至一定程度时，支持向量机容易出现的“维数灾难”现象，或者因内存的限制，将导致计算机上的数据处理受到极大限制。此外，对于回归问题，支持向量机训练未知变量的个数比同等规模的分类问题增加了一倍，从而增加了大样本学习问题的求解难度。

最小二乘支持向量机同样基于结构风险最小化原则，利用最小二乘的方法将支持向量机中的不等式约束条件用等式约束条件来代替，在其优化问题的目标函数中使用误差平方和作为损失函数，使得优化问题的求解转变为一组线性方程组的计算，避免了支持向量机中对偶空间求解的二次规划问题，明显降低了算法的复杂程度，提高了运算速度，适合于求解大规模问题，更能适应于一般的应用。

最小二乘支持向量机最初用于小样本、非线性的模式识别分类问题，近年来，由于良好的非线性拟合能力，常用于非线性回归问题。

最小二乘支持向量机与支持向量机的区别主要在于[24]：一是优化问题的构造。最小二乘支持向量机目标函数采用了误差的一次项与二次项，同时采用等式约束替代了支持向量机的非等式约束，这就导致了在求解过程中两种算法的差异性。二是优化问题的求解。支持向量机在求二次规划时，由于变量维数与训练样本个数相等，运算矩阵中，元素的个数等于样本数量的二次方，当运算的规模越来越大时，支持向量机的计算时间以及空间复杂程度会明显提高，直接提高了支持向量机算法的求解难度。最小二乘支持向量机通过求解线性方程组大大简化了算法的运算复杂程度，虽然不一定能获得全局最优解，但也可获得较高的准确度。三是解的稀疏性。通过求解二次问题，在标准支持向量机中，从理论上可以求出全局最优解，并使求出的全局最优解只依赖于少数支持向量，这就是支持向量机解的稀疏性。最小二乘支持向量机中，优化问题的目标函数使用了误差二次项和等式约束，使得最终结果与全部样本相关，因而失去了解的稀疏性。但是，最小二乘支持向量机通过修剪算法，可以缩减支持向量的个数，仍可在一定程度上保持解的稀疏性。

2. 我国学者对于最小二乘支持向量机的应用

目前，最小二乘支持向量机已被广泛应用于人工智能、数据分析、图像识别、回归估计等不同领域。

阎威武等[25]提出了一种基于滚动时间窗的最小二乘支持向量机回归估计方法，该方法通过滚动时间窗内的数据优化建模，随着时间窗的滚动，可以对最小二乘支持向量机进行在线更新，对滚动时间窗内的数据分配不同的权值以充分利用数据的信息；并将基于滚动时间窗的最小二乘支持向量机回归估计方法应用于软测量建模，进行轻柴油凝固点的预估，结果表明，该建模方法十分有效。崔万照等[26]基于小波分解和支持向量核函数的条件，提出了一种多维允许支持向量小波核函数，该核函数不仅是近似正交的，而且适用于信号的局部分析、信噪分离和突变信号的检测，同时，基于小波核函数和正则化理论提出了最小二乘小波支持向量机并将其应用于非线性系统的辨识，仿真结果表明，在同等条件下，最小二乘小波支持向量机比传统支持向量机的辨识精度提高约 13.1%，更适合于处理非平稳信号。陈磊和张土乔[27]针对神经网络存在结构较难确定、训练易陷入局部最优以及容易过学习等问题，根据时用水序列具有周期性和趋势性的特点，提出利用最小二乘支持向量机预测时用水量，实例分析表明，与基于 BP 神经网络的时用水量模型相比，基于最小二乘支持向量机的时用水量模型具有更强的预测能力。刘瑞兰等[28]针对复合肥装置养分含量无法用常规传感器在线测量的问题，提出了基于最小二乘支持向量机的软测量方法来在线估计养分含量，工业实例表明，最小二乘支持向量机所建的非线性系统模型预测精度较高，能够满足实际工业应用的需要。曹一波和谢小鹏[29]针对机器设备磨损产生的因素多、磨损量的多少与产生的因素具有高度非线性、磨损难以预测等问题，并考虑到监测得到的数据为小样本事件也是磨损难以预测的原因，在齿轮箱实验数据的基础上，提出一种以载荷、温度、振动信号特征、速度和时间为输入量，以机器设备的磨损量为输出量的最小二乘支持向量机预测方法，并利用齿轮箱的实验数据验证了所提出方法的有效性。江田汉和束炯[30]采用微熵率法求得最优嵌入维数与时延参数，重构系统相空间，用最小二乘支持向量机拟合系统演化的轨道，建立混沌时间序列的多步预测模型，结果表明，所建立的模型能够捕捉到原混沌系统的动力学特征，其归一化均方根预测误差远小于径向基函数网络预测模型的预测误差，泛化能力较强，取得了较好的预测效果。贾嵘等[31]提出一种基于相似搜索与最小二乘支持向量机的系统边际电价预测方法，先采用相似搜索获得相似日的负荷–电价数据，再利用最小二乘支持向量机建立电价预测模型，同时用网格搜索和交叉验证自动选取最小二乘支持向量机相关参数，在此基础上，根据美国加利福尼亚州电力市场的真实数据进行实例验证，结果表明，该方法可有效提高预测精度。姜云春等[32]在分析电液伺服系统所存在的非线性和故障模式基础上，给出了基于最小二乘支持向量机建模进行故障检测的方法，试验结果表明，相比于神经网络方法和普通的支持向量机方法，最小二乘支持向量机模型的预测输出与实际输出相比较所形成的残差，能更准确地反映故障发生与否的情况，更适合于工程应用。赵永平和孙健国[33]在推导加权最小二乘支持向量机数学模型的基础上，利用启发式学习算法并结合滚动窗的思想，提出基于滚动窗法最小二乘支持向量机的稳健预测模型，并对启发式算法进行了改进，在不丧失预测精度的基础上，采用迭代求逆法缩短预测时间，通过仿真实例验证，所提出的模型可以成功抑制奇异点，实现稳健预测，适合于在线学习与实时预测。

肖支才等[34]提出用一种具有遗忘机制的最小二乘支持向量机在线递推算法，并引入历史数据的高次项预测变参数混沌时间序列．通过对典型变参数混沌时间序列的预测实验证明该方法的有效性，结果显示，该方法具有较高预测精度，可以快速跟踪预测变参数混沌时间序列。王晓兰和康蕾[35]利用模糊最小二乘支持向量机和在线学习算法，提出了一种模糊最小二乘支持向量机的增量式算法，将模糊加权系数引入传统最小二乘支持向量机，用以提高传统最小二乘支持向量机的抗噪性能，同时利用递推的核函数计算方法来增强该算法的在线学习能力，仿真结果表明，这一算法在运算精度和运算速度上都优于传统的支持向量机算法。于谦龙和顾晓敏[36]借鉴现有的财务困境预警的研究成果，从高校的教研绩效、偿债能力、学生欠费状况、支付能力四方面选择和构造了 14 个财务指标，评价教育部直属高校的财务状况，判定高校是否处于财务困境，选择相应数据样本，分别采用逻辑模型和最小二乘支持向量机建模，评价两种建模方法在训练组和测试组的预警效果，结果表明，逻辑模型和最小二乘支持向量机模型各有优劣，结合使用将能更好地实现高校财务困境预警的工作。范忻等[37]针对传统方法中预测地表下沉系数存在的缺陷，将小波理论与最小二乘支持向量机相结合，提出用于预测地表下沉系数的最小二乘小波支持向量机方法，并采用遗传算法进行参数寻优，以我国典型的地表移动观测站数据为例进行实例验证，结果表明，与改进的 BP 神经网络和粒子群算法–支持向量机两种方法相比，基于遗传算法寻优的最小二乘小波支持向量机具有更快的收敛速度和更高的预测精确度。赵自明等[38]针对点云修补过程中点云边缘的残缺区域边界信息的不确定性问题，提出了一种基于影像边缘特征与最小二乘支持向量机的点云边缘残缺区域修补方法：先将影像与点云进行配准，并利用亚像素边缘检测算法提取目标边缘特征；然后构造一特征平面，同时将训练样本集与目标边缘特征投影至该平面，以确定重采样范围与点位；再通过利用最小二乘支持向量机回归方法，获得残缺区域的曲面方程并进行重采样，最终完成修补。实验证明，该方法得到的修补点云与原始数据融合平滑，修补效果符合实际目标的特征。陈卫民和陈志刚[39]基于相空间重构和预测模型参数间的相互联系，提出一种遗传优化最小二乘支持向量机的网络流量预测方法，先将相空间重构和最小二乘支持向量机参数作为遗传算法的个体，将模型预测精度作为个体适应度函数，再以遗传操作获得模型全局最优参数，通过网络流量仿真实验进行性能测试，结果表明，相对于传统预测方法，遗传优化最小二乘支持向量机提高了网络流量的预测精度。熊伟丽等[40]采用加权最小二乘算法，给各个样本的误差平方赋予不同权重用于克服异常训练样本的影响，利用青霉素发酵仿真平台数据，采用粒子群算法对加权最小二乘向量机算法的参数寻优，建立青霉素发酵过程模型，通过仿真实验证明了该算法用于青霉素发酵过程建模的有效性。

孟银凤和梁吉业[41]为提高部分函数线性模型的预测精度，基于函数系数在再生核希尔伯特空间上的表示，得到模型的结构化形式，将函数系数的估计转化为参数向量的估计问题，并运用最小二乘支持向量机方法得到参数估计形式，实验表明，该算法对数值型数据的向量系数的估计与其他参数估计方法性能相近，但对函数型数据的函数系数的估计更加准确稳健，有助于确保学习机的预测精度。耿立艳[42]为提高金融波动率的预测精度，提出一种将相空间重构技术、最小二乘支持向量机与变加速系数粒子群优化算法相结合的波动率预测方法，首先对原始波动率序列进行相空间重构，然后利用最小二乘支持向量机优良的非线性映射特性对重构后的序列进行建模及预测，并采用变加速系数粒子群优化算法选择最小二乘支持向量机最优参数，最后将该方法应用于上证综指股指收益的波动率预测，应用结果显示，此方法获得了较高的波动率预测精度。王志宏和乔楠[43]将因子分析法与免疫遗传算法、最小二乘支持向量机相结合预测煤矿开采中煤与瓦斯的突出强度，选取最大主应力、瓦斯压力、瓦斯含量、顶板岩性、断裂距离、煤层厚度、开采垂直深度、绝对瓦斯涌出量、相对瓦斯涌出量作为主要影响因素，通过因子分析法提取主要影响因素的公共因子，作为最小二乘支持向量机的输入变量，同时采用免疫遗传算法选择最小二乘支持向量机的最优参数，实证研究表明，该方法性能优异，具有较强的预测能力，可以在实际开采环境中用于预测煤与瓦斯突出的强度。朱龙等[44]在分析地方政府行政编制影响因素的基础上，将灰色模型与粒子群优化的最小二乘支持向量机模型相结合，建立了灰色最小二乘支持向量机线性组合预测模型，根据安徽省地方政府行政编制规模数据，利用组合预测模型进行行政编制规模预测，结果表明，灰色最小二乘支持向量机组合预测模型具有较高的预测精度，能够有效预测出地方政府行政编制规模。周学君和唐铁[45]提出一种利用最小二乘支持向量机预测非饱和土有效应力参数的方法，该方法以净应力、吸力、冒泡压力、饱和状态体积含水量、残余体积含水量和拟合参数等为输入变量，以非饱和土有效应力参数为输出变量，构建最小二乘支持向量机预测模型，并采用粒子群优化算法设定预测模型参数，实证研究结果表明，最小二乘支持向量机预测具有较好的效果。赵朋程等[46]针对水泥熟料游离氧化钙含量预测模型辨识的问题，采用多项式核函数、指数径向基核函数和高斯径向基核函数组合构建等价核的方法，建立了多核最小二乘支持向量机水泥熟料游离氧化钙含量预测模型，同时通过改进的粒子群优化算法选择多核最小二乘支持向量机模型的最优参数，仿真结果表明，所建立的水泥熟料游离氧化钙含量预测模型精度高、泛化能力强。

在物流分析方面，最小二乘支持向量机主要用于物流需求的预测研究。

向小东等[47]通过选取影响货物运输量的 16 个指标，基于核主成分分析与加权最小二乘支持向量机的预测方法，实证预测了福建省物流需求中的货物运输量，结果表明，基于核主成分分析与加权最小二乘支持向量机的预测方法拟合及预测（测试）都达到了很高的精度。耿立艳等[48]在分析物流需求影响因素的基础上，建立了物流需求的二阶振荡微粒群最小二乘支持向量机预测模型，利用最小二乘支持向量机描述物流需求与其影响因素间的复杂非线性关系，并通过二阶振荡微粒群算法优化选择最小二乘支持向量机参数。实例分析表明，该预测模型具有较高的预测精度，二阶振荡微粒群算法搜索最小二乘支持向量机最优参数时间明显少于传统交叉验证法。李泓泽等[49]为解决最小二乘支持向量机参数设置的盲目性，利用果蝇优化算法对其参数进行优化选择，进而构建了果蝇优化最小二乘支持向量机混合预测模型，以我国物流需求量预测为例，验证了该模型的可行性和有效性，实例验证结果表明，与单一最小二乘支持向量机和模拟退火算法优化最小二乘支持向量机预测模型相比，该模型不仅能够有效选择参数值，而且预测精度更高。耿立艳和丁璐璐[50]将最小二乘支持向量机与灰色关联分析方法结合，提出一种基于灰色关联分析的最小二乘支持向量机物流需求预测方法，该方法采用灰色关联分析选取影响物流需求的主要因素，再将选取出的主要影响因素作为最小二乘支持向量机输入变量，利用最小二乘支持向量机的非线性映射优势预测物流需求量，对我国物流需求的实证研究表明，灰色关联分析能够有效选择最小二乘支持向量机输入变量，基于灰色关联分析的最小二乘支持向量机模型较单一最小二乘支持向量机具有更高的物流需求预测精度。周正勇和林静[51]针对航空物流预测的不确定性，将粒子群优化算法与最小二乘支持向量机相结合，采用粒子群优化最小二乘支持向量机参数，并将优化后的最小二乘支持向量机应用于福建省航空的物流需求预测中，而后通过福建省过去十几年航空货物发送量数据验证了该方法的有效性。

牛三勇[52]针对节假日电商打折中物流量的变化呈现出较大的突变性、预测效果不好的问题，提出一种基于多元逐步回归的节假日电商打折中物流量突变的预测方法，先采用多元线性回归分析法选择节假日电商打折中物流需求量的影响因子，然后构建节假日电商打折中物流需求量与影响因子之间的最小二乘支持向量机预测模型，并通过遗传算法对最小二乘支持向量机的参数进行优化，测试结果表明，该预测方法有效提高了物流需求量的预测精度，能够准确刻画节假日电商打折中物流量的变化趋势。耿立艳[53]提出一种基于灰色关联分析与核主成分分析的最小二乘支持向量机预测方法，先利用灰色关联分析找出物流需求的主要影响因素，然后利用核主成分分析提取主要影响因素的非线性主成分，消除因素之间的多重相关性，最后将提取出的非线性主成分作为最小二乘支持向量机的输入变量，构建物流需求预测模型，并采用改进粒子群算法调整最小二乘支持向量机参数，以我国物流需求为例进行实例计算，计算结果表明，该方法有效减少了最小二乘支持向量机输入变量个数，简化了最小二乘支持向量机结构，并且在一定程度上提高了物流需求预测精度。刘文博[54]针对应急物资需求量的预测问题，提出了一种改进的加权最小二乘支持向量机预测建模方法，在该方法中，各数据样本的权重可以根据最小二乘支持向量机的学习结果进行不断的自适应迭代修正，从而消除包含误差的数据样本对预测模型的影响，基于实际救灾数据的测试结果证明了所提出方法的有效性。耿立艳和郭斌[55]针对最小二乘支持向量机在物流需求预测中参数选择的随意性、耗时性等问题，将最小二乘支持向量机与动态加速系数粒子群优化算法结合，构建了一种基于动态加速系数粒子群优化算法调整最小二乘支持向量机参数的物流需求预测模型，该模型运用最小二乘支持向量机的非线性运算能力对物流需求量进行预测，以动态加速系数粒子群优化算法的寻优能力选择最小二乘支持向量机最佳参数，以我国物流需求为例验证所建模型的预测性能，结果表明，所建模型获得了更高的预测精度和更快的建模速度。

3. 最小二乘支持向量机回归算法

假设训练样本数据集为$\{(\boldsymbol{x}_1,y_1),(\boldsymbol{x}_2,y_2),\cdots,(\boldsymbol{x}_N,y_N)\}$，其中，$N$为训练样本数，$\boldsymbol{x}_i\in\mathbf{R}^N$为输入向量，$\mathbf{R}^N$为输入空间；$y_i\in\mathbf{R}$为对应的期望输出，$\mathbf{R}$为实数集，$i=1,2,\cdots,N$。最小二乘支持向量机借助于非线性函数$\varphi(\boldsymbol{x}_i)$，将输入数据映射到高维特征空间$Z$，高维特征空间采用式（7-24）估计未知的非线性函数：

$$y(\boldsymbol{x})=\boldsymbol{w}^{\mathrm{T}}\varphi(\boldsymbol{x})+\boldsymbol{b} \tag{7-24}$$

其中，$\boldsymbol{w}\in\mathbf{R}^N$为$\varphi(\bullet)$的权重向量；$\boldsymbol{b}\in\mathbf{R}$为常值偏差。根据结构风险最小化原则，将求解式（7-24）转化为求解如下最小值优化问题，其目标函数为

$$\min_{w,e_i}\frac{1}{2}\boldsymbol{w}^{\mathrm{T}}\boldsymbol{w}+\frac{1}{2}\gamma\sum_{i=1}^{N}\boldsymbol{e}_i^2 \tag{7-25}$$

其中，$\gamma>0$为正则化参数，用于匹配最小二乘支持向量机的泛化能力与拟合精度；$\boldsymbol{e}_i$为第i个数据实际输出与期望输出之间的误差值。

上述目标函数需满足的约束条件为

$$\boldsymbol{y}_i=\boldsymbol{w}^{\mathrm{T}}\varphi(\boldsymbol{x}_i)+\boldsymbol{b}+\boldsymbol{e}_i \tag{7-26}$$

采用拉格朗日（Lagrange）乘子法建立式（7-25）的拉格朗日函数为

$$L(\boldsymbol{w},\boldsymbol{b},\boldsymbol{e}_i,\boldsymbol{\alpha}_i)=\frac{1}{2}\boldsymbol{w}^{\mathrm{T}}\boldsymbol{w}+\frac{1}{2}\gamma\sum_{i=1}^{N}\boldsymbol{e}_i^2-\sum_{i=1}^{N}\boldsymbol{\alpha}_i\left(\boldsymbol{w}^{\mathrm{T}}\varphi(\boldsymbol{x}_i)+\boldsymbol{b}+\boldsymbol{e}_i-\boldsymbol{y}_i\right) \tag{7-27}$$

其中，$\boldsymbol{\alpha}_i$为拉格朗日乘子。分别求取式（7-27）对于$\boldsymbol{w}$、$\boldsymbol{b}$、$\boldsymbol{e}_i$和$\boldsymbol{\alpha}_i$的偏导数，并令其等于 0，得到

$$\begin{cases}\dfrac{\partial L}{\partial \boldsymbol{w}}=\boldsymbol{w}-\displaystyle\sum_{i=1}^{N}\boldsymbol{\alpha}_i\varphi(\boldsymbol{x}_i)=0\\ \dfrac{\partial L}{\partial \boldsymbol{b}}=\displaystyle\sum_{i=1}^{N}\boldsymbol{\alpha}_i=0\\ \dfrac{\partial L}{\partial \boldsymbol{e}_i}=\gamma\boldsymbol{e}_i-\boldsymbol{\alpha}_i=0\\ \dfrac{\partial L}{\partial \boldsymbol{\alpha}_i}=\boldsymbol{w}^{\mathrm{T}}\varphi(\boldsymbol{x}_i)+\boldsymbol{b}+\boldsymbol{e}_i-\boldsymbol{y}_i=0\end{cases} \tag{7-28}$$

由此，消去变量$\boldsymbol{w}$和$\boldsymbol{e}_i$，得到$\boldsymbol{y}_i$的表达式为

$$\boldsymbol{y}_i=\sum_{i=1}^{N}\boldsymbol{\alpha}_i\varphi^{\mathrm{T}}(\boldsymbol{x}_i)\varphi(\boldsymbol{x}_i)+\boldsymbol{b}+\frac{\boldsymbol{\alpha}_i}{\gamma} \tag{7-29}$$

由此，式（7-25）的矩阵表达式变为

$$\begin{bmatrix}\boldsymbol{0} & \boldsymbol{E}^{\mathrm{T}}\\ \boldsymbol{E} & \boldsymbol{\Omega}+\gamma^{-1}\boldsymbol{I}\end{bmatrix}\begin{bmatrix}b\\ \alpha\end{bmatrix}=\begin{bmatrix}\boldsymbol{0}\\ y\end{bmatrix} \tag{7-30}$$

其中，$\boldsymbol{E}=\left[1,\cdots,1\right]^{\mathrm{T}}$ 为由 N 个 1 组成的列向量；$\boldsymbol{\alpha}=\left[\boldsymbol{\alpha}_1,\cdots,\boldsymbol{\alpha}_N\right]^{\mathrm{T}}$ 为拉格朗日乘子向量；$y=\left[y_1,\cdots,y_N\right]^{\mathrm{T}}$；$\boldsymbol{\Omega}=\boldsymbol{\Omega}_{ij}=\varphi^{\mathrm{T}}\left(\boldsymbol{x}_i\right)\varphi\left(\boldsymbol{x}_j\right)$，$i,j=1,2,\cdots,N$。定义 $K\left(\boldsymbol{x}_i,\boldsymbol{x}_j\right)=\varphi^{\mathrm{T}}(\boldsymbol{x}_i)\varphi(\boldsymbol{x}_j)$ 为核函数，则 $\boldsymbol{\Omega}$ 表示为

$$\boldsymbol{\Omega}=\boldsymbol{\Omega}_{ij}=K\left(\boldsymbol{x}_i,\boldsymbol{x}_j\right) \tag{7-31}$$

假设矩阵 $\begin{bmatrix}\mathbf{0} & \boldsymbol{E}^{\mathrm{T}}\\ \boldsymbol{E} & \boldsymbol{\Omega}+\gamma^{-1}\boldsymbol{I}\end{bmatrix}$ 是可逆的，由式（7-30）可得到参数 $\boldsymbol{\alpha}$ 和 $\boldsymbol{b}$ 的解析解为

$$\begin{bmatrix}\boldsymbol{b}\\ \boldsymbol{\alpha}\end{bmatrix}=\begin{bmatrix}\mathbf{0} & \boldsymbol{E}^{\mathrm{T}}\\ \boldsymbol{E} & \boldsymbol{\Omega}+\gamma^{-1}\boldsymbol{I}\end{bmatrix}^{-1}\begin{bmatrix}\mathbf{0}\\ y\end{bmatrix} \tag{7-32}$$

因此，将式（7-28）中 $\boldsymbol{w}$ 表达式代入式（7-24），得到最小二乘支持向量机对偶空间的表达式为

$$y(\boldsymbol{x})=\sum_{i=1}^{N}\boldsymbol{\alpha}_i K\left(\boldsymbol{x},\boldsymbol{x}_i\right)+\boldsymbol{b} \tag{7-33}$$

4. 最小二乘支持向量机中的核函数

由最小二乘支持向量机回归算法可知，对于非线性回归分析，最小二乘支持向量机通过非线性函数 $\varphi(\bullet)$ 将实际问题从非线性空间变换到线性空间，需要引入核函数，将输入数据由低维空间变换到高维特征空间，这也是核函数在最小二乘支持向量机中所起的作用之一。在最小二乘支持向量机计算中，不必求出样本特征空间的维数、$\varphi(\bullet)$ 的表达式及其变换形式，只需求出样本在当前特征空间的内积，然后再通过核函数转换到高维特征空间，使其变为线性回归，这样只需将高维特征空间的内积用当前样本的内积替代，而不必关心样本被变换到几维空间。同时，在最小二乘支持向量机中，需要计算的数据向量是以内积形式出现的，而核函数能起到简化映射空间中内积运算的作用，进而简化了最小二乘支持向量机的计算复杂度，将非线性回归问题变为线性回归估计。所以，核函数的选择对最小二乘支持向量机非常重要，选择适当的核函数是回归分析中的重要步骤。

理论上讲，只要是满足 Mercer 条件[56]的函数均可以作为核函数，但核函数的选取不同，最小二乘支持向量机获得的性能也有所不同，因而核函数的选择也是改善最小二乘支持向量机性能的一个重要方面。几种常用的核函数有线性核函数、多项式核函数、径向基核函数、多层感知机核函数、傅里叶核函数。

（1）线性核函数：$K\left(\boldsymbol{x},\boldsymbol{x}_i\right)=\boldsymbol{x}^{\mathrm{T}}\boldsymbol{x}_i$。

（2）多项式核函数：$K\left(\boldsymbol{x},\boldsymbol{x}_i\right)=\left(\boldsymbol{x}^{\mathrm{T}}\boldsymbol{x}_i+c\right)^d$。其中，$c\geqslant 0$ 为截距，d 为多项

式的阶数，可取任意的正整数。

（3）径向基核函数：$K(\boldsymbol{x},\boldsymbol{x}_i)=\exp\left(-\dfrac{\|\boldsymbol{x}-\boldsymbol{x}_i\|^2}{2\sigma^2}\right)$。其中，$\sigma^2$ 为径向基核函数的参数。

（4）多层感知机核函数：$K(\boldsymbol{x},\boldsymbol{x}_i)=\left(z\bullet\left(\boldsymbol{x}^{\mathrm{T}}\boldsymbol{x}_i\right)+c\right)$。其中，$z>0$ 为斜率，$c>0$ 为截距。

（5）傅里叶核函数：$K(\boldsymbol{x},\boldsymbol{x}_i)=\dfrac{1-q^2}{2\left(1-2q\cos(\boldsymbol{x}-\boldsymbol{x}_i)+q^2\right)}$。其中，$0<q<1$。

此外，还可以根据现有的核函数构造更复杂的核函数，常用的核函数构造方法有以下几种[57]。

（1）设 $K(\boldsymbol{x},\boldsymbol{x}_i)$ 是 $\mathbf{R}^m$ 上的核函数，若 $\mu(\boldsymbol{x})$ 是从 $\mathbf{R}^m$ 到 $\mathbf{R}^N$ 的映射，则 $K_\mu(\mu(\boldsymbol{x}),\mu(\boldsymbol{x}_i))$ 是 $\mathbf{R}^N$ 上的核函数。

（2）若 f 为 $\mathbf{R}^N$ 上的实函数，则 $K_1(\boldsymbol{x},\boldsymbol{x}_i)=f(\boldsymbol{x})f(\boldsymbol{x}_i)$ 是核函数。

（3）设 F_1 和 F_2 是 $\mathbf{R}^N$ 上的核函数，常数 $a\geqslant 0$，则下列函数都是核函数：

$$K_1(\boldsymbol{x},\boldsymbol{x}_i)=F_1(\boldsymbol{x},\boldsymbol{x}_i)+F_2(\boldsymbol{x},\boldsymbol{x}_i) \tag{7-34}$$

$$K_1(\boldsymbol{x},\boldsymbol{x}_i)=a\times F_1(\boldsymbol{x},\boldsymbol{x}_i) \tag{7-35}$$

$$K_1(\boldsymbol{x},\boldsymbol{x}_i)=F_1(\boldsymbol{x},\boldsymbol{x}_i)\times F_2(\boldsymbol{x},\boldsymbol{x}_i) \tag{7-36}$$

（4）设 $K_1(\boldsymbol{x},\boldsymbol{x}_i)$ 是 $\mathbf{R}^N$ 上的核函数，有系数全为正的多项式 $P(\boldsymbol{x})$，则 $K_1(\boldsymbol{x},\boldsymbol{x}_i)=P\times(K_1(\boldsymbol{x},\boldsymbol{x}_i))$ 也是核函数。

7.2.2　自适应惯性权重粒子群优化算法

1. 粒子群优化算法

粒子群优化算法是一种群体智能优化算法，由于其结构简单，需调节的参数较少，在求解复杂优化问题时表现出明显的优越性与适应性。粒子群优化算法起源于对鸟群觅食行为的研究，最早由 Kenney 和 Eberhart 于 1995 年提出[58, 59]。粒子群优化算法受到飞鸟集群活动的规律性启发，利用群体之间的信息共享机制，使得个体与个体、个体与总体之间可以相互借鉴彼此的经验，从而寻找到问题的最优解。在粒子群优化算法中，每个优化问题的解都相当于搜索空间中的一只飞鸟，并将其抽象为没有质量与体积的粒子。每个粒子都有自己的速度与位置来控制飞行的方向与距离，并且每个粒子都有一个由优化问题目标函数决定的适应度值，粒子通过适应度值在搜索空间中寻求最优解。

设粒子的群体规模为 M，每个粒子在 D 维空间中寻找优化问题的最优解。第 i 个粒子的位置向量为 $\boldsymbol{U}_i=(u_{i1},u_{i2},\cdots,u_{iD})$，速度向量为 $\boldsymbol{V}_i=(v_{i1},v_{i2},\cdots,v_{iD})$，每个粒子的位置就是一个潜在的解。通过评价各粒子的适应度值，确定每个粒子所经过的个体最优位置 $\boldsymbol{P}_{i\text{best}}=(u_{i1\text{best}},u_{i2\text{best}},\cdots,u_{iD\text{best}})$ 及整个种群寻找到的全局最优位置 $\boldsymbol{G}_{\text{best}}=(u_{1\text{best}},u_{2\text{best}},\cdots,\ u_{D\text{best}})$。每个粒子根据式（7-37）和式（7-38）更新自己的速度与位置：

$$\boldsymbol{V}_{i,t+1}=\eta\boldsymbol{V}_{i,t}+c_1r_{1,t}\times(\boldsymbol{P}_{i\text{best},t}-\boldsymbol{U}_{i,t})+c_2r_{2,t}\times(\boldsymbol{G}_{\text{best},t}-\boldsymbol{U}_{i,t}) \tag{7-37}$$

$$\boldsymbol{U}_{i,t+1}=\boldsymbol{U}_{i,t}+\boldsymbol{V}_{i,t} \tag{7-38}$$

其中，η 为惯性权重；$\boldsymbol{V}_{i,t}$ 为粒子 i 在第 t 次迭代中的速度向量；$\boldsymbol{U}_{i,t}$ 为粒子 i 在第 t 次迭代中的位置向量；$\boldsymbol{P}_{i\text{best},t}$ 与 $\boldsymbol{G}_{\text{best},t}$ 分别为粒子 i 在第 t 次迭代中的个体最优位置与全局最优位置；c_1 与 c_2 为两个加速系数；$r_{1,t}$ 与 $r_{2,t}$ 为两个在[0,1]范围内的随机数。根据式（7-37），粒子 i 的新速度由三部分决定：第一部分为粒子上一次迭代的速度；第二部为“认知部分”，代表粒子本身的思考，可以理解为粒子 i 的当前位置与本身最优位置之间的距离；第三部分为“社会”部分，代表粒子之间的信息共享与相互合作，可以理解为粒子 i 的当前位置与整个种群最优位置之间的距离。

在粒子群优化算法中，粒子 i 的速度向量 $\boldsymbol{V}_{i,t}$ 被一个最大速度 $V_{i,\max}$ 限制，若对粒子的加速导致它的当前速度超出最大速度 $V_{i,\max}$，则速度被限制为最大速度 $V_{i,\max}$。惯性权重 η 描述了粒子前一代速度对当代速度的影响，用于协调粒子群的局部搜索能力与全局搜索能力，其取值直接影响到粒子群优化算法的行为和性能，较大的惯性权重有利于进行全局寻优，较小的惯性权重有利于局部寻优，通常将惯性权重设为在 0.9~0.1 呈线性递减变化，变化公式如下[60]：

$$\eta=\eta_{\max}-\frac{t\times(\eta_{\max}-\eta_{\min})}{t_{\max}} \tag{7-39}$$

其中，$t,t_{\max}$ 分别为当前迭代次数和最大迭代次数；$\eta_{\max},\eta_{\min}$ 分别为最大惯性权重和最小惯性权重。

2. 自适应惯性权重粒子群优化算法原理

实际应用表明，粒子群优化算法在搜索初期的收敛速度一般很快，易出现“早熟”问题，而搜索后期易在全局最优解附近“振荡”。针对这些现象，可以将惯性权重设为由最大值线性减小到最小值，即线性递减惯性权重法。但这种方法需要通过反复试验确定 η 的最大值、最小值及最大迭代次数，而且很难找到适应于每个问题的最优值。自适应惯性权重粒子群优化算法[61]是一种基于粒子群优化算法发展起来的全局智能优化算法，具有全局搜索能力强、收敛速度快等特点，已被应用于多参数优化等问题[62]。自适应惯性权重粒子群优化算法的惯性权重η随着适应度函数自动改变，从而克服了粒子群优化算法的"早熟"和"振荡"现象，η的更新方程定义如下：

$$\eta=\begin{cases}\eta_{\min}-\dfrac{(\eta_{\max}-\eta_{\min})\times(f-f_{\min})}{(f_{\text{avg}}-f_{\min})}, & f\leqslant f_{\text{avg}}\\ \eta_{\max}, & f>f_{\text{avg}}\end{cases} \tag{7-40}$$

其中，f为粒子当前的适应度值；f_{avg}与$f_{\min}$分别为粒子的平均适应度值与最小适应度值。由式（7-40）可知，适应度值高于粒子群平均适应度值的粒子应取较小的η值，这样可以保护该粒子；适应度值低于平均适应度值的粒子应取较大的η值，以便使粒子更快地趋向较好的搜索空间。通过选取不同的η值，自适应惯性权重粒子群优化算法保障了粒子的多样性及粒子群优化算法的收敛性，有效实现了粒子群优化算法的全局搜索能力与局部搜索能力的平衡。

3. 自适应惯性权重粒子群优化算法流程

自适应惯性权重粒子群优化算法的计算流程如下：

（1）随机初始化一群粒子，包括群体规模，以及各粒子的位置与速度。

（2）评价每个粒子的适应度，将当前各粒子的位置与适应度值存储在各粒子的个体最优位置$\boldsymbol{P}_{i\text{best}}$中，将所有$\boldsymbol{P}_{i\text{best}}$适应度值最优个体的位置与适应度值存储于$\boldsymbol{G}_{\text{best}}$中。

（3）更新粒子的速度与位置，更新惯性权重的值。

（4）比较每个粒子的适应度值与其经历过的最优位置，若更优，则将其作为当前最优位置，比较当前所有$\boldsymbol{P}_{i\text{best}}$和$\boldsymbol{G}_{\text{best}}$的值，若更优，则更新$\boldsymbol{G}_{\text{best}}$。

（5）当满足停止条件时，停止搜索，输出结果，否则返回（2），继续搜索。

7.2.3 最小二乘支持向量机-自适应惯性权重粒子群优化模型构建

最小二乘支持向量机是基于核函数的学习算法，其非线性映射能力是由核函数决定的[63]，核函数的合理选择是有效提高最小二乘支持向量机拟合精度与泛化能力的前提。因此，在应用最小二乘支持向量机时，首先应选择适当的核函数，然后根据选定的核函数确定相应的核参数。

在常见的核函数中，径向基核函数是应用最多的一种，它具有可分性与局部性两大特征性质。可分性是核函数具有的一种性质，它是指对于给定的训练数据集，由核函数推导出的特征变换在特征空间中将这些样本以线性方式分开的能力。一般来说，在使用核函数之前，我们并不确定所选取的核函数能否在特征空间中将样本线性分开。根据专家经验，当使用的核函数是径向基核函数时，若其参数选择得合适，基本可以保证训练数据集中的样本在特征空间中被线性分开。这是径向基核函数相对于其他核函数的一个优越之处。可分性保证了在使用径向基核函数时，训练数据集中样本的线性可分。但是，当径向基核函数的核参数 σ^2 值较小时，容易出现过拟合现象，从而导致较差的超平面泛化性能。因此，径向基核函数具有较强的插值能力，在提取样本局部性质上具有优势，是一种局部核函数。

径向基核函数由于具有这两个特征性质，在解决实际问题时能够取得良好的效果，Tang 等[64]的研究结果表明，径向基核函数是所有核函数中性能最优的一种，这里选择径向基函数作为最小二乘支持向量机的核函数。选定核函数之后，其相应的核参数 σ^2 与正则化参数 γ 也需要进行选择与优化。这两个参数的取值与训练样本集以及所研究问题密切相关。正则化参数 γ 的取值与允许误差相关，其值越大，则允许误差越小，其值减小，则允许误差变大。核参数 σ^2 的取值与训练样本集输入范围有关，训练样本的输入范围增大，需要增大核参数 σ^2 的取值；反之，则需要减小核参数 σ^2 的取值。这两个参数作为一个整体共同影响着最小二乘支持向量机的性能，它们的取值将直接决定最小二乘支持向量机的学习能力与泛化能力。目前，针对最小二乘支持向量机非线性建模存在的参数选择问题尚无明确的理论依据，常见的参数选择方法可归纳为两类[65]，即基于解析技术的方法和基于启发式搜索的方法。基于解析技术的方法主要通过泛化误差梯度来确定最优参数，但这类方法依赖于光滑的近似函数，无法保证搜索的方向为泛化性能度量的最优值，且经常是不连续的。基于启发式搜索的方法是利用现代的启发式算法搜索最优参数，包括遗传算法、模拟退火算法、粒子群优化算法等。这些算法能够利用群体中个体之间的信息交流与合作，实现最小二乘支持向量机参数的自动搜寻，避免了参数选择盲目性与随意性，但它们在应用中容易陷入局部最优值，将最终影响最小二乘支持向量机的性能。

为获得最佳的最小二乘支持向量机，这里采用搜索性能优越的自适应惯性权重粒子群优化算法选择最小二乘支持向量机最优参数。最小二乘支持向量机的最优参数选择过程实质上是一个优化搜索过程，在由参数 (γ,σ^2) 构成的搜索空间中，每个点都是最优最小二乘支持向量机的一个潜在解，并可根据优化目标函数值进行评估。因此，求解最小二乘支持向量机最优参数的过程就是最小化最小二乘支持向量机训练误差的过程。自适应惯性权重粒子群优化算法选择最小二乘支持向量机最优参数（记为最小二乘支持向量机–自适应惯性权重粒子群优化模型）的具体步骤设计如下。

步骤 1，数据预处理。对原始数据样本进行归一化处理，以消除不同数据量纲对最小二乘支持向量机-自适应惯性权重粒子群优化模型训练效率的影响。为计算方便，这里采用 0-1 归一化方法，将原始数据样本归一化到[0,1]范围内，计算公式如下：

$$\overline{\delta}=\frac{\delta-\delta_{\min}}{\delta_{\max}-\delta_{\min}} \tag{7-41}$$

其中，δ 与 $\overline{\delta}$ 分别为原始数据与归一化后的数据样本；$\delta_{\max}$ 与 $\delta_{\min}$ 分别为原始数据样本的最大值与最小值。

步骤 2，粒子群初始化。在最小二乘支持向量机-自适应惯性权重粒子群优化模型中，每个粒子的位置与速度均由二维参数 (γ,σ^2) 决定，因此，在二维搜索空间中随机产生一组初始参数 (γ,σ^2)，并确定群体规模 M 的大小，设置两个加速系数 c_1,c_2 以及最大、最小惯性权重 $\eta_{\max},\eta_{\min}$ 的值，并分别设定粒子的位置与速度范围。

步骤 3，适应度函数定义。采用适应度函数指导最小二乘支持向量机最优参数的搜寻，由于参数优化的目的是提高最小二乘支持向量机的预测精度，这里将适应度函数定义为最小二乘支持向量机的训练误差，计算公式如下：

$$F=\frac{1}{N}\sum_{i=1}^{N}\left(\hat{y}_i-y_i\right)^2 \tag{7-42}$$

其中，y_i 与 $\hat{y}_i$ 分别为实际值与预测值；N 为训练样本个数。将粒子的当前位置作为初始个体最优位置，利用适应度函数计算各粒子的适应度值，将其最好的粒子所对应的个体最优位置作为最初的全局最优位置。

步骤 4，粒子群进化。更新粒子的个体最优值位置 $\boldsymbol{P}_{i\text{best}}$ 为 $\min(F(\boldsymbol{U}_i),F(\boldsymbol{P}_{i\text{best}}))$ 所对应的位置，更新粒子的全局最优位置 $\boldsymbol{G}_{\text{best}}$ 为 $\min(F(\boldsymbol{U}_i),F(\boldsymbol{G}_{\text{best}}))$ 所对应的位置。按式（7-37）与式（7-38）更新粒子的速度与位置，按式（7-40）更新惯性权重 η 。

步骤 5，终止条件判断。若所有粒子最优位置对应的适应度值或者迭代次数满足要求，则停止计算。此时，全局最优位置 $\boldsymbol{G}_{\text{best}}$ 即为最小二乘支持向量机的最优参数组合 (γ^*,σ^{2*})；否则，$t=t+1$，转到步骤 3。

步骤 6，模型构建与预测。利用最优参数 (γ^*,σ^{2*}) 计算出参数 $\boldsymbol{\alpha}_i(i=1,2,\cdots,N)$ 和 $\boldsymbol{b}$ 的值后，建立最小二乘支持向量机并进行预测，再将预测值进行反归一化处理，得到原始数据的预测值，反归一化计算公式如下：

$$\delta=\overline{\delta}\left(\delta_{\max}-\delta_{\min}\right)+\delta_{\min} \tag{7-43}$$

7.3 京津冀区域物流与区域经济发展趋势预测

7.3.1 指标选取

利用最小二乘支持向量机-自适应惯性权重粒子群优化模型对京津冀区域物流与区域经济的发展趋势进行预测。京津冀区域物流的发展趋势预测中，选取五项区域物流指标进行预测，分别是物流业产值、货物周转量、基础投资占比、人均货运量和从业人数占比进行预测；京津冀区域经济的发展趋势预测中，选取地区生产总值、固定资产投资总额和进出口贸易总额三项指标进行预测。

7.3.2 模型训练与检验

选取2008~2014年以上指标的统计数据进行最小二乘支持向量机-自适应惯性权重粒子群优化模型的训练与检验，所用数据分别见表5-13和表4-5。根据式（7-41），将京津冀区域物流指标与区域经济指标的全部数据样本归一化到[0,1]范围内，然后利用归一化后的数据样本构建最小二乘支持向量机-自适应惯性权重粒子群优化模型并检验其预测性能。最小二乘支持向量机-自适应惯性权重粒子群优化模型中，自适应惯性权重粒子群优化算法的自身参数分别设为群体规模M=30，加速系数$c_1=c_2=2$，最大、最小惯性权重$\eta_{\max}=0.9$，$\eta_{\min}=0.1$，最大迭代次数$t_{\max}=50$。利用自适应惯性权重粒子群优化算法优化调整最小二乘支持向量机参数时，将仿真多次的最优结果对应的参数作为最优参数组合(γ^*,σ^{2*})，基于最优参数组合(γ^*,σ^{2*})构建最小二乘支持向量机，并利用最小二乘支持向量机分别预测2017~2020年的京津冀区域物流指标与区域经济指标。最后根据式（7-43）将所得预测值反归一化为原始数据的预测值。

为检验最小二乘支持向量机-自适应惯性权重粒子群优化模型的有效性，基于相同的数据样本集，分别利用粒子群优化算法优化参数的最小二乘支持向量机（记作最小二乘支持向量机-粒子群优化模型）和交叉验证法确定参数的最小二乘支持向量机（记作最小二乘支持向量机-交叉验证模型）预测京津冀区域物流指标和区域经济指标，将两模型的预测结果与最小二乘支持向量机-自适应惯性权重粒子群优化模型进行比较。其中，在最小二乘支持向量机-粒子群优化模型中，粒子群优化算法的自身控制参数设为群体规模 M=30，加速系数 $c_1=c_2=2$，最大、最小惯性权重 $\eta_{\max}=0.9$，$\eta_{\min}=0.1$，最大迭代次数 $t_{\max}=50$；最小二乘支持向量机-交叉验证模型采用 5 折交叉验证法（five-fold cross validation，5-CV）确定最小二乘支持向量机最优参数。

7.3.3　预测性能检验标准

采用两种不同的标准全面比较最小二乘支持向量机-自适应惯性权重粒子群优化模型、最小二乘支持向量机-粒子群优化模型和最小二乘支持向量机-交叉验证模型的预测性能。

第一种方法是利用预测相对误差（forecasting relative error，FRE）检验三模型的预测精度，FRE 定义如下：

$$\mathrm{FRE}=\frac{\hat{y}_\tau-y_\tau}{y_\tau}\times 100\% \tag{7-44}$$

其中，y_τ 与 $\hat{y}_\tau$ 分别为区域物流指标和区域经济指标的实际值与预测值；$\tau=1,2,\cdots,T$，T 为预测样本数。FRE 为正值，表示模型的预测值高于实际值；FRE 为负值，表示模型的预测值低于实际值；FRE 为零，表示模型的预测值与实际值相等。FRE 的绝对值越小，表明模型的预测精度越高。

第二种方法是选用均方根误差（root mean squared error，RMSE）、平均绝对误差（mean absolute error，MAE）、平均绝对百分比误差（mean absolute percentage error，MAPE）、西尔统计量（Theil）对三模型的预测性能进行综合检验。RMSE、MAE、MAPE 和 Theil 的计算公式如下：

$$\mathrm{RMSE}=\left[T^{-1}\sum_{\tau=1}^{T}\left(\hat{y}_\tau-y_\tau\right)^2\right]^{1/2} \tag{7-45}$$

$$\mathrm{MAE}=T^{-1}\sum_{\tau=1}^{T}\left|\hat{y}_\tau-y_\tau\right| \tag{7-46}$$

$$\mathrm{MAPE}=T^{-1}\sum_{\tau=1}^{T}\left|\hat{y}_\tau-y_\tau/y_\tau\right| \tag{7-47}$$

$$\mathrm{Theil}=\frac{\mathrm{RMSE}}{(T^{-1}\sum_{\tau=1}^{T}(\hat{y}_\tau)^2)^{1/2}+(T^{-1}\sum_{\tau=1}^{T}(y_\tau)^2)^{1/2}} \tag{7-48}$$

其中，y_τ 和 $\hat{y}_\tau$ 分别为区域物流发展指标和区域经济发展指标的实际值和预测值；$\tau=1,2,\cdots,T$，T 为预测样本数。RMSE、MAE、MAPE、Theil 值越小，表明模型的预测性能越好。

此外，还通过 TIME（时间）指标分别记录了自适应惯性权重粒子群优化算法、粒子群优化算法和 5 折交叉验证法算法搜索最小二乘支持向量机最优参数所需的时间。TIME 指标值越小，表明算法的搜索能力越强。

7.3.4　检验结果分析

1. 京津冀区域物流指标预测检验结果分析

表 7-1 列出了京津冀区域物流业产值预测结果，同时图 7-3 给出了京津冀区域物流业产值预测值曲线。由表 7-1 结合图 7-3 可知，相比于最小二乘支持向量机-粒子群优化模型和最小二乘支持向量机-交叉验证模型，最小二乘支持向量机-自适应惯性权重粒子群优化模型能更准确地预测出京津冀区域物流业产值的增长趋势。最小二乘支持向量机-自适应惯性权重粒子群优化模型 2009~2014 年的 FRE 值明显小于最小二乘支持向量机-粒子群优化模型和最小二乘支持向量机-交叉验证模型的对应值，其最大、最小 FRE 值①均比较小，仅为 0.28%和 0.00，表明最小二乘支持向量机-自适应惯性权重粒子群优化模型对京津冀区域物流业产值的预测精度明显高于最小二乘支持向量机-粒子群优化模型和最小二乘支持向量机-交叉验证模型。此外，最小二乘支持向量机-自适应惯性权重粒子群优化模型 2009~2014 年的 FRE 值都很小，说明最小二乘支持向量机-自适应惯性权重粒子群优化模型适合于京津冀区域物流业产值的长期预测。

表 7-1　京津冀区域物流业产值预测结果

年份	物流业产值/亿元	LSSVM-AIWPSO		LSSVM-PSO		LSSVM-CV	
		预测值/亿元	FRE/%	预测值/亿元	FRE/%	预测值/亿元	FRE/%
2009	2 520	2 525	0.20	2 542	0.86	2 616	3.80
2010	3 043	3 035	−0.28	3 007	−1.19	3 096	1.74
2011	3 487	3 493	0.17	3 502	0.43	3 510	0.66
2012	3 713	3 709	−0.10	3 722	0.24	3 678	−0.94
2013	3 892	3 893	0.04	3 882	−0.25	3 826	−1.69
2014	4 065	4 065	0.00	4 065	0.00	3 997	−1.67

① FRE 值以绝对值计，正负表示方向。

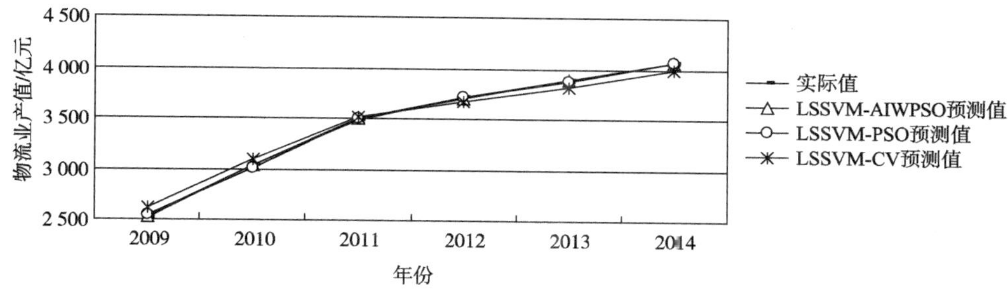

图 7-3　京津冀区域物流业产值预测值曲线

表 7-2 列出了京津冀区域货物周转量预测结果，同时图 7-4 给出了京津冀区域货物周转量预测值曲线。由表 7-2 结合图 7-4 可知，相比于最小二乘支持向量机–粒子群优化模型和最小二乘支持向量机–交叉验证模型，最小二乘支持向量机–自适应惯性权重粒子群优化模型能更准确地预测出京津冀区域货物周转量的波动变化趋势。最小二乘支持向量机–自适应惯性权重粒子群优化模型 2009~2014 年的 FRE 值明显小于最小二乘支持向量机–粒子群优化模型和最小二乘支持向量机–交叉验证模型的对应值，其最大、最小 FRE 值均比较小，仅为 0.52%和 0.06%，表明最小二乘支持向量机–自适应惯性权重粒子群优化模型对京津冀区域货物周转量的预测精度高于最小二乘支持向量机–粒子群优化模型和最小二乘支持向量机–交叉验证模型。此外，最小二乘支持向量机–自适应惯性权重粒子群优化模型 2009~2014 年的 FRE 值呈波动性变化趋势，2009 年、2011 年、2013 年的 FRE 值相对较大，而且不断增大，2010 年、2012 年、2014 年的 FRE 值相对较小，从 2010 年的 0.06%增加到 2012 年的 0.08%，之后又减小为 2014 年的 0.07%说明最小二乘支持向量机–自适应惯性权重粒子群优化模型适合于京津冀区域货物周转量的短期预测。

表 7-2　京津冀区域货物周转量预测结果

年份	货物周转量/（亿吨・千米）	LSSVM-AIWPSO		LSSVM-PSO		LSSVM-CV	
		预测值/（亿吨・千米）	FRE/%	预测值/（亿吨・千米）	FRE/%	预测值/（亿吨・千米）	FRE/%
2009	16 743	16 762	0.11	16 766	0.14	16 825	0.49
2010	19 013	19 001	−0.06	18 997	−0.08	18 968	−0.24
2011	20 967	20 881	−0.41	20 842	−0.60	20 786	−0.86
2012	19 450	19 434	−0.08	19 429	−0.11	19 381	−0.36
2013	15 823	15 906	0.52	15 944	0.77	15 986	1.03
2014	17 324	17 337	0.07	17 341	0.10	17 374	0.29

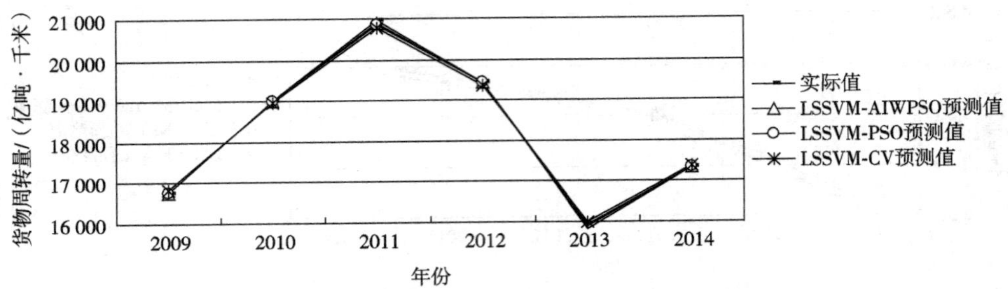

图 7-4　京津冀区域货物周转量预测值曲线

表 7-3 列出了京津冀区域基础投资占比预测结果，同时图 7-5 给出了京津冀区域基础投资占比预测值曲线。由表 7-3 结合图 7-5 可知，相比于最小二乘支持向量机-粒子群优化模型和最小二乘支持向量机-交叉验证模型，最小二乘支持向量机-自适应惯性权重粒子群优化模型能更准确地预测出京津冀区域基础投资占比的波动下降趋势。最小二乘支持向量机-自适应惯性权重粒子群优化模型 2009~2014 年的 FRE 值均小于最小二乘支持向量机-粒子群优化模型和最小二乘支持向量机-交叉验证模型的对应值，其最大、最小 FRE 值均较小，仅为 0.81%和 0.17%，有力证明最小二乘支持向量机-自适应惯性权重粒子群优化模型对基础投资占比的预测精度高于最小二乘支持向量机-粒子群优化模型和最小二乘支持向量机-交叉验证模型。此外，最小二乘支持向量机-自适应惯性权重粒子群优化模型 2009~2012 年的 FRE 值较小，分别为 0.21%、0.29%、0.17%和 0.26%，而 2013~2014 年的 FRE 值稍有增加，分别为 0.56%和 0.81%，说明最小二乘支持向量机-自适应惯性权重粒子群优化模型适合于京津冀区域基础投资占比的中短期预测。

表 7-3　京津冀区域基础投资占比预测结果

年份	基础投资占比/%	LSSVM-AIWPSO		LSSVM-PSO		LSSVM-CV	
		预测值/%	FRE/%	预测值/%	FRE/%	预测值/%	FRE/%
2009	10.05	10.07	0.21	10.14	0.86	10.32	2.64
2010	10.29	10.26	−0.29	10.18	−1.09	9.89	−3.87
2011	8.42	8.43	0.17	8.47	0.59	8.60	2.11
2012	8.81	8.79	−0.26	8.73	−0.86	8.73	−0.85
2013	8.64	8.59	−0.56	8.46	−2.09	8.40	−2.74
2014	8.08	8.15	0.81	8.31	2.88	8.35	3.30

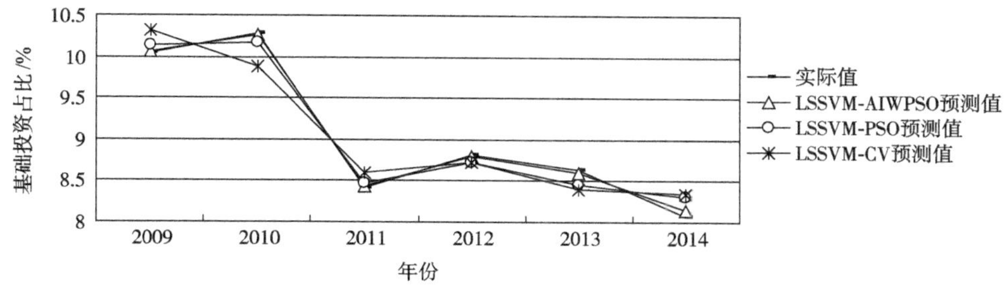

图 7-5　京津冀区域基础投资占比预测值曲线

表 7-4 列出了京津冀区域人均货运量预测结果，同时图 7-6 给出了京津冀区人均货运量预测值曲线。由表 7-4 结合图 7-6 可知，相比于最小二乘支持向量机-粒子群优化模型和最小二乘支持向量机-交叉验证模型，最小二乘支持向量机-自适应惯性权重粒子群优化模型能更准确地预测出京津冀区域人均货运量的波动上升趋势。最小二乘支持向量机-自适应惯性权重粒子群优化模型的最大、最小 FRE 值均较小，为 1.89%和 0.07%，小于最小二乘支持向量机-粒子群优化模型和最小二乘支持向量机-交叉验证模型的对应值；除 2014 年外，最小二乘支持向量机-自适应惯性权重粒子群优化模型的 FRE 值均明显小于其他两模型的对应值，说明整体上最小二乘支持向量机-自适应惯性权重粒子群优化模型对人均货运量的预测精度高于最小二乘支持向量机-粒子群优化模型和最小二乘支持向量机-交叉验证模型。此外，最小二乘支持向量机-自适应惯性权重粒子群优化模型 2009 年的 FRE 值很小，仅为 0.07%，2010~2011 年的 FRE 值稍有增加，为 0.21%和 0.29%，之后，FRE 值增加较大，2014 年的 FRE 值为 1.89%，说明最小二乘支持向量机-自适应惯性权重粒子群优化模型适合于京津冀区域人均货运量的中短期预测。

表 7-4　京津冀区域人均货运量的预测结果

年份	人均货运量/吨	LSSVM-AIWPSO		LSSVM-PSO		LSSVM-CV	
		预测值/吨	FRE /%	预测值/吨	FRE /%	预测值/吨	FRE /%
2009	18.36	18.37	0.07	18.15	−1.16	17.94	−2.30
2010	20.89	20.85	−0.21	21.22	1.60	21.56	3.21
2011	24.31	24.38	0.29	24.40	0.37	24.52	0.87
2012	27.05	26.54	−1.87	26.28	−2.85	26.02	−3.82
2013	24.63	24.60	−0.10	24.83	0.83	25.10	1.89
2014	25.90	26.39	1.89	26.26	1.38	26.01	0.42

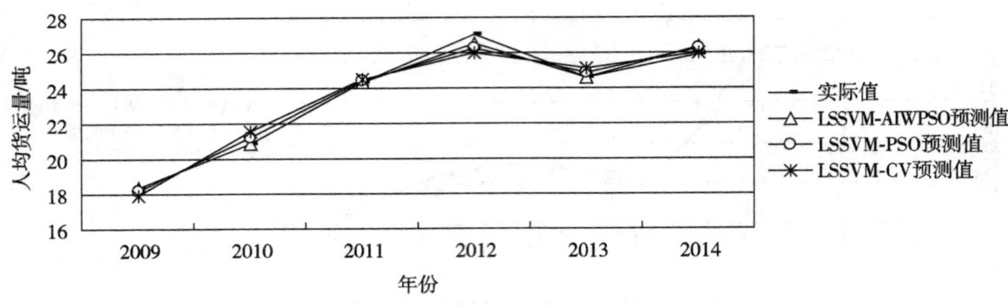

图 7-6 京津冀区域人均货运量预测值曲线

表 7-5 列出了京津冀区域从业人数占比的预测结果，同时图 7-7 给出了京津冀区域从业人数占比预测值曲线。由表 7-5 结合图 7-7 可知，相比于最小二乘支持向量机-粒子群优化模型和最小二乘支持向量机-交叉验证模型，最小二乘支持向量机-自适应惯性权重粒子群优化模型能更准确地预测出京津冀区域从业人数占比的波动变化趋势。最小二乘支持向量机-自适应惯性权重粒子群优化模型 2009~2014 年的 FRE 值总体上比较小，均未超过 1.00%，其最大、最小 FRE 值为 0.96%和 0.01%，小于最小二乘支持向量机-粒子群优化模型和最小二乘支持向量机-交叉验证模型的对应值；除 2014 年外，最小二乘支持向量机-自适应惯性权重粒子群优化模型的 FRE 值都显著小于其他两模型的对应值，说明整体上最小二乘支持向量机-自适应惯性权重粒子群优化模型对从业人数占比的预测精度高于最小二乘支持向量机-粒子群优化模型和最小二乘支持向量机-交叉验证模型。此外，最小二乘支持向量机-自适应惯性权重粒子群优化模型 2009 年的 FRE 值仅为 0.06%，2010 年其值增至最大值 0.96%，之后几年，FRE 值呈波动性变化趋势，到 2014 年，FRE 值为 0.39%，大于 2009 年的对应值。

表 7-5 京津冀区域从业人数占比的预测结果

年份	从业人数占比/%	LSSVM-AIWPSO		LSSVM-PSO		LSSVM-CV	
		预测值/%	FRE/%	预测值/%	FRE/%	预测值/%	FRE/%
2009	4.15	4.15	−0.06	4.14	−0.20	4.19	1.02
2010	4.51	4.55	0.96	4.66	3.22	4.64	2.95
2011	4.25	4.26	0.20	4.28	0.69	4.29	0.83
2012	6.62	6.59	−0.51	6.51	−1.70	6.35	−4.10
2013	4.04	4.04	0.01	4.04	0.02	4.09	1.33
2014	4.10	4.08	−0.39	4.05	−1.33	4.11	0.17

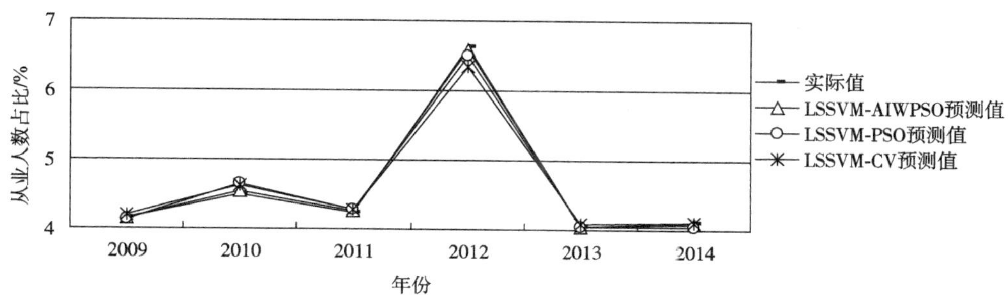

图 7-7　京津冀区域从业人数占比预测值曲线

表 7-6 列出了三模型对京津冀区域物流指标预测性能比较结果。由表 7-6 可知，最小二乘支持向量机-自适应惯性权重粒子群优化模型的 RMSE、MAE、MPE 和 Theil 值均小于最小二乘支持向量机-粒子群优化模型和最小二乘支持向量机-交叉验证模型的对应值，说明最小二乘支持向量机-自适应惯性权重粒子群优化模型对京津冀区域物流指标的预测性能优于其他两模型。通过比较最小二乘支持向量机-粒子群优化模型和最小二乘支持向量机-交叉验证模型的 RMSE、MAE、MPE 和 Theil 值可知，最小二乘支持向量机-粒子群优化模型的预测性能优于最小二乘支持向量机-交叉验证模型。由 TIME 指标可知，自适应惯性权重粒子群优化算法和粒子群优化算法搜索最小二乘支持向量机最优参数的时间只有 4~8 秒，明显少于 5 折交叉验证法的 30~80 秒。这主要是由于自适应惯性权重粒子群优化算法和粒子群优化算法具有较强搜索能力，提高了搜索最小二乘支持向量机最佳参数的速度，而 5 折交叉验证法由于计算工作量比较大，增加了搜索最小二乘支持向量机最优参数的时间。相对于粒子群优化算法，自适应惯性权重粒子群优化算法搜索最小二乘支持向量机最优参数所需时间整体上较小，具有更强的搜索能力。因此，从总体上，利用自适应惯性权重粒子群优化算法优化选择最小二乘支持向量机最优参数，不仅可以提高最小二乘支持向量机的预测精度，而且能够加快运算速度，减少最小二乘支持向量机建模时间。

表 7-6　三模型对京津冀区域物流指标预测性能比较结果

京津冀区域物流指标	模型	RMSE	MAE	MPE	Theil	TIME/秒
物流业产值	LSSVM-AIWPSO	4.965 6	4.159 0	0.001 3	0.000 7	4.953 1
	LSSVM-PSO	19.018 1	15.220 7	0.004 9	0.002 7	5.656 3
	LSSVM-CV	61.404 6	56.665 6	0.017 5	0.008 8	38.312 5
货物周转量	LSSVM-AIWPSO	50.120 7	37.906 2	0.002 1	0.001 4	4.500 0
	LSSVM-PSO	72.896 0	53.933 5	0.003 0	0.002 0	4.703 1
	LSSVM-CV	111.965 2	98.254 9	0.005 4	0.003 1	34.718 8

续表

京津冀区域物流指标	模型	RMSE	MAE	MPE	Theil	TIME/秒
基础投资占比	LSSVM-AIWPSO	0.037 9	0.033 5	0.003 8	0.002 1	7.456 8
	LSSVM-PSO	0.138 4	0.122 8	0.013 9	0.007 6	6.957 6
	LSSVM-CV	0.255 9	0.236 6	0.025 8	0.014 1	65.957 2
人均货运量	LSSVM-AIWPSO	0.289 9	0.191 5	0.007 4	0.006 1	6.193 2
	LSSVM-PSO	0.393 7	0.328 2	0.013 6	0.008 3	7.129 2
	LSSVM-CV	0.572 6	0.485 1	0.020 8	0.012 1	53.913 9
从业人数占比	LSSVM-AIWPSO	0.023 6	0.017 4	0.003 5	0.002 5	6.786 0
	LSSVM-PSO	0.079 1	0.058 4	0.011 9	0.008 4	7.035 6
	LSSVM-CV	0.127 5	0.090 6	0.017 4	0.013 6	73.117 7

2. 京津冀区域经济指标预测结果分析

表 7-7 列出了京津冀区域地区生产总值预测结果，同时图 7-8 给出了京津冀区域地区生产总值预测值曲线。由表 7-7 结合图 7-8 可知，相比于最小二乘支持向量机-粒子群优化模型和最小二乘支持向量机-交叉验证模型，最小二乘支持向量机-自适应惯性权重粒子群优化模型能更准确地预测出京津冀区域地区生产总值的上升变化趋势。最小二乘支持向量机-自适应惯性权重粒子群优化模型的最大、最小 FRE 值为 1.36%和 0.23%，小于最小二乘支持向量机-粒子群优化模型和最小二乘支持向量机-交叉验证模型的对应值；除 2013 年外，最小二乘支持向量机-自适应惯性权重粒子群优化模型的 FRE 值均小于其他两模型的对应值，说明最小二乘支持向量机-自适应惯性权重粒子群优化模型对京津冀区域地区生产总值的预测精度整体上高于最小二乘支持向量机-粒子群优化模型和最小二乘支持向量机-交叉验证模型。此外，最小二乘支持向量机-自适应惯性权重粒子群优化模型 2009 年的 FRE 值较小，为 0.95%，之后几年，FRE 值呈波动性变化趋势，2014 年的 FRE 值减小为 0.35%，说明最小二乘支持向量机-自适应惯性权重粒子群优化模型适合于京津冀区域地区生产总值的短期预测。

表 7-7 京津冀区域地区生产总值预测结果

年份	地区生产总值/亿元	LSSVM-AIWPSO		LSSVM-PSO		LSSVM-CV	
		预测值/亿元	FRE/%	预测值/亿元	FRE/%	预测值/亿元	FRE/%
2009	36 910	37 261	0.95	37 921	2.74	38 366	3.94
2010	43 732	43 229	−1.15	42 745	−2.26	42 500	−2.82

续表

年份	地区生产总值/亿元	LSSVM-AIWPSO		LSSVM-PSO		LSSVM-CV	
		预测值/亿元	FRE/%	预测值/亿元	FRE/%	预测值/亿元	FRE/%
2011	52 075	51 956	−0.23	51 310	−1.47	50 688	−2.66
2012	57 348	58 130	1.36	58 621	2.22	58 792	2.52
2013	62 686	61 940	−1.19	62 391	−0.47	62 828	0.23
2014	66 479	66 714	0.35	66 241	−0 36	66 056	−0.64

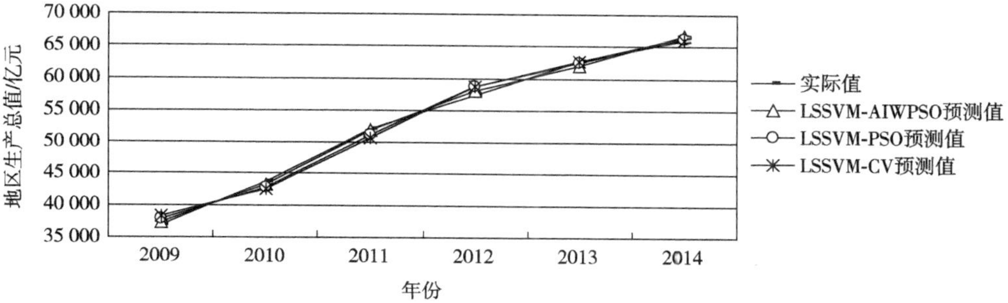

图 7-8　京津冀区域地区生产总值预测值曲线

表 7-8 列出了京津冀区域固定资产投资总额预测结果，同时图 7-9 给出了京津冀区域固定资产投资总额预测值曲线。由表 7-8 结合图 7-9 可知，相比于最小二乘支持向量机-粒子群优化模型和最小二乘支持向量机-交叉验证模型，最小二乘支持向量机-自适应惯性权重粒子群优化模型能更准确地预测出京津冀区域固定资产投资总额的上升变化趋势。最小二乘支持向量机-自适应惯性权重粒子群优化模型的最大 FRE 值为 2.84%，明显小于最小二乘支持向量机-粒子群优化模型和最小二乘支持向量机-交叉验证模型的对应值，其最小 FRE 值为 0.21%，稍大于最小二乘支持向量机-粒子群优化模型的对应值，但小于最小二乘支持向量机-交叉验证模型的对应值；除 2009 年和 2014 年外，最小二乘支持向量机-自适应惯性权重粒子群优化模型的 FRE 值均小于最小二乘支持向量机-粒子群优化模型的对应值，除 2010 年和 2012 年外，最小二乘支持向量机-自适应惯性权重粒子群优化模型的 FRE 值均小于最小二乘支持向量机-交叉验证模型的对应值，说明整体上最小二乘支持向量机-自适应惯性权重粒子群优化模型对京津冀区域地区生产总值的预测精度高于最小二乘支持向量机-粒子群优化模型和最小二乘支持向量机-交叉验证模型。此外，最小二乘支持向量机-自适应惯性权重粒子群优化模型 2009 年和 2010 年的 FRE 值较小，分别为 0.38%和 0.95%，2011 年增加到最大，之后，FRE 值又逐年减小，说明最小二乘支持向量机-自适应惯性权重粒子群优化模型适合于京津冀区域固定资产投资总额的短期预测。

表 7-8 京津冀区域固定资产投资总额预测结果

年份	固定资产投资总额/亿元	LSSVM-AIWPSO		LSSVM-PSO		LSSVM-CV	
		预测值/亿元	FRE/%	预测值/亿元	FRE/%	预测值/亿元	FRE/%
2009	21 871	21 954	0.38	21 795	−0.35	20 932	−4.29
2010	26 691	26 438	−0.95	26 170	−1.95	26 818	0.47
2011	28 763	29 581	2.84	30 745	6.89	31 581	9.80
2012	33 908	33 112	−2.35	32 942	−2.85	33 631	−0.82
2013	39 190	39 431	0.62	38 820	−0.94	38 725	−1.19
2014	45 221	45 128	−0.21	45 172	−0.11	43 958	−2.79

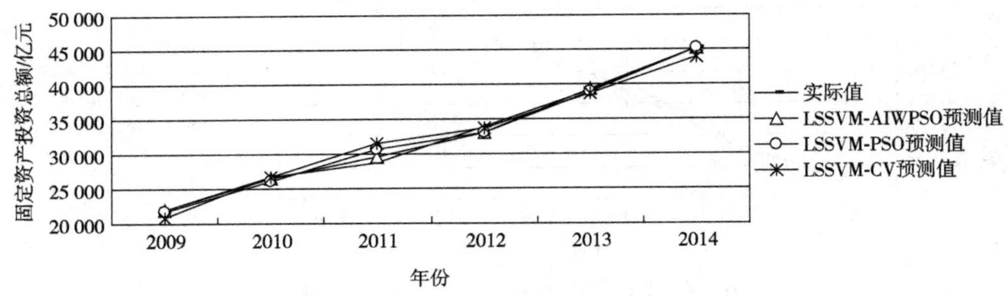

图 7-9 京津冀区域固定资产投资总额预测值曲线

表 7-9 列出了京津冀区域进出口贸易总额预测结果，同时图 7-10 给出了京津冀区域进出口贸易总额预测值曲线。由表 7-9 结合图 7-10 可知，相比于最小二乘支持向量机-粒子群优化模型和最小二乘支持向量机-交叉验证模型，最小二乘支持向量机-自适应惯性权重粒子群优化模型能更准确地预测出京津冀区域进出口贸易总额的上升变化趋势。最小二乘支持向量机-自适应惯性权重粒子群优化模型的最大 FRE 值小于最小二乘支持向量机-粒子群优化模型和最小二乘支持向量机-交叉验证模型的对应值，其最小 FRE 值大于最小二乘支持向量机-粒子群优化模型的对应值，但明显小于最小二乘支持向量机-交叉验证模型的对应值；除 2011 年和 2014 年外，最小二乘支持向量机-自适应惯性权重粒子群优化模型的 FRE 值小于最小二乘支持向量机-粒子群优化模型和最小二乘支持向量机-交叉验证模型的对应值，说明整体上最小二乘支持向量机-自适应惯性权重粒子群优化模型对京津冀区域进出口贸易总额的预测精度高于最小二乘支持向量机-粒子群优化模型和最小二乘支持向量机-交叉验证模型。此外，最小二乘支持向量机-自适应惯性权重粒子群优化模型 2009 年的 FRE 值最大，2010~2011 年有所减小，从 2012 年开始，FRE 值又逐年增加，说明最小二乘支持向量机-自适应惯性权重粒子群优化模型适合于京津冀区域进出口贸易总额的中短期预测。

表 7-9　京津冀区域进出口贸易总额预测结果

年份	进出口贸易总额/亿元	LSSVM-AIWPSO		LSSVM-PSO		LSSVM-CV	
		预测值/亿元	FRE/%	预测值/亿元	FRE/%	预测值/亿元	FRE/%
2009	21 219	22 494	6.01	22 500	6.04	26 537	25.06
2010	29 322	29 855	1.82	29 866	1.85	28 592	−2.49
2011	37 629	37 386	−0.65	37 418	−0.56	33 262	−11.61
2012	39 541	39 190	−0.89	39 156	−0.97	40 883	3.40
2013	42 164	41 560	−1.43	41 540	−1.48	41 038	−2.67
2014	41 949	41 338	−1.46	41 345	−1.44	41 512	−1.04

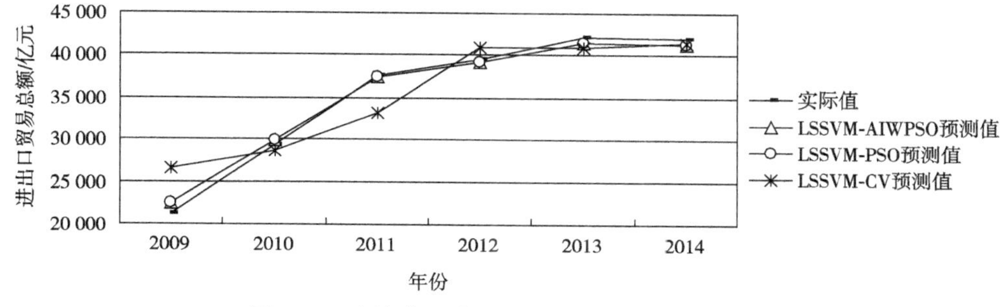

图 7-10　京津冀区域进出口贸易总额预测值曲线

表 7-10 列出了三模型对京津冀区域经济指标预测性能比较结果。根据 RMSE、MAE、MPE、Theil 值，最小二乘支持向量机-自适应惯性权重粒子群优化模型对京津冀区域经济三项指标的预测性能最优，最小二乘支持向量机-粒子群优化模型次之，最小二乘支持向量机-交叉验证模型的预测性能最差。由 TIME 值可知，最小二乘支持向量机-自适应惯性权重粒子群优化模型和最小二乘支持向量机-粒子群优化模型的运行时间为 4~5 秒，明显少于最小二乘支持向量机-交叉验证模型的 31~36 秒。因此，最小二乘支持向量机-自适应惯性权重粒子群优化模型可用于京津冀区域物流指标与区域经济指标的预测。

表 7-10　三模型对京津冀区域经济指标预测性能比较结果

京津冀区域经济指标	模型	RMSE	MAE	MPE	Theil	TIME/秒
地区生产总值	LSSVM-AIWPSO	518.623 9	456.088 2	0.008 7	0.004 8	5.000 0
	LSSVM-PSO	851.202 3	761.593 6	0.015 9	0.007 9	4.546 9
	LSSVM-CV	1 143.601 9	1 014.105 9	0.021 3	0.010 6	31.593 8
固定资产投资总额	LSSVM-AIWPSO	490.050 4	380.881 8	0.012 2	0.007 3	4.750 0
	LSSVM-PSO	937.962 9	660.725 8	0.021 8	0.014 0	4.859 4
	LSSVM-CV	1 337.213 6	981.557 8	0.032 3	0.020 0	35.343 8

续表

京津冀区域经济指标	模型	RMSE	MAE	MPE	Theil	TIME/秒
进出口贸易总额	LSSVM-AIWPSO	686.605 5	602.683 4	0.020 4	0.009 5	4.828 1
	LSSVM-PSO	693.159 3	608.157 3	0.020 6	0.009 6	4.937 5
	LSSVM-CV	2 919.819 5	2 220.270 7	0.077 1	0.040 6	35.968 8

7.3.5 外推预测

上述检验结果证实，最小二乘支持向量机-自适应惯性权重粒子群优化模型是一种有效的预测方法。本节利用最小二乘支持向量机-自适应惯性权重粒子群优化模型分别预测 2017~2020 年京津冀区域物流的五项指标和区域经济的三项指标。

表 7-11 列出了 2017~2020 年京津冀区域物流指标预测值。由表 7-11 可知，京津冀区域物流的五项指标在 2017~2020 年将呈现不同的变化趋势，其中，物流业产值与人均货运量、从业人数占比都将呈现波动性增长的变化趋势，基础投资占比将具有逐年增长的变化趋势，而货物周转量将出现波动性减少的变化趋势。

表 7-11　2017~2020 年京津冀区域物流指标预测值

京津冀区域物流指标	2017	2018	2019	2020
物流业产值/亿元	5 430	6 578	5 784	6 690
货物周转量/（亿吨·千米）	18 902	21 632	18 610	21 527
基础投资占比/%	7.49	9.20	9.73	10.06
人均货运量/吨	24.43	26.63	24.05	27.84
从业人数占比/%	4.15	4.56	3.63	4.83

表 7-12 列出了 2017~2020 年京津冀区域经济指标预测值。由表 7-12 可知，京津冀区域经济的三项指标在 2017~2020 年将呈现不同的变化趋势，其中，地区生产总值和固定资产投资总额将呈现逐年缓慢增长的趋势，进出口贸易总额将呈现波动性下降的趋势。

表 7-12　2017~2020 年京津冀区域经济指标预测值

京津冀区域经济指标	2017	2018	2019	2020
地区生产总值/亿元	79 462	82 573	83 735	83 897
固定资产投资总额/亿元	56 513	59 873	63 041	66 025
进出口贸易总额/亿元	41 566	40 330	39 766	41 286

7.4　本章小结

本章对京津冀区域物流与区域经济的未来发展变化趋势进行了预测。首先，归纳总结了区域物流预测方法，根据预测性质的不同，将区域物流预测方法分为定性预测方法和定量预测方法两大类，并详细介绍了常见的定性预测方法（专家会议法、德尔菲法、主观概率法）和定量预测方法（回归预测法、时间序列预测法、灰色预测法、神经网络预测法）以及它们各自的优缺点，这些方法同样适合于区域经济预测。其次，在介绍最小二乘支持向量机算法、粒子群优化算法、自适应惯性权重粒子群优化算法原理的基础上，构建了最小二乘支持向量机-自适应惯性权重粒子群优化模型，通过自适应惯性权重粒子群优化算法优化调整最小二乘支持向量机的参数。再次，利用最小二乘支持向量机-自适应惯性权重粒子群优化模型预测京津冀区域物流的五项衡量指标（物流业产值、货物周转量、基础投资占比、人均货运量、从业人数占比）和京津冀区域经济的三项衡量指标（地区生产总值、固定资产投资总额、进出口贸易总额），通过预测性能检验标准 FRE、RMSE、MAE、MAPE、Theil 和 TIME 指标检验了最小二乘支持向量机-自适应惯性权重粒子群优化模型的预测性能。结果表明，相比于最小二乘支持向量机-粒子群优化模型和最小二乘支持向量机-交叉验证模型，最小二乘支持向量机-自适应惯性权重粒子群优化模型能更准确地预测出京津冀区域物流与区域经济的变动趋势，预测精度和预测效率更高，可用于京津冀区域物流指标与区域经济指标的预测。最后，利用最小二乘支持向量机-自适应惯性权重粒子群优化模型对 2017~2020 年京津冀区域物流指标与区域经济指标进行了预测。结果表明，京津冀区域物流指标与区域经济指标均呈现不同的变化趋势。京津冀区域物流的五项指标中，物流业产值与人均货运量、从业人数占比将波动性增长，基础投资占比将逐年增长，而货物周转量将波动性减少。京津冀区域经济的三项指标中，地区生产总值和固定资产投资总额将逐年缓慢增长，进出口贸易总额将波动性下降。

参 考 文 献

[1]唐万梅. 几个预测方法及模型的研究[D]. 内蒙古大学博士学位论文，2006.

[2]唐小我. 预测理论及其应用[M]. 武汉：电子科技大学出版社，1992.
[3]齐小华，高福安. 预测理论与方法[M]. 北京：北京广播学院出版社，1994.
[4]耿立艳. 物流需求的智能预测方法[M]. 北京：科学出版社，2016.
[5]Bowerman B L，O' Connell R T. Forecasting and Time Series：An Applied Approach[M]. 3rd ed. Belmont：Duxbury Press，1993.
[6]王晓佳. 基于数据分析的预测理论与方法研究[D]. 合肥工业大学博士学位论文，2012.
[7]张晓峒. 计量经济学基础[M]. 第二版. 天津：南开大学出版社，2006.
[8]邓聚龙. 灰理论基础[M]. 武汉：华中科技大学出版社，2002.
[9]刘思峰，郭天榜，党耀国. 灰色系统理论及其应用[M]. 第二版. 北京：科学出版社，1999.
[10]傅立. 灰色系统理论及其应用[M]. 北京：科学技术文献出版社，1992.
[11]阎平凡，张长水. 人工神经网络与模拟进化计算[M]. 第二版. 北京：清华大学出版社，2005.
[12]钟颖，汪秉文. 基于遗传算法的 BP 神经网络时间序列预测模型[J]. 系统工程与电子技术，2002，24（4）：9-11.
[13]田景文，高美娟. 人工神经网络算法研究及应用[M]. 北京：北京理工大学出版社，2006.
[14]田雨波. 混合神经网络技术[M]. 北京：科学出版社，2009.
[15]马锐. 人工神经网络原理[M]. 北京：机械工业出版社，2010.
[16]Moody J，Darken C. Fast learning in networks of locally-tuned processing units[J]. Neural Computation，1989，（1）：281-294.
[17]俞立军，贲可荣. 基于神经网络的软件可靠性模型的实现与分析[J]. 计算技术与自动化，2002，21（3）：1-4.
[18]海金 S. 神经网络原理[M]. 第 2 版. 叶世伟，史忠植译. 北京：机械工业出版社，2004.
[19]Suykens J A K，Vandewalle J. Least squares support vector machine classifiers[J]. Neural Processing Letters，1999，9（3）：293-300.
[20]Vapnik V N. An overview of statistical learning theory[J]. IEEE Transactions on Neural Networks，1999，10（5）：988-999.
[21]王晶，刘博，冯艳红. 蚁群神经网络在短期负荷预测的应用[J]. 计算机工程与设计，2008，29（7）：1797-1799.
[22]孙斌，姚海涛. 基于 PSO 优化 LSSVM 的短期风速预测[J]. 电力系统保护与控制，2012，40（5）：85-89.
[23]莫元富. 车联网环境下交通信息分发与处理关键技术研究[D]. 吉林大学博士学位论文，2016.
[24]廉德胜. 基于改进人工蜂群算法的 LSSVM 燃气负荷预测[D]. 上海师范大学硕士学位论文，2016.
[25]阎威武，常俊林，邵惠鹤. 基于滚动时间窗的最小二乘支持向量机回归估计方法及仿真[J]. 上海交通大学学报，2004，38（4）：524-532.
[26]崔万照，朱长纯，保文星，等. 最小二乘小波支持向量机在非线性系统辨识中的应用[J]. 西安交通大学学报，2004，38（6）：562-565，586.
[27]陈磊，张土乔. 基于最小二乘支持向量机的时用水量预测模型[J]. 哈尔滨工业大学学报，2006，38（9）：1528-1530.
[28]刘瑞兰，骆中华，苏宏业. 基于最小二乘支持向量机的复合肥装置养分含量的软测量建模[J]. 化工自动化及仪表，2006，33（5）：51-54.
[29]曹一波，谢小鹏. 基于最小二乘支持向量机的磨损预测[J]. 润滑与密封，2007，32（2）：

138-141，186.
[30]江田汉，束炯. 基于LSSVM 的混沌时间序列的多步预测[J] 控制与决策，2006，21（1）：77-80.
[31]贾嵘，蔡振华，康睿. 基于最小二乘支持向量机的系统边际电价预测[J]. 高电压技术，2006，32（11）：145-148.
[32]姜云春，邱静，刘冠军. 基于最小二乘支持向量机建模的电液伺服系统故障检测方法[J]. 机床与液压，2007，35（1）：229-231.
[33]赵永平，孙健国. 基于滚动窗法最小二乘支持向量机的稳健预测模型[J]. 模式识别与人工智能，2008，21（1）：1-5.
[34]肖支才，王杰，王永生. 基于在线 LS-SVM 算法的变参数混沌时间序列预测[J]. 航空计算技术，2010，40（3）：29-33，37.
[35]王晓兰，康蕾. 在线模糊最小二乘支持向量机的时间序列预测[J]. 计算机工程与应用，2010，46（9）：215-216，240.
[36]于谦龙，顾晓敏. 基于最小二乘支持向量机的高校财务困境预警研究[J]. 统计与决策，2011，（8）：142-144.
[37]范忻，汪云甲，张书建. 基于GA 和 LS-WSVM 矿区地表下沉系数预测[J]. 煤炭工程，2012，（6）：97-99.
[38]赵自明，郝向阳，赵杰. 影像边缘特征与 LS-SVM 的点云边缘残缺区域修补方法[J]. 测绘科学，2012，37（4）：99-101.
[39]陈卫民，陈志刚. 基于PSR-LSSVM 的网络流量预测[J]. 计算机科学，2012，29（7）：92-95.
[40]熊伟丽，王肖，陈敏芳，等. 基于加权 LS-SVM 的青霉素发酵过程建模[J]. 化工学报，2012，63（9）：2913-2919.
[41]孟银凤，梁吉业. 基于最小二乘支持向量机的函数型数据回归分析[J]. 模式识别与人工智能，2014，27（12）：1124-1130.
[42]耿立艳. 股指波动率的最小二乘支持向量机预测方法[J]. 统计与决策，2015，（9）：90-92.
[43]王志宏，乔楠. 煤与瓦斯突出强度的 IGA-LSSVM 预测模型[J]. 辽宁工程技术大学学报（自然科学版），2015，34（7）：791-796.
[44]朱龙，梁昌勇，张月锋，等. 基于灰色最小二乘支持向量机的地方政府行政编制规模预测研究[J]. 经济与管理评论，2015，（4）：154-160.
[45]周学君，唐轶. 基于最小二乘支持向量机的非饱和土的有效应力参数预测方法[J]. 统计与决策，2016，（18）：29-33.
[46]赵朋程，刘彬，高伟，等. 用于水泥熟料 fCaO 预测的多核最小二乘支持向量机模型[J]. 化工学报，2016，67（6）：2480-2487.
[47]向小东，张婧旭，陈庚. 福建省物流需求中的货物运输量预测研究[J]. 福州大学学报（哲学社会科学版），2009，23（3）：21-25.
[48]耿立艳，赵鹏，张占福. 基于二阶振荡微粒群最小二乘支持向量机的物流需求预测[J]. 计算机应用研究，2012，29（7）：2558-2560.
[49]李泓泽，郭森，李春杰. 果蝇优化最小二乘支持向量机混合预测模型——以我国物流需求量预测为例[J]. 经济数学，2012，29（3）：103-106.
[50]耿立艳，丁璐璐. 基于灰关联分析的最小二乘支持向量机物流需求预测[J]. 物流技术，2013，32（10）：130-132，135.
[51]周正勇，林静. 基于粒子群优化的 LS-SVM 的福建航空物流需求预测[J]. 物流工程与管理，

2014，(7)：52-54.
[52]牛三勇. 节假日电商打折中物流量突变预测方法研究[J]. 物流技术，2014，33(3)：160-162.
[53]耿立艳. 基于 GRA 与 KPCA 的 LSSVM 物流需求预测[J]. 交通运输系统工程与信息，2015，15(1)：137-142.
[54]刘文博. 基于加权最小二乘支持向量机的应急物资需求预测方法[J]. 物流技术，2015，34(18)：163-166.
[55]耿立艳，郭斌. 基于 LSSVM-DACPSO 模型的物流需求预测[J]. 统计与决策，2015，(14)：78-81.
[56]Vapink V. 统计学习理论的本质[M]. 张学工译. 北京：清华大学出版社，2000.
[57]杨丹. 基于 ANN 和 LSSVM 的软件可靠性模型组合与优化研究[D]. 南京航空航天大学硕士学位论文，2016.
[58]Kennedy J，Eberhart R C. Particle swarm optimization[C]. Proceedings of IEEE International Conference on Neutral Networks，Perth Australia，1995.
[59]Eberhart R C，Kennedy J. A new optimizer using particle swarm theory[C]. Proceedings of Sixth International Symposium Micro Machine and Human Science，Nagoya，Japan，1995.
[60]Shi Y，Eberhart R C. Empirical study of particle swarm optimization[C]. Proceedings of the 1999 IEEE Congress on Evolutionary Computation，Washington D C，USA，1999.
[61]夏晓华，刘波，栾志业，等. 基于 APSO 的非线性预测控制及在 pH 中和反应中的应用[J]. 化工自动化及仪表，2006，33(1)：24-27.
[62]吴洲，田鹏，潘丰. 基于 APSO-LSSVM 的软测量建模研究[J]. 自动化技术与应用，2009，28(1)：6-9.
[63]熊建秋. 水科学信息分析计算新方法及其应用[D]. 四川大学博士学位论文，2006.
[64]Tang X，Zhuang L，Cai J，et al. Multi-fault classification based on support vector machine trained by chaos particle swarm optimization[J]. Knowledge-Based Systems，2010，23(5)：486-490.
[65]谢春利. 基于最小二乘支持向量机的非线性系统自适应控制方法的研究[D]. 大连理工大学博士学位论文，2011.

第 8 章　京津冀区域物流与区域经济协同发展对策研究

根据前面的实证分析，近几年来，京津冀区域物流系统与区域经济系统尚处于不稳定的协同发展状态，两者并未实现真正的协同、均衡和可持续发展。本章在分析京津冀区域物流与区域经济协同发展存在问题的基础上，并借鉴国内其他省、市、地区的先进经验，提出促进京津冀区域物流与区域经济协同发展的总体思路与对策建议。

8.1　京津冀区域物流与区域经济协同发展中存在的问题

8.1.1　区域协同发展观念不强

京津冀区域物流与区域经济协同发展的市场经济体制和运行机制尚未形成。当前，京津冀区域包括三个独立的行政区，这就决定了三方政府在制定政策时，仅将其他利益主体和整个区域的利益作为影响自己利益实现的因素来考虑，不会将其他主体的利益和整个区域利益作为行动目标来考虑，区域经济目标的实现仍受行政区域目标的制约。因此，当自身利益与区域利益发生矛盾时，三地区更多考虑自身的利益，这样就谈不上区域物流与区域经济的整体规划与协同发展，更别说超越行政区域的协同力量了。与珠江三角洲、长江三角洲相比，京津冀区域的国有经济所占比重比较大，体制转换较慢，市场主体不活，市场体系不甚健全，三地区之间长期实行条块分割、行业垄断和地方保护主义，加之与物流业相关的某些垄断行业的改革滞后，政企不分，行政性垄断经营依然严重，这阻碍了区域乃至全国统一公平的物流市场环境的建立，从而形成了京津冀区域物流与区域经济协同发展的体制性障碍[1]。

8.1.2 区域性经济中心城市缺失

京津冀区域目前尚未形成符合本区域物流业要求的跨地区、跨行业、复合型的物流产业[2]。与珠江三角洲、长江三角洲相比，京津冀区域缺失区域性经济中心城市，没有形成类似上海和广州这样的龙头，中心城市的带动作用不强。与上海作为长江三角洲中心城市的龙头带动作用相比，北京、天津两市作为京津冀的“双核心”城市，两者之间的关系定位比较模糊，没有形成紧密的分工协作关系，对区域经济的辐射带动作用还很有限。由于北京、天津两市的经济规模与功能相差不大，北京市要统领天津市，或天津市统领北京市都是不现实的。改革开放三十余年的时间里，北京市对京津冀区域产生的是负拉动效用，大量从天津市、河北省抽取资源、资金和人才，体现了增长极理论的内部集聚效应。但是，北京市却没有反哺外围的区域经济，没有体现出扩散效应。可以说，北京市充分利用其明显的政治优势，长期一枝独秀，在某种程度上是以天津市的衰退、河北省的落伍为代价的。目前北京市在长远规划中已明确将摆脱现有工业中心的发展模式，向全国的政治和文化中心、世界著名古都和宜居城市发展，但北京市的发展规划没有将京津冀区域的一体化放在重要位置来考虑，主要是从追寻自我循环的角度来设定其城市的空间布局和产业结构调整，忽视了周边城市的发展。因此，京津冀区域没有辐射整个区域的经济中心城市，从而也就很难产生跨区域、跨行业、复合型的区域物流产业。

8.1.3 区域物流的产业基础尚未形成

多年来，京津冀三地区之间各自为战，城市发展目标相似，在产业政策上追求大而全。相互之间争资源、争项目、争投资等过度竞争和封闭竞争严重，导致重复建设、产业结构趋同[3]。京津冀区域的港口建设最为典型，很多港口在货物吞吐量还没达到设计能力时就忙着扩建。在河北省、天津市漫长的海岸线上，从北到南依次分布着秦皇岛港、唐山港、天津港、黄骅港四大港口。尽管目前这几个港口都存在货物吞吐量不足的问题，但它们各自仍在不断加大投资扩建力度。

许多重复建设带来了大量的经济损失与浪费，这种缺乏有效的沟通与协调、缺少区域间的分工协作的工作，不仅造成京津冀区域的资源无效配置和经济发展水平相对落后，而且阻碍了区域之间物资和商品的流动，制约了京津冀区域物流协作与协同发展，最终将导致整个区域的产业发展陷入困境。

8.1.4 快速便捷的区域间城际交通体系缺乏

京津冀三地区对区域间城际交通线路和网络建设重视有待提高，目前还难以充分满足城际客货运输迅速、便利、安全、经济的需要。许多重要交通枢纽之间交通联系仍然不便。首先，京津冀区域内的道路交通设施发达，但各地区的发展并不均衡。区域内路网呈现出以北京市为中心的放射型结构特点。这种结构一方面导致与北京市无关的客货流量都要经过北京市交通枢纽或在此中转，造成枢纽能力紧张，给北京市区内部城市交通产生很大压力；另一方面运距增加，造成运输成本增加，在一定程度上限制了北京市周边城市之间的相互协作和发展[4]。其次，京津冀区域尽管有天津港、秦皇岛港、唐山港、黄骅港等北方的重要港口，但各港口均独自经营，它们之间的竞争大于合作。京津冀区域拥有北京首都国际机场、天津滨海国际机场、石家庄正定国际机场等大型机场，但是，由于经营体制、航线设置、经济发展水平、交通联系便捷程度等方面的差异，天津滨海国际机场和石家庄正定国际机场的运量一直不足，而北京首都国际机场的运输能力持续饱和，已建设第二机场。此外，冀中与冀东城市之间、北京首都国际机场与天津市之间、天津滨海国际机场与北京市之间缺乏直通线路。京津冀区域大城市之间交通联系方式比较单一，客货运输缺乏可供替代的选择与必要的竞争。总之，京津冀区域的对外交通基础设施在全国占有重要地位，但设施规模和发展水平不平衡。京津冀三地区在交通设施项目上存在盲目竞争、重复建设、片面追求大而全的现象，难以形成区域整体竞争的合力。

8.1.5 区域物流信息系统平台建设有待完善

京津冀区域有不少物流企业已建立了物流信息系统，有的地方还建立了公共物流信息平台。但由于大部分物流企业都是由传统的货代、船代、仓储和运输等企业演变而来，其物流信息化水平相对较低，缺乏统一协调沟通，物流信息系统与公共物流信息平台标准不一，难以实现物流信息在企业之间的互联互通和物流资源的有效配置。区域物流企业要提供一体化的物流服务，其开发的物流信息系统要涉及与供应链上所有环节的信息系统的数据接口问题，加之物流业务的运作需要与众多部门（银行、税务、保险、海关、检验检疫、交通、交管、外贸等政府职能部门）进行沟通和协调。但是，目前这些部门的信息无法共享，每个部门均从各自的利益出发考虑问题，甚至各自出台的政策常有冲突和矛盾，造成办公效率低下[5]。这不仅严重制约了区域物流企业的发展壮大，而且也阻碍了京津冀区域物流的发展。

此外，京津冀三地区的物流尚无统一的标准。一方面，区域内物流基本设备没有统一的规范，一定程度上影响了货物在运输、仓储、搬运过程中的机械化、自动化水平的提高及协调运作的效率。另一方面，区域物流信息标准化建设有待完善，许多部门和单位都在建设自己的信息数据库，但由于技术方面的原因，这些信息数据库之间无法有效连接。同时，京津冀区域的物流领域还没有公共数据接口的行业和国家编码标准，造成了物流活动过程中互不兼容、数据无法自由交换与共享，降低了货物运输的效率。

8.1.6 区域物流人才发展不均衡

作为知识密集、技术密集和劳动密集于一体的行业，物流业对于精通物流业务和懂得物流管理的高素质物流人才需求量大。由于北京市和天津市两地对河北省人力资源的“虹吸作用”，京津冀三地存在明显的物流人才发展不均衡问题。出现这种情况原因是多方面的，既有行政分割、机制体制方面的原因，又有思想观念、经济发展不平衡方面的原因。从行政和体制看，京津冀三地区是三个独立的行政区，互不隶属，三地区政府在制定发展政策时，以自我为主，没有把区域整体利益放在首位，区域物流发展的实现仍然受到行政分割的制约，特别是户口管理制度和社会保障制度的约束，这种分割在中国现行体制下影响了三地区物流人才政策的统一与衔接，成为抑制物流人才自由流动的重要因素；从观念和经济看，长期以来，河北省并没有把北京、天津两市视作一个经济体，一个蕴含无限商机、聚集了高层次生产要素的市场，而“服务京津，依托京津”的观念意识较强；北京、天津两市则依靠地缘、政治、经济、政策等优势，大量吸引河北省的资金、技术、人才[6]，其结果是进一步拉大了河北省与北京、天津两市的差距，形成明显的经济不平衡。这种经济不平衡必然引起物流人才的教育程度、工资水平、福利待遇、创业平台、开发投入、发展前景等多方面的不平衡。这种现实情况加速了河北省的物流人才向北京、天津两市的流动，严重影响了河北省自身物流的发展，同时也在很大程度上影响了京津冀区域物流的整体发展。

8.2　京津冀区域物流与区域经济协同发展总体思路

物流业作为整合运输、存储、加工配送与信息等功能的综合性现代服务产业，是区域经济的重要内容之一。京津冀区域物流与区域经济的协同发展，对于转变京津冀区域经济发展方式、调整优化区域产业结构、扩大区域对外开放和提升区域竞争水平具有十分重要的促进作用。京津冀区域物流与区域经济协同发展是一项长期而且艰巨的系统工程，不仅要求区域物流与区域经济两个子系统各自有序发展，同时要求两个子系统之间能够协调、同步发展。

京津冀区域物流与区域经济协同发展的总体思路是：在京津冀协同发展背景下，以区域经济结构调整优化为主线，以实现区域物流的跨越式发展与促进区域物流与区域经济协同发展为目标，结合目前京津冀区域物流的发展特点及趋势，实行北京市优先发展、天津市和河北省逐步推进的梯度发展战略，优化京津冀区域物流的发展布局，切实加强区域物流基础设施建设，不断创新区域物流的服务运作模式，大力推进区域物流的信息化与标准化建设，积极营造区域物流发展的政策环境，完善区域物流发展的体制与机制，加强区域物流的合作互动[7]，从而推动京津冀区域物流与区域经济的快速、协同、可持续发展。

8.3　京津冀区域物流与区域经济协同发展对策建议

8.3.1　保证区域物流供需的综合调整

区域物流供需平衡是京津冀区域物流与区域经济协同发展的重要保障，保证充足的区域物流供给尤为重要。区域物流的良好发展可以对京津冀区域经济发展产生积极影响，而京津冀区域经济发展也会通过刺激区域物流需求、提高区域物流供给能力来拉动京津冀区域物流的发展。京津冀区域应在创造区域物流需求的同时，兼顾区域物流供给能力的调整，实现区域物流供需相配合的综合调节。

1. 创造区域物流需求

从京津冀区域实际情况来看，创造多层次、多样化的区域物流需求是切实可行的促进区域经济发展的对策，同时也符合京津冀区域物流企业起点不同、发展存在差距的现状。大型物流企业需要高标准、信息化程度高和一体化的服务方式，而小型物流企业受自身经济能力限制，只要求仓储、运输等单项服务。采取刺激区域消费和推动区域进出口贸易的手段，积极开发部分优势产业，能够达到刺激区域物流需求的目的[8]。随着京津冀区域的经济、电子商务技术不断创新与发展，居民的生活水平以及消费方式都得到了改善，网上批发、购物、配送的发展和消费水平的增长能够有效刺激物流需求的产生。区域进出口贸易对区域物流需求的刺激作用主要表现在产品交换引致的货物流动需求的增加上，可以着重从争取吸引外部产品、消除贸易壁垒入手，为产品的流通创造有利条件，达到刺激区域物流需求的目的。此外，京津冀区域还可以与其他省份联合，利用自身的资源优势，开发能源化工业、旅游业等产业，在增强区域经济实力的同时，创造更多的区域物流需求。

区域物流需求对区域经济发展的促进作用是有限的，过度的区域物流需求可能挫伤市场的积极性，对区域经济发展产生负面影响。因此，刺激京津冀区域物流需求的力度需保持适度，同时密切关注影响区域物流供给的相关指标，为京津冀区域物流与区域经济的良好发展提供基础保障。

2. 调整区域物流供给能力

1）合理规划区域物流体系

目前，北京市、天津市、河北省三地区已从各自需要出发，制定了适合于各自地区的物流发展规划，但京津冀区域目前还没有统一的物流发展规划。京津冀区域有关部门应结合京津冀三地区物流发展规划及国家物流发展规划纲要精神，综合与物流有关行业的发展规划情况，在做好前期充分调查和研究工作的基础上，尽快制定出京津冀区域物流协作纲要，合理规划京津冀区域物流体系，以推动区域物流的协同、健康发展。

京津冀区域物流协作规划的制定，应以区域物流基础平台为重点，包括公路、铁路、水路和航空在内的综合干线网络，特别是区域节点的位置与规模的规划，并对区域内交通网络和各类物流节点进行有机结合配置，形成协同网络。在京津冀区域内，以北京、天津及河北的石家庄、唐山、廊坊、保定等十一个地级市重点发展城市为“点”，“点”与“点”之间的交通和信息脉络为轴，进行点轴开发规划，特别应重视天津市滨海新区和河北省曹妃甸港区建设所带动的周围经济的发展，发挥协同网络效应，实现京津冀区域物流一体化的密切契合。同时，区域物流规划应着重于解决地区的物流规模布局与发展顺序，提供融资、土地、管理等方面的支持。京津冀区域经济运行部门的规划应着重于现代物流和本部门运行的特点，在统筹考虑交通干线、主枢纽规划建设的基础上，通过广泛调查区域生产力布局、区域物流现状，根据各种运输方式衔接的可能，在区域范围内规划物流园区的空间布局、用地规模与未来发展。要限制区域内各自盲目、重复新建市场的行为，创造条件，按区域产业一体化的要求整合现有区域物流市场，优化区域物流市场布局。

2）完善区域物流基础设施建设

首先，应加快京津冀区域交通物流基础设施的建设步伐，在区域已有主干道基础上，扩大支干道交通设施网络的建设，力争实现交通网络在区域内各个城市全覆盖。应把京津冀海、陆、空交通与区域综合交通网络有机连接起来，形成京津冀区域交通、物流一体化建设模式，通过交通系统的整体规划，为区域物流的发展提供安全、快捷、经济的交通网络和运输体系。其次，在综合考虑京津冀区域的交通环境、交通政策以及配送需求等因素的基础上，应加大对冷链设备、大甩挂车等重要设备设施的支持力度，并且可以选择装卸作业方便、装载能力较强、绿色环保的经济型运输工具。此外，还应加快京津冀区域相关产业（重型汽车制造业）的发展，注重鼓励政策与措施的实施，保护运输企业、运输工具制造业的可持续发展。

需要注意的是，区域物流供给能力不是越高越好，如果供过于求，反而会在一定程度上阻碍京津冀区域经济的发展。因此，应该将区域物流基础设施数量的增长幅度控制在一定范围之内，使京津冀区域物流供需水平与区域经济保持协同、合理的发展。

8.3.2　全面提升区域物流企业的核心竞争力

1. 建立合理规范的区域物流企业管理体系

物流管理水平的高低可以直接反映物流企业的竞争力。京津冀区域物流企业应当努力学习国内外物流企业的管理方式，吸取先进的物流管理经验来消除传统物流管理方式的弊端，建立规范化、合理化的京津冀区域物流企业管理体系，并且要不断探索适合京津冀区域物流业整体环境的物流管理模式，不断提升区域物流企业的核心竞争力[9]。

2. 提升区域物流企业服务创新能力

服务能力的高低将直接影响到京津冀区域物流企业在物流市场竞争中的地位。随着物流市场竞争的愈发激烈，区域物流企业只有不断应用新技术来提升自身的服务水平及服务质量，才能有实力满足不同层次客户的需求，才能形成企业的核心竞争力。因此，京津冀区域物流企业应该注重在组织管理、物流实施等方面逐渐培养和增强自身实力，通过不断创新来提供高品质的物流服务、拓展物流服务的层次，以便有效赢得物流市场，在激烈的物流市场竞争中占有一席之位[10]。

3. 加强区域物流企业功能合作

区域物流企业的联合发展能够有效解决区域物流企业资源有限性的问题。不同物流企业针对顾客不同的物流需求，采取灵活多样的联合方式，能够让各自的优势得到充分的发挥，联合的方式有资产层的联合、管理层的联合、解决方案上的合作等。与部分知名物流企业相比，京津冀区域物流企业在物流技术、管理理念以及服务质量等很多方面存在差距。在这种情况下，应当鼓励京津冀区域物流企业选择重组、联合、兼并等方式发展成大型物流企业，通过项目融资等方式与国内外知名的物流企业建立战略合作关系，组建一批跨区域的大型物流企业集团，以加快区域物流业的发展。这是提高京津冀区域物流技术和服务水平的有效途径，同时也是提升区域物流企业综合实力的良好平台。

8.3.3 全方位提高区域物流信息技术水平

1. 构建区域公共物流信息系统平台

京津冀区域公共物流信息系统平台的构建，可以将供应链上的各企业连接起来，为区域内的物流企业提供“一站式”接入服务。企业的物流信息系统只需与公共物流信息平台进行连接，即可实现物流链上所有环节的信息系统互联互通。京津冀区域公共物流信息系统平台能够整合区域内的信息资源，实现区域信息共享，弥补不同行政区划所带来的信息阻隔的弊病，解决区域内物流企业物流信息系统与各部门沟通与协调的困难。另外，通过区域公共物流信息系统平台，京津冀区域物流企业可以发布、查询和接收物流运作信息，这有助于提高整个物流作业环节运作的透明度和闲置物流资源的利用率，减少物流信息处理、交换的环节，缩短物流运作的周期，降低物流系统整体运行成本，实现京津冀区域物流的规模效益，加快区域物流协作的进程，促进区域经济的发展。

2. 加快区域物流企业的信息化建设

区域物流企业的信息化建设是构建京津冀区域公共物流信息系统平台的基础和核心。区域物流企业需要将物流信息系统建设作为企业发展的重要战略，大力倡导和鼓励区域物流企业进行自主创新，用先进技术武装物流业，加快京津冀区域物流业信息化与现代化的步伐。区域物流企业应当采取信息技术硬件与物流管理软件齐头并进的策略，建立企业的电子商务系统和物流环境系统，采用智能交通系统和电子数据交换系统等物流技术，推广运输信息网络化，建立包括财务管理系统、仓库管理系统、车辆调度管理系统、客户关系管理系统在内的物流管理信息系统[11]。

在此基础上，京津冀区域相关部门可以尝试建立区域物流标准体系，鼓励区域物流企业采用标准化的货物分类、物流计量、物流装备设施、物品标志、作业流程和信息系统，从而提高京津冀区域物流的标准化程度，全面提升区域物流企业的信息化水平与综合实力。

8.3.4　促进区域产业结构调整及联动发展

1. 促进区域产业结构优化调整

京津冀区域物流发展的核心是发展河北省，服务于北京、天津两市。京津冀三地区的产业发展水平不同，三地区应努力推进优势产业发展，尽快达成京津冀区域的合作。相对于天津市与河北省，北京市独特的地理位置使其第三产业发展势头强劲。因此，北京市应在促进现代服务业发展并成为支柱产业的同时，进一步开拓制造业市场，争取将工业产品输出做大、做强，与天津市和河北省进行多方面、多领域合作，取其精华来弥补自身的不足，拓展区域合作的空间。就目前来看，在河北省制造业虽是其支柱产业，但存在一定的供给侧结构性失衡，制约着产业的集约化发展。河北省拥有区位交通和资源优势，对发展壮大商贸物流业有优势，应尽快将其打造成新的支柱产业，缩小河北省与北京、天津两市的发展差距，服务北京市非首都功能疏解，增加有效供给，实现京津冀区域三地区的功能互补、错位发展[12]。因此，京津冀区域产业结构的优化调整应围绕供给侧结构性改革，培育壮大战略性区域新兴产业，特别是区域物流业的发展，并提高区域第三产业的增加值，使区域产业结构更加趋于合理，以推动京津冀区域经济的提质、增效与升级。

2. 促进区域产业联动发展

由京津冀区域经济发展现状分析可知，北京市、天津市、河北省三地区目前处于不同的发展阶段，产业格局明显不同。北京市现处于后工业化时期，第三产业为优势产业，其资金流、信息流具有明显优势；天津市处于工业化后期，第二、三产业为优势产业，其港口优势突出、制造业发达；河北省现处于工业化中期，第一、二产业为优势产业，其商流和物流具有一定的优势。因此，促进区域产业联动发展是扩大京津冀区域物流发展空间、提升区域物流与区域经济发展水平的迫切需求。北京市应加强现代服务业的物流系统建设，着重发展服务水平高、国际竞争力强的跨国、跨区域、跨所有制的大型物流企业；天津市应利用临港优势重点发展国际性枢纽型港口物流园区和航空物流园区，以适应快速增长的社会消费需求和高端装备制造业的发展需求；河北省应根据自身产业特点整合物流资源，重点建设区域性综合型物流中心，为区域主导产业、产业集群、大型工业园区等提供服务，同时加大对外开放程度，加快对外贸易的发展，并制定相应措施来提高社会消费水平，推进物流业与经济协同发展[13]。

8.3.5 充分发挥政府的引导扶持作用

物流业的健康发展离不开政府部门的引导与扶持。为保证京津冀区域物流业的长期稳定发展，京津冀三地区需出台一系列鼓励物流业发展的政策，引导区域内物流企业开发和使用物流专业软件、购置信息化设备，充分保证资金与技术等方面的支持。

1. 发挥政府部门对区域物流的引导作用

京津冀三地区政府可以从四个方面制定京津冀区域物流与区域经济协同发展的相关引导政策。首先，建立相对应的协同管理政策体系，形成京津冀区域统一的物流业主管部门，对区域物流业的发展直接负责，打破区域封锁、行业垄断、市场分割的状况，为京津冀区域物流发展提供管理机构方面的保障。其次，加强区域宏观政策的引导作用，制定完善的京津冀区域物流产业政策，引导区域内物流企业按现代物流的发展模式重组、调整，向现代化、科技化、集约化、规模化方向发展。再次，应降低区域内物流企业税费负担，吸引企业和民间资本向物流产业转移资本，并通过相关优惠政策进一步降低物流成本，增加物流效益，为京津冀区域物流业发展创造良好的环境，为京津冀区域经济发展创造更广阔的空间，以促进京津冀区域物流与区域经济的协同发展。最后，积极发挥规范市场的作用，抓紧培育京津冀区域物流市场，并进行有效的监管。对于区域物流业在发展过程中出现的不良现象，应予以严肃处理，为区域物流业营造一个公平、开放的发展环境；建立和完善适用于京津冀区域物流业发展的法律法规与规章制度，从而使区域物流活动有法可依，通过法律的保障，维护区域物流业发展过程中的公平与效率[14]。

2. 加强对区域物流及相关产业的基础扶持

物流作为“第三利润源”，是一种能够实现经济效益的推进型产业，并且与其他产业关系密切。区域物流的发展对其他产业具有一定的带动作用，它们一起推动区域经济的发展。京津冀区域通过提升区域物流及相关产业竞争力，不仅能够推动区域物流不断地向前发展，同时也将一定程度上促进区域经济的稳步增长。

为保证区域经济的平稳发展，京津冀三地区政府应该积极加强对物流相关产业的基础扶持，加大对运输设备制造业、商贸流通业以及信息技术产业的投入，改善投资环境，鼓励信息技术产业创新进步。先进的信息产业和物流技术能够推动物流业的规模化、专业化发展，削弱区域发展的阻碍因素，减少区域资源的浪费，从而实现区域经济的稳步增长。与此同时，京津冀三地区政府应该鼓励和吸引国内外发展良好的专业化物流企业，积极推进京津冀区域与周边地区、沿海城市甚至国外发达国家的贸易往来，扩大物流需求规模。

8.3.6　加强区域经济发展的基础保障

1. 加强区域物流人才培养与开发力度

区域物流人才是促进区域物流发展的关键因素。为促进京津冀区域物流与区域经济的协同发展，京津冀三地区应增加对教育的投入，采用多种形式，完善人才培养模式，有针对性地加强对区域物流人才的培养与开发力度，以人才培养与开发来提升京津冀区域物流的综合实力与现代化水平，进而为京津冀区域经济的发展提供智力支持。

首先，应制定发展物流教育的相关扶持政策，加强区域物流人才需求的预测与调查，鼓励有条件的高等院校制定科学的培养目标和规划，开设物流相关专业，培养高素质、专业化物流人才，扩大受教育的范围与程度；同时，可以选派优秀的物流人才到物流业发展良好的国家或地区学习先进理论与技术[15]。其次，通过多种渠道和方式，积极面向国内外引进和吸收高素质的物流专业人才，加大对物流人才的引进力度；打破现有户口管理制度和社会保障制度，实现物流人才在京津冀区域内部的自由流动；以河北省“全国物流基地”为契机，建立健全物流人才市场，制定人才激励政策，吸引优秀的物流人才来京津冀工作，尤其是到河北省工作[16]。再次，充分发挥京津冀区域高校、研究院所以及职业技术培训机构的优势，加大物流人才培训力度。鼓励物流企业采取长期培养与短期培训相结合、正规教育与在职培训相结合的方式，开展全方位、多层次、大规模的物流人才培养与职业技能培训工作，提高物流从业人员的专业素养和业务技能[17]，为京津冀区域物流的发展提供技术与人才支持。

2. 提升区域物流科技创新能力

区域科技创新是调整经济结构、稳定经济增长、促进区域发展的灵魂和不竭动力。京津冀三地区应注重体制创新与机制创新，增加区域物流的科技投入力度，鼓励与区域物流相关的专利发明，努力提高京津冀区域物流科技进步对区域经济发展的贡献率。应在物流企业经营管理机制方面寻找突破，通过生产要素的重组，形成一批大型区域物流企业集团，注重将引进的物流技术转变成物流企业自身的优势，提高整个京津冀区域物流行业的技术水平，推动区域产业结构的优化升级，以此为京津冀区域经济的发展提供基本保障。此外，要把推动区域物流科技自主创新作为重中之重，列入京津冀区域经济的发展规划中，以政策引导区域内物流企业加大科研投入力度，调动物流企业增加科技投入的积极性，努力鼓励物流企业成为科技投入的主体，构建一个以区域物流企业为主体、区域物流市场为导向、产学研相结合的区域物流科技创新体系[18]。

8.4　本章小结

本章在分析京津冀区域物流与区域经济协同发展存在问题的基础上，提出了促进京津冀区域物流与区域经济协同发展的总体思路和对策建议。首先，京津冀区域物流近几年虽然获得较快发展，但仍存在区域协同发展观念不强、区域性经济中心城市缺失、区域物流的产业基础尚未形成、快速便捷的区域间城际交通体系缺乏、区域物流信息系统平台建设有待完善、区域物流人才发展不均衡等六个方面的问题。其次，从六个方面提出了促进京津冀区域物流与区域经济协同发展的对策建议，它们是保证区域物流供需的综合调整、全面提升区域物流企业的核心竞争力、全方位提高区域物流信息技术水平、促进区域产业结构调整及联动发展、充分发挥政府的引导扶持作用、加强区域经济发展的基础保障。

参 考 文 献

[1]焦文旗. 京津冀区域物流一体化障碍因素分析[J]. 商业经济研究，2008，（35）：27-28.
[2]张雪梅，孙武志. 加快区域现代物流发展促进京津冀一体化[J]. 商场现代化，2005，（12）：

157-158.
[3]杨洁，王艳，刘晓. 京津冀区域产业协同发展路径探析[J]. 价值工程，2009，28（4）：35-37.
[4]王国良. 京津冀北地区城乡空间发展研究——对外交通运输发展战略及建设重点[J]. 城市，2002，（1）：25-27.
[5]焦文旗. 区域经济一体化下的京津冀物流协作研究[D]. 河北师范大学硕士学位论文，2008.
[6]高希波. 京津冀区域物流一体化研究[J]. 学理论，2011，（29）：117-118.
[7]赵莉. 中国物流产业与区域经济协调发展研究[D]. 哈尔滨商业大学博士学位论文，2013.
[8]张鸣. 辽宁省物流业与经济增长的关系研究[D]. 大连海事大学硕士学位论文，2015.
[9]赵静. 试析我国现代物流业发展中存在的问题及其对策[J]. 经济问题探索，2006，（12）：66-71.
[10]张沈青. 论提高我国物流企业的核心竞争力[J]. 经济纵横，2006，（11）：70-71.
[11]朱喜喜. 辽宁现代物流产业发展的思考和建议析[J]. 北方交通，2008，（5）：225-227.
[12]贾浩杰，齐红梅. 京津冀区域物流一体化模式的建构策略探讨[J]. 经营管理者，2015，（17）：195.
[13]吴爱东，庞绪庆. 京津冀物流业与经济协同发展的实证研究[J]. 天津商业大学学报，2014，34（5）：20-26.
[14]黄立君，陈立. 中国现代物流业的现状及发展对策[J]. 物流科技，2006，29（5）：57-59.
[15]邵扬. 物流业对中国经济增长的影响研究[D]. 吉林大学博士学位论文，2009.
[16]傅为忠，李孟雨. 京津冀区域物流与区域经济协同发展评价研究[J]. 合肥工业大学学报（社会科学版），2016，30（6）：1-8.
[17]聂艳华，张玉明. 辽宁省物流业的发展现状、问题与对策[J]. 江苏商论，2009，（8）：68-69.
[18]曹静. 区域产学研结合技术创新体系研究[D]. 哈尔滨工程大学博士学位论文，2010.

第 9 章　本书结论及需进一步研究的问题

9.1　本书结论

本书以区域经济理论、区域物流理论、协同发展理论、产业结构优化理论等作为研究基础，在分析京津冀区域物流与区域经济发展现状的基础上，运用多种理论与方法研究了京津冀区域物流与区域经济的相互关系、协同状态、发展趋势等，并提出了促进两者协同发展的总体思路与对策建议，得出以下结论。

（1）京津冀区域已建成众多物流基地和物流中心枢纽城市，形成了以北京市的"三环、五带、多中心"、天津市的"两带、三区、双环"、河北省的"一带、两通道"为格局的物流发展规划。京津冀区域路网密集，覆盖率较高，发展京津冀区域的公路运输更有优势。京津冀区域物流业近几年发展速度明显加快，各种区域物流衡量指标均呈现出增长的态势；但京津冀各地区物流发展并不平衡，河北省由于地域较大，在物流运输基础设施、物流业发展方面均优于北京、天津两市。京津冀区域经济增长迅速，区域经济实力得到明显提升。河北省的经济与天津、北京两市存在一定差距，经济实力相对较弱。

（2）京津冀区域物流与区域经济之间存在显著为正的线性相关性。第二产业产值是影响京津冀区域物流发展的首要因素，地区生产总值和第一产业产值是影响京津冀区域物流发展的次要因素，分析京津冀区域物流发展时，应主要考虑这三项指标之间的关系及其相互影响。京津冀区域物流业对制造业、其他第三产业和本部门的依赖程度较高，而对建筑业和采掘业的依赖不明显。京津冀区域物流业属于"低附加值、高带动力"的产业，但对京津冀区域经济的带动作用尚不及制造业、建筑业那么明显。京津冀区域物流业受到其他产业部门的感应能力比较差，虽然已经取得了一定程度的发展，但尚处于起步阶段，仍是制约京津冀区域经济发展的因素。

（3）基础投资占比、人均货运量、从业人数占比是京津冀区域物流发展的三个主要衡量指标，京津冀区域的基础投资占比、人均货运量、从业人数占比均对第三产业增长的增长弹性最高，对第二产业的增长弹性居中，对第一产业增长的增长弹性最低。京津冀区域物流系统与区域经济系统的协同发展具有明显的波动状态，两系统在协同发展的初级阶段与中高级阶段、增长与降低状态之间转换。

（4）京津冀区域产业结构合理化水平逐年提高，整体上向着高级化水平发展。京津冀区域物流业的发展有效提升了区域产业结构的合理化，显著地带动了京津冀区域劳动力从第一产业逐渐向第二、三产业转移；同时，京津冀区域物流业发展对区域产业结构高级化水平具有一定的促进作用，而且对于区域三次产业劳动生产率还有很大的提升空间。

（5）2017~2020 年，京津区域物流与区域经济将呈现不同的变化趋势。京津冀区域物流指标中，物流业产值与人均货运量、从业人数占比将呈现波动性增长的变化趋势，基础投资占比将具有逐年增长的变化趋势，而货物周转量将出现波动性减少的变化趋势。在京津冀区域经济指标中，地区生产总值和固定资产投资总额将呈现逐年缓慢增长的趋势，进出口贸易总额将呈现波动性下降的趋势。

（6）近几年，京津冀区域物流与区域经济均获得较快发展，但两者之间仍存在区域协同发展观念不强、区域性经济中心城市缺失、区域物流的产业基础尚未形成、快速便捷的区域间城际交通体系缺乏、区域物流信息系统平台建设有待完善、区域物流人才发展不均衡等六个方面的问题。为促进京津冀区域物流与区域经济的协同发展，应从保证区域物流供需的综合调整、全面提升区域物流企业的核心竞争力、全方位提高区域物流信息技术水平、促进区域产业结构调整及联动发展、充分发挥政府的引导扶持作用、加强区域经济发展的基础保障等六个方面开展工作。

9.2　需进一步研究的问题

在京津冀协同发展上升为国家重大发展战略背景下，京津冀区域物流与区域经济协同发展研究成为一个崭新的、有实际应用价值的研究领域。本书在此领域进行了系统、深入的研究，取得了一些研究成果，且实现了一定的创新和突破，但由于京津冀区域物流与区域经济之间关系的复杂性，以及时间、资料、研究经费、研究手段等方面的限制，在今后的研究中，有些问题还有待于进一步研究。

（1）京津冀区域物流发展的衡量指标有很多，由于指标的量化性以及统计数据的获得性限制，有些指标没有办法纳入京津冀区域物流发展的量化指标体系中。也就是说，京津冀区域物流发展的量化指标体系还有进一步优化的空间。

（2）区域物流与区域经济的互动作用关系，有待进一步的系统分析与研究。可以考虑运用计量经济的方法，进一步分析它们之间的相关关系以及因果关系，来揭示两者之间深刻的内在联系，这方面的理论和实证研究对于实现京津冀区域物流与区域经济的协同发展是十分有意义的。

（3）本书从中观角度探讨了京津冀区域物流与区域经济的协同发展问题，在后续研究中，可以考虑从微观角度研究京津冀区域具体某个物流节点与其周边商贸设施、工业园区等系统协同发展状况；还可以尝试在京津冀区域物流与区域经济系统中增加一个或多个研究对象，研究三个及以上系统组成的复合系统协同发展状况。